U0365820

汽车维修
从入门到精通

周晓飞 主编

化学工业出版社

·北京·

这是一本适合汽车维修人员入门与提高的书籍，内容涉及汽车维修的方方面面。

全书分上下两篇共 10 章介绍。上篇为汽车基本构造与原理，以全彩图解的形式，重点介绍汽车各大组成部件和系统的构造原理；下篇为汽车维修与故障排除，结合视频教学的形式，重点介绍汽车维修基本知识和操作技能。

本书内容系统实用、通俗易懂，特别适合汽车维修初学者使用，也可作为职业院校、培训学校相关专业的培训教材，私家车主和汽车驾驶员也可参阅。

图书在版编目（CIP）数据

汽车维修从入门到精通 / 周晓飞主编. —北京：化学工业出版社，2018.11（2024.11重印）
ISBN 978-7-122-32944-8

Ⅰ.①汽…　Ⅱ.①周…　Ⅲ.①汽车 - 车辆修理　Ⅳ.①U472.4

中国版本图书馆 CIP 数据核字（2018）第 200907 号

责任编辑：黄　滢　　　　　　　　　　　　　　　装帧设计：刘丽华
责任校对：王素芹

出版发行：化学工业出版社（北京市东城区青年湖南街13号　邮政编码100011）
印　　装：涿州市般润文化传播有限公司
787mm×1092mm　1/16　印张25　字数674千字　2024年11月北京第1版第14次印刷

购书咨询：010-64518888　　　　　　　　　　　售后服务：010-64518899
网　　址：http://www.cip.com.cn
凡购买本书，如有缺损质量问题，本社销售中心负责调换。

定　　价：99.00元

前言
PREFACE

随着我国汽车产业的迅猛发展和百姓收入的持续增加，汽车进入家庭的步伐加快，国内私家车保有量逐年增加。随之而来的是汽修人才缺口呈明显扩大趋势，汽修服务成为社会焦点，汽修行业面临着新的挑战。

从就业形势来看，不难预测，汽车维修领域的就业空间会越来越大。因此，汽修行业日益成为国内发展空间巨大的"朝阳行业"，越来越多的人希望从事汽车维修领域的相关工作。

然而，人力资源市场充足的人员储备并没有及时解决强烈的市场需求问题。如何让初学者能够在短时间内掌握汽车维修的知识和技能，已成为目前汽车维修培训过程中面临的最大问题。

与其他的就业岗位不同，汽车维修领域的很多工作都需要一定程度的相关实践经验，需要从业人员不仅具备专业的理论知识，同时还要知晓实践作业过程中的操作规范、掌握技能操作的要点，以及处理常见故障甚至是解决疑难故障的能力。因此，对于作为理论指导的汽车维修技能培训类图书而言，不单单要讲授专业知识，更要注重技能的培养和提高。

本书是一本适合汽车维修人员入门与提高的书籍，内容涉及汽车维修的方方面面，是汽车维修相关的从业者或专业院校师生的"充电宝"。全书分上下两篇共10章介绍，以行业规范为依托，注重知识性、系统性、实操性的结合，力求以最直观的方式将最实用的内容呈现给读者。

上篇为汽车基本构造与原理的理论知识内容，讲解过程中充分发挥了图解的特色，以"全彩图解"的形式向读者传授汽车维修的基础知识，真正做到用"图"说话——以"图"代"解"，以"解"说"图"，一目了然，通俗易懂。下篇为汽车维修与故障排除的实践操作内容，重点介绍汽车维修的操作步骤和要领，以及汽车故障排除的策略和技巧。

书中对于难度较大的复杂知识点，还专门配备了"教学视频"。视频以二维码的形式呈现，读者学习时可通过手机扫描书中的二维码，同步、实时地浏览对应知识点的数字媒体教学资源。数字媒体资源与图书的图文资源相互衔接、互为补充，可充分调动学习者的主观能动性，确保学习者在短时间内获得最佳的学习效果。

为了确保专业品质，本书由微共享汽车学院具有数十年汽车维修经验的维修专家团队编写，周晓飞任主编，参编人员有万建才、董小龙、宋东兴、郝建庄、赵朋、李新亮、刘振友、赵小斌、江珍旺、梁志全、樊志刚、温云、宋亚东、石晓东、彭飞、边先锋、宇雅慧、赵义坤、刘文瑞、李立强、张建军、李飞云、李飞霞。编写团队的人员中，有一线汽车维修高手、有高级工程师、有高级技师，还有院校教师，使读者在学习过程中如同有一群专家在身边指导，将学习和实践中需要注意的重点、难点一一化解，大大提升学习效率，从而使本书在学习者从事汽车维修及相关工作中真正起到良好的指导作用。

　　本书在编写过程中参考了相关的图书、多媒体资料及原车维修手册，在此一并表示衷心的感谢！

　　限于笔者水平，书中疏漏之处在所难免，恳请广大读者批评指正。

目 录
CONTENTS

上篇 汽车基本构造与原理

01 第1章 认识汽车

1.1 汽车分类	2	1.2.3 电气设备	10
1.1.1 按汽车功能分类	2	1.2.4 车身	11
1.1.2 按汽车燃料分类	4	1.3 汽车参数和概念	11
1.1.3 按汽车驱动方式分类	4	1.3.1 车身参数	11
1.2 汽车组成	5	1.3.2 发动机的基本概念	14
1.2.1 发动机	8	1.3.3 发动机气缸编号顺序	15
1.2.2 底盘	10		

上篇 视频

34
37
39
76
103
131
136

02 第2章 发动机

2.1 发动机的基本类型	16	2.2.8 控制系统	71
2.1.1 汽油发动机	16	2.2.9 进气系统	73
2.1.2 柴油发动机	17	2.2.10 排气系统	74
2.2 发动机的总体构造	18	2.3 发动机的工作原理	79
2.2.1 曲柄连杆机构	18	2.3.1 汽油发动机的工作原理	79
2.2.2 配气机构	28	2.3.2 柴油发动机的工作原理	83
2.2.3 冷却系统	48	2.4 电动汽车	83
2.2.4 润滑系统	53	2.4.1 纯电动汽车	85
2.2.5 燃油供给系统	60	2.4.2 混合动力汽车	86
2.2.6 点火系统	66	2.4.3 燃料电池汽车	90
2.2.7 启动系统	70		

03 第3章 底盘

3.1 底盘的总体构造	92	3.1.3 转向系统	95
3.1.1 传动系统	93	3.1.4 制动系统	95
3.1.2 行驶系统	94	3.2 总成和零部件	97

3.2.1	离合器	97	3.2.7	分动器	119
3.2.2	手动变速器	98	3.2.8	悬架系统	126
3.2.3	自动变速器	100	3.2.9	制动系统	134
3.2.4	传动轴和万向节	113	3.2.10	转向系统	139
3.2.5	差速器	114	3.2.11	轮胎	148
3.2.6	主减速器	117			

04 第4章 车身

4.1	车身材料	150	4.3.1	正面碰撞	151
4.2	车身结构	151	4.3.2	侧面碰撞	152
4.3	车身碰撞	151			

05 第5章 电气系统

5.1	起动机	154	5.5.2	安全气囊工作原理	168
5.2	发电机	155	5.5.3	驾驶员安全气囊	170
5.3	点火系统	155	5.5.4	前乘客安全气囊	171
5.4	空调系统	156	5.5.5	集成在车门内的侧面安全气囊	172
5.4.1	空调制冷系统组成	156			
5.4.2	空调制冷循环	157	5.5.6	集成在座椅内的侧面安全气囊	173
5.4.3	两区域空调系统	159			
5.4.4	四区域空调系统	159	5.5.7	帘式安全气囊	174
5.4.5	暖风和空调器	160	5.5.8	C柱头部安全气囊	175
5.4.6	离子灭菌器	162	5.6	仪表	176
5.4.7	空调压缩机	163	5.6.1	燃油车仪表	176
5.4.8	冷凝器	164	5.6.2	电动汽车仪表	176
5.4.9	外部储液干燥器	165	5.7	照明系统	177
5.4.10	膨胀阀	166	5.7.1	卤素大灯	177
5.4.11	蒸发器	167	5.7.2	双氙气大灯	178
5.5	安全气囊	168	5.7.3	后车灯	180
5.5.1	安全气囊组成	168			

06 第6章
汽车维修基础知识

6.1　走进汽修厂　182
　6.1.1　熟悉汽车维修职业和岗位　182
　6.1.2　了解汽车维修基本流程　186
6.2　走进汽修车间　187
　6.2.1　常用汽修工具及设备　187
　6.2.2　汽车维修操作注意事项　204

07 第7章
汽车电路图识读与分析

视频 下篇

275
276
306
310
321
324
329
368

7.1　电路的基本组成　209
　7.1.1　电工基本术语　209
　7.1.2　常用电子元器件　210
　7.1.3　常用电气元件　216
7.2　汽车电路图识读方法和步骤　219
　7.2.1　汽车电路图识读方法　219
　7.2.2　汽车电路图识读步骤　219
7.3　典型汽车电路图分析　229
　7.3.1　分析单一的电路图　229
　7.3.2　不同车系电路图的特点　233
　7.3.3　汽车电路基本检测　270

08 第8章
汽车维护与保养

8.1　汽车的维修养护周期　273
　8.1.1　发动机维修养护周期　273
　8.1.2　变速器维修养护周期　274
　8.1.3　制动系统维修养护周期　274
　8.1.4　车轮和转向系统维修养护
　　　　周期　274
8.2　汽车的例行检查　275
　8.2.1　发动机机油油位检查　275
　8.2.2　自动变速器油检查　275
　8.2.3　制动液检查　276
8.2.4　转向助力油检查　276
　8.2.5　冷却液检查　277
　8.2.6　蓄电池检查　277
　8.2.7　火花塞检查　278
8.3　汽车的常规保养　279
　8.3.1　更换燃油滤清器（外置）　279
　8.3.2　更换机油滤清器　279
　8.3.3　更换空气滤清器（滤芯）　280
　8.3.4　更换空调滤芯　280
8.4　汽车的快速保养流程　281

09 第9章
汽车维修操作

9.1　常用零部件的更换　284
　9.1.1　拆装电动燃油泵　284
　9.1.2　拆装节气门　285
　9.1.3　拆装进气歧管　286
　9.1.4　拆装排气管　287
　9.1.5　更换前制动片　289
　9.1.6　更换后轮盘式制动片　290
　9.1.7　更换后轮轴承　291
　9.1.8　更换转向拉杆球头　292
　9.1.9　更换转向机护套　293
　9.1.10　拆装转向拉杆　294
　9.1.11　拆装前减振器　294
　9.1.12　拆装皮带轮和张紧器　296
　9.1.13　更换发电机　297
　9.1.14　更换起动机　298
　9.1.15　更换空调压缩机　298

9.1.16　拆装膨胀阀　300
9.1.17　拆卸机油泵　300
9.1.18　更换喷油器　302
9.1.19　更换节温器　303
9.1.20　拆装离合器　303
9.1.21　拆装转向节　304
9.1.22　更换下摆臂　305
9.2　总成件的拆装　306
　9.2.1　从车上拆下发动机　306
　9.2.2　分解发动机　310
　9.2.3　拆装活塞　318
　9.2.4　从车上拆下变速器　324
　9.2.5　分解手动变速器　329
　9.2.6　拆装自动变速器变矩器　333
　9.2.7　拆装空调器　333
　9.2.8　拆装转向机　335

10 第10章
汽车故障诊断与排除

10.1　发动机故障诊断与排除　337
　10.1.1　冷却液温度传感器故障　337
　10.1.2　曲轴位置传感器故障　338
　10.1.3　凸轮轴位置传感器故障　340
　10.1.4　机油压力温度传感器故障　342
　10.1.5　空气流量计故障　343
　10.1.6　氧传感器故障　345
　10.1.7　节气门故障　346
　10.1.8　爆震传感器故障　348
　10.1.9　点火线圈故障　349
10.2　变速器故障诊断与排除　351
　10.2.1　手动变速器故障　351
　10.2.2　自动变速器故障　351
10.3　制动系统故障诊断与排除　360
　10.3.1　轮速传感器故障　360

10.3.2　泵电动机故障　360
10.3.3　驻车制动器故障　360
10.4　空调系统故障诊断与排除　361
　10.4.1　空调系统制冷／制热原理　362
　10.4.2　自动加注机回收／加注制
　　　　　冷剂　363
　10.4.3　歧管压力表加注制冷剂　367
10.5　电气设备故障诊断与排除　369
　10.5.1　起动机故障　369
　10.5.2　发电机故障　381
　10.5.3　照明控制电路故障　386
　10.5.4　车窗故障　386
　10.5.5　刮水器和洗涤器故障　388
　10.5.6　中控门锁故障　390
　10.5.7　遥控钥匙故障　391

参考文献　392

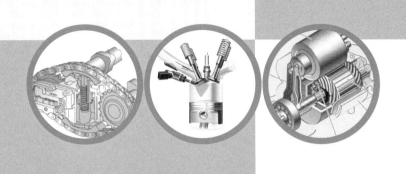

上篇

汽车基本构造与原理

第1章 认识汽车

第2章 发动机

第3章 底盘

第4章 车身

第5章 电气系统

01

第1章
认识汽车

1.1 汽车分类

1.1.1 按汽车功能分类

（1）**轿车** 在我国，通常把轿车分为微型车、小型车、紧凑型车、中档车、中高档车、高档车、豪华车。

德国把轿车分为 A00 级、A0 级、A 级、B 级、C 级、D 级，其中 A00 级、A0 级、A 级车相当于我国的微型车、小型和紧凑型车；B 级车和 C 级车分别相当于我国的中档车和中高档车；D 级车相当于我国的高档车和豪华车。轿车的轴距越长，排量和重量越大，豪华程度越高。轿车级别见表 1.1-1。

表 1.1-1　轿车级别

轿车级别	结构特征（轴距）/m	发动机排量 /L	图　　示
A00 级	2～2.2	<1	
A0 级	2.3～2.45	1～1.3	
A 级	2.45～2.65	1.3～1.6	

轿车级别	结构特征（轴距）/m	发动机排量 /L	图　示
B 级	2.6 ～ 2.75	1.6 ～ 2.4	
C 级	2.7 ～ 2.8	2.3 ～ 3.0	
D 级	>2.8	>3.0	

随着车型的增加以及价格、款式、配置选择越来越多，A 级、B 级、C 级车的边缘交叉也会越来越多。例如，有些车型或许轴距属于 A 级车范围，而排量与价格却与 B 级车相差无几。因此，轿车分级不应过于僵化死板，需灵活处理。

（2）SUV 汽车　SUV 英文全称是 Sport Utility Vehicle 或 Suburban Utility Vehicle，即城郊多用途车，是一种拥有旅行车般的大空间，并配以货车或卡车越野能力的车型。如图 1.1-1 所示。

（3）越野汽车（ORV 汽车）　ORV 英文全称是 Off-Road Vehicle，ORV 汽车是一种为野外行驶而特别设计的汽车，可在崎岖地面使用。主要特点是非承载式车身，四轮驱动，底盘较高，有很好的通过性。如图 1.1-2 所示。

图 1.1-1　SUV 汽车　　　　　　　　　图 1.1-2　越野汽车

（4）MPV 汽车　MPV 英文全称是 Multi-Purpose Vehicles，MPV 汽车即多用途汽车，是从旅行轿车演变而来的，它集旅行车宽大的乘员空间、轿车的舒适性和厢式货车的功能于一身，一般为两厢式结构，可以坐 7 人。如图 1.1-3 所示。

（5）跑车　跑车英文名是 Sports Car 或 Sporty Car，属于一种低底盘、线条流畅、动力突出的汽车类型，其最大特点是不断追求速度极限。跑车的分类有很多种，按车身结构可分为轿跑、敞篷跑车、双门跑车。如图 1.1-4 所示。

图 1.1-3　MPV 汽车　　　　　　　　　图 1.1-4　跑车

（6）皮卡车　皮卡，是英文Pick Up的音译，又名轿卡，顾名思义，亦轿亦卡，它是前面像轿车，后面带货箱的客货两用汽车。它兼顾家用车和商用车的双重特性。它的驾驶室后方设有无车顶货箱，货箱侧板与驾驶室连为一体，有双门或四门、长货厢或短货厢。如图1.1-5所示。

1.1.2　按汽车燃料分类

按燃料不同可分为传统的汽油车、柴油车以及新能源汽车。其中新能源汽车最主流的是电动汽车，包括纯电动汽车和混合动力汽车（混合动力包括插电式和增程式两种），如图1.1-6所示。

图1.1-5　皮卡车

图1.1-6　电动汽车——特斯拉

1.1.3　按汽车驱动方式分类

驱动方式是指发动机的布置以及驱动轮的数量、位置等形式，分为前置后驱（FR）、前置前驱（FF）、中置后驱（MR）、后置后驱（RR）、四轮驱动（WD）。

（1）前置后驱　即发动机前置、后轮驱动，是一种最传统的驱动形式，如图1.1-7所示。

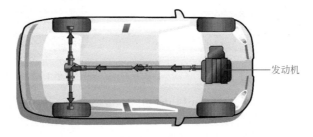

发动机

图1.1-7　前置后驱

（2）前置前驱　即发动机前置、前轮驱动，如图1.1-8所示。

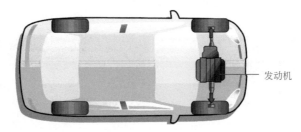

发动机

图1.1-8　前置前驱

（3）中置后驱　即发动机中置、后轮驱动，如图 1.1-9 所示。中置后驱与后置后驱的主要区别就是看发动机是位于后轴之前还是之后。F1 和大部分超级跑车采用这样的驱动方式。

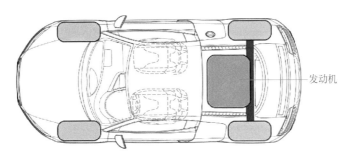

图 1.1-9　中置后驱

（4）后置后驱　即发动机后置、后轮驱动，如图 1.1-10 所示。

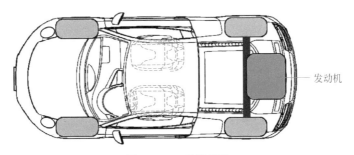

图 1.1-10　后置后驱

（5）四轮驱动　四轮驱动是指汽车前后轮都有动力，如图 1.1-11 所示。

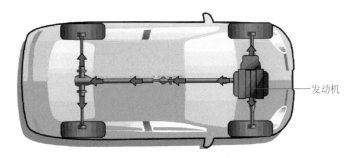

图 1.1-11　四轮驱动

1.2

◢ 汽车组成

汽车由发动机、底盘（包括变速器）、车身、电气设备四个基本部分组成，如图 1.2-1 所示。汽车内部结构如图 1.2-2 所示。汽车底盘构造见图 1.2-3。汽车的组成部件见图 1.2-4

和图 1.2-5。

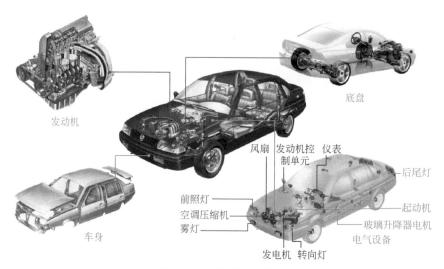

发动机

底盘

车身

风扇　发动机控　仪表
　　　制单元

前照灯　　　　　　　　　后尾灯
空调压缩机　　　　　　　起动机
雾灯　　　　　　　　　玻璃升降器电机
　　　　　　　　　　　电气设备
发电机　转向灯

图 1.2-1　汽车基本组成

转向机　　　　变速器　　发动机

图 1.2-2　汽车结构视图（后置发动机）

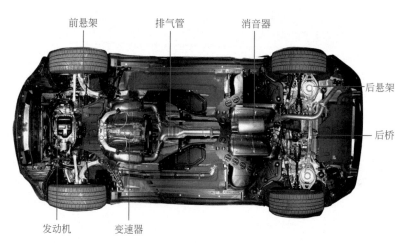

前悬架　　　排气管　　消音器

后悬架

后桥

发动机　　变速器

图 1.2-3　汽车车底视图（仰视）

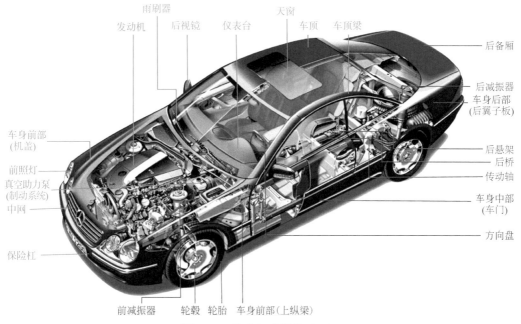

雨刷器　　　　　　　天窗

发动机　后视镜　仪表台　车顶　车顶梁

后备厢

后减振器
车身后部
(后翼子板)

车身前部
(机盖)

后悬架
后桥
传动轴

前照灯
真空助力泵
(制动系统)
中网

车身中部
(车门)

方向盘

保险杠

前减振器　轮毂　轮胎　车身前部(上纵梁)

图 1.2-4　汽车组成部件（一）

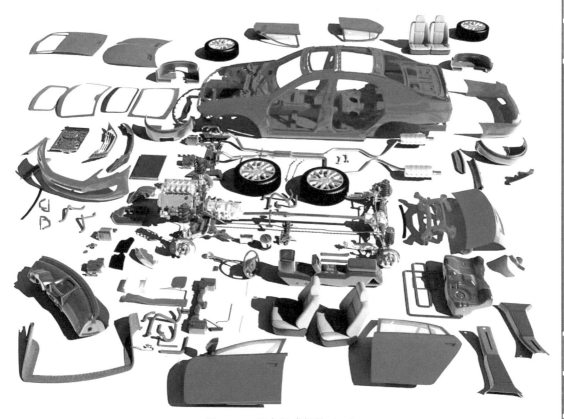

图 1.2-5　汽车组成部件（二）

1.2.1 发动机

　　汽车发动机是汽车的动力装置，有汽车的心脏之称，它决定着汽车的动力性、经济性、稳定性和环保性，如图 1.2-6 所示。发动机零部件如图 1.2-7 所示。

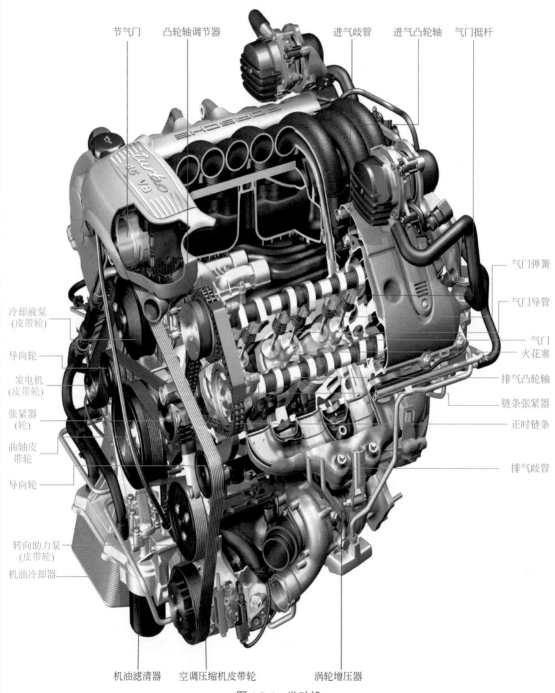

节气门　凸轮轴调节器　进气歧管　进气凸轮轴　气门挺杆

气门弹簧

气门导管

气门

火花塞

排气凸轮轴

链条张紧器

正时链条

排气歧管

冷却液泵(皮带轮)

导向轮

发电机(皮带轮)

张紧器(轮)

曲轴皮带轮

导向轮

转向助力泵(皮带轮)

机油冷却器

机油滤清器　空调压缩机皮带轮　涡轮增压器

图 1.2-6　发动机

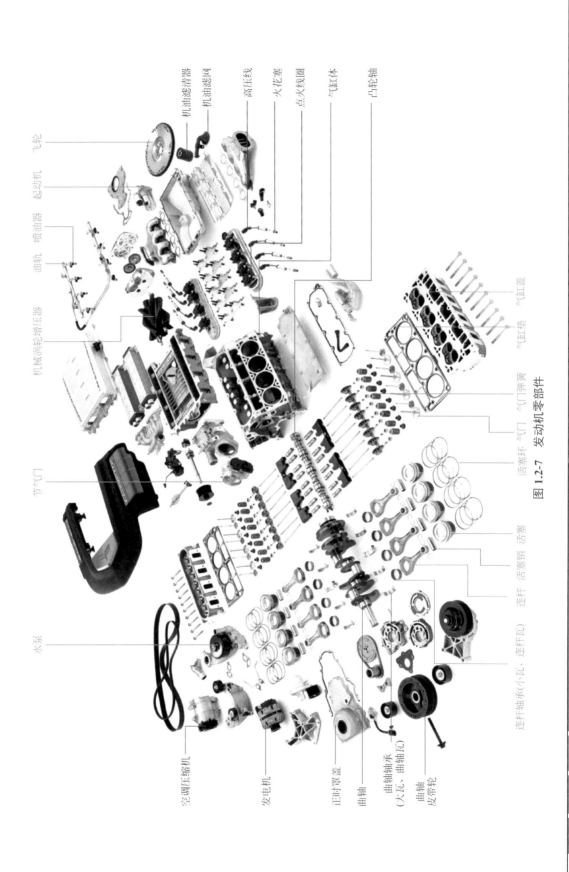

图1.2-7 发动机零部件

机油滤清器
机油滤网
高压线
火花塞
点火线圈
气缸体
凸轮轴

飞轮
起动机
喷油器
油轨
机械涡轮增压器

节气门

水泵

气缸盖
气缸垫

活塞环 气门 气门弹簧

连杆 活塞销 活塞

连杆轴承(小瓦、连杆瓦)

曲轴轴承
(大瓦、曲轴瓦)

空调压缩机
发电机
正时罩盖
曲轴
曲轴皮带轮

1.2.2 底盘

底盘作用是支承、安装汽车发动机及其各部件、总成，形成汽车的整体造型，并接收发动机的动力，使汽车产生运动，保证正常行驶。汽车底盘由传动系统（包括变速器）、行驶系统、转向系统和制动系统四部分组成，如图1.2-8所示。

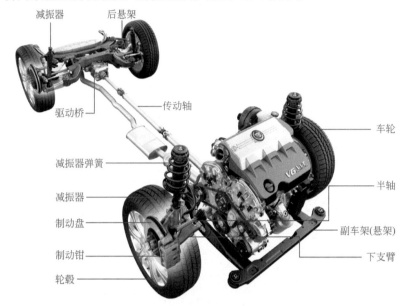

图1.2-8 底盘

1.2.3 电气设备

电气设备主要由电源系统、启动系统、仪表、照明装置、音响装置、雨刷器等用电设备和电气系统组成，如图1.2-9所示。

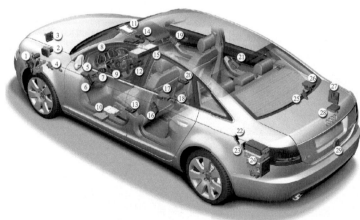

图1.2-9 汽车电气

1—辅助加热控制单元；2—带EDS的ABS控制单元；3—车距调节控制单元；4—左前轮轮胎压力监控发射元件；5—供电控制单元；6—驾驶员车门控制单元；7—使用和启动授权控制单元；8—组合仪表内控制单元；9—转向柱电气控制单元；10—电话、网络通信控制单元、电话发送和接收器；11—发动机控制单元；12—全自动空调控制单元；13—有记忆功能的座椅调节／转向柱调节控制单元；14—水平调节控制单元、大灯照程调节控制单元、轮胎压力监控控制单元；15—CD换碟机、R41CD播放机；16—右后车门控制单元；17—安全气囊控制单元；18—车身转动速率传感器；

19—副驾驶员车门控制单元；20—副驾驶员带记忆功能的座椅调节控制单元；21—右后车门控制单元；22—左后轮轮胎压力监控发射元件；23—驻车加热无线接收器；24—带有CD播放机的导航控制单元、语音输入控制单元、数字音响包控制单元；25—右后轮轮胎压力监控发射元件；26—停车辅助系统控制单元；27—舒适系统中央控制单元；28—电动驻车／手制动器控制单元；29—电能管理控制单元

1.2.4 车身

车身结构主要包括车身壳体、车门、车窗、车身内外装饰件和车身附件等，如图1.2-10所示。车身壳体是一切车身部件的安装基础，通常是指梁和支柱等主要承力元件以及与它们相连接的钣制制件共同组成的刚性空间结构。车身壳体通常还包括在其上敷设的隔音、隔热、防振、防腐、密封等材料及涂层。这些钣制制件形成了容纳发动机、车轮、车架等部件的空间。

低碳钢
高强度钢
新型高强度钢
超高强度钢
铝
塑料
镁铸件

图1.2-10 汽车车身

1.3
汽车参数和概念

1.3.1 车身参数

车身参数对车身长度、车身宽度、车身高度、轴距、轮距以及车门数等给出了标定，如图1.3-1和图1.3-2所示。

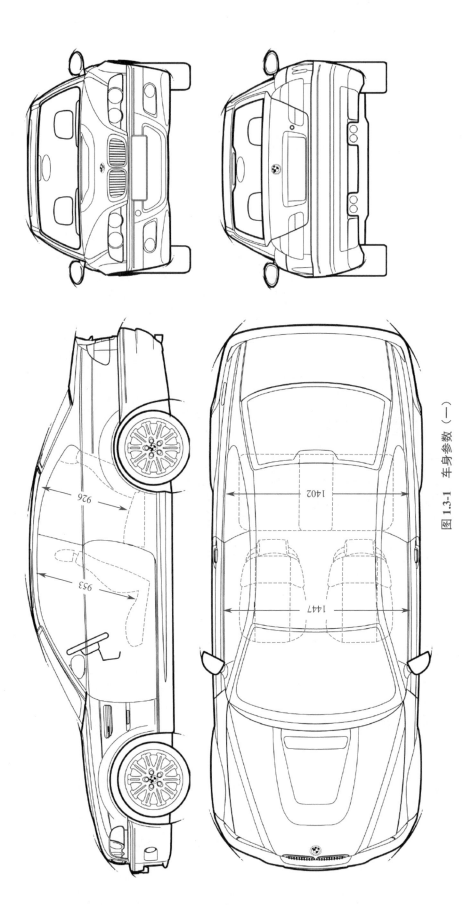

图 1.3-1　车身参数（一）

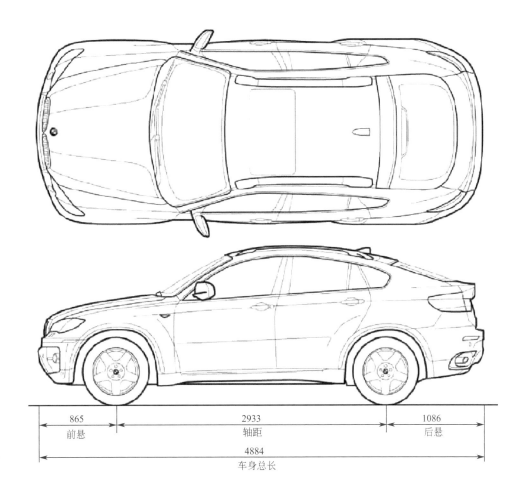

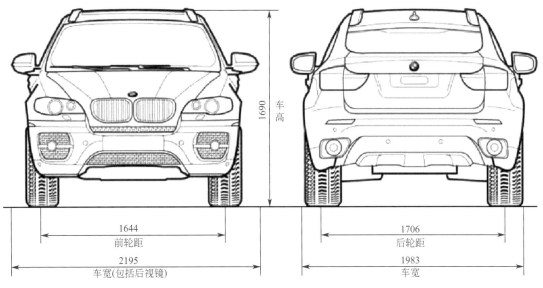

图 1.3-2　车身参数（二）

1.3.2 发动机的基本概念

下述发动机基本概念适用所有类型的活塞式发动机。

（1）排量 一个气缸的排量指的是活塞在一个行程过程中经过的空间。或者称，活塞上止点与下止点位置之间的气缸空间。在发动机的技术数据中，排量通常指的是发动机的总排量。总排量即所有气缸的排量之和。发动机基本概念如图1.3-3所示。

（2）压缩比 压缩比指的是工作室容积（排量）和压缩室（又称燃烧室）容积之和与压缩室容积之比，如图1.3-4所示。即

$$压缩比 = \frac{总容积}{压缩室容积} = \frac{压缩室容积 + 工作室容积}{压缩室容积} = 1 + \frac{工作室容积}{压缩室容积}$$

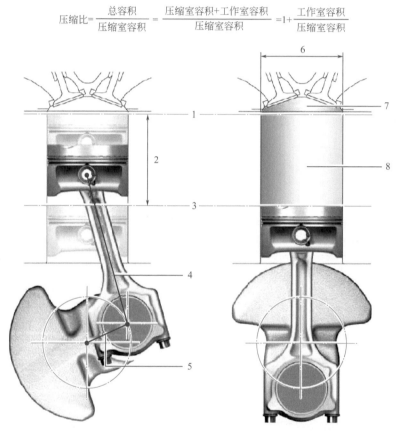

图1.3-3 发动机基本概念

1—上止点（TDC）；2—行程；3—下止点（BDC）；4—连杆长度；5—曲轴半径；6—缸径；7—压缩室（燃烧室）；8—工作室

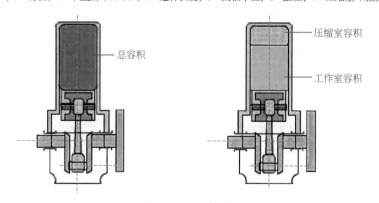

图1.3-4 压缩比

1.3.3 发动机气缸编号顺序

为了能够准确标识各个气缸，规定了气缸编号顺序，如图1.3-5所示。该顺序并不表示气缸点火顺序，只是对气缸位置的规定。

 小贴士

站在确定发动机旋转方向时的相同位置，距离最近的是气缸1，随后各气缸向动力输出端依次编号。

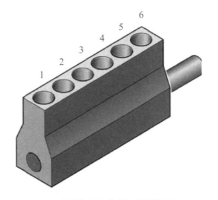

(a) 直列发动机的气缸编号顺序

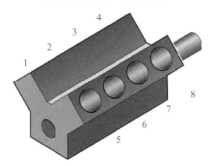

(b) V型发动机的气缸编号顺序

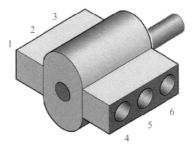

(c) 水平对置发动机的气缸编号顺序

图 1.3-5　气缸编号顺序

02

第 2 章
发动机

2.1 发动机的基本类型

2.1.1 汽油发动机

汽油发动机以汽油作为燃料，将化学能转化成机械能如图 2.1-1 所示。汽油喷射系统将汽油喷入气缸，经过压缩达到一定的温度和压力后，用火花塞点燃，使气体膨胀做功，即经历进气、压缩、做功、排气四个冲程。通过传动系统驱动汽车行驶。汽油发动机内部如图 2.1-2 所示。汽油发动机工作如图 2.1-3 所示。

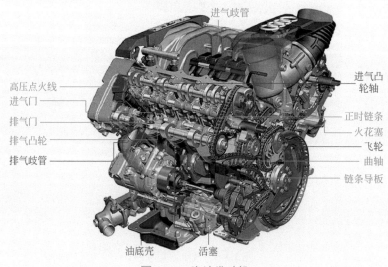

高压点火线　进气门　排气门　排气凸轮　排气歧管　进气歧管　进气凸轮轴　正时链条　火花塞　飞轮　曲轴　链条导板　油底壳　活塞

图 2.1-1　汽油发动机

图 2.1-2　汽油发动机内部

排气道

排气门

活塞

活塞环

进气道

进气门

燃烧室

图 2.1-3　汽油发动机工作

2.1.2　柴油发动机

柴油发动机（图 2.1-4）与汽油发动机的工作原理基本相同，每个工作循环也经历进气、

气门摇臂

气门弹簧

排气门

活塞

曲轴

连杆

凸轮轴链轮

喷油器

进气门

燃烧室

曲轴链轮

图 2.1-4　柴油发动机

压缩、做功、排气四个冲程。汽油发动机吸入燃料与空气的混合物并将其压缩，然后通过火花塞将混合物点燃；而柴油发动机只吸入空气并将其压缩，然后再将柴油喷入压缩空气中，压缩空气产生的热量就能将柴油点燃，无须火花塞。

发动机的总体构造

一台完全正常运转的汽油发动机由两大机构八个系统组成。两大机构：连杆机构和配气机构。八个系统：燃料供给系统、冷却系统、润滑系统、点火系统、启动系统、电子控制系统、进气系统和排气系统。柴油发动机靠压燃，没有点火系统。

2.2.1　曲柄连杆机构

曲柄连杆机构安装在机体组内，主要由活塞连杆组、曲轴飞轮组两大部分组成。如图 2.2-1 所示。

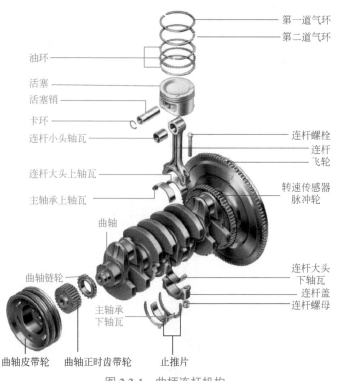

图 2.2-1　曲柄连杆机构

（1）机体组　如图 2.2-2 所示，机体组由气缸体、气缸垫、气缸盖、曲轴箱、气缸套（图中未示出，参见下文）及油底壳等组成。

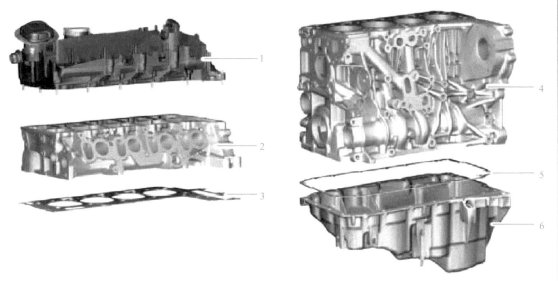

图 2.2-2　机体组

1—气缸盖罩盖；2—气缸盖；3—气缸盖密封垫；4—气缸体

（含曲轴箱）；5—油底壳密封垫；6—油底壳

❶气缸体。气缸体包括气缸、冷却水套和曲轴传动机构壳体，如图 2.2-3 所示。

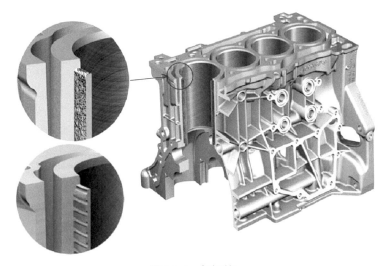

图 2.2-3　气缸体

❷气缸垫。气缸垫有软材料密封垫和金属密封垫两种。金属密封垫应用于高负荷发动机，这种密封垫主要由多层钢板垫片制成。金属密封垫的主要特点是，密封作用基本上由弹簧钢层内的集成式凸起和填充层决定。在液体通道处通过弹性橡胶层增强密封效果。如图 2.2-4 和图 2.2-5 所示。

❸气缸盖。气缸盖（图 2.2-6 和图 2.2-7）是由铸铁或铝合金铸制的，是气缸的密封盖，气缸及活塞顶部组成燃烧室。许多厂家采用把凸轮轴支撑座及挺杆导向孔座与气缸盖铸成一体的结构。

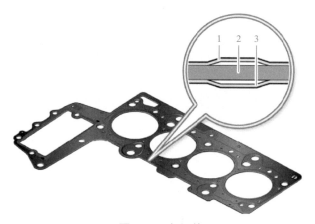

图 2.2-4　气缸垫

1,3—弹簧钢层；2—中间层

图 2.2-5　气缸垫的密封唇

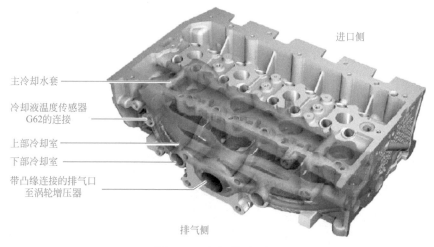

进口侧

主冷却水套

冷却液温度传感器
G62的连接

上部冷却室

下部冷却室

带凸缘连接的排气口
至涡轮增压器

排气侧

图 2.2-6　气缸盖（一）

图 2.2-7　气缸盖（二）

❹ 曲轴箱。气缸体下部用来安装曲轴的部位称为曲轴箱（图 2.2-8），曲轴箱分上曲轴箱和下曲轴箱。曲轴箱下部件称为底板。

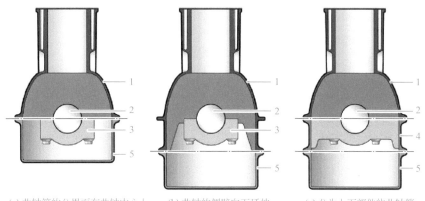

(a) 曲轴箱的分界面在曲轴中心上　　(b) 曲轴的侧壁向下延伸　　(c) 分为上下部件的曲轴箱

图 2.2-8　曲轴箱

1—曲轴箱上部件；2—用于曲轴的开孔；3—主轴承盖板；4—曲轴箱下部件（底板）；5—油底壳

⑤ 气缸套。气缸套（图 2.2-9）构成了活塞和活塞环的工作面及密封面。

 小贴士

　　气缸套的表面特性决定了气缸套与活塞及活塞环之间油膜的结构和分布情况。因此，气缸套的粗糙度在很大程度上决定着耗油量和发动机磨损度。

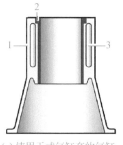 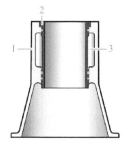

(a) 使用干式气缸套的气缸　　　　　　(b) 使用湿式气缸套的气缸

图 2.2-9　气缸套

1—曲轴箱；2—气缸套；3—冷却液室

⑥ 油底壳。油底壳（图 2.2-10）在发动机最底部，有以下作用：收集发动机油；加固发动机和变速箱；固定相关传感器；固定机油尺导管；固定放油螺塞；隔音。

油底壳　导流板

图 2.2-10　油底壳及导流板

图 2.2-11　双层油底壳

1—油底壳上部件；2—油底壳下部件

油底壳也可由两个部件构成，例如油底壳上部件和下部件，如图 2.2-11 所示。

❼ 气缸盖罩盖。气缸盖罩盖（图 2.2-12）通常也称作气门盖或气门室罩盖。它构成了发动机机体（发动机壳体）的顶部，使气缸盖顶端与外部隔离、隔音，固定曲轴箱通风系统，固定安装件。

（2）活塞连杆组

❶ 活塞连杆组作用。活塞连杆组将活塞的往复运动变为曲轴的旋转运动，同时将作用于活塞上的力转变为曲轴对外输出转矩，以驱动汽车车轮转动。

如图 2.2-13 所示，活塞在气缸内上下运动（往复式运动）。连杆通过小连杆头以可转动方式连接在活塞销上，也进行往复式运动。大连杆头连接在曲柄轴颈上并随之转动。连杆轴在曲轴圆周平面内摆动。曲轴围绕自身轴线转动（旋转）。

图 2.2-12　气缸盖罩盖

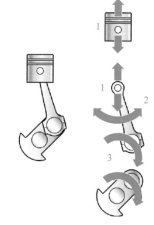

图 2.2-13　活塞连杆组和曲轴传动

1—往复式运动；2—摆动；3—旋转

❷ 活塞连杆组结构组成。活塞连杆组由活塞、活塞环、活塞销、连杆等组成（图 2.2-14 和图 2.2-15）。

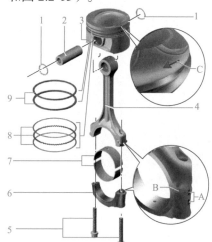

图 2.2-14　活塞连杆组（一）

1—活塞环；2—活塞销；3—活塞；4—连杆；5—连杆螺栓；6—连杆盖；7—连杆轴瓦（俗称小瓦）；8—活塞环油环；9—活塞环气环；A—气缸位标记（表示属于哪个气缸的）；B—朝向标记（朝正时机构方向）；C—活塞朝向标记（朝正时机构方向）

活塞顶部一般都是凹进去的，主要是为燃烧室留空间

活塞环　活塞　活塞销

连杆轴瓦　连杆　连杆盖　连杆螺栓

图 2.2-15　活塞连杆组（二）

a．活塞。活塞（图2.2-16）是汽车发动机气缸体中做往复运动的机件。活塞的基本结构可分为顶部、头部和裙部。活塞顶部是组成燃烧室的主要部分，其形状与所选用的燃烧室形式有关。活塞裙部是现代活塞与传统活塞相比变化最明显的部分。活塞裙部用来保证活塞在气缸内直线运行，这就要求活塞裙部与气缸之间的间隙足够大。活塞类型如图2.2-17所示。

图 2.2-16　活塞

(a) 全裙式活塞

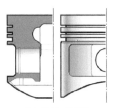

(b) 封闭式活塞

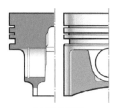

(c) 窗式活塞

图 2.2-17　活塞类型

b．活塞环。活塞环是用于嵌入活塞槽沟内部的金属环。活塞环必须紧靠在气缸壁和活塞环形槽的侧沿上。活塞环的径向弹簧力使活塞环靠在气缸壁上。活塞上的活塞环如图2.2-18所示。活塞环截面形状如图2.2-19所示。

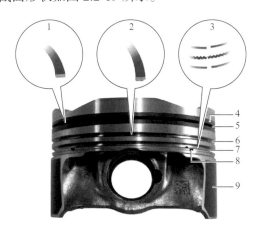

图 2.2-18　活塞上的活塞环

1，2—气环；3—油环；4—第一活塞环钢制环岸；5—第一活塞环槽；
6—第二活塞环槽；7—刮油环槽；8—润滑油排出孔；9—石墨涂层

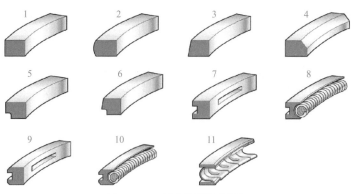

图 2.2-19　活塞环截面形状

1—矩形环；2—桶面环；3—锥面环；4—内倒角矩形环；5—鼻形环；6—鼻形锥面环；7—开槽油环；
8—带有管状弹簧的开槽油环；9—双倒角环；10—带有管状弹簧的双倒角环；11—VF 系统油环

图 2.2-20　活塞销

c. 活塞销。活塞销（图 2.2-20）是装在活塞裙部的圆柱形销子。它的中部穿过连杆小头孔，用来连接活塞和连杆，其作用是把活塞承受的气体作用力传给连杆，或使连杆小头带动活塞一起运动。

d. 连杆。连杆（图 2.2-21）用于连接活塞和曲轴，并将活塞所受作用力传给曲轴，将活塞的往复运动转变为曲轴的旋转运动。连杆大端有两种结构：平分式和斜切式。在 V 型发动机中大连杆头通常采用斜切式结构［图 2.2-21(c)］。

(a) 连杆结构图　　　　　　(b) 平分式连杆实物图　　　　　　(c) 斜切式连杆实物图

图 2.2-21　连杆

1—油孔；2—滑动轴承；3—连杆；4,5—轴瓦；6—连杆轴承盖；7—连杆螺栓

（3）曲轴飞轮组

❶ 工作原理。曲轴飞轮组的作用是把活塞的往复运动转变为曲轴的旋转运动（图 2.2-22），

为汽车的行驶和其他需要动力的机构输出扭矩。同时还储存能量，用以克服非做功行程的阻力，使发动机运转平稳。

图 2.2-22　曲轴的旋转运动

1—活塞；2—飞轮；3—连杆；4—曲轴；5—扭转减振器；6—正时链

❷ 结构组成。曲轴飞轮组主要由曲轴、飞轮、扭转减振器等组成。

a. 曲轴（图 2.2-23 和图 2.2-24）。曲轴承受连杆传来的力，将其转变为转矩，通过曲轴输出并驱动发动机上其他附件工作。主轴承轴颈位于曲轴箱内的轴承内。连杆轴颈或曲柄轴颈与曲轴通过所谓的曲柄臂连接起来。曲柄轴颈和曲柄臂的这部分也称作曲柄。

图 2.2-23　曲轴（四缸发动机）

A—平衡重；1—主轴颈；2—从连杆轴承至主轴承的机油孔；3—从主轴承至连杆轴承的机油孔；4—连杆轴颈

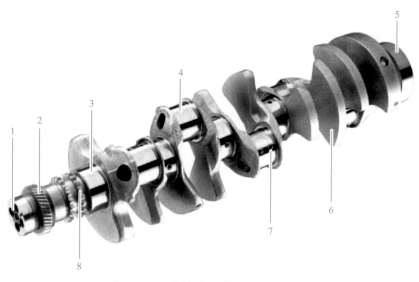

图 2.2-24　曲轴（V 型 10 缸发动机）

1—扭转减振器的固定装置；2—用于驱动机油泵的齿轮；3—主轴承轴颈；
4—连杆轴承轴颈；5—输出端；6—平衡重；7—油孔；8—正时链链轮

　　b.飞轮。飞轮通常位于曲轴后端，即发动机与变速箱之间。它可以在做功行程期间存储能量并于稍后释放能量。借助飞轮的这种能量可以克服"空行程"和越过止点（图 2.2-25）。

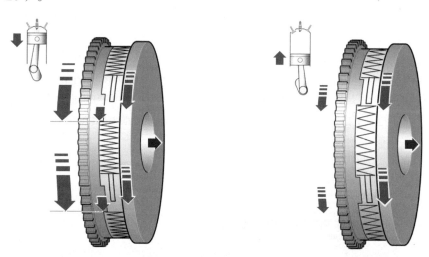

图 2.2-25　飞轮作用示意图

 小贴士

　　为了行驶的稳定和舒适性，很多车辆采用双质飞轮（图 2.2-26）。双质飞轮将传统飞轮的质量块一分为二，一部分继续用于补偿发动机惯量；另一部分负责提高变速箱的惯量，从而使共振范围明显低于正常运行转速。

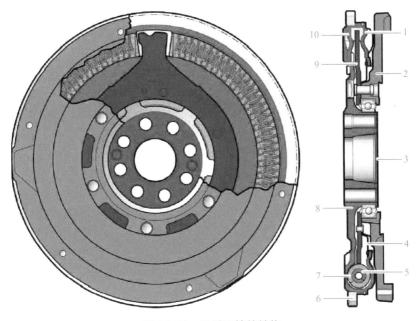

图 2.2-26　双质飞轮的结构

1—盖罩；2—次级飞轮；3—盖板；4—密封隔膜；5—弧形减振弹簧；
6—齿圈；7—弧形减振弹簧；8—主飞轮；9—轮毂凸缘；10—挡板

发动机机械运转不平衡和飞轮作用解释如下。

发动机运转时，实际传至曲轴上的能量并不均衡。一方面是因为燃烧过程具有周期性；另一方面是由于负责传输作用力的连杆与曲轴之间的夹角不断变化。

图 2.2-27(a) 中活塞离上止点（TDC）很近。因为连杆几乎垂直压到曲轴上（夹角 β 几乎达到 180°），所以曲轴倾斜角度很大，从而只有很小的作用力从连杆传到曲轴上。相对于活塞行程来说，为此需要曲轴转角较大。

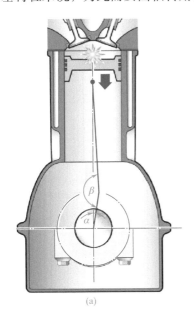

(a)

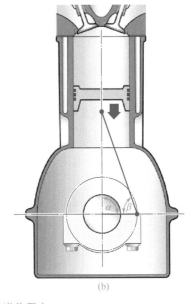

(b)

图 2.2-27　由连杆向曲轴传递作用力

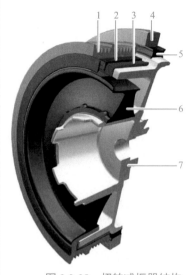

图 2.2-28 扭转减振器结构
组成剖视图
1—皮带轮；2—硫化层；3—滑动轴承；
4—飞轮质量层；5,6—减振橡胶；7—轮毂

图 2.2-27(b) 中曲轴垂直于气缸轴线（α=90°），处于此位置时动力传输效果最佳。相对于活塞行程来说，此时曲轴转角较少。

以不均匀方式传递的作用力与燃烧产生的气体压力叠加，因此会造成运转很不平稳。这种不均匀的扭力曲线造成转速波动。通过飞轮可减小转速波动。飞轮是曲轴传动机构内的一个附加平衡重，可以提高传动机构的转动惯量。它起蓄能器的作用，即动力过大时储存能量，动力不足时释放能量。

c. 扭转减振器。扭转减振器安装在曲轴前端，即动力输出端相对侧。它由一个固定盘（小质量块）和一个飞轮齿圈（大质量块）构成。这两个部件通过一个橡胶垫连接在一起，因此两者可以相对扭转几度。固定盘用螺栓连接在曲轴的前部端面上。扭转减振器结构组成剖视图见图 2.2-28。

扭转减振器用于补偿曲轴的扭转振动。突然加速时飞轮齿圈的转动比曲轴慢几度，松开加速踏板时则正好相反。扭转减振器实物图见图 2.2-29。

d. 平衡轴。平衡轴用于改善发动机的运行平稳性和噪声。通过装有平衡重且朝相反方向旋转的两个轴来实现。图 2.2-30 中，平衡轴箱通过螺栓与机油泵连接在一起构成一体。维修时，平衡轴和机油泵只允许作为一个单元整体更换。

图 2.2-29 扭转减振器实物图
1—带减振质量的次级皮带轮；2—法兰；3—硫化层

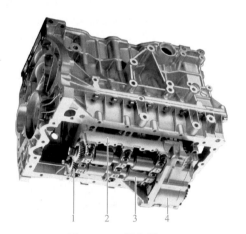

图 2.2-30 平衡轴
1—用于驱动第二个平衡轴的齿轮；2—平衡轴箱；
3—平衡轴；4—机油泵壳体

2.2.2 配气机构

2.2.2.1 作用

配气机构（图 2.2-31）的作用是根据发动机发火顺序和各缸工作循环的要求，定时开启和关闭进、排气门，使新鲜气体及时进入气缸，使废气及时排出气缸。

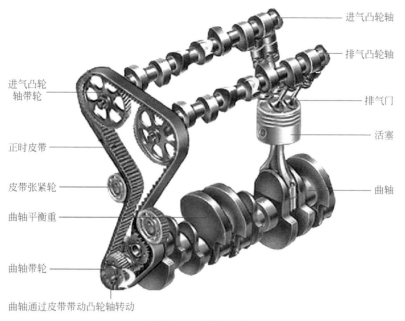

进气凸轮轴

排气凸轮轴

进气凸轮
轴带轮

排气门

正时皮带

活塞

皮带张紧轮

曲轴平衡重

曲轴

曲轴带轮

曲轴通过皮带带动凸轮轴转动

图 2.2-31　配气机构

2.2.2.2　结构组成

　　配气机构一般由气门组件和气门传动组件组成。气门组件主要包括气门、气门导管、气门座及气门弹簧等零部件；气门传动组件主要包括凸轮轴、正时及其传动机构、气门挺杆、气门压杆和摇臂等零部件。如图 2.2-32 ～图 2.2-36 所示。

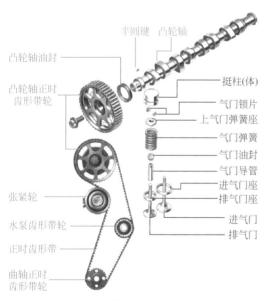

半圆键　凸轮轴

凸轮轴油封

凸轮轴正时
齿形带轮

挺柱(体)

气门锁片

上气门弹簧座

气门弹簧

气门油封

气门导管

进气门座

排气门座

进气门

排气门

张紧轮

水泵齿形带轮

正时齿形带

曲轴正时
齿形带轮

图 2.2-32　配气机构（皮带驱动
的单凸轮轴）的结构组成

图 2.2-33　气缸盖上安装的气门
组件和凸轮轴（一）

1—进气凸轮轴；2—气门导管；3—进气门；4—气门
压杆；5—气门弹簧；6—液压挺杆；7—排气凸轮轴

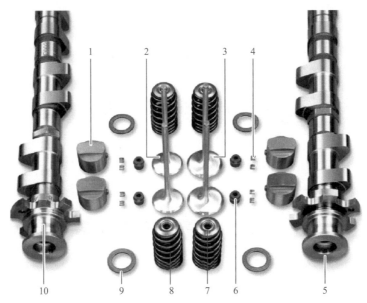

图 2.2-34　气缸盖上安装的气门组件和凸轮轴（二）

1—挺杆；2—排气门；3—进气门；4—气门锁夹；5—进气凸轮轴；6—气门杆密封件（气门油封）；7—上部气门弹簧座；8—气门弹簧；9—气门弹簧座；10—排气凸轮轴

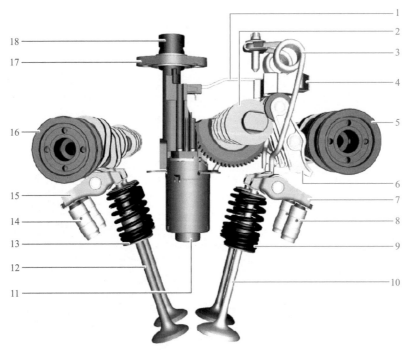

图 2.2-35　宝马 N55 发动机的配气机构

1—机油喷嘴；2—偏心轴；3—扭转弹簧；4—月牙板；5—进气凸轮轴；6—气门挺杆；7—滚子式气门摇臂；8—液压气门间隙补偿装置；9—气门弹簧；10—进气门；11—伺服电动机；12—排气门；13—气门弹簧；14—液压气门间隙补偿装置；15—滚子式气门摇臂；16—排气凸轮轴；17—密封套管；18—插孔

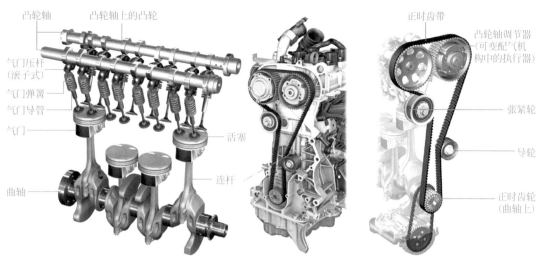

图 2.2-36　气门传动组件

（1）凸轮轴（图 2.2-37）

❶ 凸轮轴的作用。凸轮轴的作用是控制换气过程和燃烧过程。其主要任务是开启和关闭进气门及排气门。发动机的凸轮轴轴身直接在轴承内运转。凸轮轴轴身上带有凸轮，发动机工作的作用力就由凸轮轴轴承承受。

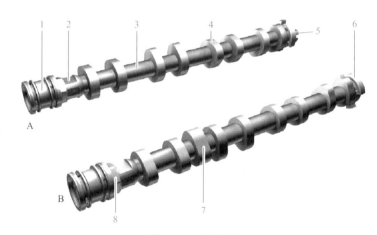

图 2.2-37　凸轮轴

1—输入法兰；2—用于专用工具的双平面段；3—轴管；4—凸轮；5—真空泵的输出法兰；6—凸轮轴传感器的
　　参考基准；7—高压泵传动装置的三段凸轮；8—扳手宽度面；A—进气凸轮轴；B—排气凸轮轴

❷ 凸轮的形状。凸轮的形状，即凸轮横截面的轮廓，它决定了气门行程的运行轨迹（图 2.2-38）。凸轮随动件沿凸轮轮廓随凸轮一起移动，并将运动传至气门。在基圆区域内，气门处于关闭状态。气门机构带有机械调节装置时，基圆和凸轮随动件之间存在间隙。接触到凸轮工作面时，气门开启或关闭。工作面倾斜度越大，气门开启或关闭的速度就越快。工作面可呈直线形状，也可呈曲线形状，具有直线工作面的凸轮也称作切线凸轮。尤其是与滚子式气门压杆一起使用时，凸轮工作面呈中空形式（凹形）。因此，有些车使用了带有烧结凸轮的复合式凸轮轴。只有使用无需修整的烧结凸轮，才能获得滚子式气门压杆所需要的凹形工作面。而使用平顶桶状挺杆时，凸轮工作面呈凸形。这种凸轮也被称作谐运动凸轮。凸

轮顶部是气门完全开启点，凸轮顶部越宽，气门开启时间就越长。但可能会产生一定弧度，凸轮随动件会因加速度而从凸轮上有弧度处抬起。从基圆至凸轮顶部的距离为凸轮行程。

凸轮运动与气门之间的传动比取决于传动部件。例如，桶状挺杆以1：1的传动比传动，而滚子式气门压杆的传动比则取决于杆长。

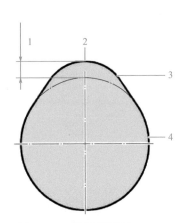

图 2.2-38　凸轮横截面
1—凸轮行程；2—凸轮顶部；3—凸轮工作面；4—基圆

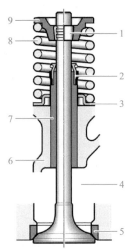

图 2.2-39　处于安装状态下的气门
1—气门锁夹；2—气门杆密封件；3—下部气门弹簧座；4—换气通道；5—气门座圈；6—气缸盖；7—气门导管；8—气门弹簧；9—上部气门弹簧座

（2）气门　气门与气门导管和气门弹簧共同构成一个总成，安装在缸盖上（图2.2-39）。气门由气门头、气门座和气门杆三部分组成（图2.2-40）。气门可分为单一金属气门、双金属气门和空心气门，图2.2-41所示为空心气门。

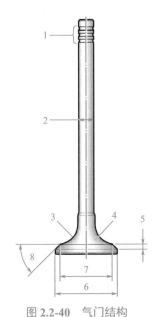

图 2.2-40　气门结构
1—凹槽；2—气门杆直径；3—内圆角；4—气门头；5—气门座高；6—气门头直径；7—气门座直径；8—气门座角度

图 2.2-41　空心气门
1—气门杆；2—空腔；3—气门头

气门座承担隔开燃烧室与气道的作用。此外，热量也通过此处从气门传至气缸盖。气门处于关闭状态时，气门座表面与气缸盖气门座圈靠在一起。

 小 贴 士

通常情况下，承受较小负荷的进气门座比承受高负荷的排气门座窄。气门座宽度为1.2～2.0mm。确保气门座位置正确非常重要。如图2.2-42所示为气门座安装位置。

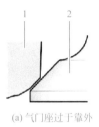  

(a) 气门座过于靠外　　　　(b) 气门座过于靠内　　　　(c) 气门座位置正确

图 2.2-42　气门座安装位置

1—气门座圈；2—气门座表面

（3）气门导管　气门导管是汽车发动机气门的导向装置，对气门起导向作用，以确保气门位于气门座的中心，并通过气门杆将气门头处的热量传至气缸盖。气门导管及其安装位置如图2.2-43所示。

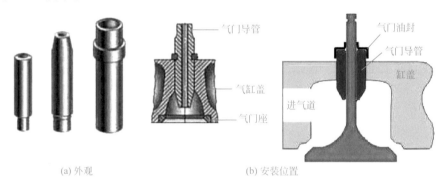

(a) 外观　　　　　　　　　　(b) 安装位置

图 2.2-43　气门导管及其安装位置

（4）气门锁夹　气门锁夹（图2.2-44）负责连接气门弹簧座和气门。

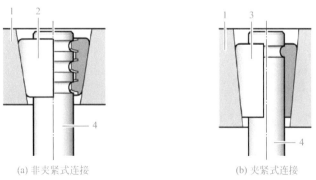

(a) 非夹紧式连接　　　　　　(b) 夹紧式连接

图 2.2-44　气门锁夹

1—气门弹簧座；2—非夹紧式气门锁夹；3—夹紧式气门锁夹；4—气门杆

（5）**气门弹簧** 气门弹簧标准结构形式为对称圆柱弹簧。气门弹簧负责以可控方式关闭气门，就是说必须确保气门随凸轮一起运动，以使其即使在最高转速时也能及时关闭。气门弹簧安装位置如图 2.2-45 所示。气门弹簧类型如图 2.2-46 所示。

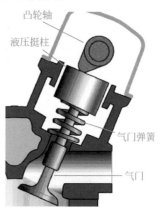

凸轮轴

液压挺柱

气门弹簧

气门

图 2.2-45 气门弹簧安装位置

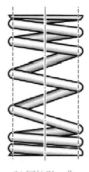

(a) 圆柱形、对称式气门弹簧　　(b) 圆柱形、非对称式气门弹簧　　(c) 锥形气门弹簧　　(d) 半锥形气门弹簧

图 2.2-46 气门弹簧类型

（6）**摇臂、液压式气门间隙调节器、气门压杆、气门挺杆** 摇臂、液压式气门间隙调节器、气门压杆、气门挺杆负责将凸轮运动传给气门，因此这些部件也称作传动元件。摇臂、液压式气门间隙调节器、气门压杆、气门挺杆安装位置见图 2.2-47。

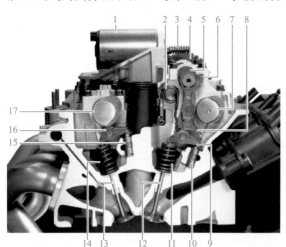

视频精讲

图 2.2-47 气缸盖上的部件安装位置

1—伺服电动机；2—扭转弹簧；3—蜗杆；4—蜗轮；5—偏心轴；6—气门挺杆；7—进气凸轮轴；8—斜台；9,16—滚子式气门压杆 10,15—液压式气门间隙调节器（摇臂）；11,14—气门弹簧；12—进气门；13—排气门；17—排气凸轮轴

❶ 气门压杆。滚子式气门压杆（图 2.2-48）是采用间接传动方式的气门传动组件。

❷ 气门挺杆。气门挺杆（图 2.2-49）是进气门和排气门的直接传动装置，它不改变凸轮的运动或传动比。这种直接传动装置始终具有很高的刚度，移动质量相对较小且所需安装空间较小。气门挺杆用于传递直线运动，其导向部件位于气缸盖内。

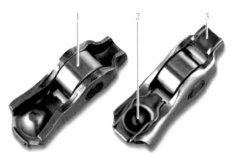

(a) 滚子式气门压杆上侧　　(b) 滚子式气门压杆下侧

图 2.2-48　滚子式气门压杆

1—用于随凸轮移动的滚针轴承滚子；2—用于支撑液压补偿元件的半球；3—压在气门上的操作面

图 2.2-49　气门挺杆

1—球形接触面；2—室式挺杆；3—导向凸台

❸ 液压式气门间隙调节器（图 2.2-50）。气门和传动元件之间必须保持规定的气门间隙。该间隙可以通过机械方式（摇臂）或通过一个液压式气门间隙调节器来调节。液压式气门间隙调节器负责在所有运行条件下确保气门间隙为零。

小贴士

气门间隙影响发动机正时时间，从而影响发动机功率、行驶性能、耗油量和废气排放量。

气门间隙过大会缩短正时时间，即气门延迟开启、提前关闭；气门间隙过小会延长正时时间，即气门提前开启、延迟关闭。

凸轮通过气门压杆开启气门时，还会通过球头对液压式气门间隙调节器内的活塞施加作用力。活塞通过压力室内的机油支撑在固定式压力缸内。

❹ 摇臂。摇臂是一个以中间轴孔为支点的双臂杠杆，短臂一端装有气门间隙调整螺钉，长臂一端有一个圆弧工作面用来推动气门。摇臂是用来调节气门间隙的机械装置。气缸盖上摇臂实物图如图 2.2-51 所示。摇臂安装位置如图 2.2-52 所示。

小贴士

只有在气门关闭状态下，气门杆与气门操纵装置之间存在间隙时，才能确保所需的气门密封效果。由于气门间隙随发动机温度变化而变化，因此必须将该间隙调节到足够大的合适程度。

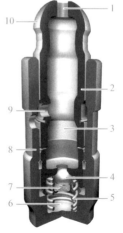

图 2.2-50　液压式气门间隙调节器

1—通风孔；2—活塞；3—储油室；4—阀球；5—活塞弹簧；6—压力室；7—阀球弹簧；8—压力缸；9—供油孔；10—球头

图 2.2-51　气缸盖上摇臂实物图

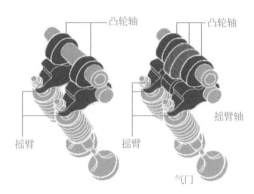

图 2.2-52　摇臂安装位置

（7）链条传动机构　不同链条传动机构的主要区别通常仅在于链条的结构形式和布置方式不同，图 2.2-53 所示为宝马某 V 型发动机的链条传动机构。无论采用何种结构形式，每个链条传动机构一般都包括一个曲轴链轮、链条导轨、带有张紧导轨的链条张紧器、一个供油装置、至少一个凸轮轴上一个链轮以及正时链自身。

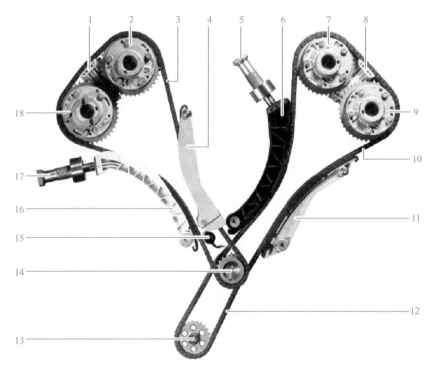

图 2.2-53　宝马某 V 型发动机链条传动机构

1—气缸列 1 的上部导轨；2—气缸列 1 进气凸轮轴的 VANOS 单元（可变凸轮轴正时控制单元）；3—气缸列 1 的正时链；4—气缸列 1 的导轨；5—气缸列 2 的链条张紧器；6—气缸列 2 的导轨；7—气缸列 2 进气凸轮轴的 VANOS 单元；8—气缸列 2 的上部导轨；9—气缸列 2 排气凸轮轴的 VANOS 单元；10—气缸列 2 的正时链；11—气缸列 2 的导轨；12—机油泵传动链条；13—机油泵链轮；14—曲轴链轮；15—喷油嘴；16—气缸列 1 的张紧导轨；17—气缸列 1 的链条张紧器；18—气缸列 1 排气凸轮轴的 VANOS 单元

2.2.2.3 配气相位

发动机吸入新鲜汽油-空气混合气和排出废气的过程称为换气。通过进气门和排气门控制换气，气门的开启和关闭时刻取决于曲轴转角。这些时刻又称为正时时间。

进气门的运行方式：活塞即将开始向下移动前，进气门打开；活塞重新开始向上移动后，进气门关闭。

排气门的运行方式与此相似：活塞开始向上移动前，排气门打开；活塞重新开始向下移动后，排气门关闭。

正时的目的其实在实际的发动机工作中，是为了增大气缸内的进气量，进气门需要提前开启、延迟关闭；同样，为了使气缸内的废气排得更干净，排气门也需要提前开启、延迟关闭，这样才能保证发动机有效的运作。配气相位如图 2.2-54 所示。

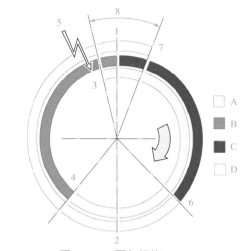

图 2.2-54　配气相位

A—进气；B—压缩；C—做功；D—排气；1—上止点（TDC）；2—下止点（BDC）；3—进气门打开；4—进气门关闭；5—点火时刻；6—排气门打开；7—排气门关闭；8—气门重叠

视频精讲

2.2.2.4 凸轮轴可变配气调节装置（可变正时）

（1）链条张紧器式　链条张紧器式（图 2.2-55）只能对进气凸轮轴进行调整。凸轮轴调整是通过电控液压活塞将油压作用于链条张紧器来实现的。张紧元件被液压力向下压，在转速较低的范围，要求较高扭矩时，进气凸轮轴被调节到"早"的方向。这种调节方式不能实现无级调节，调节角度约为 20°（曲轴转角）。按调节方式不同，又可分为功率调节和扭矩调节。

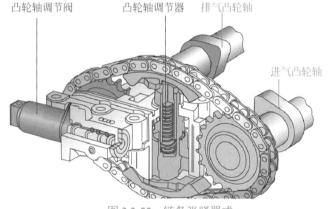

图 2.2-55　链条张紧器式

❶ 功率调节（图 2.2-56）。链条下部短，上部长，进气门延迟关闭。高速时，充气量充足，功率大。

❷ 扭矩调节（图 2.2-57）。凸轮轴调节器向下拉长，链条上部变短，下部变长，进气门提前关闭。中、低转速时，可获得大扭矩输出。

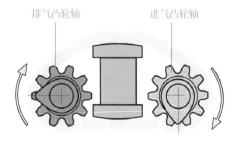

图 2.2-56　功率调节

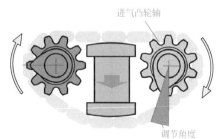

图 2.2-57　扭矩调节

（2）**斜齿啮合式**　同样，斜齿啮合式（图 2.2-58）只能对进气凸轮轴进行调整。凸轮轴调整是通过液压活塞在斜齿啮合处轴向移动来实现的无级调节，其调节角度约为 40°（曲轴转角）。

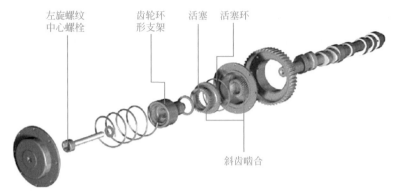

左旋螺纹中心螺栓　齿轮环形支架　活塞　活塞环

斜齿啮合

图 2.2-58　斜齿啮合式

采用斜齿啮合方式工作的系统模块中，有一个活塞，液压油可从两侧冲压活塞。这样，活塞可进行轴向往复运动。而通过斜齿啮合，活塞不仅进行往复运动，还可进行旋转运动。它朝向与凸轮轴动力啮合连接着的齿圈支架内转动。这样，凸轮轴便随着模块的壳体转动。该模块的中心螺栓具有一个左旋螺纹，通过左旋螺纹，调节装置可保持在其基准位置，即"晚"位置。假如是右旋螺纹，则只需在拧紧螺栓的时候，将凸轮轴调节装置向"早"方向调节即可。

（3）**叶片调节器式**　叶片调节器式（图 2.2-59）正时调节装置，有时也简称叶片调节器或回转电动机。每个需要调节的凸轮上面各有一个调节元件（进气凸轮轴叶片调节器和排气凸轮轴叶片调节器）。每个调节元件通过一个电动液压式电磁阀进行控制。进气凸轮轴因调节角度有多种，所以可实现无级调节。

进气凸轮轴的叶片调节器被直接安装在进气凸轮轴上，它根据发动机控制单元的信号调节进气凸轮轴；排气凸轮轴的叶片调节器被直接安装在排气凸轮轴上（图 2.2-60），控制外壳内安装有两个电磁阀，它根据发动机控制单元的信号调节排气凸轮轴。两个叶片调节器都是由液压阀操控的，并且通过控制外壳与发动机的机油系统连接。

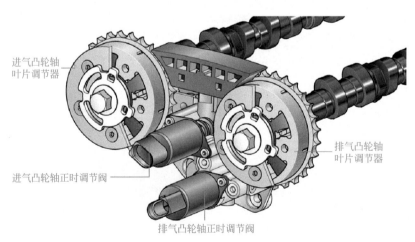

进气凸轮轴叶片调节器

排气凸轮轴叶片调节器

进气凸轮轴正时调节阀

排气凸轮轴正时调节阀

图 2.2-59　叶片调节器式（一）

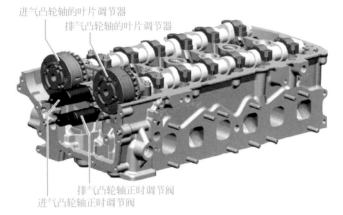

进气凸轮轴的叶片调节器
排气凸轮轴的叶片调节器

排气凸轮轴正时调节阀
进气凸轮轴正时调节阀

图 2.2-60　叶片调节器式（二）

视频精讲

2.2.2.5　凸轮轴调节单元

　　凸轮轴调节单元（图 2.2-61）是通过凸轮轴调节阀借助于发动机的机油压力来实现调节功能的。两个凸轮轴一起调节，可以实现较大的气门重叠，有利于改善尾气排放。

排气凸轮轴调节单元
回转弹簧
壳体　　内转子

锁止元件

图 2.2-61　凸轮轴调节单元

　　凸轮轴调节单元调节机构的工作原理如图 2.2-62 ～图 2.2-64 所示。

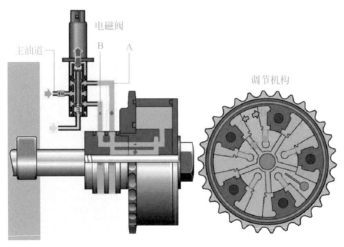

电磁阀
主油道　　B　A
调节机构

图 2.2-62　调节机构工作原理
A、B—油道

（1）滞后调节　如图 2.2-63 所示，电磁阀通电，阀芯顶出，油道 B 与主油道接通，建立压力。凸轮轴向延迟关闭方向调整，进气门"晚"关，以增加进气量。

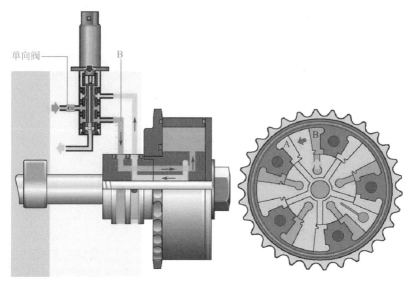

图 2.2-63　滞后调节
A，B—油道

（2）提前调节　如图 2.2-64 所示，电磁阀断电，阀芯回缩，油道 A 与主油道接通，建立压力。凸轮轴向提前关闭方向调整，进气门"早"关，避免进气回流。

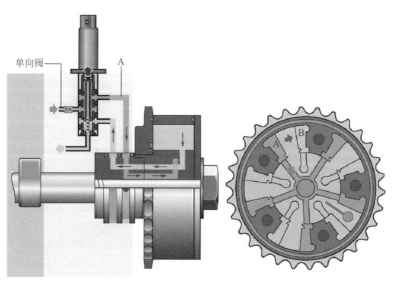

图 2.2-64　提前调节
A，B—油道

2.2.2.6　电子气门调节系统

宝马汽车中的可变配气系统称为电子气门调节系统，由全可变气门行程控制装置和可变凸轮轴控制装置构成（图 2.2-65），因此可以任意选择进气门关闭时刻。仅在进气侧控制气门行程，而凸轮轴控制则在进气和排气侧进行。

电子气门调节系统在很大程度上执行了节气门的功能，为此需要使用全可变气门行程控制装置。全可变气门行程控制通过气门机构的伺服电动机、偏心轴、气门挺杆和扭转弹簧等部件来实现。气门行程调节状态见图2.2-66。

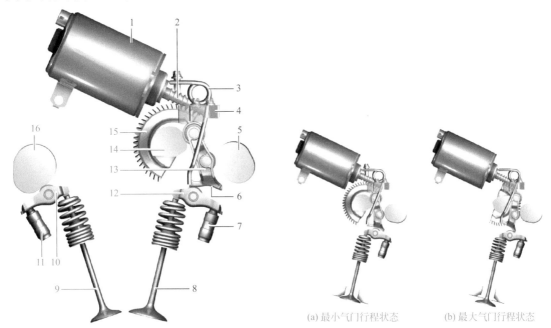

图 2.2-65　宝马电子气门调节系统

图 2.2-66　气门行程调节状态

(a) 最小气门行程状态　　(b) 最大气门行程状态

1—伺服电动机；2—蜗杆；3—扭转弹簧；4—固定架；
5—进气凸轮轴；6—斜台；7,11—液压式气门间隙调节器；
8—进气门；9—排气门；10,12—滚子式气门压杆；13—气门
挺杆；14—偏心轴；15—蜗轮；16—排气凸轮轴

伺服电动机负责调节偏心轴。通过改变电动机转动方向和节拍控制时间可对偏心轴进行相应调节，进行气门升程控制。偏心轮旋转的角度不同，凸轮轴通过气门挺杆和摇臂推动气门的升程不同。当高速时，通过伺服电动机控制机构，以增加气门开度，获得更多进气量；反之，同理（图2.2-67）。

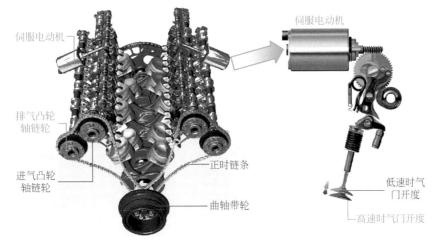

伺服电动机

伺服电动机

排气凸轮
轴链轮

进气凸轮
轴链轮

正时链条

曲轴带轮

低速时气
门开度

高速时气门开度

图 2.2-67　伺服电动机在机构中的位置

（1）偏心轴端部挡块状态　达到最小气门行程时，偏心轴挡块靠在气缸盖挡块上，该挡块用螺栓固定在气缸盖内。因此可以通过机械方式限制最小气门行程（图 2.2-68）。最大气门行程也通过一个机械挡块来限制（图 2.2-69）。气缸盖实物图如图 2.2-70 所示，图中标示了最小／最大位置挡块的相对位置。

图 2.2-68　靠在最小位置挡块处的偏心轴

1—偏心轴上的最小位置挡块；2—拧入气缸盖
内的最小位置挡块（气缸盖挡块）

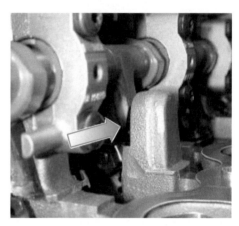

图 2.2-69　靠在最大位置挡块处的偏心轴

图 2.2-70　气缸盖实物图（气门行程控制装置）

1—伺服电动机；2—机油喷嘴；3—偏心轴；4—最小位置挡块；5—最大位置挡块

　　进气侧和排气侧各有一个紧凑型无级叶片式凸轮轴单元。凸轮轴单元作为链条传动机构的集成式组件，用一个中央螺栓固定在相应凸轮轴上（图 2.2-71）。螺旋弹簧将凸轮轴单元固定在基本位置，如图 2.2-72 所示。

由于进气和排气凸轮轴单元的交错角不同，因此不允许进行互换（混淆）。如果安装了不正确的凸轮轴单元，则可能导致发动机严重损坏。

图 2.2-71　（双）凸轮轴单元

图 2.2-72　螺旋弹簧将凸轮轴单元固定在基本位置

（2）电子气门调节系统对排放的影响　进气门的气门行程和气门关闭时刻通过电子气门调节系统来控制（图 2.2-73），从而使"进气门关闭"时燃烧室内到达理想的混合气质量。

气门行程较小时气流围绕气门均匀流动，因此混合气在燃烧室内的分布情况非常好（图 2.2-74）。由于进气速度非常高且气门间隙内的压力差非常大，因此油滴尺寸减小。这样可以达到很好的混合气形成效果并减小功率输出波动以及碳氢化物（HC）和氮氧化物（NO_x）排放量。

传统节流式发动机达到最大气门行程时的燃油分布情况如图 2.2-75 所示。燃油分布不均匀且油滴相对较大时，说明怠速运转期间燃烧情况不理想。

图 2.2-73　通过气门间隙进气

图 2.2-74　气门行程较小时的燃油分布情况

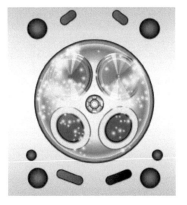

图 2.2-75　最大气门行程时的燃油分布情况

2.2.2.7　VVT-i 可变气门正时系统

丰田汽车中的 VVT-i 可变气门正时系统（图 2.2-76），基本原理是：在凸轮轴上加装一套液力机构，通过发动机控制单元，在一定角度范围内对气门开启、关闭的时间进行调节，或提前，或延迟，或保持不变。凸轮轴正时齿轮的外转子与正时驱动相连，内转子与凸轮轴相连。外转子可以通过液压油间接带动内转子，从而实现一定范围内的角度提前或延迟。

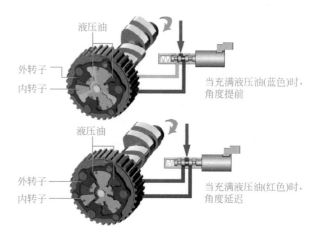

图 2.2-76　丰田 VVT-i 可变气门正时系统

2.2.2.8　i-VTEC 可变气门升程系统

本田汽车中的 i-VTEC 可变气门升程系统（图 2.2-77）基本原理是：在普通气门调节系统的基础上增加了第三根摇臂和第三个凸轮轴。通过三根摇臂的动作，来实现高低升程凸轮轴的切换，从而改变气门的升程。

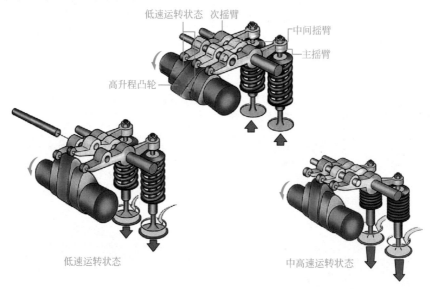

图 2.2-77　本田 i-VTEC 可变气门升程系统

当发动机处于低负荷时，三根摇臂处于分离状态，低升程凸轮驱动两侧摇臂来压开气门，气门升程量小；当发动机处于高负荷时，三根摇臂通过卡销结合为一体，由升程凸轮驱动中间摇臂压开气门，气门升程量大。

第2章　发动机

2.2.2.9　AVS 可变气门升程系统

　　奥迪汽车中的 AVS 可变气门升程系统（图 2.2-78）基本原理是：通过切换凸轮轴上两组高度不同的凸轮来实现改变气门的升程，AVS 系统通过安装在凸轮轴上的螺旋沟槽套筒，来实现凸轮轴的左右移动，进而切换凸轮轴上的高低凸轮。

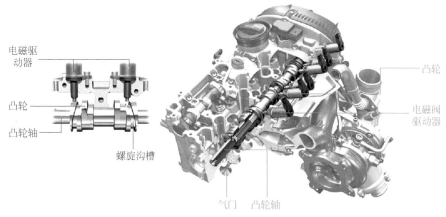

图 2.2-78　奥迪 AVS 可变气门升程系统

　　（1）凸轮轴结构　　为了使排气凸轮轴上两个不同的气门升程之间能相互切换，排气凸轮轴（带外花键）上有 4 个可移动凸轮件（带内花键）。每个凸轮件上都装有两对凸轮，通过两个电动执行器对两种升程进行切换。电动执行器接合每个凸轮件上的滑动槽，并移动凸轮轴上的凸轮件（图 2.2-79）。

图 2.2-79　AVS 可变气门升程系统凸轮轴结构

　　（2）凸轮轴调节器（图 2.2-80）　　通电后电磁线圈使金属销向外移动，插入凸轮件调节槽，进行调节。

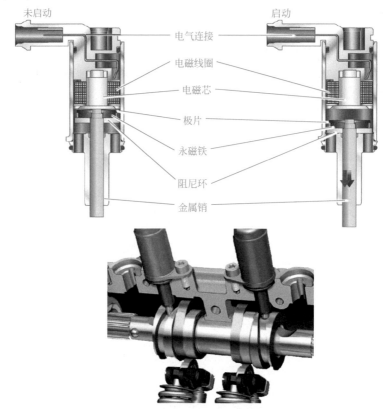

图 2.2-80　凸轮轴调节器

（3）凸轮件调整及锁止（图 2.2-81）　每个凸轮段使用两个执行器。一个执行器使凸轮件从大凸轮调节到小凸轮；另一个执行器以相反方向调节。执行器由发动机控制单元的接地信号启动，通过主继电器供电。调节槽的轮廓迫使凸轮段移动到另一个位置，通过弹簧加压球（锁紧钢球）来进行锁紧。

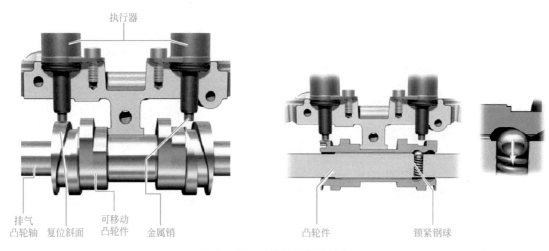

图 2.2-81　凸轮件调整及锁止

（4）AVS工作状态

❶ 高负荷时。当发动机处于高负荷时，电磁驱动器使凸轮轴向右移动，切换到高角度凸轮，从而增大气门的升程（图2.2-82和图2.2-83）。

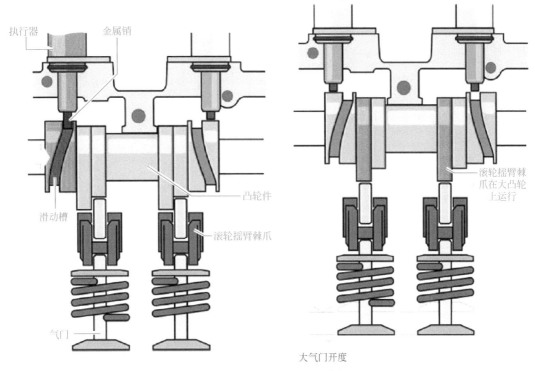

图 2.2-82　发动机高负荷时 AVS 工作状态（一）

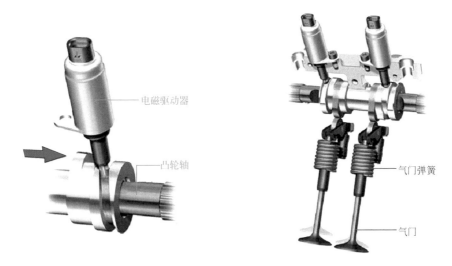

图 2.2-83　发动机高负荷时 AVS 工作状态（二）

❷ 低负荷时。当发动机处于低负荷时，电磁驱动器使凸轮轴向左移动，切换到低角度凸轮，以减少气门的升程（图2.2-84和图2.2-85）。

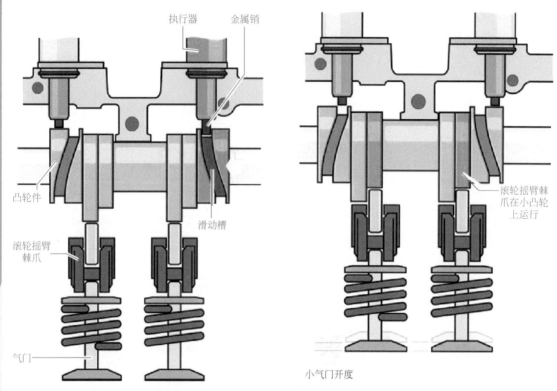

执行器　金属销

凸轮件

滑动槽

滚轮摇臂棘爪在小凸轮上运行

滚轮摇臂棘爪

气门

小气门开度

图 2.2-84　发动机低负荷时 AVS 工作状态（一）

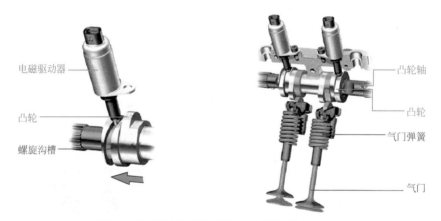

电磁驱动器

凸轮

螺旋沟槽

凸轮轴

凸轮

气门弹簧

气门

图 2.2-85　发动机低负荷时 AVS 工作状态（二）

2.2.3　冷却系统

（1）冷却系统构造（图 2.2-86 和图 2.2-87）　汽车冷却系统将受热零件吸收的部分热量及时散发出去，保证发动机在最适宜的温度状态下工作。

（2）冷却系统循环　冷却系统通过节温器实现大小循环的切换。如图 2.2-88 所示，节温器关闭时，冷却液流不通过散热器，系统为小循环；如图 2.2-89 所示，节温器打开时，冷却液流通过散热器，系统为大循环。

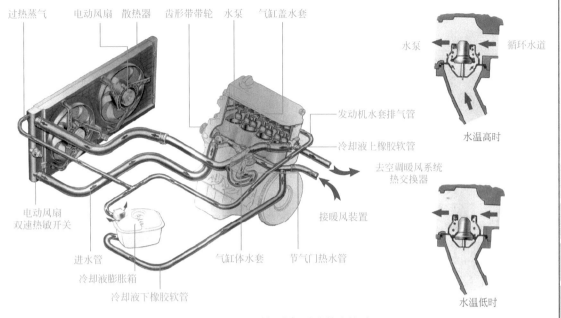

过热蒸气　电动风扇　散热器　齿形带带轮　水泵　气缸盖水套

水泵　循环水道

发动机水套排气管

冷却液上橡胶软管

去空调暖风系统
热交换器

水温高时

电动风扇
双速热敏开关

接暖风装置

进水管　气缸体水套　节气门热水管

冷却液膨胀箱

冷却液下橡胶软管

水温低时

图 2.2-86　发动机冷却系统基本构造

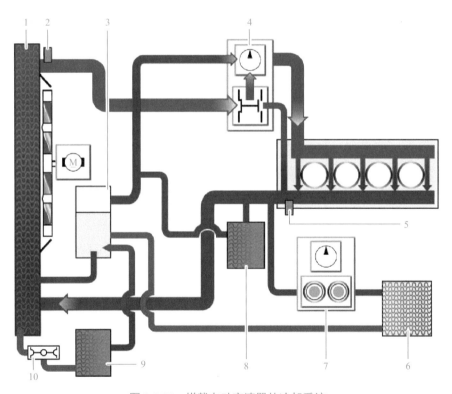

图 2.2-87　搭载自动变速器的冷却系统

1—冷却液散热器；2,5—冷却液温度传感器；3—冷却液补液罐；4—冷却液节温器；
6—暖风装置热交换器；7—暖风调节阀；8—冷却液 / 机油热交换器；
9—变速箱油 / 冷却液热交换器；10—调节单元

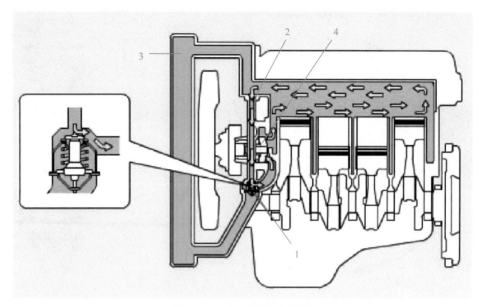

图 2.2-88　冷却系统小循环

1—节温器；2—旁路；3—散热器；4—水泵

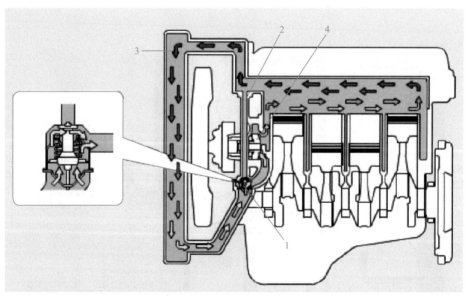

图 2.2-89　冷却系统大循环

1—节温器；2—旁路；3—散热器；4—水泵

（3）节温器（图 2.2-90 ～图 2.2-92）　当冷却液温度低于规定值时，节温器感温体内的石蜡呈固态，节温器阀在弹簧的作用下关闭发动机与散热器间的通道，进行小循环。当冷却液温度达到规定值后，石蜡开始熔化逐渐变成液体，体积随之增大并压迫橡胶管使其收缩，在橡胶管收缩的同时对推杆作用一向上的推力。由于推杆上端固定，推杆对橡胶管和感温体产生向下的反推力使阀门开启，这时冷却液经由散热器和节温器阀，再经水泵流回发动机，进行大循环。

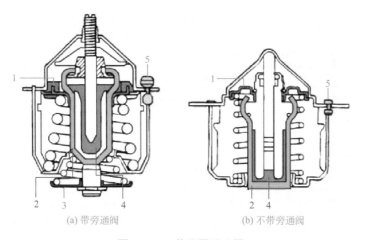

(a) 带旁通阀　　　　　　　　(b) 不带旁通阀

图 2.2-90　节温器原理图

1—节温器阀；2—缸；3—旁通阀；4—石蜡；5—跳阀

图 2.2-91　节温器实物图

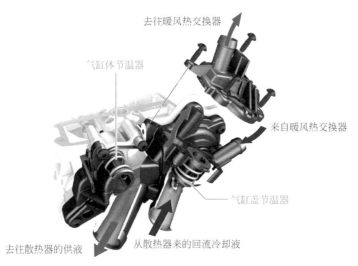

图 2.2-92　气缸体和气缸盖各安装一个节温器的冷却系统

　　电子节温器如图 2.2-93 所示。发动机满负荷运行时，较高的运行温度会带来不利影响（例如因爆震趋势造成点火延迟）。因此，满负荷运行时将通过电子节温器有效降低冷却液温度。

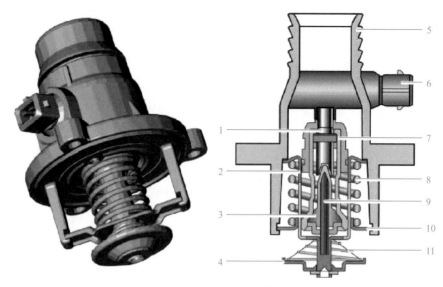

图 2.2-93　电子节温器

1—加热电阻；2—主阀；3—橡胶嵌入件；4—旁通阀；5—壳体；6—插头；
7—工作元件壳体；8—主弹簧；9—工作活塞；10—横杆；11—旁通

（4）散热器（图2.2-94）　散热器是换热装置，也就是水箱，通过强制水循环对发动机进行冷却，释放冷却液热量，保证发动机在正常温度范围内连续工作。

（5）补液罐盖　补液罐盖用于确保产生压力并使冷却循环回路内的压力不受环境压力影响，这样可以避免空气压力较低时冷却液沸点较低。

如图 2.2-95 所示，在端盖顶部和底部都注有相应开启压力，表示开启压力（表压）为 1.4bar 力（$1bar=10^5Pa$）。

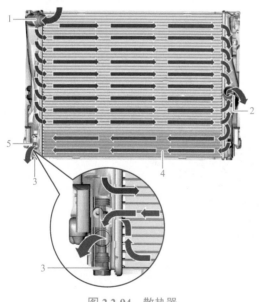

图 2.2-94　散热器

1—冷却液进口；2—冷却液出口；3—调节套管；
4—低温区域；5—连接变速箱油／冷却液热交换器

图 2.2-95　补液罐盖

2.2.4　润滑系统

润滑系统（图 2.2-96）有润滑、清洁、冷却、密封、防蚀、传力六大功能。在发动机工作时连续不断地把数量足够、温度适当的洁净机油输送到全部传动件的摩擦表面，并在摩擦表面之间形成油膜，实现液体摩擦，从而减小摩擦阻力、降低功率消耗、减轻机件磨损，以达到提高发动机工作可靠性和耐久性的目的。

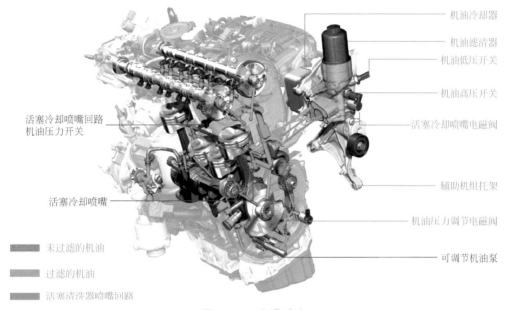

机油冷却器
机油滤清器
机油低压开关
机油高压开关
活塞冷却喷嘴电磁阀
辅助机组托架
机油压力调节电磁阀
可调节机油泵

活塞冷却喷嘴回路
机油压力开关

活塞冷却喷嘴

未过滤的机油
过滤的机油
活塞清洗器喷嘴回路

图 2.2-96　润滑系统

（1）机油泵　机油泵的任务是在机油回路内输送机油。输送量较高时，机油泵必须确保机油压力充足。机油泵通常由曲轴通过一个链条或一个齿轮进行驱动。在这种机油泵中两个外啮合齿轮相互啮合在一起，其中一个是驱动齿轮。未啮合轮齿的齿顶沿机油泵壳体滑动，并将机油从抽吸室输送至压力室。机油泵原理示意如图 2.2-97 所示。

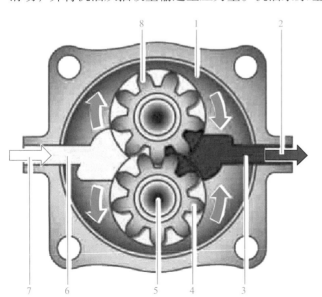

图 2.2-97　机油泵原理示意

1—机油泵壳体；2—压力油；3—压力室；
4—齿轮；5—驱动轴；6—抽吸室；
7—抽吸油；8—齿轮

❶ 双级调节机油泵。又称可变排量机油泵，主要是通过调节泵齿轮的供油量来实现机油压力的调节，它是通过机油泵内部两个泵齿轮相对移动来实现的。两个泵齿轮无位移（正对着），供油能力最大；两个泵齿轮最大轴向位移（偏移），供油量最小（图2.2-98和图2.2-99）。

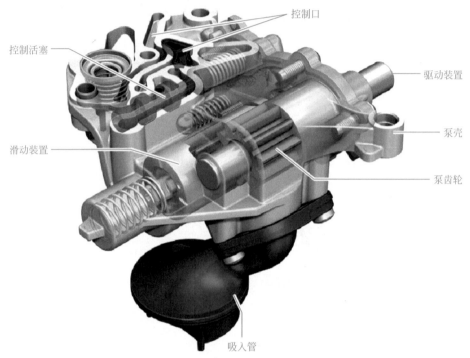

控制口
控制活塞
驱动装置
滑动装置
泵壳
泵齿轮
吸入管

图 2.2-98　双级调节机油泵

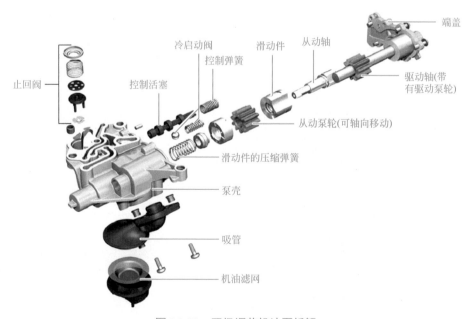

端盖
冷启动阀
控制弹簧
滑动件
从动轴
止回阀
控制活塞
驱动轴(带有驱动泵轮)
从动泵轮(可轴向移动)
滑动件的压缩弹簧
泵壳
吸管
机油滤网

图 2.2-99　双级调节机油泵拆解

❷ 带平衡轴的机油泵。机油泵连接在平衡轴箱上（图 2.2-100），位于发动机飞轮侧，但在发动机正面通过一个链条由曲轴驱动。为此链轮通过一根轴将力矩传输给机油泵。这根轴同时还用作第一平衡轴，旋转方向与曲轴相同。在此通过一个齿轮将来自平衡轴的转速降低到可供机油泵使用。

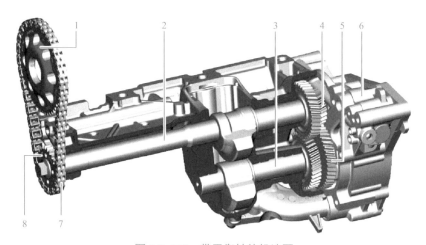

图 2.2.-100　带平衡轴的机油泵

1—曲轴链轮；2—上部平衡轴；3—下部平衡轴；4—上部平衡轴齿轮；5—机油泵齿轮；
6—机油泵；7—平衡轴和机油泵传动齿形链；8—平衡轴链轮

❸ 双级可变式机油泵。如图 2.2-101 所示，机油压力越大，滑阀克服弹簧力向泵中心方向移动的量就越多，从而减小输送体积流量，这样可以减小泵的输送功率并限制系统内的压力。双级可变式机油泵的核心部分是滑阀，滑阀可沿泵的轴线移动。

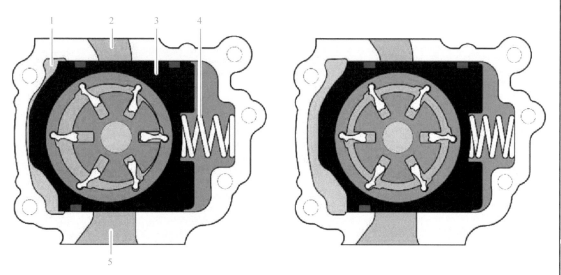

图 2.2-101　双级可变式机油泵

1—调节油室；2—压力侧；3—滑阀；4—主弹簧；5—抽吸侧

（2）机油滤清器　机油滤清器用于清洁机油，防止污物颗粒进入机油回路而损害发动机。它位于机油泵与发动机润滑部位之间的主机油流内。也就是说，机油泵输送的全部机油在到达润滑部位前都要通过该滤清器，因此润滑部位只获得经过清洁的机油。如图2.2-102所示是带有滤清器旁通阀的机油滤清器。

带有回流关断隔膜的机油滤清器的回流关断隔膜用于在发动机关闭后防止机油滤清器排空机油（图2.2-103）。

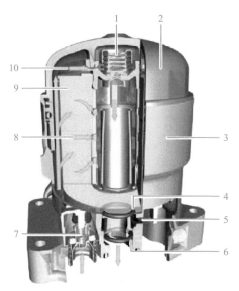

图2.2-102　带有滤清器旁通阀的机油滤清器
1—滤清器旁通阀；2—机油滤清器端盖；3—机油滤清器壳体；4,6—O形环；5—用于更换滤清器的放油口；7—回流关断阀；8—机油流；9—机油滤清器；10—通过滤清器旁通阀的机油流

图2.2-103　带有回流关断隔膜的机油滤清器
1—机油滤清器；2—回流关断隔膜

 小贴士

回流关断隔膜是机油滤清器的一部分，因此每次更换机油滤清器时就会自动随之更换。

（3）机油冷却器（图2.2-104）　机油回路有一个外部机油滤清器与冷却器模块。在功率较大且热负荷较高的发动机上，使用机油冷却器可避免行驶过程中润滑油有过热的危险。

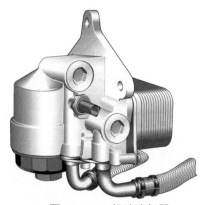

图2.2-104　机油冷却器

 小贴士

发动机处于冷态时不需要该冷却器，因此只有机油温度达到约90℃时才会接通该冷却器。

（4）机油喷嘴（图2.2-105～图2.2-107）　机油喷嘴用于将机油输送到移动部件的指定部位（通过机油通道无法到达这些部位），以便进行润滑和冷却。

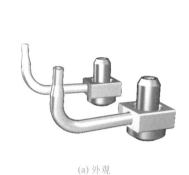

(a) 外观

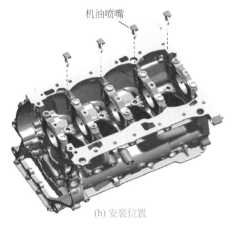

机油喷嘴

(b) 安装位置

图 2.2-105　机油喷嘴

活塞

机油喷嘴

图 2.2-106　机油喷嘴作用示意图

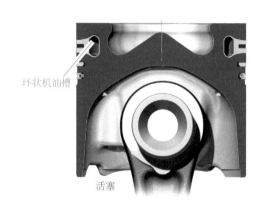

环状机油槽

活塞

图 2.2-107　机油喷嘴喷射机油进入活塞环状机油槽

（5）连杆轴承润滑　连杆轴承润滑（图 2.2-108 和图 2.2-109），也就是维修中所谓的小瓦润滑。机油从外环槽通过孔流入上轴瓦的内槽，这些孔可以保证形成均匀的油膜。通向下轴瓦的整体式过渡油腔可以保证机油稳定地从曲轴上的小孔供给连杆轴承。

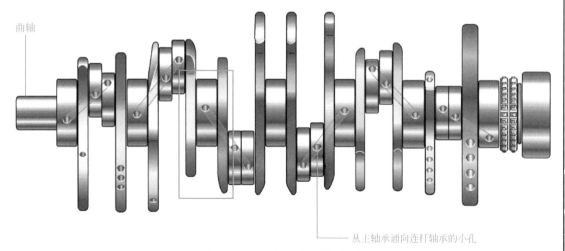

曲轴

从主轴承通向连杆轴承的小孔

图 2.2-108　连杆轴承润滑（一）

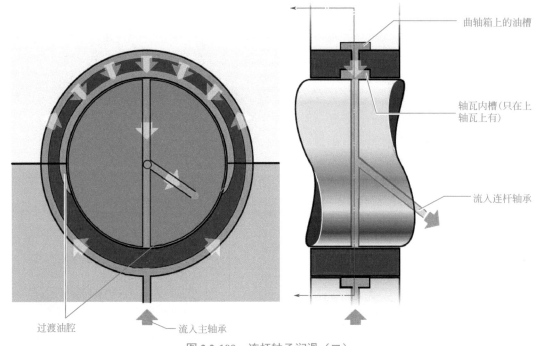

过渡油腔　流入主轴承

曲轴箱上的油槽

轴瓦内槽（只在上轴瓦上有）

流入连杆轴承

图 2.2-109　连杆轴承润滑（二）

（6）**曲轴轴承润滑**　曲轴轴承润滑（图 2.2-110），也就是维修中所谓的大瓦润滑。机油经过缸孔从主油道进入曲轴，然后通过轴瓦背面的油槽进入上轴瓦，从那里经过上轴瓦上的五个小孔到达曲轴。

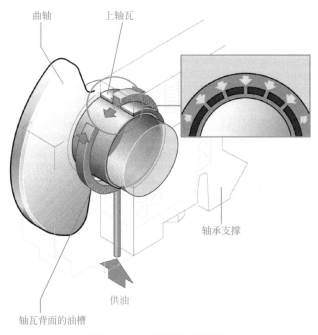

曲轴　上轴瓦

轴承支撑

供油

轴瓦背面的油槽

图 2.2-110　曲轴轴承润滑

（7）**气缸盖润滑**　见图 2.2-111。

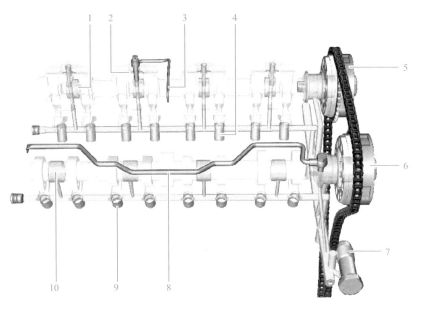

图 2.2-111　气缸盖润滑

1—进气凸轮轴轴承润滑部位；2—用于气门挺杆和进气凸轮的月牙板内的机油喷嘴；
3—伺服电动机花键机油喷嘴；4—进气门挺杆；5—进气凸轮轴调节单元；
6—排气凸轮轴调节单元；7—正时链链条张紧器；8—用于排气凸轮机油
喷嘴的机油管；9—排气门挺杆；10—排气凸轮轴轴承润滑部位

（8）机油压力开关（图 2.2-112）　机油压力开关用于监控润滑系统。发动机处于静止状态且点火开关打开时，机油压力指示灯通过机油压力开关接地，指示灯亮起。启动发动机后，机油压力使接地触点克服弹簧力打开，指示灯熄灭。机油压力降至某一限值以下时，弹簧力就会关闭触点且机油压力指示灯再次亮起。

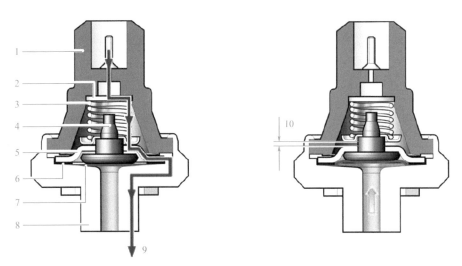

图 2.2-112　机油压力开关

1—由塑料制成的壳体上部件；2—触点顶端；3—弹簧；4—压板；5—隔板；6—密封环；
7—隔膜；8—由金属制成的壳体；9—触点闭合时的电流；10—触点打开时的间隙

2.2.5 燃油供给系统

燃油供给系统为发动机提供合适的燃油量，通过燃油喷射器将燃油喷射到发动机中。基本的燃油供给系统包括燃油箱、燃油泵（电动燃油泵在燃油箱内）、燃油滤清器、燃油压力调节器以及燃油分配管路（图 2.2-113）。

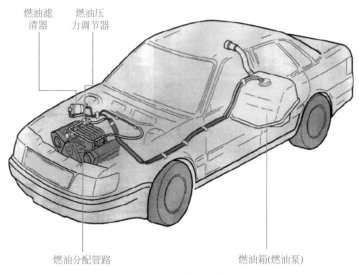

燃油滤清器　燃油压力调节器

燃油分配管路　　　　　　　　　燃油箱(燃油泵)

图 2.2-113　燃油供给系统

按需供给的燃油供给系统（图 2.2-114）中，燃油箱里的电动燃油泵和高压燃油泵在任何时候仅按发动机实际需求供给燃油。因此，燃油泵的电驱动功率和机械驱动功率会保持在最低水平，从而节省了燃油。

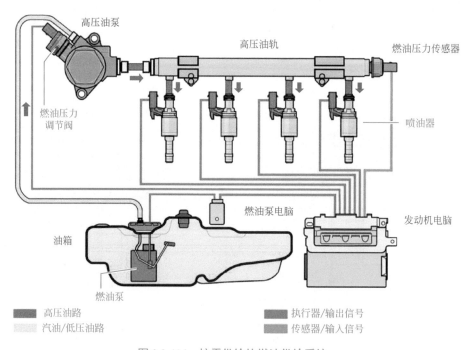

高压油泵　　　　　　　　高压油轨　　　　　　　燃油压力传感器

燃油压力调节阀　　　　　　　　　　　　　　　　喷油器

燃油泵电脑　　　　发动机电脑

油箱

燃油泵

■ 高压油路　　　　　　　　　　　■ 执行器/输出信号
　 汽油/低压油路　　　　　　　　　■ 传感器/输入信号

图 2.2-114　按需供给的燃油供给系统

（1）燃油供给高压端　见图 2.2-115。

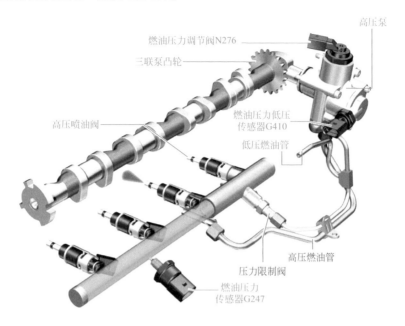

图 2.2-115　燃油供给高压端

　　限压阀与油量控制阀都集成在高压燃油泵上，限压阀能限制系统压力过高。高压燃油泵结构如图 2.2-116 所示。

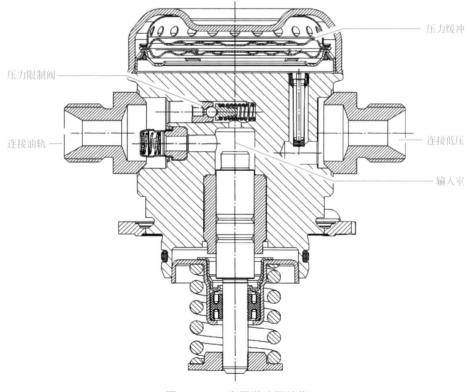

图 2.2-116　高压燃油泵结构

（2）**喷油器**（图2.2-117） 发动机上每个气缸都有一个独立喷油器（喷射阀）。这些喷射阀安装在进气装置内或气缸盖内（缸内直喷）。

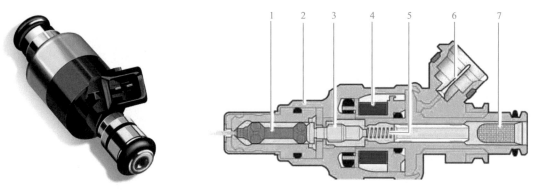

图 2.2-117　喷油器

1—喷嘴针；2—壳体；3—磁铁电枢；4—磁铁绕组；
5—闭锁弹簧；6—电气接口；7—燃油供给管路

（3）**电动燃油泵**（图2.2-118） 电动燃油泵的作用是把燃油从燃油箱中吸出、加压后输送到供油管中，和燃油压力调节器配合建立一定的燃油压力。没带一体式燃油滤清器的电动燃油泵总成如图2.2-119所示。电动燃油泵安装在燃油箱内，它将燃油泵入燃油分配管中。燃油泵提供的燃油压力超过燃油喷射器所需要的压力。带一体式燃油滤清器的电动燃油泵总成如图2.2-120所示。

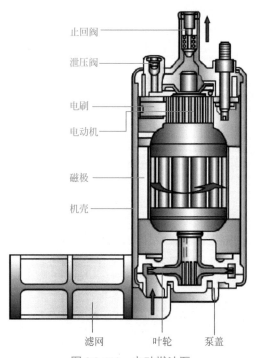

图 2.2-118　电动燃油泵

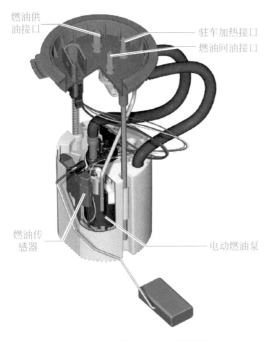

燃油供
油接口

驻车加热接口

燃油回油接口

燃油传
感器

电动燃油泵

图 2.2-119　没带一体式燃油滤清器
的电动燃油泵总成

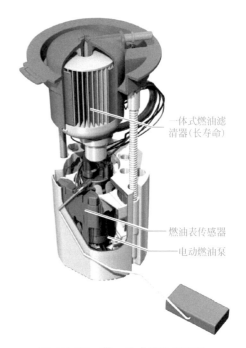

一体式燃油滤
清器（长寿命）

燃油表传感器

电动燃油泵

图 2.2-120　带一体式燃油滤清器
的电动燃油泵总成

（4）燃油箱（图 2.2-121 和图 2.2-122）　汽油产生的燃油蒸气通过两个阀被引入到活性炭滤清器内。有一个迷宫式结构用于阻止液态燃油进入活性炭滤清器。这个膨胀腔内的燃油被真空抽入到燃油箱内，而真空是由燃油冷却而产生的。

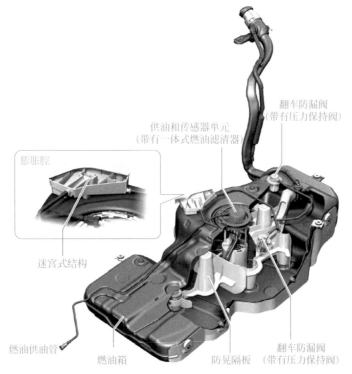

膨胀腔

供油和传感器单元
（带有一体式燃油滤清器）

翻车防漏阀
（带有压力保持阀）

迷宫式结构

燃油供油管

燃油箱

防晃隔板

翻车防漏阀
（带有压力保持阀）

图 2.2-121　燃油箱（带翻车防漏阀）

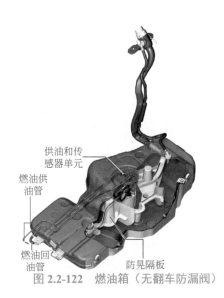

图 2.2-122 燃油箱（无翻车防漏阀）

供油和传感器单元
燃油供油管
燃油回油管
防晃隔板

翻车防漏阀具有浮球式压力保持功能，该阀可在翻车时封住油箱，防止燃油漏出。两个阀向油箱上部的膨胀腔内排气。

（5）燃油压力调节器（图 2.2-123 ～图 2.2-125）　燃油压力调节器是指根据进气歧管真空度的变化来调节进入喷油器的燃油压力，使燃油压力与进气歧管压力之差保持不变，让喷油压力在不同的节气门开度下保持定值的装置。

燃油压力调节器内部有一个膜片，起到控制压力阀打开或关闭的作用，油压低于一定值时，压力阀关闭，由油泵加压使油路内压力增加；当增加到超过规定压力后，膜片打开，过压的燃油通过回油管路流回油箱，起到减压的作用。

图 2.2-123　燃油压力调节器实物图
（外置于油轨上）

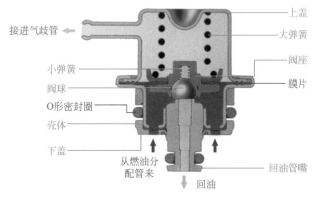

接进气歧管
小弹簧
阀球
O形密封圈
壳体
下盖
从燃油分配管来
回油
上盖
大弹簧
阀座
膜片
回油管嘴

图 2.2-124　燃油压力调节器结构

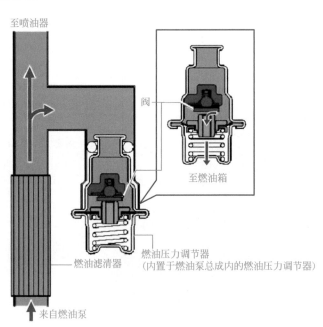

至喷油器
阀
至燃油箱
燃油滤清器
燃油压力调节器（内置于燃油泵总成内的燃油压力调节器）
来自燃油泵

图 2.2-125　燃油压力调节器（内置于燃油泵总成内）原理

（6）燃油滤清器（图 2.2-126 ～图 2.2-128） 燃油滤清器串联在燃油泵和节流阀体进油口之间的管路上。燃油滤清器的作用，是把含在燃油中的氧化铁、粉尘等固体杂物除去，防止燃油系统，特别是喷油器堵塞。

图 2.2-126 燃油滤清器（外置）

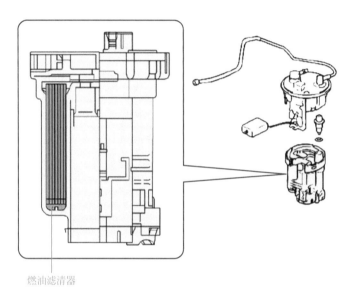

燃油滤清器

图 2.2-127 集成式燃油滤清器（内置于燃油泵总成内）

滤清器内部

图 2.2-128 集成式燃油滤清器（实物图）

2.2.6 点火系统

汽车点火系统是汽油发动机为了正常工作，按照各缸点火次序，定时地供给火花塞以足够高能量的高压电，使火花塞产生足够强的火花，点燃可燃混合气。

（1）传统的分电器点火系统　见图2.2-129。

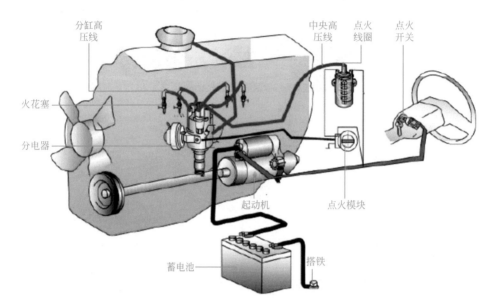

图 2.2-129　传统的分电器点火系统

（2）电子点火的分电器点火系统　见图 2.2-130。

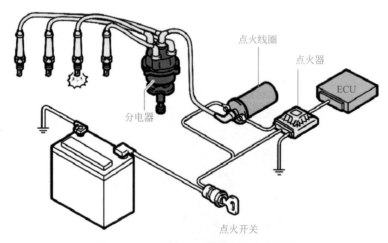

图 2.2-130　电子点火的分电器点火系统

（3）直接点火系统　直接点火系统（DIS）也是电子点火，其控制方式按点火线圈应用数量的不同，可分为独立点火控制和分组同时点火控制两种，见图2.2-131。如四缸发动机，

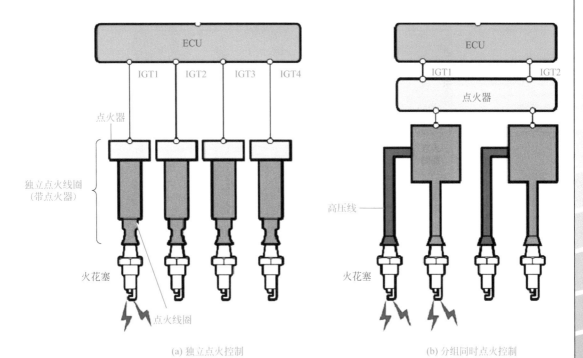

(a) 独立点火控制　　　　　　　　　　(b) 分组同时点火控制

图 2.2-131　直接点火系统（DIS）

独立点火控制是线圈直接安装在火花塞上，即一个气缸分配一个独立线圈。而分组同时点火控制是四缸分为两组，每组共用一个闭磁路式点火线圈，即双缸共用一个点火线圈。

（4）点火线圈　点火线圈有开磁路式和闭磁路式两种，传统的独立点火线圈都是开磁路式的。闭磁路式点火线圈（图2.2-132），将初级绕组和次级绕组都绕在口字形或日字形的铁芯上。初级绕组在铁芯中产生的磁通，通过铁芯构成闭合磁路。闭磁路式点火线圈的优点是漏磁少，磁路的磁阻小，因而能量损失小，能量变换率高。闭磁路式点火线圈实物图如图2.2-133所示。（开磁路式）独立点火线圈实物图如图2.2-134所示。

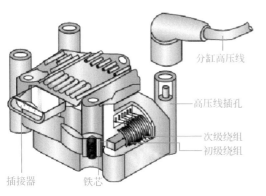

图 2.2-132　闭磁路式点火线圈结构图

图 2.2-133　闭磁路式点火线圈实物图

图 2.2-134　独立点火线圈实物图

（5）火花塞

❶ 火花塞结构（图 2.2-135 ～图 2.2-137），汽油发动机点火系统中将高压电流引入气缸产生电火花，以点燃可燃混合气体。火花塞主要由主体金属（接线螺母、接线螺杆、外壳）、绝缘体、中心电极、侧电极等组成，侧电极焊接在外壳上。

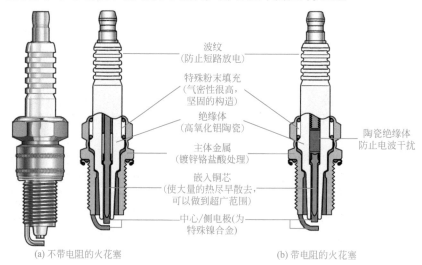

(a) 不带电阻的火花塞　　　　　　　　　　　(b) 带电阻的火花塞

图 2.2-135　火花塞结构

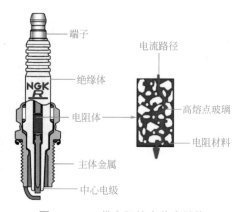

图 2.2-136　带电阻的火花塞结构

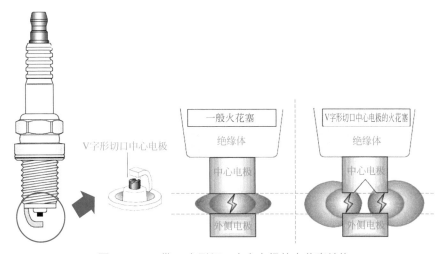

图 2.2-137　带 V 字形切口中心电极的火花塞结构

❷ 火花塞热值。火花塞作为发动机点火系统的终端部件，起着至关重要的作用。而火花塞热值是指火花塞受热和散热能力的一个指标，其自身所受热量的散发量称为热值。

冷型火花塞：能够大量散热的称为冷型火花塞，也就是高热值火花塞，绝缘体裙部相对较短，由于散热途径比较短，散热相对较多，所以不易造成中心电极温度的上升（图 2.2-138）。

热型火花塞：热型火花塞（低热值）的绝缘体裙部较长，当气缸内温度布置均匀时，裙部越长，受热面积就越大，传导热量的距离就越长，所以散热少，中心电极温度上升较高（图 2.2-139）。

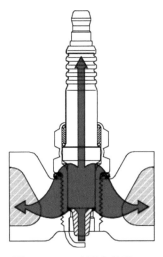

图 2.2-138　冷型火花塞

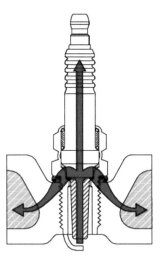

图 2.2-139　热型火花塞

小贴士

　　一般来说低热值火花塞更适用于低速、低压缩比的小功率发动机，而高热值火花塞则适用于高速、高压缩比的大功率发动机。这个数值越大，火花塞的散热量就越大，也就越"冷"；这个数值越小，火花塞的散热量就越小，也就越"热"。热值的高低，取决于缸内混合气温度和火花塞的设计。

2.2.7 启动系统

所谓发动机启动就是用外力转动静止的曲轴，直至曲轴达到能保证混合气形成、压缩和燃烧并顺利运行的转速，使发动机自行运转的过程。启动系统由蓄电池、起动机、点火开关等组成，如图 2.2-140 所示。

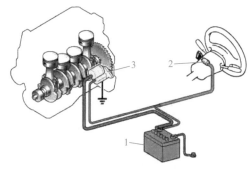

图 2.2-140 启动系统的组成

1—蓄电池；2—点火开关；3—起动机

（1）**蓄电池** 蓄电池是汽车的基本电源，可分为传统的铅酸蓄电池和免维护型蓄电池。汽车常用的蓄电池为铅酸蓄电池，12V 的蓄电池由 6 个单格蓄电池串联而成，每个单格蓄电池的标称电压为 2V，充满电时为 2.1V。蓄电池的结构如图 2.2-141 所示。

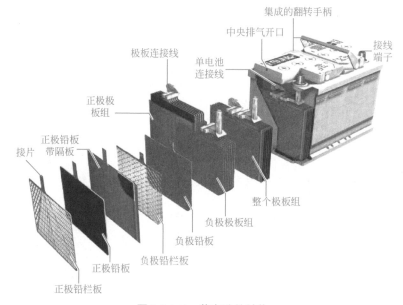

图 2.2-141 蓄电池的结构

（2）**起动机** 启动系统的功用是通过起动机将蓄电池的电能转换成机械能，启动发动机运转。起动机结构类型见图 2.2-142 ～图 2.2-145。

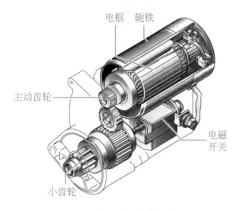

图 2.2-142 减速型起动机

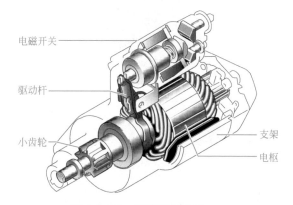

图 2.2-143 传统型起动机

图 2.2-144 行星齿轮型起动机

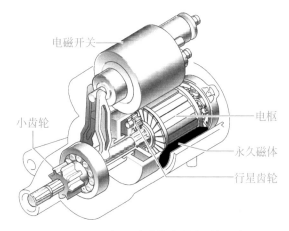

图 2.2-145 行星减速整流导体型起动机

2.2.8 控制系统

2.2.8.1 发动机电子控制系统的组成

　　发动机电子控制系统也称发动机管理系统。发动机电子控制系统由发动机控制单元（或者称为发动机控制模块）、传感器和执行器三部分构成，如图 2.2-146 所示。发动机电子控制系统原理如图 2.2-147 所示和图 2.2-148 所示。

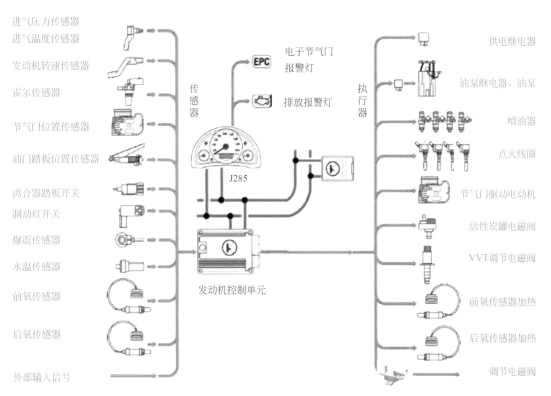

图 2.2.-146　发动机电子控制系统的组成

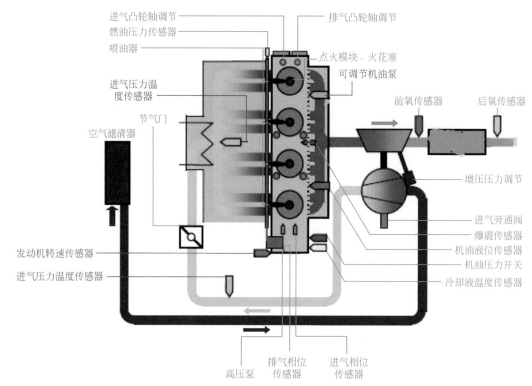

图 2.2-147　发动机电子控制系统原理（一）

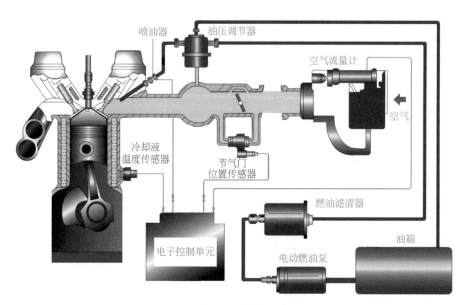

图 2.2-148　发动机电子控制系统原理（二）

2.2.8.2　发动机控制单元

发动机控制单元（图 2.2-149 和图 2.2-150）执行下列功能：点火控制、喷射控制、凸轮轴相位调节、发动机温度调节、电动冷却液泵控制、爆震控制、空气系数调节、燃油箱通风控制、针对空调压缩机向空调控制单元提出负荷要求、电动燃油泵模块控制、定速巡航控制、加热式曲轴箱通风、电子燃油监控和油位监控、能量管理系统、监控输入和输出信号、计算备用信号和应急运行功能、自诊断等。

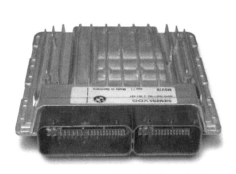

图 2.2-149　发动机控制单元外观

图 2.2-150　发动机控制单元内部结构

1—燃油信号处理模块；2—节气门控制信号模块；3—中央处理器；4—喷油控制驱动器；5—活性炭罐驱动器；6—氧传感器驱动器；7—S+M 片式磁珠

2.2.9　进气系统

进气系统（图 2.2-151 和图 2.2-152）可以分为两部分：进气歧管和空气进入系统。空气进入系统包括进气软管（波纹管）、空气滤清器及其他辅助系统。

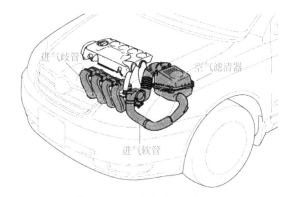

图 2.2-151　进气系统（一）

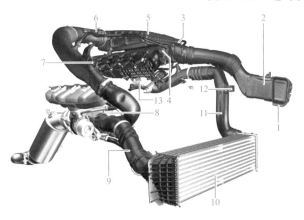

图 2.2-152　进气系统（二）

1—进气管；2—未过滤空气管路；3—进气消音器；4—进气集气管；5—进气消音器盖；6—热膜式空气质量流量计；7—曲轴箱通风装置接口；8—废气涡轮增压器；9—增压空气管；10—增压空气冷却器；11—增压空气管；12—增压空气压力温度传感器；13—节气门

2.2.10 排气系统

排气系统（图 2.2-153 和图 2.2-154）是收集且排放废气的系统，包括排气歧管、排气管、消声器，以及三元催化器、涡轮增压器等。

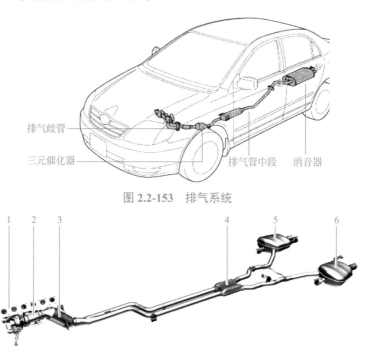

图 2.2-153　排气系统

图 2.2-154　排气系统（双排气系统）

1—排气歧管；2—涡轮增压器；3—三元催化器；4—中间消音器；5—右后消音器；6—左后消音器

2.2.10.1 三元催化器

三元催化器（图 2.2-155）是安装在汽车排气系统中最重要的机外净化装置，它可将汽车尾气排出的 CO、HC 和 NO_x 等有害气体通过氧化和还原作用转变为无害的二氧化碳、水和氮气。催化器内有一个或者两个陶瓷载体，不同的车型陶瓷载体也带有不同的涂层。三元催化器功能原理示意图如图 2.2-156 所示。

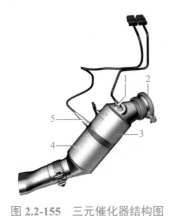

图 2.2-155　三元催化器结构图

1—前氧传感器；2—废气涡轮增压器上的接口；
3—陶瓷载体 1；4—陶瓷载体 2；5—后氧传感器

图 2.2-156　三元催化器功能原理示意图

2.2.10.2　涡轮增压器

（1）涡轮增压器结构　涡轮增压器能够以最佳方式流入气流。排气歧管和涡轮增压器彼此连接在一起（图2.2-157）。涡轮增压器使发动机能将更多的燃料和空气注入气缸，从而使发动机能够燃烧更多的燃料和空气。通过涡轮增压器实现发动机增压有两种方式，即定压增压和脉冲增压。

❶ 定压增压。定压增压是指涡轮前的压力几乎恒定不变。用于驱动废气涡轮增压器的能量通过涡轮前后的压力差获得。

❷ 脉冲增压。采用脉冲增压方式时，涡轮前的压力变化迅速而显著，通过从燃烧室排出废气形成脉冲。压力增大时就会产生作用在涡轮上的压力波。此时利用废气动能，使压力波以脉冲方式驱动废气涡轮增压器。

脉冲增压可实现涡轮增压器的快速响应特性，特别是在转速较低情况下，因为此时脉动最强，而在定压增压模式下涡轮前后的压力差此时尚小。

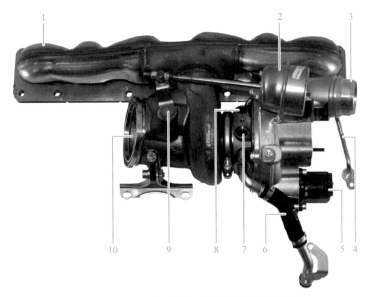

图 2.2-157　与排气歧管连接的涡轮增压器结构

1—排气歧管；2—真空罐；3—至增压空气冷却器的接口；4—机油供给管路；5—循环空气减压阀；6—机油回流管路；7—冷却液供给管路；8—冷却液回流管路；9—废气旁通阀轴；10—至排气装置的接口

带双涡管涡轮壳体的涡轮增压器可以分别将两个气缸的废气引导至涡轮处，将气缸1和4、气缸2和3集成在一起，这样可以更高效地利用脉冲增压效果，其结构如图2.2-158所示。

（2）涡轮增压器原理　涡轮增压器主要由涡轮机和压缩机两部分组成，之间通过一根传动轴连接。涡轮的进气口与发动机排气歧管相连，排气口与排气管相连；压缩机的进气口与进气管相连，排气口则接在进气歧管上。

涡轮增压器主要是通过发动机排出的废气冲击涡轮高速运转，从而带动同轴的压缩机高速转动，强制地将增压后的空气压送到气缸，提高发动机功率，其结构和工作原理如图 2.2-159 和图 2.2-160 所示。

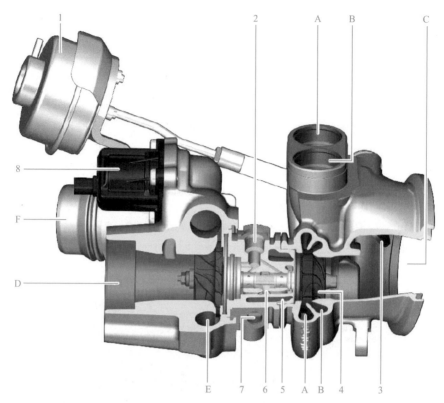

图 2.2-158　带双涡管涡轮壳体的涡轮增压器结构

A—气缸 2 和 3 的废气通道；B—气缸 1 和 4 的废气通道；C—排气至催化转换器；D—进气消音器输入端；
E—环形通道；F—排气至增压空气冷却器；1—废气旁通阀真空罐；2—机油供给管路；3—废气旁通阀；
4—涡轮；5—冷却通道；6—机油通道；7—冷却液回流管路；8—循环空气减压阀

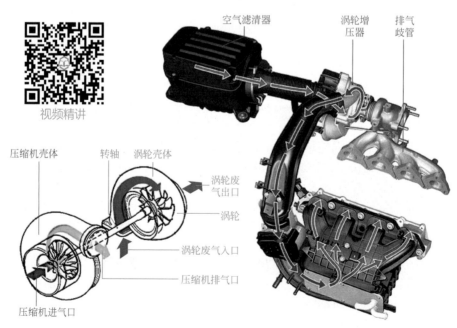

图 2.2-159　涡轮增压器结构（空气流动）

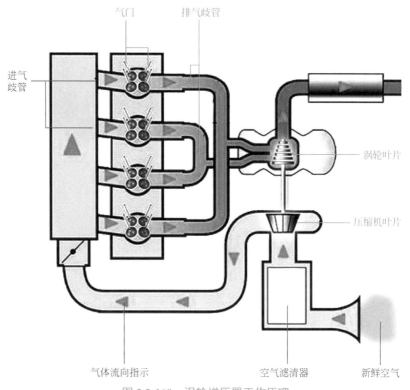

气门　　排气歧管

进气
歧管

涡轮叶片

压缩机叶片

气体流向指示　　　空气滤清器　　　新鲜空气

图 2.2-160　涡轮增压器工作原理

（3）机械增压器（图 2.2-161 和图 2.2-162）　相对于涡轮增压，机械增压的原理则有所不同。机械增压主要是通过曲轴的动力带动一个机械式的空气压缩机旋转来压缩空气的。与涡轮增压不同的是，机械增压工作过程中会对发动机输出的动力造成一定程度的损耗。

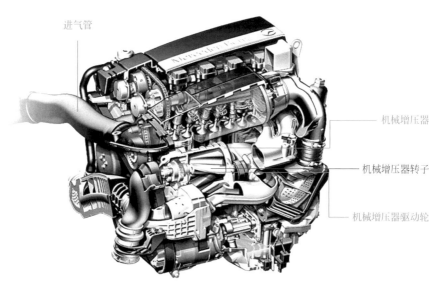

进气管

机械增压器

机械增压器转子

机械增压器驱动轮

图 2.2-161　机械增压器安装位置

传动齿轮

上一级
动力轮

压缩机
动力轮

压缩机转子　同步齿轮

图 2.2-162　机械增压器结构

机械增压器工作原理见图 2.2-163。

■ 红色代表温度较高的空气

■ 蓝色代表温度较低的空气

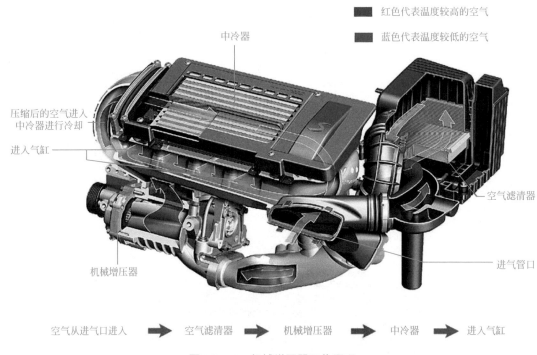

中冷器

压缩后的空气进入
中冷器进行冷却

进入气缸

空气滤清器

进气管口

机械增压器

空气从进气口进入 ➡ 空气滤清器 ➡ 机械增压器 ➡ 中冷器 ➡ 进入气缸

图 2.2-163　机械增压器工作原理

（4）双涡轮增压器　由于机械增压器是直接由曲轴带动的，发动机运转时，增压器就开始工作。所以在低转速时，作用比较明显。但是在发动机高速运转时，机械增压器对发动机动力的损耗也是很大的，动力提升不太明显。所以为了使两种增压器的作用效果互补，有些车就既安装了机械增压器，又安装了涡轮增压器，称为双涡轮增压器（图 2.2-164）。

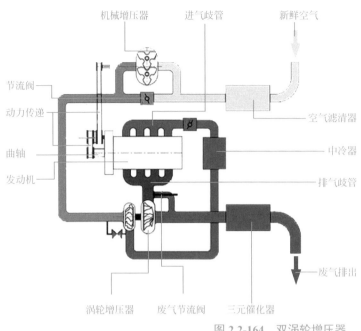

机械增压器　进气歧管　新鲜空气

节流阀

动力传递

曲轴

发动机

空气滤清器

中冷器

排气歧管

涡轮增压器　废气节流阀　三元催化器

废气排出

图 2.2-164　双涡轮增压器

涡轮增压器

机械增压器

2.3 发动机的工作原理

2.3.1　汽油发动机的工作原理

2.3.1.1　汽油发动机的行程

　　发动机之所以能源源不断地提供动力，是因为气缸内的进气、压缩、做功、排气这四个行程的往复循环运动，为了完成这一工作循环，需要有配气机构配合实现气门的定时打开和关闭。

　　汽油发动机采用火花点火方式，即混合气通过电火花塞点燃。发动机通过循环燃烧汽油-空气混合气产生热能。在密封气缸燃烧室内，火花塞将一定比例的汽油-空气混合气体在合适的时刻里瞬间点燃，就会产生巨大的爆炸力，而燃烧室顶部是固定的，巨大的压力迫使活塞向下运动，通过连杆推动曲轴，在此过程中将活塞的直线运动转化为曲轴的转动，发动机就是这样往复循环运转，再通过一系列机构把动力传到驱动轮上，最终推动汽车（图 2.3-1）。

　　（1）第一冲程——进气行程　进气行程（图 2.3-2）

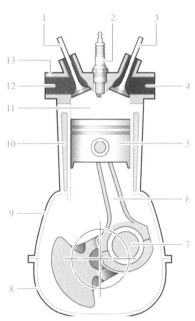

图 2.3-1　汽油发动机运行原理

1—进气门；2—火花塞；3—排气门；4—排气通道；5—活塞；6—连杆；7—曲轴；8—油底壳；9—曲轴箱；10—水套；11—燃烧室；12—进气通道；13—气缸盖

是指汽油 - 空气混合气被吸入燃烧室内。

进气行程开始时，活塞位于上止点。进气门打开。活塞向下移动时，燃烧室容积增大。此时产生轻微真空压力，从而使新鲜汽油 - 空气混合气通过打开的进气门吸入燃烧室内。活塞到达下止点时，燃烧室内充满汽油 - 空气混合气，进气门关闭。

（2）**第二冲程——压缩行程** 压缩行程（图2.3-3）是指吸入的汽油 - 空气混合气被活塞压缩。

压缩行程开始时，气门都关闭，活塞从下止点向上止点移动。由于燃烧室容积减小且汽油 - 空气混合气无法排出，因此混合气经过高度压缩，燃烧室内的压力明显增大。

进行快速压缩时，燃烧室内的温度也随之升高。活塞即将到达上止点前，混合气被火花塞的火花点燃，此时称为点火时刻。汽油 - 空气混合气开始燃烧并释放出热能，温度升高时气体迅速膨胀。但燃烧室是一个封闭空间，气体无法快速膨胀，因此燃烧室内的压力急剧增大。

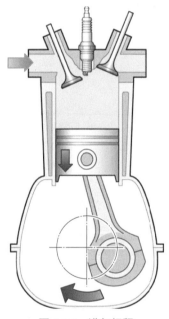 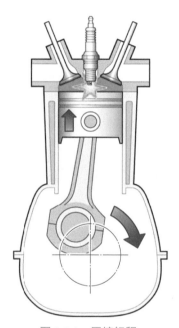

图 2.3-2 进气行程　　　　　　　　　图 2.3-3 压缩行程

（3）**第三冲程——做功行程** 做功行程（图2.3-4）是指汽油 - 空气混合气开始燃烧。产生的压力促使活塞向下移动。

做功行程开始时，燃烧室内的高压向其边界面(燃烧室壁、燃烧室顶和活塞)施加作用力。活塞在作用力下向下止点方向移动。此时容积增大，气体能够膨胀，燃烧室内的压力减小。因此，进行做功，燃油内存储的化学能转化为机械功。气体膨胀还导致燃烧室内的温度下降。活塞到达下止点时排气门打开，压力值降至环境压力。

（4）**第四冲程——排气行程** 排气行程（图2.3-5）是指排出燃烧室内的废气。

排气行程开始时，活塞从下止点向上止点移动。燃烧室容积减小，通过打开的排气门排出燃烧废气。燃烧室内的压力短时稍稍增大，最后重新降至环境压力。第四冲程结束且活塞到达上止点时，排气门关闭。排气行程结束，进气行程开始。四冲程过程重新开始循环作业。

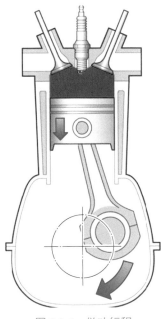

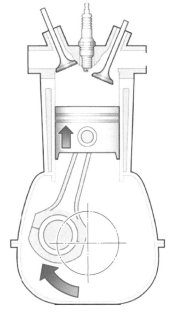

图 2.3-4　做功行程　　　　　　　　　　　　图 2.3-5　排气行程

2.3.1.2　汽油发动机的分类

（1）进气管喷射式发动机　这种发动机每个气缸都配有一个喷油嘴，在进气门前将汽油喷入进气管（道）内。在进气管中吸入的空气形成涡流，因而空气流动速度加快，这是汽油与空气可靠混合的最佳条件。汽油与空气充分混合后形成的混合气，也被称为均匀混合气。进气管喷射原理如图2.3-6和图2.3-7所示。

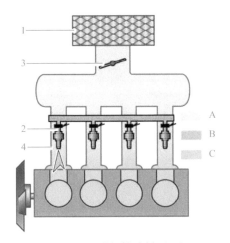

图 2.3-6　进气管喷射（一）

1—空气滤清器；2—喷射器；3—节气门；4—进气歧管；
　A—空气；B—汽油；C—汽油-空气混合气

图 2.3-7　进气管喷射（二）

（2）直接喷射式发动机　对于直接喷射式发动机，汽油-空气混合气在燃烧室内才产生，即只吸入空气，而汽油被直接单独喷射到燃烧室中。直接喷射原理如图2.3-8～图2.3-10所示。

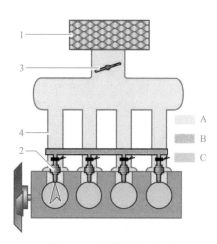

图 2.3-8　直接喷射（一）

1—空气滤清器；2—喷射器；3—节气门；4—进气
歧管；A—空气；B—汽油；C—汽油-空气混合气

火花塞

喷油器

图 2.3-9　直接喷射（二）

（3）**稀混合气发动机**　稀混合气发动机就是混合气中的汽油含量低，汽油与空气之比可达1：25以上的发动机，用一种极稀的混合气驱动。这就是说，此种混合气的空气含量更高。优点是相对于常规汽油喷射发动机来说耗油量较低，缺点是有害物质含量较高和空气不足时可靠燃烧过程不能保证。

稀薄燃烧技术是将喷油嘴喷出少量的燃油通过活塞头的特殊导流槽与空气混合，并使最高浓度的油气混合气在火花塞附近达到点燃浓度的下限，进而由火花塞引燃。随后周围的稀薄混合气也可被明火引燃，实现用最小的燃油达到燃烧的目的。如图2.3-11所示。

图 2.3-10　直接喷射式发动机的活塞顶部结构

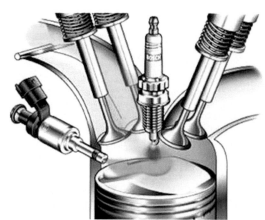

图 2.3-11　稀薄燃烧

2.3.2 柴油发动机的工作原理

柴油发动机（图2.3-12）和汽油发动机的工作原理一样，也是由进气、压缩、做功和排气这四个冲程来完成的，这四个冲程构成了一个工作循环。所不同的是，柴油发动机在压缩过程中只充有空气，这些空气被强力压缩，并因此被加热，在压缩快结束时喷射的柴油自动点火并燃烧（自燃）。所以柴油发动机靠压缩自燃（不需要火花塞），而汽油发动机靠火花塞点燃混合气。

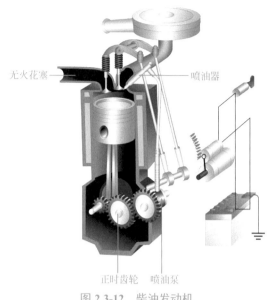

图2.3-12 柴油发动机

2.4
电动汽车

电动汽车包括纯电动汽车、燃料电池汽车和插电式（含增程式）混合动力汽车，都是以电能驱动车辆行驶，使用的是动力电池。电动汽车分类见图2.4-1，电动汽车结构组成见图2.4-2。

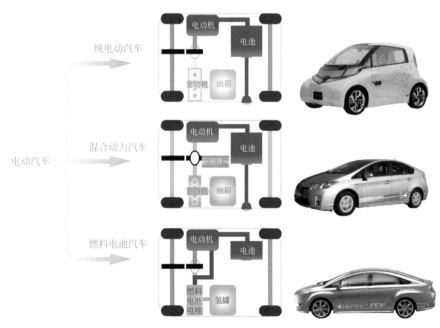

图2.4-1 电动汽车分类

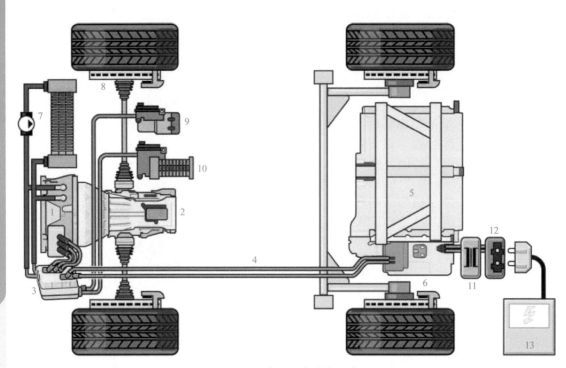

图 2.4-2　电动汽车结构组成

1—电动机（或发动机）；2—带差速器的变速箱；3—动力电子元件；4—高压电缆；5—高压蓄电池；6—电子
设备盒（带控制单元，用于蓄电池管理）；7—冷却系统；8—制动系统；9—高压空调压缩机；
10—高压供热器；11—蓄电池充电器；12—用于外部充电的充电触点；13—外部充电电源

　　动力电池（图 2.4-3）是电动汽车的心脏。动力电池多以钴酸锂、锰酸锂或镍酸锂等化合物为正极，以可嵌入锂离子的碳材料为负极，使用有机电解质。动力电池总成安装在车体下部，动力电池的组成部件包括各模组总成、采集系统、电池控制单元、电池高压分配单元、维修开关等部件。电动汽车电池组由多个电池串联叠置组成。一个典型的电池组含 90 多个电池，对充电到 4.2V 的锂离子电池而言，这样的电池组可产生超过 400V 的总电压。

动力电池模组

图 2.4-3　动力电池

　　理论而言，任何电动机都可被用作交流发电机。当机械装置驱动电动机时，它将作为交流发电机供电；当向电动机供给电流时，它作为驱动装置运行。

三相电动机经常用作电动机/发电机。三相电动机由三相交流电供能。它与环绕转子的三条线圈协同工作并形成定子，三条线圈分别连接至三相电动机的一相。在该同步电动机中，若干对永磁体位于转子上方。由于对三相线圈连续供电，因此它们会产生一个旋转电磁场，从而在使用电动机/发电机驱动车辆时使转子旋转。

当电动机/发电机用作交流发电机时，转子的运动会使线圈产生三相交流电压，并转换成动力电子元件中高压蓄电池的直接电压。通常情况下，车辆会使用所谓的"同步电动机"。就此而论，"同步性"即"同步运行"，指的是定子线圈中能量场的转速与带永磁体转子转速的比率。

同步电动机与非同步电动机相比的优势在于，同步电动机在自动化应用时可以更精确地控制电动机。

电动机结构、工作原理如图 2.4-4 和图 2.4-5 所示。

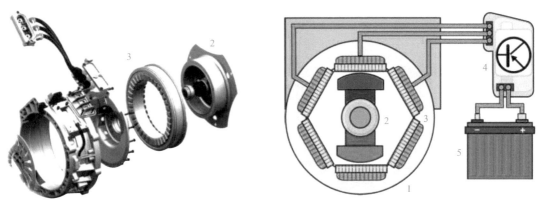

图 2.4-4　电动机结构

1—电动机/发电机；2—转子；3—定子；4—动力电子元件；5—高压蓄电池

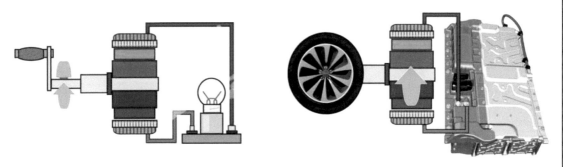

(a) 电动机作为发电机来使用　　　　　　　　(b) 电动机作为驱动电动机来使用

图 2.4-5　电动机工作原理示意

2.4.1　纯电动汽车

纯电动汽车是指以车载电源为动力，用电动机驱动车轮行驶的汽车，它完全由可充电电池提供动力源，其驱动装置和高压部件如图 2.4-6 所示。

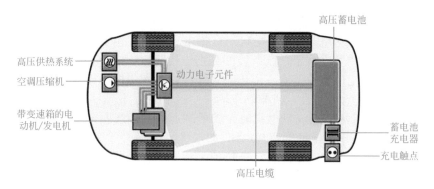

高压蓄电池

高压供热系统

空调压缩机

动力电子元件

带变速箱的电动机/发电机

蓄电池充电器

充电触点

高压电缆

图 2.4-6　纯电动汽车驱动装置和高压部件

2.4.2　混合动力汽车

2.4.2.1　总体结构

　　混合动力汽车一般是指油电混合动力汽车，即采用传统的汽油发动机或者柴油发动机和电动机作为动力源，如图 2.4-7 ～图 2.4-9 所示。

图 2.4-7　混合动力汽车总体结构布局

1—高电压蓄电池；2—带集成式交流 / 直流转换器的电力电子模块；3—电动机；4—电动真空泵；
5—电动制冷剂压缩机；6—带再生制动系统控制单元的液压单元；7—制动助力器

图 2.4-8　混合动力汽车发动机和电动机

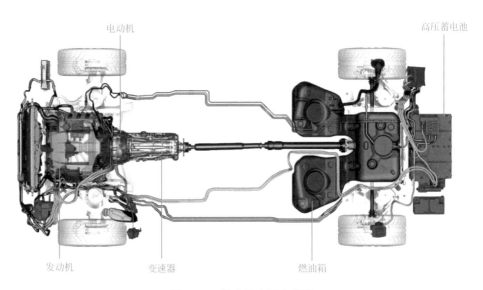

图 2.4-9　混合动力汽车底盘

2.4.2.2　混合动力汽车类型

　　根据混合动力驱动的联结方式，一般把混合动力汽车分为三类。

　　（1）**串联式混合动力汽车（SHEV）**　串联式混合动力汽车主要由发动机、发电机、驱动电动机三大动力总成用串联方式组成HEV的动力系统。串联混动结构的动力来源于电动机，发动机只能驱动发电机发电，并不能直接驱动车辆行驶。因此，串联结构中电动机功率一般要大于发动机功率，这样才能满足车辆的行驶需求（图2.4-10和图2.4-11）。高压蓄电池也就是动力电池。

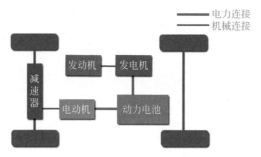

图 2.4-10　串联式混合动力汽车示意图

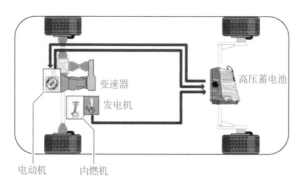

图 2.4-11　串联式混合动力系统布局

　　还有一种分支串联式混合动力系统，就是把分支式混合动力系统和串联式混合动力系统综合在一起（图2.4-12）。该系统有一个发动机和两个电动机。发动机和电动机1装在前桥上，电动机2装在后桥上。这种结构用于四轮驱动车。发动机和电动机1可以通过行星齿轮机构来驱动车辆变速器。

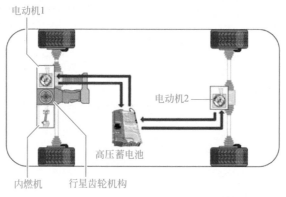

图 2.4-12　分支串联式混合动力系统布局

　　（2）并联式混合动力汽车（PHEV）　并联式混合动力汽车的发动机和发电机都是动力总成，两大动力总成的功率可以互相叠加输出，也可以单独输出。

　　并联式混合动力汽车靠发动机或者电动机，或发动机和电动机共同驱动（图2.4-13）。并联结构保留了变速器，因此，通俗地讲，并联混动结构即普通汽车＋电动机＝并联（图2.4-14）。

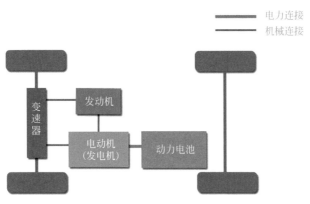

图 2.4-13　并联式混合动力汽车示意图

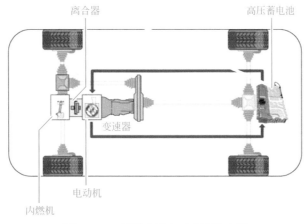

图 2.4-14　并联式混合动力系统布局

（3）混动式混合动力汽车（PSHEV）　混动式混合动力汽车是综合了串联式和并联式的结构而组成的电动汽车，主要由发动机、电动机-发电机和驱动电机三大动力总成组成。

在发动机和电动机协同驱动汽车行驶的同时，发动机还能带动发电机为电池充电，不再像并联结构中单一电动机需要身兼二职，并且理论上它能够实现发动机带动发电机发电，电动机驱动汽车的模式（图 2.4-15）。当然，两个动力单元也能够单独驱动车辆。

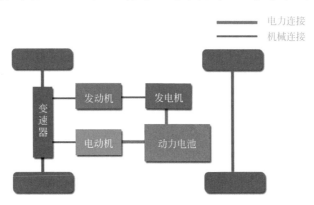

图 2.4-15　混动式混合动力汽车示意图

2.4.2.3 电动加速

混合动力驱动系统有电动加速功能（图 2.4-16），这与发动机的强制降挡功能（可提供最大发动机功率供使用）类似。如果执行了这个电动加速功能，那么电动机和内燃机就会发出最大功率（合计总功率很大）。这两种驱动方式各自功率合在一起，就是传动系统的总功率。

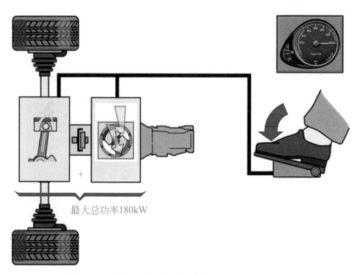

最大总功率180kW

图 2.4-16　混合动力驱动系统的电动加速功能

2.4.3　燃料电池汽车

2.4.3.1 总体构造

燃料电池汽车（FCBEV）采用燃料电池驱动（图 2.4-17）。车辆以氢气作燃料，并从燃料电池模块为电动机获取电能。在该模块中，氢气转化为水以产生电能。根据操作模式，使用高压蓄电池的充电电压用于驱动（图 2.4-18）。

图 2.4-17　燃料电池汽车

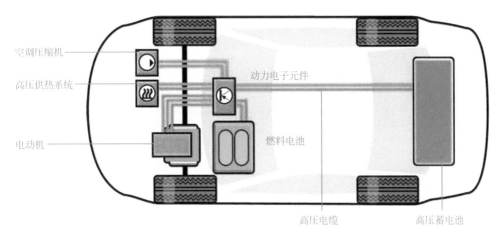

图 2.4-18　燃料电池汽车驱动装置和高压部件

空调压缩机
高压供热系统
电动机
动力电子元件
燃料电池
高压电缆
高压蓄电池

在发动机中，通过燃烧将储存在燃料分子中的化学能转化为热能。由此产生的热能可用于驱动变速箱或供给交流发电机，这样，大量能量由于摩擦转化为热能。在燃料电池中，化学能转化为电能。与发动机不同，无需额外的交流发电机进行发电。

2.4.3.2　工作原理

如图 2.4-19 所示，氢/氧燃料电池是原电池的一种特殊形式，主要部件为两个电极（1），镀铂的碳纤维纳米管用作催化剂（2）以及一层特殊薄膜（3）。多种化合物均可用作电极。特殊薄膜具有气密性，对电子不导电，对质子（不带电子的氢核）具有渗透性。氧气（O_2）来自环境空气，无需专门填充。

如图 2.4-20 所示，氢气（H_2）和氧气（O_2）分别分配至两个电极，氢至正极（A），氧气至负极（C）。氢气在催化剂的作用下释放两个电子并分裂成两个带正电的氢核（质子）。氢核可以渗入并穿过薄膜，因为薄膜另一侧（负极）电解质的质子数较正极少（扩散）。氧气在其电极侧通过催化作用吸收电子，然后立即与自由的氢质子反应生成水（H_2O）。于是，H_2 所具有的化学能便转变成了电能。

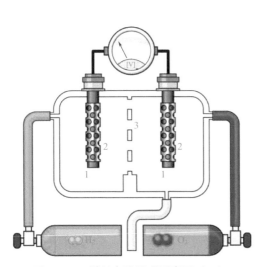

图 2.4-19　燃料电池原理示意图（一）

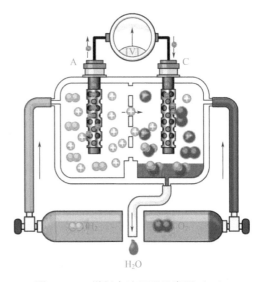

图 2.4-20　燃料电池原理示意图（二）

03

第3章

底　盘

3.1

■ 底盘的总体构造

底盘是指汽车上由传动系统、行驶系统、转向系统和制动系统四部分组成的组合，支承、安装汽车发动机及其各部件、总成，形成汽车的整体造型，承受发动机动力，保证正常行驶（图 3.1-1 和图 3.1-2）。

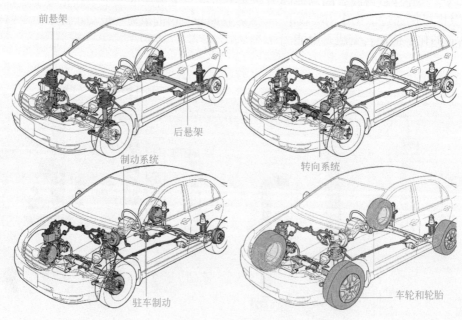

前悬架

后悬架

制动系统

转向系统

驻车制动

车轮和轮胎

图 3.1-1　汽车底盘

制动液储液罐

减振器
后桥
（悬架）
车轮
制动器
减振弹簧

前悬架
转向机
制动器

制动助力泵　减振器　转向柱

图 3.1-2　汽车底盘布局

3.1.1　传动系统

汽车发动机与驱动轮之间的动力传递装置称为汽车的传动系统（图 3.1-3）传动系统包括离合器、变速器、传动轴、主减速器、差速器及半轴等部分（图 3.1-4）。

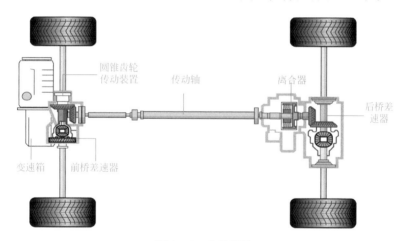

圆锥齿轮
传动装置　　传动轴　　　离合器

后桥差
速器

变速箱　前桥差速器

图 3.1-3　传动系统

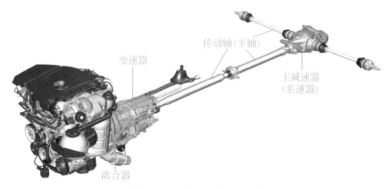

传动轴（半轴）

变速器

主减速器
（差速器）

离合器

图 3.1-4　传动系统的组成

　　汽车传动系统用于将动力总成产生的作用力转换为可供使用的驱动力（图3.1-5中的 F_A）。

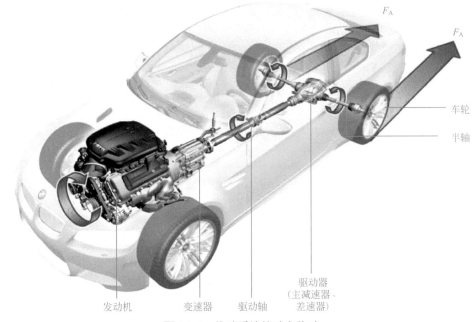

图 3.1-5　传动系统的动力传动

3.1.2　行驶系统

　　汽车行驶系统由车架、车桥、车轮和悬架等组成。行驶系统通过车轮与路面之间的附着作用，使传动系统传来的力矩变为汽车行驶的驱动力矩；支承整个汽车，传递路面作用于车轮上的各种力及力矩；缓和冲击，减小振动，保证汽车的行驶平顺性。行驶系统还与转向系统配合保证汽车的操纵稳定性。轿车前桥和后桥如图3.1-6～图3.1-8所示。

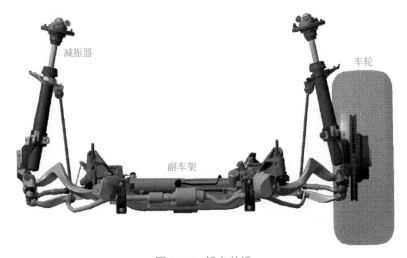

图 3.1-6　轿车前桥

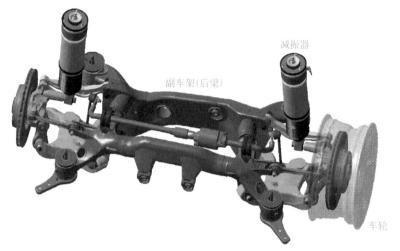

图 3.1-7 轿车后桥（俯视）

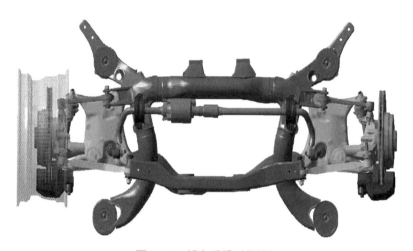

图 3.1-8 轿车后桥（仰视）

3.1.3 转向系统

转向系统的功用是保证汽车能够按照驾驶员选定的方向行驶，主要由转向操纵机构、转向机、转向传动机构等组成。转向系统具体零部件组成见图 3.1-9。

3.1.4 制动系统

制动系统包括行车制动装置和停（驻）车制动装置两套独立的装置。其中行车制动装置是由驾驶员用脚 来操纵的，停车制动装置是由驾驶员用手操纵的，也分为电子驻车制动系统和手制动系统。制动系统见图 3.1-10。行车制动系统见图 3.1-11 和图 3.1-12。

图 3.1-9 转向系统具体零部件组成

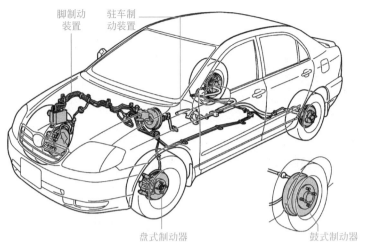

脚制动装置　驻车制动装置

盘式制动器　鼓式制动器

图 3.1-10　制动系统

制动总泵（主缸）传感器电子控制单元

前轮制动器（制动钳）　控制单元　　后轮制动器（制动钳）

图 3.1-11　行车制动系统（一）

图 3.1-12　行车制动系统（二）

1—制动盘；2—制动钳；3—主缸；4—制动助力器；5—制动踏板；
6—后部制动回路；7—前部制动回路；8—控制单元

3.2 总成和零部件

3.2.1 离合器

（1）作用　能够切断或接通发动机与变速器之间的动力传递。切断和结合应该平缓进行，防止发动机转速剧烈变化；能够打滑，防止发动机和传动系统过载。

（2）结构　离合器主要包括飞轮、离合器摩擦片（也称离合器从动盘）、离合器压盘、分离轴承（图3.2-1、图3.2-2），以及外部的液压或机械操纵机构。

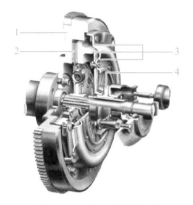

图 3.2-1　离合器的组成

1—飞轮；2—离合器从动盘；3—离合器自动装置
（离合器端盖、压盘、盘形弹簧）；4—分离轴承

图 3.2-2　离合器压盘、离合器摩擦片和分离轴承

❶ 离合器液压操纵机构。离合器液压操纵机构中作用力以纯液压方式传递，基本结构与液压制动系统非常相似。液压离合器操纵机构可自动调节。

离合器分离时，脚踏力通过离合器踏板和连杆传递到主缸活塞上，在主缸压力室内产生的压力作用在整个液压系统内。离合器接合时，脚踏力消失，即驾驶员松开踏板时，液压系统内的压力就会降低，盘形弹簧的弹簧力将分离轴承压回并使压盘重新压到离合器从动盘上，因此离合器重新接合。离合器液压操纵机构见图3.2-3。

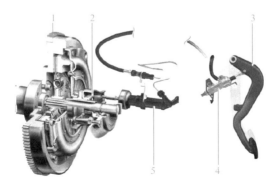

图 3.2-3　离合器液压操纵机构

1—离合器；2—分离拨叉；3—离合器踏板；4—主缸；5—工作缸

❷ 离合器压盘。离合器压盘带有一个盘形弹簧，盘形弹簧产生压紧力。离合器压盘通过该压紧力将离合器从动盘压到飞轮上。离合器的压紧力通过这个盘形弹簧确定。

（3）离合器工作原理　离合器位于发动机和变速器之间，用于接通或者切断发动机和传动系统间的动力传递。当驾驶员踩下离合器踏板后，切断了从发动机传递到变速器的动力。随着驾驶员慢慢抬起离合器踏板，离合器将发动机和变速器逐渐连接起来，通过半轴传递至车轮，车辆开始行驶。离合器工作原理见图3.2-4。

❶ 离合器接合。盘形弹簧将离合器压盘压在离合器从动盘上。离合器从动盘以轴向移动方式支撑在离合器轴上。因此离合器压盘可将离合器从动盘压在飞轮的摩擦面上，从而使飞轮以摩擦方式通过离合器从动盘与变速箱输入轴连接。

❷ 离合器分离。踩下离合器踏板时，通过工作缸和分离拨叉将分离轴承压在盘形弹簧上。盘形弹簧克服压紧力使离合器压盘从离合器从动盘上抬起。因此离合器从动盘离开飞轮摩擦面并位于飞轮与离合器压盘之间，此时至变速箱的作用力传递中断。

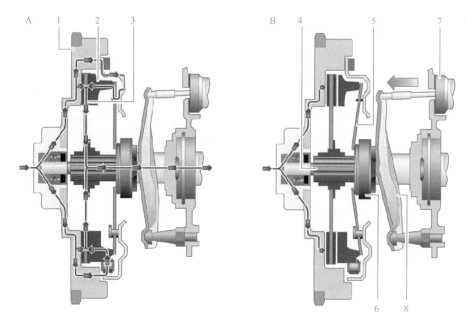

图3.2-4　离合器工作原理

A—离合器接合；B—离合器分离；1—飞轮；2—离合器压盘；
3—离合器从动盘（离合器片）；4—离合器轴；5—盘形弹簧；
6—分离轴承；7—工作缸；8—分离拨叉

3.2.2　手动变速器

3.2.2.1　手动变速器总体结构

手动变速器内有多个不同的齿轮，通过不同大小的齿轮组合一起（图3.2-5），就能实现对发动机转矩和转速的调整。用低转矩可以换来高转速，用低转速则可以换来高转矩。

手动变速器操纵机构如图3.2-6所示。当变速杆向左移动时，使同步器向右移动与齿轮接合，发动机通过中间轴的齿轮，将动力传递给动力输出轴。

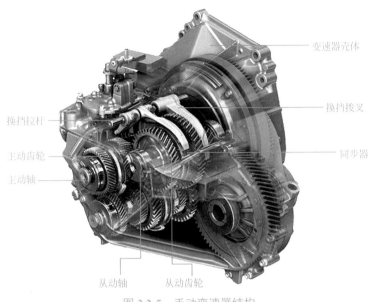

图 3.2-5　手动变速器结构

变速器壳体

换挡拨叉

同步器

换挡拉杆

主动齿轮

主动轴

从动轴　　从动齿轮

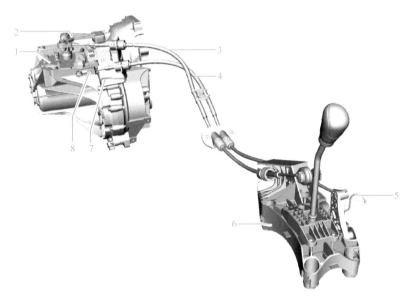

图 3.2-6　手动变速器操纵机构

1—换挡单元；2—带有阻尼惯量的换挡臂；3—操纵杆；4—变速杆拉线；5—换挡杆
调整工具；6—变速杆；7—操纵杆拉线固定支座；8—变速杆拉线调节机械机构

3.2.2.2　变速原理

　　手动变速器蕴含了齿轮机械和杠杆的原理，就是变换不同大小的被动齿轮（图3.2-7）。当降挡时，实际上是将被动齿轮切换成了更大的齿轮，根据杠杆原理，此时变速器输出的转速就会相对降低，但转矩增大；反之，如果是升挡，则实际上是被动齿轮切换为小齿轮，此时变速器输出的转速就会提高，但转矩会减小。

(a) 转速A>B；驱动力A<B   (b) 转速A<B；驱动力A>B

图 3.2-7 变速原理

 小贴士

　　转动时，齿数少的 A 转速必然比齿数多的 B 的转速要高，通过不同大小齿轮的组合，可以实现增速或减速。

　　不同大小齿轮间的传动，传动扭矩之所以能增大或减小，其实与杠杆原理是一样的。

　　五挡手动变速器原理如图 3.2-8 所示，当挂上 1 挡时，实际上是将 1、2 挡同步器向左移动使同步器与 1 挡从动齿轮（图中 1 挡）接合，将动力传递到输出轴。R 挡（倒挡）的主动齿轮和从动齿轮中夹了一个中间齿轮，就是通过这个齿轮实现汽车的倒退行驶。在空挡位置，没有齿轮通过对应的同步器总成与输入轴或者输出轴相连接，没有转矩传送到差速器。

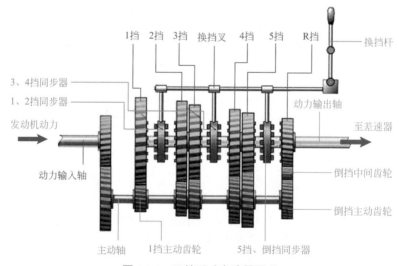

图 3.2-8 五挡手动变速器原理

3.2.3 自动变速器

　　所有自动变速器都有共同的特点，即自动变速器的电控系统包括执行器、传感器和电控单元。自动变速器包括自动机械式变速器（AMT）、双离合变速器（DCT）、无级自动变速器（CVT）和电子液压式多挡位自动变速器（AT）。

3.2.3.1 自动机械式变速器（AMT）

AMT（图 3.2-9）是在传统的手动齿轮式变速器基础上改进而来的，它是综合了 AT 和 MT 两者优点的机电液一体化自动变速器。它将手动变速器的离合器分离及换挡拨叉等靠人力操纵的部件实现了自动操纵，即通过电动或液压动力实现。驾驶员操纵起来和自动变速器是一样的，这样就实现了手动变速器的自动化，即汽车电控机械式自动变速器。

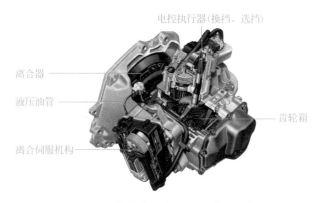

图 3.2-9　自动机械式变速器（AMT）

3.2.3.2 双离合变速器（DCT）

（1）总体结构　双离合变速器（图 3.2-10 ～图 3.2-12）大众公司称为DSG。双离合变速器可以形象地设想为将两台变速箱的功能合二为一，并建立在单一的系统内，基本上可看成是两个全同步式变速器并联在一起构成的（这里分别叫作分变速器1和分变速器2）。

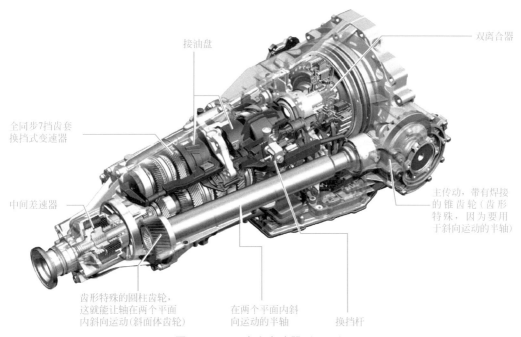

图 3.2-10　双离合变速器（DCT）

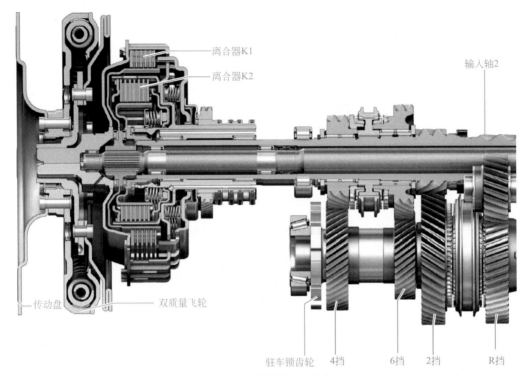

离合器K1
离合器K2
输入轴2
传动盘
双质量飞轮
驻车锁齿轮　4挡　6挡　2挡　R挡

图 3.2-11　双离合变速器内部结构（一）

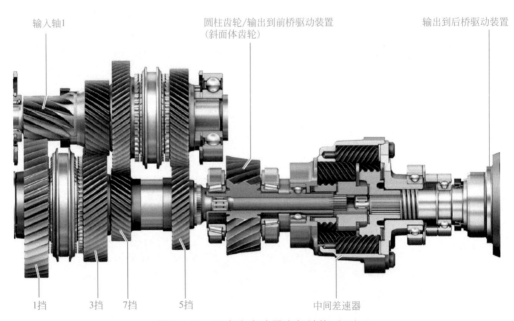

输入轴1
圆柱齿轮/输出到前桥驱动装置
（斜面体齿轮）
输出到后桥驱动装置
1挡　3挡　7挡　5挡
中间差速器

图 3.2-12　双离合变速器内部结构（二）

　　横置发动机配置的自动变速器为双离合变速器，如图 3.2-13 所示。双离合变速器的离合器与普通变速器的离合器工作原理和结构一样。在双离合器中有两个干式离合器独立工作。它们将扭矩传入相应的传动部分。

图 3.2-13　双离合变速器（横置发动机）

　　飞轮和离合器如图 3.2-14 及图 3.2-15 所示。离合器 K1（图 3.2-16）将扭矩传到驱动轴 1 上的 1 挡、3 挡、5 挡和 7 挡上。离合器 K2（图 3.2-17）将扭矩传到驱动轴 2 的 2 挡、4 挡、6 挡和 R 挡上。

视频精讲

图 3.2-14　双离合变速器的飞轮和离合器

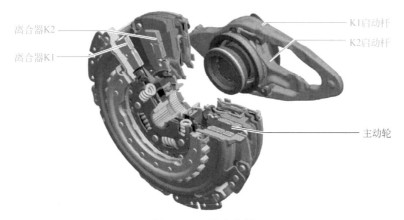

图 3.2-15　双离合器

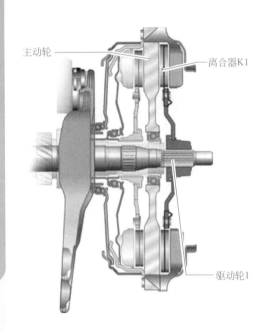

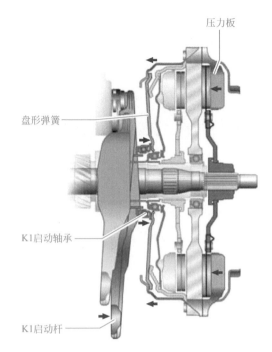

图 3.2-16　离合器 K1

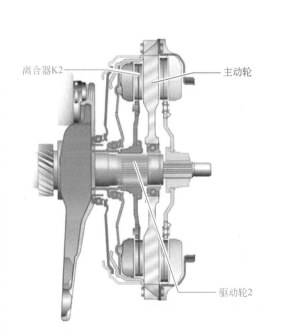

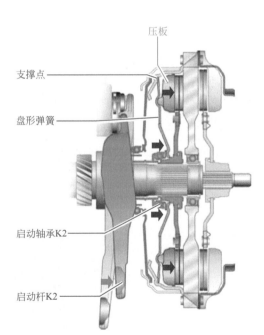

图 3.2-17　离合器 K2

　　为了安全地停稳车辆并且在没有拉手刹的情况下防止车辆滑行，双离合变速器内置了驻车止动机构（停车锁止）（图 3.2-18）。通过挡杆和变速器停车锁止杆之间的绳索，传动装置可以以纯机械形式挂入锁止爪。绳索传动装置只应用于停车锁止。

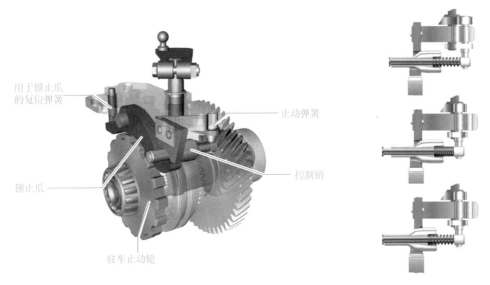

用于锁止爪的复位弹簧

止动弹簧

锁止爪

控制销

驻车止动轮

图 3.2-18　驻车止动机构

油压通过下游液压泵产生，储压器要确保有足够的压力油供电磁阀使用。液压调节阀如图 3.2-19 所示。

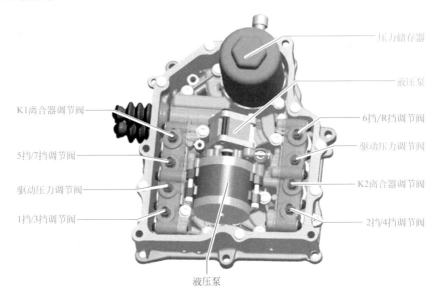

压力储存器

液压泵

K1离合器调节阀

6挡/R挡调节阀

5挡/7挡调节阀

驱动压力调节阀

驱动压力调节阀

K2离合器调节阀

1挡/3挡调节阀

2挡/4挡调节阀

液压泵

图 3.2-19　液压调节阀

（2）工作原理　双离合变速器内含两个自动控制的离合器、两个输入轴和两个输出轴。在行车过程中，总是有一个分变速器通过离合器K1或者离合器K2来传送动力。由电子控制及液压推动，能同时控制两组离合器的运作。当变速箱运作时，一组齿轮啮合，而接近换挡之时，下一组挡段的齿轮已被预选，但离合器仍处于分离状态；当换挡时一组离合器将使用中的齿轮分离，同时另一组离合器已被预选的齿轮啮合，在整个换挡期间能确保最少有一组齿轮在输出动力，使动力没有出现间断的状况。六速双离合变速器原理如图3.2-20所示。七速双离合变速器原理如图3.2-21所示。

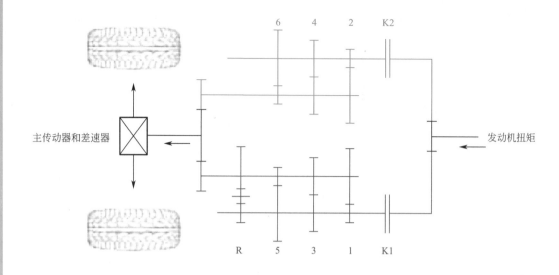

图 3.2-20　六速双离合变速器原理

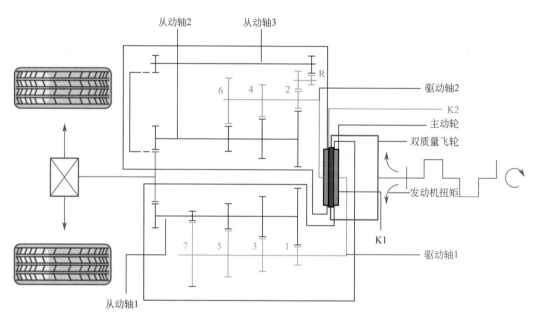

图 3.2-21　七速双离合变速器原理

　　以七速双离合变速器为列，罗列驱动轴、从动轴以及齿轮的分工传递，如图 3.2-22 ～图 3.2-27 所示。

　　离合器 K1 在接合的时候分离叉压向膜片弹簧的分离轴承。经过多个转弯点将压力运动转变为拉力运动。这样摩擦片上的压盘就被拉向从动盘。扭矩就这样传到了驱动轴上。离合器 K2 动作：压下分离叉，分离轴承将膜片弹簧压向摩擦片。由于膜片弹簧受到离合器壳体的支撑力，压盘被压向从动盘，扭矩传到驱动轴 2 上。

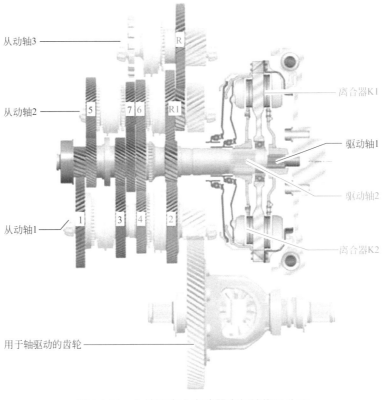

从动轴3

从动轴2

从动轴1

离合器K1

驱动轴1

驱动轴2

离合器K2

5

7 6

R1

1

3

4

2

R

用于轴驱动的齿轮

图 3.2-22　七速双离合变速器内部结构及分工

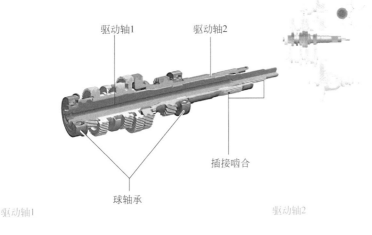

驱动轴1

驱动轴2

插接啮合

球轴承

驱动轴1

驱动轴2

球轴承

1挡

脉冲轮

球轴承

5挡

3挡

7挡

6挡/4挡

2挡/R挡

图 3.2-23　七速双离合变速器驱动轴

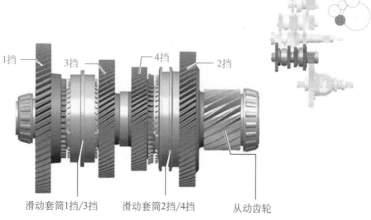

图 3.2-24　七速双离合变速器从动轴 1 分工及传递

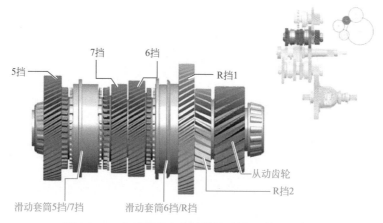

图 3.2-25　七速双离合变速器从动轴 2 分工及传递

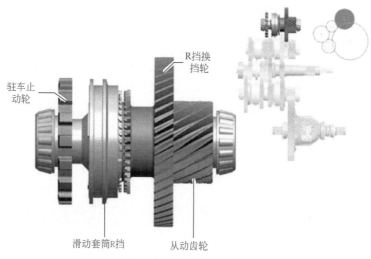

图 3.2-26　七速双离合变速器从动轴 3 分工及传递

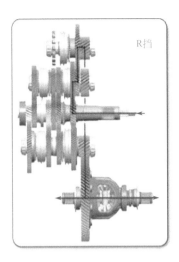
R挡

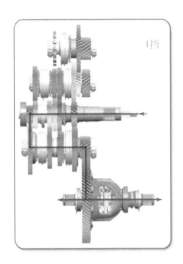
1挡

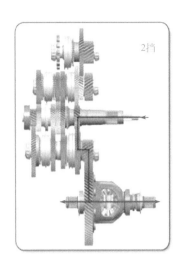
2挡

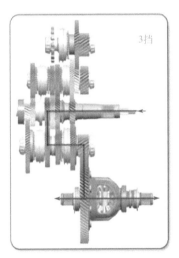
3挡

4挡

5挡

6挡

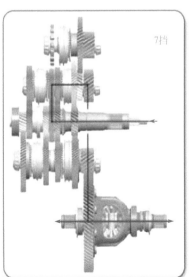
7挡

图 3.2-27　七速双离合变速器动力传递

3.2.3.3 无级自动变速器（CVT）

无级自动变速器（CVT）（图 3.2-28）是一种采用主动与从动带轮以及钢带的电控自动变速器，它具有无级前进挡变速和二级倒挡变速功能，装置总成与发动机直列布置。CVT 只需两组变速滑轮就能现实无数个前进挡位的速比变化，允许其在最大速比点到最小速比点之间做无级调节，它的速比变速是连续性的，不是固定不变的，只有倒挡的传动比是固定不变的。

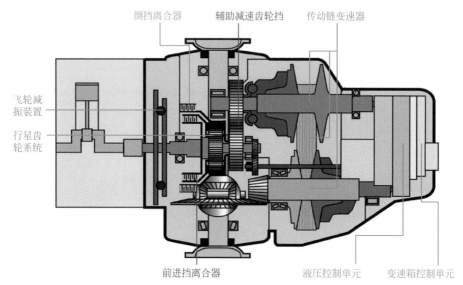

图 3.2-28　无级自动变速器的结构

CVT 变速箱的主要部件是两个滑轮和一条金属带，金属带套在两个滑轮上。滑轮由两片轮盘组成，这两片轮盘中间的凹槽形成一个 V 形，其中一边的轮盘由液压控制机构控制，可以视不同的发动机转速，进行分开与拉近的动作，V 形凹槽也随之变宽或变窄，将金属带升高或降低，从而改变金属带与滑轮接触的直径，相当于齿轮变速中切换不同直径的齿轮。两个滑轮呈反向调节，即其中一个带轮凹槽逐渐变宽时，另一个带轮凹槽就会逐渐变窄，从而迅速加大传动比的变化。无级自动变速器工作原理如图 3.2-29 和图 3.2-30 所示。

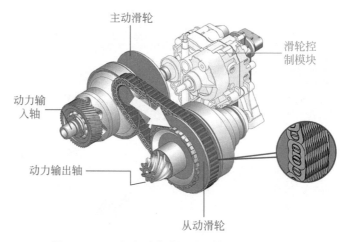

图 3.2-29　无级自动变速器的工作原理（一）

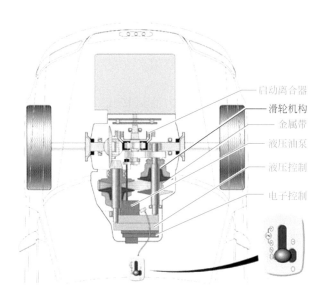

向外推出(低挡位)

使用链板链条的变速器

向里拉近(高挡位)

图 3.2-30　无级自动变速器的工作原理（二）

3.2.3.4　电子液压式多挡位自动变速器（AT）

（1）总体结构　液力自动变速器可以分为液控液力自动变速器和电控液力自动变速器，目前轿车上都是采用电控液力自动变速器。自动变速器由复杂的行星齿轮组和诸多的换挡执行元件组成，自动变速器虽然速比变化是自动实现的，但各挡速比也是固定不变的（图 3.2-31）。

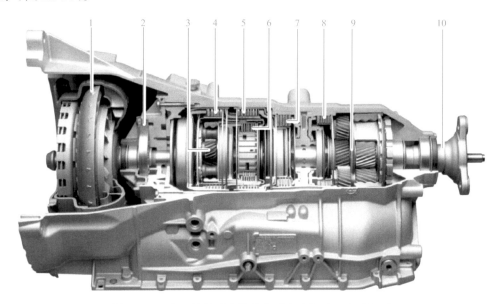

图 3.2-31　电子液压式多挡位自动变速器（AT）的组成

1—带涡轮扭转减振器（TTD）和变矩器锁止离合器的液力变矩器；2—机油泵；3—单行星齿轮组；4—驱动离合器 A；5—驱动离合器 B；6—驱动离合器 E；7—制动离合器 C；8—制动离合器 D；9—双行星齿轮组；10—输出轴法兰

（2）组成系统

❶动力传递系统。动力传递系统（液力变矩器）起到连接发动机与自动变速器的作用。

❷齿轮变速系统。齿轮变速系统（行星齿轮机构）主要用来改变汽车的行驶速度和行驶方向。

❸液压控制系统。液压控制系统则是把油泵输出的压力油调节出不同的压力并输送至不同的部位以达到不同的液压控制目的。

❹电子控制系统。电子控制系统通过监控汽车的整体运行工况实现自动变速器不同功能的控制。

❺冷却控制系统。冷却控制系统是为了使自动变速器始终保持在一个合理的工作温度。

（3）液力变矩器　液力变矩器由泵轮、涡轮、导轮等组成（图3.2-32）。液力变矩器位于自动变速器的最前端，安装在发动机的飞轮上，其作用与采用手动变速器的汽车中的离合器相似。它利用油液循环流动过程中动能的变化将发动机的动力传递至动变速器的输入轴，并能根据汽车行驶阻力的变化，在一定范围内自动地、无级地改变传动比和扭矩比，具有一定的减速增扭功能。

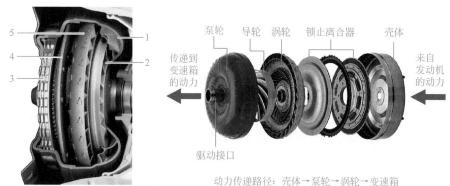

图 3.2-32　液力变矩器的组成

1—泵轮；2—导轮；3—液力变矩器锁止离合器；4—扭转减振器（涡轮扭转减振器或双减振器系统）；5—涡轮

（4）齿轮机构　齿轮机构（图3.2-33）是由一个太阳轮、一个齿圈、一个行星架和支承在行星架上的几个行星齿轮组成的，称为一个行星排。齿轮机构三元件：太阳轮、齿圈、行星架。

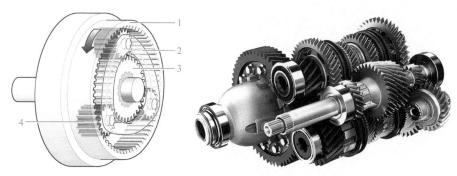

图 3.2-33　齿轮机构

1—齿圈；2—行星齿轮架；3—太阳轮；4—行星齿轮

3.2.4 传动轴和万向节

3.2.4.1 传动轴

传动轴（图 3.2-34）是汽车传动系统中传递动力的重要部件，它的作用是与变速箱、驱动桥一起将发动机的动力传递给车轮，使汽车产生驱动力。

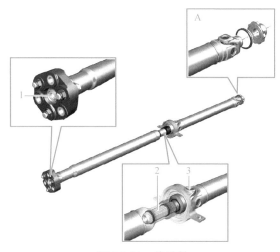

图 3.2-34 传动轴

A—连接在后桥主减速器上；I—万向节盘；2—滑块；3—十字轴万向节

3.2.4.2 等角速万向节

由于现在大多数车辆都采用弹簧行程较大的独立悬架，因此半轴尤其需要在差速器侧和车轮侧分别安装能够在相同交角时传输扭矩的万向节。

采用前轮驱动时，根据转向角情况所需最大交角为 50°，因此只能使用等角速万向节（图 3.2-35）。等角速万向节可在交角较大的情况下均匀传输转速。此外等角速万向节还能在车轮弹簧压缩和伸长时进行所需长度补偿。

图 3.2-35 等角速万向节（球轮）

3.2.4.3 十字万向节

十字万向节（图 3.2-36）的缺点是，在匀速驱动的情况下，从万向节伸出的轴段会出现转速波动。因此必须通过具有相同轴间夹角的另一个万向节进行补偿。

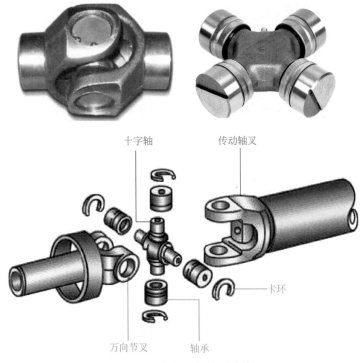

十字轴　　传动轴叉

卡环

万向节叉　　轴承

图 3.2-36　十字万向节（球轮）

3.2.5　差速器

差速器（图 3.2-37 和图 3.2-38）主要包括两个侧齿轮（通过半轴与车轮相连）、两个行星齿轮（行星架与环形齿轮连接）、一个环形齿轮（与动力输入轴相连）。它的两个输出轴可以在不同转速下运动，但又保持两个轴输出的转矩相同。

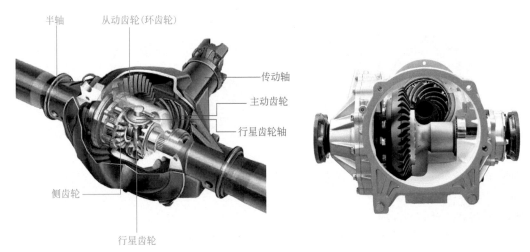

半轴　　从动齿轮(环齿轮)

传动轴

主动齿轮

行星齿轮轴

侧齿轮

行星齿轮

图 3.2-37　差速器（后桥上的）

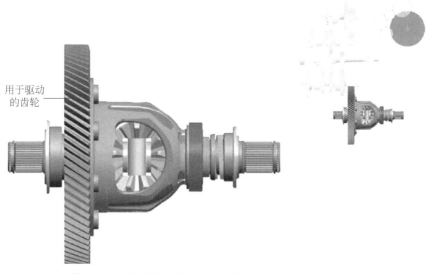

用于驱动
的齿轮

图 3.2-38 差速器（横置发动机变速器内的差速器结构）

3.2.5.2 工作原理

差速器的工作原理如图 3.2-39 所示。差速器可在向两侧车轮传输相同作用力的情况下进行转速补偿。差速器内装有行星齿轮和半轴齿轮，两者相互啮合。扭矩通过行星齿轮传输至半轴齿轮，每一个锥齿轮都获得可传输扭矩的 1/2。通过行星齿轮实现的这项功能可在不受不同车轮作用力的影响下自然转弯。

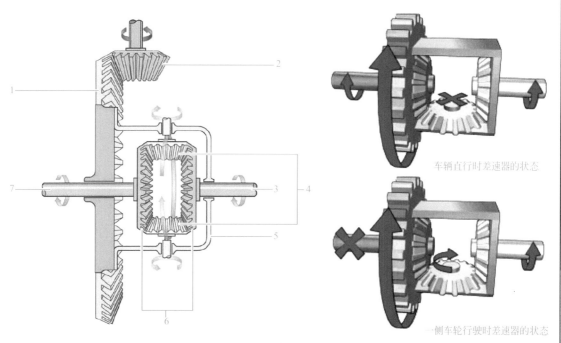

车辆直行时差速器的状态

一侧车轮行驶时差速器的状态

图 3.2-39 差速器的工作原理

1—被动齿轮；2—主动齿轮；3—右侧半轴；4—行星齿轮；5—差速器壳；6—半轴齿轮；7—左侧半轴

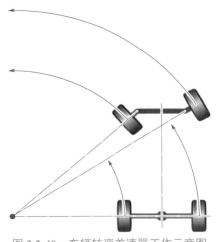

图 3.2-40　车辆转弯差速器工作示意图

汽车直线行驶时，前桥和后桥主减速器将传动轴传输的作用力均匀分配至车桥的驱动轮。差速器在转弯行驶时对转速进行补偿。之所以需要进行转速补偿，是因为在整个转弯过程中弯道内侧车轮行驶距离小于弯道外侧车轮，即弯道内侧车轮转速慢于弯道外侧车轮。

汽车在转弯时车轮的轨迹是圆弧，如果汽车向左转弯，圆弧的中心点在左侧，在相同的时间里，右侧车轮行驶的弧线比左侧车轮长，为了平衡这个差异，就要使左侧车轮慢一点，右侧车轮快一点，用不同的转速来弥补距离的差异（图 3.2-40）。

 小贴士

在汽车转弯时，左右轮的转速不同，而发动机给左右驱动轮的力量是一样的，这样就需要一个装置来协调左右驱动轮的转速，这就是差速器的作用。它可以将变速器输出的转矩合理地分配给左右驱动轮。在前置前驱车上，差速器布置在前轴上；在前置后驱车上，差速器布置在后轴上；在中置后驱车上，差速器也布置在后轴上。

3.2.5.3　防滑差速器

为了改善车辆牵引力，可安装防滑差速器（图 3.2-41）。防滑差速器用于防止驱动轮打滑，其内部装有锁止元件。锁止元件通常为片式离合器，通过这些离合器可使半轴齿轮与差速器壳相连。通常以机械方式执行这项功能。

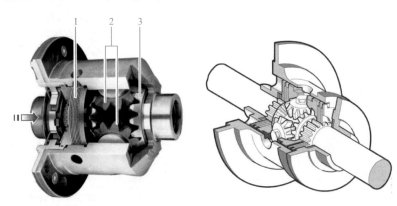

图 3.2-41　防滑差速器
1—摩擦片组；2—行星齿轮；3—半轴齿轮

防滑差速器的工作原理如图 3.2-42 所示。

（1）均匀的路面附着力　扭矩通过被动齿轮和差速器壳传输至压环，压环可轴向移动，因此扭矩可通过片式离合器传输至啮合的半轴。

（2）不同的路面附着力　例如右侧驱动轮打滑时，行星齿轮也会转动。行星齿轮轴将压环压向两个摩擦片组。在压紧力作用下，右侧摩擦片组快速打滑的内啮合摩擦片与外啮合摩擦片之间产生一个取决于负荷的摩擦力矩。该摩擦力矩通过差速器壳、左侧摩擦片组、左侧半轴花键传输至左侧驱动轮。除正常驱动力矩外，它也对右侧驱动侧产生作用。

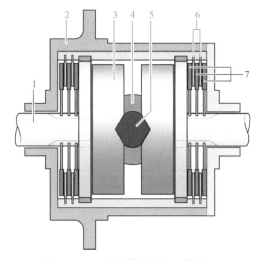

图 3.2-42 防滑差速器的工作原理
1—半轴；2—差速器壳；3—压环；4—行星齿轮；5—带撑开作用
锥面的轴；6—钢制摩擦片；7—带涂层摩擦片

3.2.6 主减速器

主减速器（图 3.2-43 和图 3.2-44）的作用将变速器输出的动力再次减速，以增加转矩，之后将动力传递给差速器。

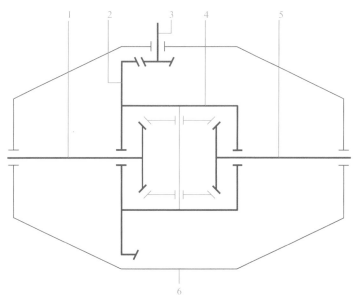

图 3.2-43 主减速器（一）
1—左侧半轴；2—被动齿轮；3—主动锥齿轮；4—差速器及壳体；5—右侧半轴；6—壳体

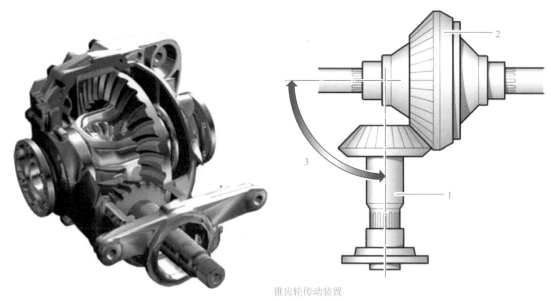

锥齿轮传动装置

图 3.2-44　主减速器（二）

1—主动齿轮；2—被动齿轮；3—改变作用力方向

　　后轮驱动车辆的主减速器位于后桥中部，四轮驱动车辆在发动机侧面前部还通过法兰安装了第二个主减速器。主减速器内装有一个锥齿轮传动装置，该装置可改变作用力方向并再次降低传动轴转速。

　　动态驱动力分配系统采用的后桥主减速器与传统后桥主减速器（差速器）基本相同，只是在左右两侧各增加了一个叠加单元。两个叠加单元的结构基本相同，但在细节上有所不同。例如，左右两侧的电动机和行星齿轮组不同。后桥主减速器也有三个储油室，但它们通过一个共用通道通风。如图 3.2-45 所示为带有叠加单元后桥主减速器的结构。

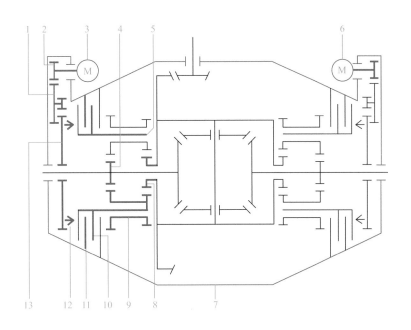

图 3.2-45　带有叠加单元后桥主减速器的结构

1—传动齿轮；2—电动机小齿轮；3—左侧电动机；4—外侧太阳轮；5—行星齿轮架；6—右侧电动机；7—壳体；
8—内侧太阳轮；9—行星齿轮；10—摩擦片；11—摩擦片支架；12—球道；13—球道驱动齿轮

3.2.7　分动器

3.2.7.1　四轮驱动

在四轮驱动车辆中除驱动后桥外还驱动前桥，其优点在于可将驱动力分配在四个车轮上（图 3.2-46）。车辆通过安装在手动或自动变速箱后的分动器实现这项功能。从分动器处伸出一根传动轴连接后桥主减速器，同时在分动器左侧还伸出一根传动轴连接前桥主减速器。

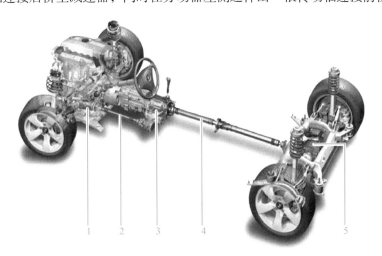

图 3.2-46　四轮驱动

1—前桥主减速器；2—前传动轴；3—分动器；4—后传动轴；5—后桥主减速器

3.2.7.2 分动器结构原理

行星齿轮箱是分动器的主要部件，其基本原理与自动变速箱相同。行星齿轮架及行星齿轮由手动或自动变速器驱动。太阳轮输出动力至前桥主减速器，输出至后桥的动力则通过齿圈实现。由于从行星齿轮箱中心至太阳轮和齿圈的力臂长度不同，因此传动比也不同。确定齿轮尺寸时要求将一部分作用力传输至后桥，将另一部分作用力传输至前桥。分动器及齿轮组如图 3.2-47 所示。

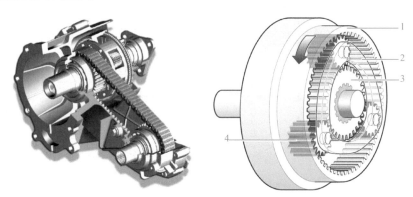

图 3.2-47　分动器及齿轮组

1—齿圈；2—行星齿轮架；3—太阳轮；4—行星齿轮

3.2.7.3 带有离合器的分动器

四轮驱动的分动器片式离合器通过一个伺服电动机由一个蜗杆传动机构驱动，这样根据需要以可变方式将驱动力分配到前桥上，始终向后桥输送传动力。通过片式离合器能够以可变方式控制输送至前桥的作用力，后桥车轮打滑时，输送至前桥的作用力几乎可达100%。有些使用带有齿形链的分动器，而在较小车辆上由于安装空间有限，使用带有齿轮的分动器。分动器内部结构如图 3.2-48 所示。

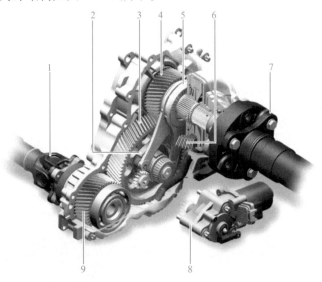

图 3.2-48　分动器内部结构

1—前桥传动轴；2—控制盘；3—中间齿轮；4—驱动齿轮；5—带球道的调节杆；6—摩擦片组；

7—后桥传动轴；8—带有减速器的伺服电动机；9—输出齿轮

3.2.7.4　四轮驱动离合器

四轮驱动离合器（图 3.2-49）集成在后桥驱动总成中。通过前后桥驱动总成之间的四轮驱动离合器，驱动扭矩可传至后桥。通过调节开度将所需的驱动扭矩传递到后桥。四轮驱动离合器分解图如图 3.2-50 所示。

图 3.2-49　四轮驱动离合器结构

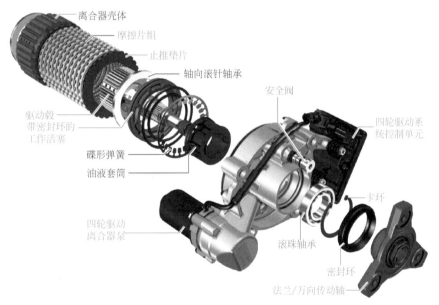

图 3.2-50　四轮驱动离合器分解图

（1）四轮驱动离合器泵（图3.2-51、图3.2-52）　四轮驱动离合器泵是一个集成有离心力调节器的活塞泵，它生成并调节油压，由四轮驱动系统控制单元持续控制。活塞泵由电动机通过电动机轴驱动。六个活塞由弹簧力压在倾斜的轴向滚珠轴承（止推垫片）上。当泵筒旋转时，活塞上下移动，油液被吸入，并通过压力侧流向工作活塞，从而进入离心力调节器内部。

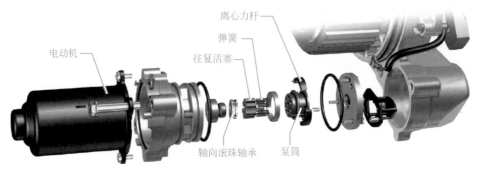

图 3.2-51　四轮驱动离合器泵（一）

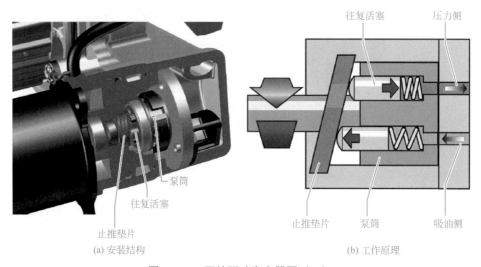

(a) 安装结构　　　　　　　　　　　(b) 工作原理

图 3.2-52　四轮驱动离合器泵（二）

（2）**离心力调节器**　集成的离心力调节器（图3.2-53）由离心力杆和离心力调节阀（球阀）组成，它负责调节活塞泵生成的油压。离心力使离心力杆向外移动，同时将阀球压入阀座中。

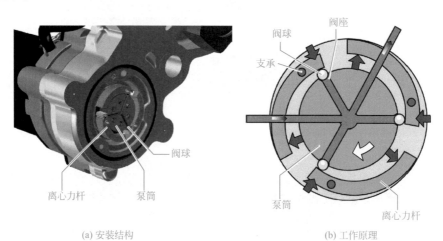

(a) 安装结构　　　　　　　　　　　(b) 工作原理

图 3.2-53　离心力调节器

（3）**安全阀**　安全阀（图3.2-54）用于对部件进行保护。当四轮驱动离合器泵产生的系统压力超过设定压力 [如44bar（1bar=10^5Pa）] 时，弹簧力负荷不了，弹簧被压紧，阀球离开阀座，离合器油便通过安全阀开口流回到油底壳中。

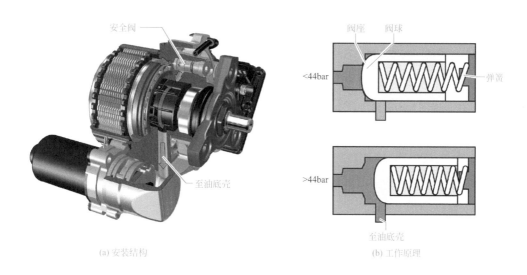

图 3.2-54　安全阀

（4）**系统压力调节**（图3.2-55）　通过活塞泵和离心力调节器的共同作用产生及调节系统压力。调节后的系统压力施加给工作活塞，工作活塞以不同的压力压紧离合器壳体内的摩擦片组。施加压力的大小决定了可传递到后桥的驱动扭矩。

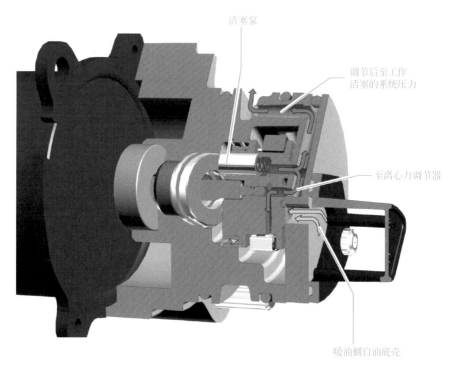

图 3.2-55　系统压力调节

（5）**转速较低时的压力变化**（图5.2-56） 由于泵电机的转速较低，因此尚未在工作活塞上产生系统压力，离心力杆还不能在阀球上施加任何压力。泵出的油液通过球阀重新回到油底壳中。

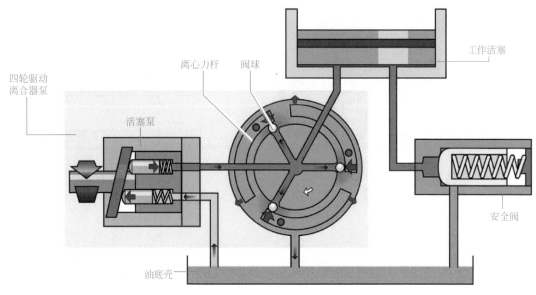

图 3.2-56 转速较低时的压力变化

（6）**转速较高时的压力变化**（图3.2-57） 由于泵电机的转速较高，工作活塞的缸体中产生了压力，离心力杆将阀球压入阀座中。形成的压力再将阀球稍微推回，离心力和液压压力之间取得平衡。转速继续提高会增加工作活塞上的系统压力，从而增加离合器的可传递扭矩。

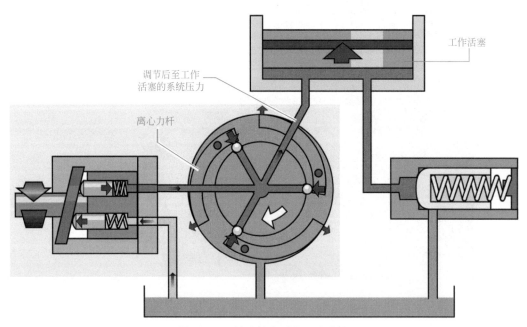

图 3.2-57 转速较高时的压力变化

（7）转速很高时的压力变化（图3.2-58） 当泵电机的转速很高时，离心力杆会强力按压阀球，使得工作活塞上产生很高的系统压力。当系统压力超过设定压力［如44bar（1bar=10^5Pa）］时，安全阀打开。由此对系统压力进行限制，使油液流回到油底壳中。

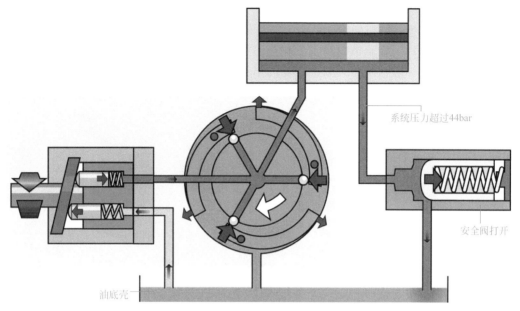

图 3.2-58　转速很高时的压力变化

（8）转速降低时的卸压（图3.2-59） 泵电机的转速降低时，离心力杆按压阀球的强度也随之降低，此时油液会通过出现的阀门间隙排出。系统压力降低，并重新在离心力和液压压力之间建立平衡。

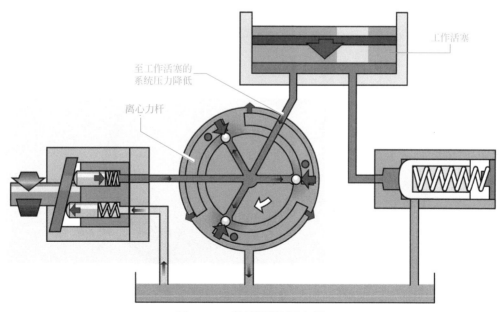

图 3.2-59　转速降低时的卸压

3.2.8 悬架系统

汽车的悬架系统分为非独立悬架和独立悬架两种，非独立悬架在轿车上已逐渐被淘汰。

3.2.8.1 钢板弹簧式非独立悬架

钢板弹簧式非独立悬架如图 3.2-60 所示。钢板弹簧中部通过 U 形螺栓固定在前桥上。钢板弹簧的前端卷耳用弹簧销与前支架相连，形成固定式铰链支点，起传力和导向作用；而后端卷耳则用吊耳销与可在车架上摆动的吊耳相连，形成摆动式铰链支点，从而保证了弹簧变形时两卷耳中心线间的距离有改变的可能。

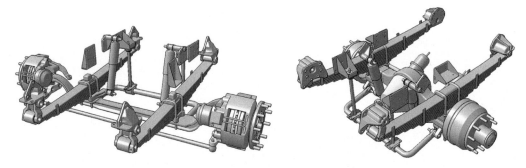

图 3.2-60　钢板弹簧式非独立悬架

减振器的上、下两个吊环通过橡胶衬套和连接销分别与车架上的上支架和车桥上的下支架相连接。盖板上装有橡胶缓冲块，以限制弹簧的最大变形，并防止弹簧直接碰撞车架。

3.2.8.2 螺旋弹簧式非独立悬架

螺旋弹簧式非独立悬架（图 3.2-61）一般只用于轿车的后悬架。两根纵向推力杆的中部与后桥焊接为一体，前端通过带橡胶的支承座与车身做铰链连接，后端与轮毂相连接。

减振器

钢制弹簧

支承座

横向成型件

支承

车轮轴承/轮毂

图 3.2-61　螺旋弹簧式非独立悬架

螺旋弹簧的上端装在弹簧上座中，下端则支承在减振器外壳上的弹簧下座上，它只承受垂直力。减振器的上端与弹簧上座一起装在车身底部的悬架支座中，下端则与纵向推力杆相连接。

3.8.2.3 麦弗逊式独立悬架

麦弗逊式独立悬架（图 3.2-62 和图 3.2-63）目前在轿车中应用很广泛。麦弗逊式独立悬架结构较简单，布置紧凑，用于前悬架时能增大两前轮内侧的空间，故多用于发动机前置前轮驱动的轿车上。前轮采用麦弗逊式独立悬架时，前轮定位各参数的变化较小，除前束可调整外，其他参数有的车型规定不可调整，有的车型规定可以调整。

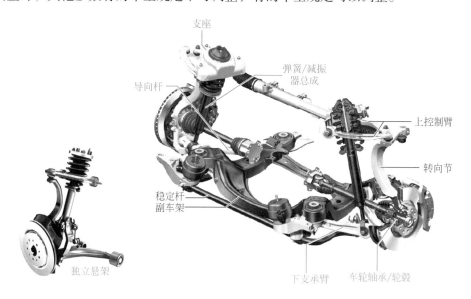

图 3.2-62　麦弗逊式独立悬架（一）

图 3.2-63　麦弗逊式独立悬架（二）

3.2.8.4 多连杆式独立悬架

从结构上看，多连杆式独立悬架（图3.4-64）仅由一些杆、筒以及弹簧等简单构件组成。多连杆悬架，就是通过各种连杆配置把车轮与车身相连的一套悬架机构，其连杆数比普通的悬架要多一些，一般把连杆数为3或以上的悬架称为多连杆悬架。前悬架一般为3连杆或4连杆式独立悬架（图3.2-65）；后悬架一般为4连杆或5连杆式。

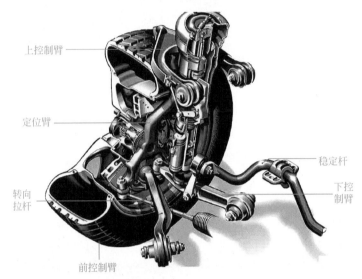

图3.2-64　多连杆式独立悬架

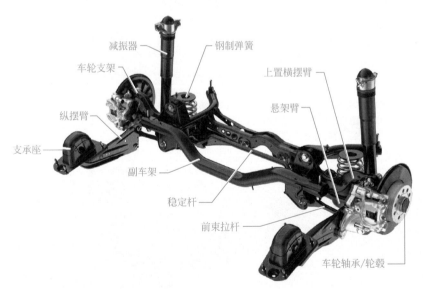

图3.2-65　4连杆式独立悬架（后悬架）

（1）虚拟转向轴线　在4连杆式前轴上，有很多车设计的转向轴线并没有穿过车轮轴承壳体的上下连接点，而是穿过上面两个摆臂和下面两个摆臂连接点连线延长线的交点。因此，摆臂轴线处于自由空间之中并且在转向极限位置时不会改变位置。我们将此称为虚拟转向轴线（图3.2-66），这种布置可以让转向轴线靠近车轮中心面。对于主销偏距与路面反馈力臂，这样做有非常积极的效果，而且可以优化驾驶性能。

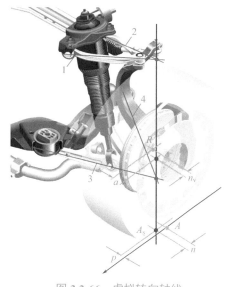

图 3.2-66　虚拟转向轴线

1～4—摆臂的方向；R—车轮中心点；A—车轮接地点；n—主销后倾拖距；n_v—主销后倾偏移；
p—主销偏距；α—道路反馈力臂；A_s—转向轴线与路面的交点

（2）转向极限位置（图3.2-67）　该车轴的设计让虚拟转向轴线更向外移动，车轮围着此轴线摆动而轴线的位置又决定了主销后倾角和转向节的倾斜度。通过优化车轴的几何结构，可以使转向系统完全不受扭矩作用的影响。

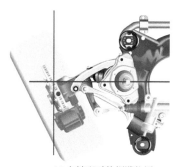

(a) 左转弯时的摆臂位置

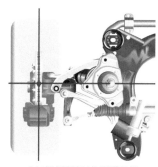

(b) 直线行驶时的摆臂位置

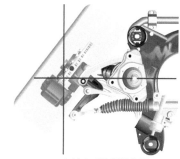

(c) 右转弯时的摆臂位置

图 3.2-67　转向极限位置

　　因为车轮是用相应横摆臂上的 4 个球头进行定位的，所以转向轴线几乎在车轮中心穿过，不受结构空间的限制。转向轴线能够根据转向运动的变化而改变位置。与带有固定的空间转向轴线的传统车轴相比，在转向时这种虚拟轴线的确定运动降低了对空间的要求。虚拟转向轴线根据转向运动的变化而改变位置。

3.2.8.5　双横臂式独立悬架

　　横臂式独立悬架是指一种车轮在汽车横向平面内摆动的独立悬架，双横臂式独立悬架（图3.2-68和图3.2-69）是指有两根横臂的悬架系统。双横臂式独立悬架按上下横臂是否等长，又分为等长双横臂式和不等长双横臂式两种悬架。等长双横臂式独立悬架在车轮上下跳动时，能保持主销倾角不变，但轮距变化大（与单横臂式相类似），对轮胎磨损影响较大，现在逐步在淘汰。

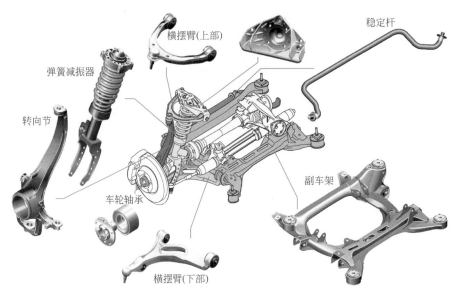

图 3.2-68　双横臂式独立悬架

转向横拉杆见图 3.2-69。

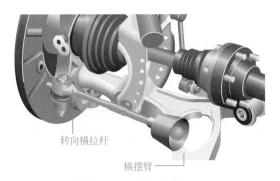

图 3.2-69　转向拉杆

3.2.8.6　后悬架

后悬架如图 3.2-70 和图 3.2-71 所示。

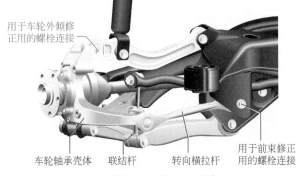

图 3.2-70　后悬架（四轮驱动后桥）（一）

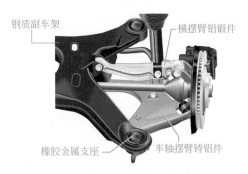

图 3.2-71　后悬架（四轮驱动后桥）（二）

3.2.8.7 空气悬架

（1）空气悬架结构 空气悬架（图3.2-72）是采用空气减振器的悬架结构。空气减振器不像传统减振器那样充满油液，而是用一个空气泵向其充入空气，通过控制空气泵，便可以调整空气减振器中的空气量或压力，因此，空气减振器的硬度和弹性系数是可调的，空气被压缩得越多，弹性系数越大，它能大大提高行驶舒适性和稳定性（图3.2-73）。

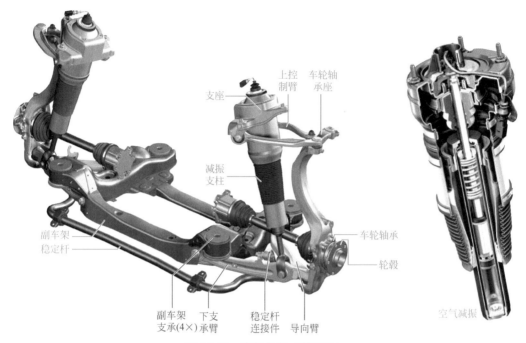

图3.2-72 空气悬架（前悬架）

视频精讲

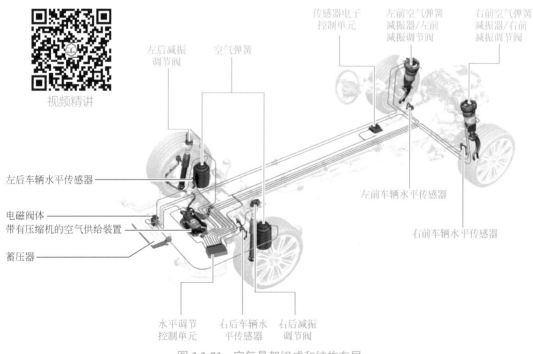

图3.2-73 空气悬架组成和结构布局

后桥上，空气弹簧和减振器是分开布置的（图3.2-74）。

图3.2-74　空气悬架（后悬架）

（2）空气供给装置　空气供给装置包括干式电动空气压缩机、空气干燥器、吸气口及相应的空气管（图3.2-75）。

（3）空气弹簧　空气弹簧（图3.2-76）主要包括带有外部导套的上部壳体、空气弹簧气囊、起伏活塞（下部壳体）、一个辅助储压器（在需要时才用）以及一个集成的减振器。

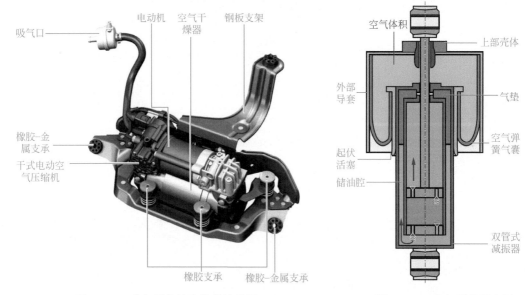

图3.2-75　空气悬架的空气供给装置　　　图3.2-76　空气弹簧示意图

空气弹簧气囊由专用高质量多层人造橡胶材料制成，其中内嵌有尼龙线织网作为加强材料。加强材料吸收空气弹簧中产生的力。里面的覆盖层是专门设计的气密层，各个层经过特殊组合后可使空气弹簧气囊具有良好的起伏特性并且准确地响应悬架动作。

（4）减振器　减振器的作用是尽可能快地降低车体与车轮的振动能量并将振动能量转化为热能。减振器中，工作油腔与储油腔位于缸体中。由于温度影响以及弹簧受压时活塞杆的推入会改变油的体积，油体积的变化量等于受压气垫中的气体变化量。压缩与拉伸阶段的减振阀都集成在活塞中（图3.2-77～图3.2-80）。

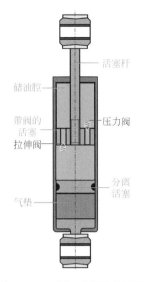

图 3.2-77 单缸减振器示意图

活塞杆
储油腔
带阀的活塞
拉伸阀
压力阀
气垫
分离活塞

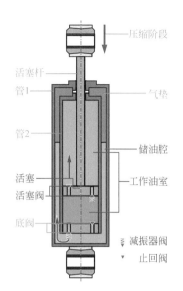

图 3.2-78 双缸减振器示意图（压缩阶段）

压缩阶段
活塞杆
管1
管2
气垫
储油腔
工作油室
活塞
活塞阀
底阀
减振器阀
止回阀

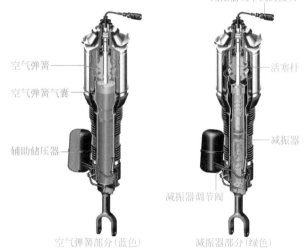

空气弹簧
空气弹簧气囊
辅助储压器
减振器调节阀的接头
活塞杆
减振器
减振器调节阀
空气弹簧部分(蓝色)
减振器部分(绿色)

图 3.2-79 空气弹簧和减振器（前桥）

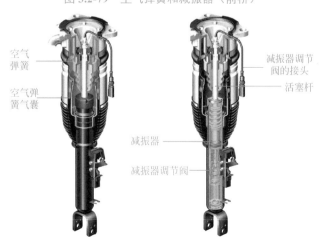

空气弹簧
空气弹簧气囊
减振器
减振器调节阀
减振器调节阀的接头
活塞杆

图 3.2-80 空气弹簧和减振器（后桥）

3.2.9　制动系统

3.2.9.1　制动助力器和制动总泵

制动助力器和制动总泵如图 3.2-81 所示。

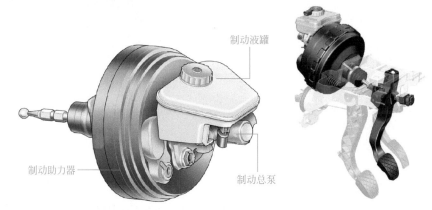

图 3.2-81　制动助力器和制动总泵

（1）制动助力器　制动助力器以气动方式将驾驶员通过制动踏板施加的作用力增大。在制动助力器输出端装有一个压杆。该压杆操纵总泵（主缸）内的两个活塞（分别用于两个制动回路）并由此产生液压系统内的压力。由于带有两个活塞，因此又称为串联制动总泵（主缸）。

（2）制动总泵　制动总泵将驾驶员踩踏板的力转换成液压，然后液压作用在前后轮的盘式制动卡钳上并传给鼓式制动器的制动分泵。

3.2.9.2　盘式制动器

盘式制动器（图 3.2-82）也叫碟式制动器，主要由制动盘、制动钳、摩擦片、分泵、油管等部分构成。盘式制动器中的制动盘是一个与车轮一起转动的圆盘，一般为金属盘，也有陶瓷的。制动盘可以是实心的，也可以是空心的。空心型制动盘又称为通风式制动盘。

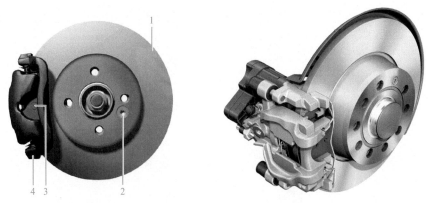

图 3.2-82　盘式制动器

1—制动盘；2—制动盘的固定螺栓；3—制动摩擦片；4—制动钳

盘式制动器的工作原理：盘式制动器通过液压系统把压力施加到制动钳（图3.2-83）上，使制动摩擦片与随车轮转动的制动盘发生摩擦，从而达到制动的目的。

在制动钳上带有制动管路接口。踩下制动器时，制动管路内的液压压力就会作用到制动钳内的活塞上，所产生的压力将制动摩擦片压到制动盘上。通过该压紧力使制动摩擦片与制动盘之间产生摩擦，随即产生的摩擦力阻止车轮移动并对其进行制动。

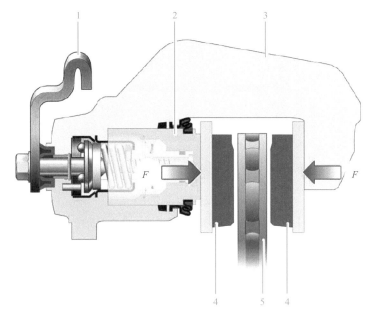

图 3.2-83　制动钳

1—拉线固定杆；2—活塞；3—制动钳壳体；4—制动摩擦片；5—制动盘；F—压紧力

3.2.9.3　鼓式制动器

鼓式制动器主要包括制动轮缸、制动鼓、摩擦片、回位簧等部分（图3.2-84）。主要是通过液压装置使摩擦片与随车轮转动的制动鼓内侧面发生摩擦，从而起到制动的效果。

图 3.2-84　鼓式制动器

鼓式制动器的工作原理（图3.2-85）：在踩下刹车踏板时，系统油路中产生很大的压力，这样，鼓式制动器制动分泵的活塞推动制动蹄向外运动，进而使得摩擦片与制动鼓发生摩擦，从而产生制动力。

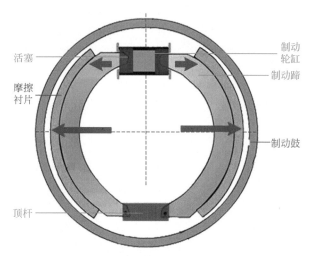

活塞 制动轮缸
摩擦衬片 制动蹄
制动鼓
顶杆

图3.2-85　鼓式制动器的工作原理

视频精讲

3.2.9.4　驻车制动电动机

驻车制动电动机如图3.2-86所示。制动摩擦衬块的收紧是通过一根螺杆的带动来实现的，这根螺杆上的螺纹是可以自锁的，它是由斜轴轮盘机构来驱动的。斜轴轮盘机构是由一个直流电动机来驱动的，它和直流电动机通过法兰固定在制动钳上。

图3.2-86　驻车制动电动机

工作原理： 驻车制动电动机由一个两级蜗轮蜗杆传动装置产生减速比，在第二级能实现所需的自锁效应。在装配驻车制动电动机时，制动钳的螺杆被插入第二级传动装置的正齿轮中（图3.2-87）。螺杆和正齿轮通过内、外星形螺栓连接。螺杆是滚珠螺杆传动装置的组成部分，并位于制动钳内。螺杆借助于螺杆螺母，压在制动活塞的内端面上。正齿轮由电动机驱动，将旋转运动传递到螺杆上。螺杆在转动的同时，压块纵向运动。根据旋转方向的不同，压块会向制动活塞顶部或朝相反方向运动，从而将制动活塞压向制动摩擦片（制动位置）或将其推离制动摩擦片（制动松开位置）（图3.2-88和图3.2-89）

小贴士

　　控制单元内部有一个温控模块，它会在车辆停止的状态下计算出制动盘和制动摩擦片的冷却情况，并在必要时暂时启动电动机，继续将驻车制动器张紧最多 3 次。

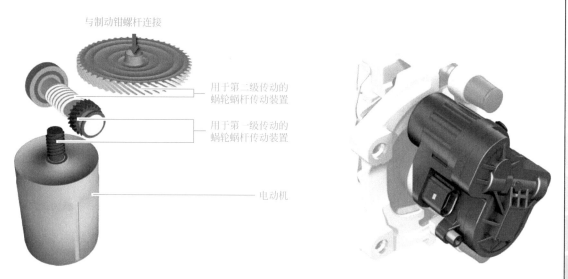

图 3.2-87　驻车制动电动机动作

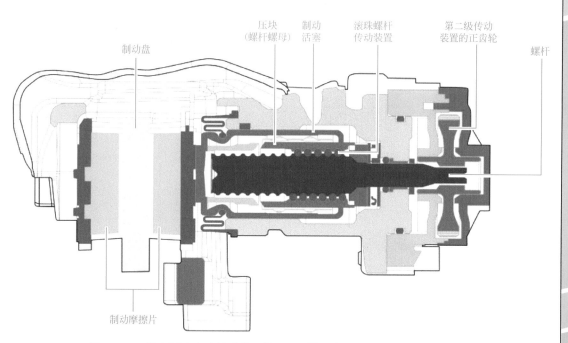

图 3.2-88　驻车制动电动机动作工作原理（位于制动松开位置的制动活塞）

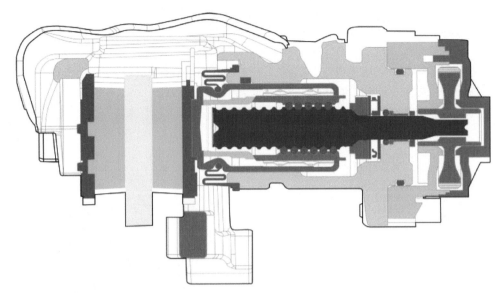

图 3.2-89　驻车制动电动机动作工作原理（位于制动位置的制动活塞）

3.2.9.5　ABS 控制单元

ABS 控制单元（图 3.2-90）接收车轮转速传感器送来的信号，并进行处理分析，然后向制动压力调节器输出控制信号。

图 3.2-90　ABS 控制单元

3.2.10 转向系统

转向系统(图3.2-91)决定车辆行驶的方向。该系统负责车辆平稳、稳定以及安全的转向，它必须稳固和完全可靠。转向系统由转向操纵机构、转向机和转向传动机构三个基本部分组成。

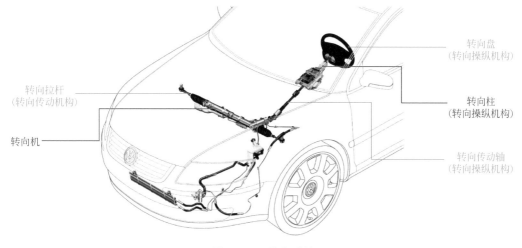

图 3.2-91 转向系统

3.2.10.1 液压动力转向系统

（1）结构组成 液压动力转向系统主要由转向机、转向助力泵、机油罐（转向油助力油储存罐）组成（图3.2-92）。

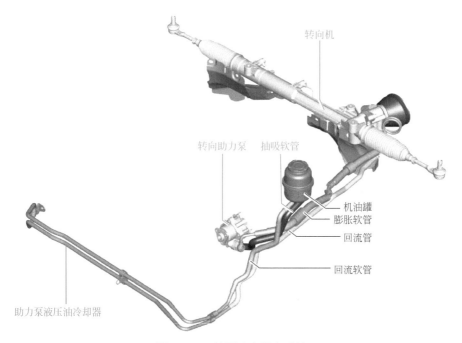

图 3.2-92 液压动力转向系统

液压动力转向系统通过一个液压转向助力泵产生转向助力，该助力泵由发动机的皮带传动机构进行驱动。通过转向力使转向柱下端的扭力杆扭转。通过扭转控制阀门，从而使液压油作用于齿轮齿条式转向器内的工作活塞上。由此在齿轮上产生的作用力与驾驶员施加的转向力叠加，合力通过转向横拉杆促使车轮转向。

❶ 机油罐。机油罐内装有精细滤清器（图 3.2-93），它可以有效地滤掉液压系统内的污物和磨屑，因此可大大减轻部件的磨损，尤其是泵、转向阀和活塞油封的磨损。

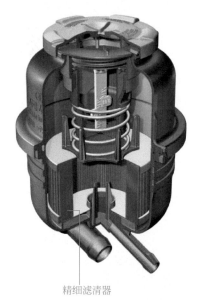

精细滤清器

图 3.2-93　精细滤清器

❷ 转动滑阀（也称旋转阀）。转动滑阀是单独一个部件，它是通过螺栓安装在铝制转向机壳体上的。

❸ 随速助力转向电磁阀。随速助力转向电磁阀是由供电控制单元来控制的，该控制单元的输入信号是来自 ESP 控制单元的速度信号。

液压助力转向机如图 3.2-94 所示。

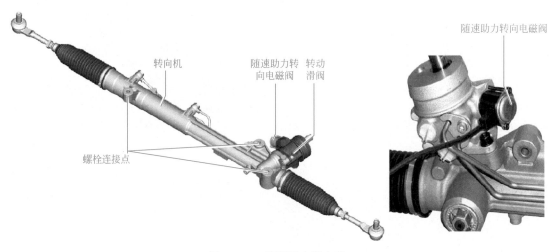

转向机　　随速助力转　转动　　　　　　　随速助力转向电磁阀
　　　　　向电磁阀　滑阀

螺栓连接点

图 3.2-94　液压助力转向机

（2）静止状态转向系统工作情况　车辆静止状态，转动滑阀（旋转阀）处于中间位置时系统所需的压力由常规的液压泵产生，此压力传送给旋转阀。在该阀中有一根扭力杆，其一端用销钉固定在旋转阀上，另一端也用销钉固定驱动小齿轮与控制衬套上（图3.2-95）。该扭力杆起对中（中性位置）的作用。

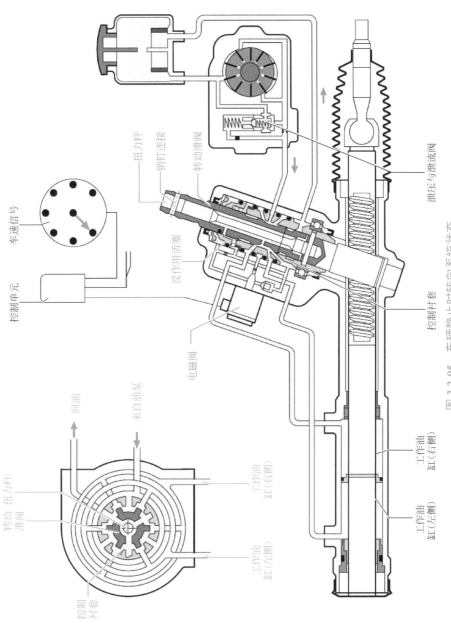

车速信号

控制单元

回油

来自油泵

扭力杆

转动滑阀

控制衬套

工作油缸（右侧）

工作油缸（左侧）

扭力杆

销钉连接

转动滑阀

反作用活塞

电磁阀

泄压与泄流阀

控制衬套

工作油缸（右侧）

工作油缸（左侧）

图 3.2-95　车辆静止时转向系统状态

（3）低速行驶转向系统工作情况　旋转阀的工作位置处于左转向极限位置时，车辆为低速行驶状态。

如图 3.2-96 所示，在这种情况下，控制单元增大了供给电磁阀的电流，于是该阀的孔口截面就增大了，比实际车速所要求的还大。通过打开的电磁阀就会多流出一些机油（流入机油罐），机油在流动中可将热量释放到环境中，这样就可以降低机油的温度了。根据转向角传感器通过 CAN 总线传来的信息，控制单元决定电磁阀的控制时间长短和控制电流的大小，这个调节过程只有在车速不超过 10km/h 时才能工作。

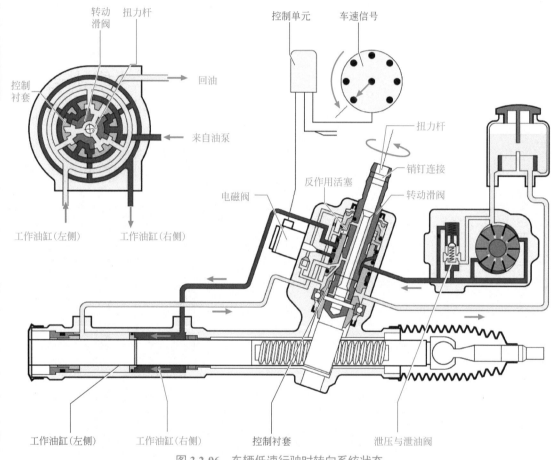

图 3.2-96　车辆低速行驶时转向系统状态

3.2.10.2　电动机械式助力转向系统

（1）总体结构　电动机械式助力转向系统（EPS）没有了液压助力系统的液压泵、液压管路、转向柱阀体等结构，结构非常简单，通过减速器以纯机械方式将电动机产生的助力传递到转向系统上。EPS 是机电一体化的产品，如图 3.2-97 所示。

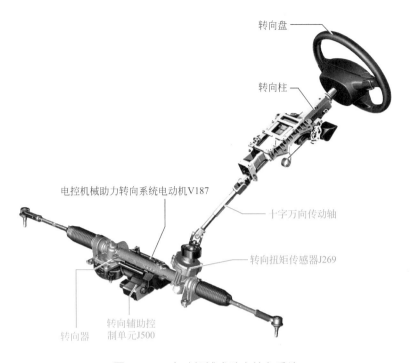

转向盘

转向柱

电控机械助力转向系统电动机V187

十字万向传动轴

转向扭矩传感器J269

转向辅助控制单元J500

转向器

图 3.2-97　电动机械式助力转向系统

（2）电动机械式助力转向系统零部件　见图 3.2-98。

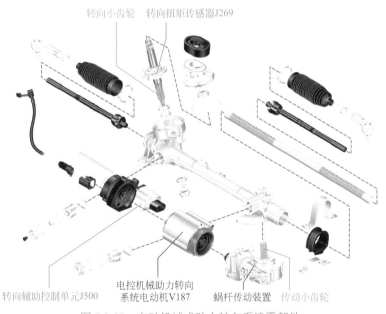

转向小齿轮　转向扭矩传感器J269

转向辅助控制单元J500　电控机械助力转向系统电动机V187　蜗杆传动装置　传动小齿轮

图 3.2-98　电动机械式助力转向系统零部件

❶ 转向辅助控制单元。转向辅助控制单元根据转子位置和转向力矩这些信息来确定相电压的状态模型（图 3.2-99）。

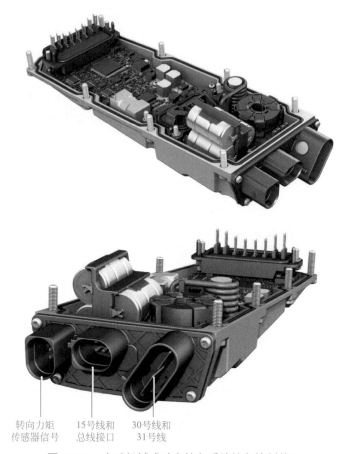

转向力矩 15号线和 30号线和
传感器信号 总线接口 31号线

图 3.2-99 电动机械式助力转向系统转向控制单元

❷ 电动机械式助力转向电动机。

a. 结构。该电动机用于产生转向助力所需要的力矩，使用的是一个永久励磁式三相交流同步电动机（图 3.2-100）。

转子 定子

图 3.2-100 电动机械式助力转向电动机

b. 工作原理。将电动机的旋转运动转换成齿条的直线运动，这个工作就是由滚珠丝杠来完成的。

滚珠丝杠的工作原理类似于普通的螺栓 - 螺母系统，螺距变成了沟道，螺栓（螺杆）和螺母（球循环螺母）之间的连接是通过沟道中的球来实现的。这些球在滚动，就像轴承内的滚子元件那样在一个封闭着的循环回路中运动。要想实现这点，球循环螺母内有一个循环通道，它将球循环螺母的沟道的"起始点"和"终结点"连接在一起。随着球循环螺母的反向转动以及球滚动方向的逆转，螺杆的运动方向也就跟着改变了。球循环螺母固定在纵向，它如果转动的话，那么螺杆就会按箭头方向做直线运动（图 3.2-101）。

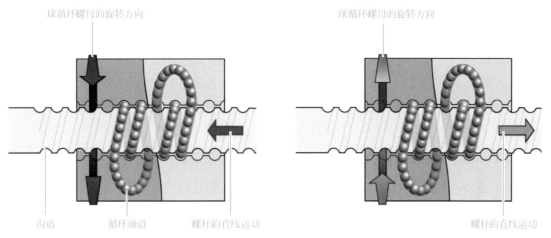

图 3.2-101　电动机械式助力转向电动机工作原理

❸ 转向力矩传感器。

a. 结构。带有八对极偶的环形磁铁与转向轴是刚性连接的。两个传感器靶轮各有八个齿，与转向主动齿轮是刚性连接的。这两个传感器靶轮的齿是错开布置的，从上面沿着旋转轴方向看的话，一个传感器靶轮的齿处在另一个传感器靶轮的齿隙中。在这两个传感器靶轮的中间是两个霍尔传感器，这两个传感器与壳体是刚性连接的（图 3.2-102）。

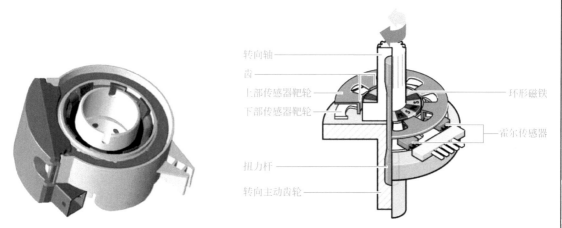

图 3.2-102　转向力矩传感器结构

b. 工作原理。计算任何时刻所需要的转向助力力矩的大小，其基础信息就是驾驶员所施加的转向力矩大小。转向力矩传感器就是用来确定这个转向力矩大小的。如图 3.2-103 所示，转向主动齿轮与转向轴是通过一个扭力杆连接的，这与带有转向阀的普通液压转向机构是一样的。如果驾驶员转动了转向盘，那么扭力杆和转向轴相对于转向主动齿轮就发生扭转。扭转的程度取决于驾驶员所施加的转动力矩的大小。转向力矩传感器可以测量出这个扭转程度的大小。

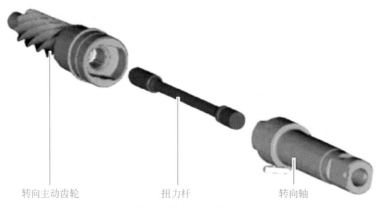

转向主动齿轮　　　　　　扭力杆　　　　　　　转向轴

图 3.2-103　转向主动齿轮与转向轴通过一个扭力杆连接

如果没有转动转向盘，那么传感器靶轮与磁极的相对位置是这样的：每个传感器靶轮上的齿都在北极和南极的正中位置。因此，这两个传感器靶轮被磁力线所穿过的方式是一样的，这两个传感器靶轮之间没有磁场。两个霍尔传感器上输出的信号也相同。

转向运动使得扭力杆发生扭转，因此也导致环形磁铁与传感器靶轮之间发生相对运动。环形磁铁的扭转使得磁极位置相对于传感器靶轮发生了改变。传感器靶轮上的齿就会离开北极和南极之间的正中位置。根据转向盘的转动方向，一个传感器靶轮的齿按比例更靠近北极一些，另一个传感器靶轮的齿按比例更靠近南极一些。这就使得磁路失调，这个磁通量就被霍尔传感器测量到（图 3.2-104）。

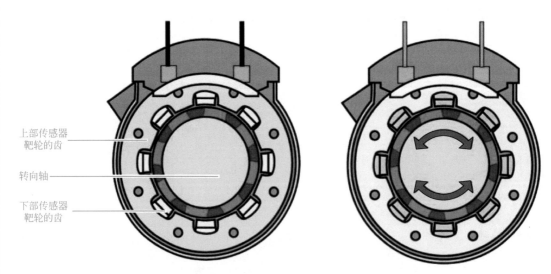

上部传感器
靶轮的齿

转向轴

下部传感器
靶轮的齿

图 3.2-104　从上面沿着（转向轴）旋转轴方向的视图

❹ 转子位置传感器。转子位置传感器用于探知转子的位置。控制单元必须知道转子的

准确位置，以便计算出环绕的定子磁场所需要的相电压（电子传感器控制的整流）。转子位置传感器测得的值也可以用于确定转向止点。为了避免硬的机械式止点，通过电动机械式转向机构可以实现"软的"止点。

a.结构。转子上有一个盘，它是用透磁通的金属制成的。这个转子盘的形状特殊，像凸轮盘。该盘被一个固定在壳体上的电磁线圈环所包围着，该电磁线圈环起着定子作用。该线圈环由三个单线圈构成，其中一个线圈起着励磁线圈作用，另两个作为接收线圈使用（图3.2-105）。

b.工作原理。励磁线圈通上正弦曲线的励磁电压，其周围产生的交变磁场作用到转子盘上，转子盘将励磁线圈产生的交变磁场的磁通引向接收线圈。于是在接收线圈内就感应出一个交变电压，该电压与转子盘的位置成一定比例，与励磁电压是有相位差的（图3.2-106）。

图 3.2-105　转子位置传感器结构

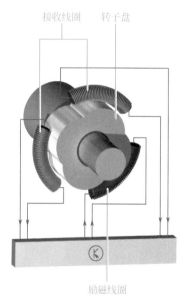

图 3.2-106　转子位置传感器工作原理

（3）电动机械式助力转向系统工作原理　见图3.2-107。

❶ 打开驾驶员车门。打开驾驶员车门后，数据总线被唤醒，控制单元间开始通信，进行例行的初始化，系统开始自检。

❷ 接通点火开关（15号线接通）。组合仪表内控制单元J285短时激活指示灯进行检查。如果确认系统无故障，指示灯在几秒钟后熄灭。

❸ 启动发动机（15号线接通）。如果发动机的转速超过500r/min，那么转向助力系统就处于激活状态。如果扭杆未被转向盘上的作用力扭动（由转向力矩传感器来感知），那么转向角传感器的信号就会与转子位置传感器的信号进行同步。这两个测量值之间的相互依赖关系作为特性曲线存储在控制单元中。在随后的车辆行驶中，通过分析转子位置传感器的信号来感知转向运动。该控制单元会考虑到驾驶模式选择系统中所选择的相应设置情况，以便确定使用哪条助力转向特性曲线去进行调节。

❹ 车辆在行驶中。在车辆行驶过程中，转向助力的强度主要是根据转向力矩、转向角和车速来确定的。电动机的激活电流由控制单元计算出来，定子绕组由末级功放通上相应的电流。电动机通过滚珠丝杠作用到齿条上的力，会增大驾驶员施加在方向盘上的转向力。

❺ 断开转向助力。车辆还在行驶中如果关闭了发动机，那么当车速低于某一时速时（如设计为 7km/h）助力转向装置就自动关闭。

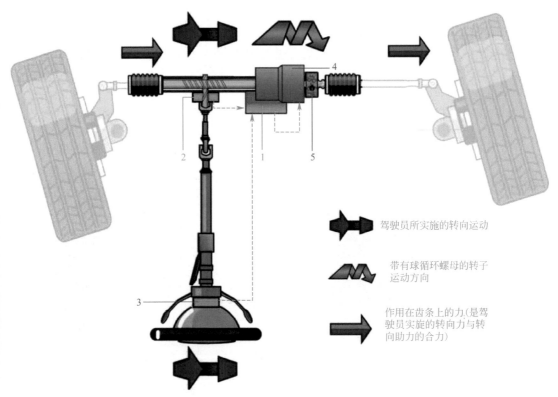

图 3.2-107　电动机械式助力转向系统工作原理

1—电动机械转向系统控制单元；2—转向力矩传感器；3—转向角
传感器；4—转向助力电机；5—球循环螺母

3.2.11　轮胎

3.2.11.1　轮胎结构

轮胎分为子午线轮胎和斜交轮胎，现在使用的子午线轮胎主要由以下部分组成：底层织物（胎体）；胎圈（胎圈芯和胎圈加强部分）；侧壁（轮胎侧壁）；胎肩［侧壁与运行表面（胎冠）之间的过渡部分］；运行表面（钢带束，覆盖层，轮胎花纹）。轮胎类型和结构如图 3.2-108 所示。

(a) 斜交轮胎

(b) 子午线轮胎

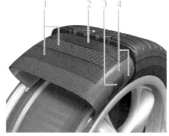
(c) 轮胎结构

图 3.2-108　轮胎类型和结构

1—钢带束组件，由两个约 25° 角重叠布置的钢丝带束层组成，下层比上层宽约 10mm；2—以缠绕
方式布置在四周的尼龙覆盖层盖住整个钢带束组件，从而改善了最高速度特性；3—用于优化行驶
特性的胎圈加强部分；4—子午线织物胎体可以在内部压力较高时，使轮胎保持形状不变

3.2.11.2　轮胎标记

轮胎标记如图 3.2-109 所示。

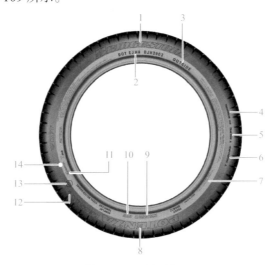

图 3.2-109　轮胎标记

1—轮胎制造商；2—DOT 标记（11 位），EJH8 和 DJH 是制造商专用编号，这个数据代表生产厂、制造国家、
轮胎规格和型号，3903 表示 2003 年第 39 周；3—侧面名称，外侧（相对于车辆来说）；4—TREADWARE
140，预期使用寿命比例（%），耐磨损性（140%），相对美国标准；5—TRACTION A，评估湿制动能力 A、
B 或 C，相对美国标准。6—TEMPERATURE A，评估高速时的耐高温性能 A、B 或 C，相对美国标准；7—
胎体层 / 带束层 / 带束覆盖层，数量和材料（例如侧壁：2 层人造纤维。胎面：2 层人造纤维，2 层钢带束，
1 层尼龙）；8—轮胎花纹名称；9—225/45R17，轮胎宽度（mm）/ 轮胎侧壁相对轮胎宽度的比例（%）/ 子
午线轮胎 / 轮辋直径（in）；10—91/W，负荷指数 615kg/ 允许最高速度 270km/h；11—ECE 批准编号；12—
星号，例如，原装 BMW 轮胎（星号标记）；13—RSC，漏气保用系统组件；14—颜色标记，匹配点（白点）

04

第4章

车　身

4.1

车身材料

车架材料质量分布如图 4.1-1 所示。

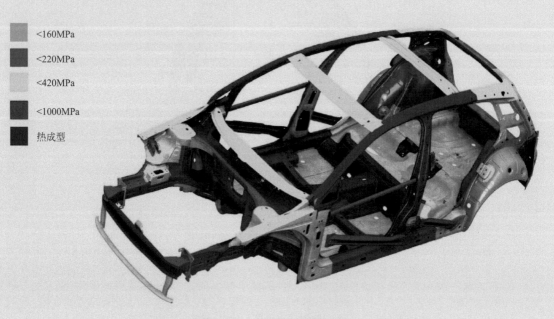

- <160MPa
- <220MPa
- <420MPa
- <1000MPa
- 热成型

图 4.1-1　车架材料质量分布

4.2
车身结构

车身（图 4.2-1）由白车身及其装备件构成。车身必须具有扭转刚度、被动安全性并实现较小风阻。白车身由车辆前端、地板总成、侧框架、车顶和车身后端组成。此外还包括车门、发动机室盖和后备厢盖。

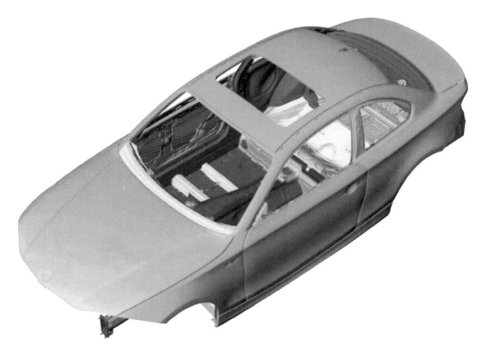

图 4.2-1　车身（白车身，带有车门、发动机室盖和后备厢盖）

4.3
车身碰撞

4.3.1　正面碰撞

被动安全性要求车辆乘员区足够稳定坚固，即在发生高速碰撞事故时乘员区为乘员提供最高等级的保护。所采用的设计方案是通过多个负荷路径使传递到车身结构上的作用力经过发动机支架和底盘分布到乘员区上，从而确保各承载结构承受较小的负荷峰值。具体来说就是协调利用从车轮到车门槛的负荷路径，将发动机支架负荷分布到 A 柱、车门槛和贯穿式纵梁结构上。无论发生哪种类型的正面碰撞事故，都会促使车轮沿直线方向向后移向车门槛。因此产生了一个主负荷路径，该路径从障碍物／事故对方经过车轮至车门槛，为承受碰撞负荷车门槛提供了一个坚固的附加成型件（侧面纵梁附属件）。

发动机支架负荷从前围板前部经过前围板下部支撑梁传递至两个 A 柱内和车辆另一侧。此外，还通过中间通道上的连接板在背面支撑前围板下部的支撑梁。发动机支架与变速箱支架托架之间的连接构成了另一个负荷路径。通过这种方式使所需要的各种成型件能够满足最佳功能要求。

为了尽量减小前围板负荷和前围板向内挤压的高度，设计发动机支架时要求其按指定方式向外弯曲并形成相应的变形路径。经过车轮罩支撑梁传递至白车身的负荷分布在 A 柱上，经过车轮罩支撑梁加强件传递的负荷分布在车门槛内。这样可以降低 A 柱承受的负荷并使 A 柱后移程度降至最低。这种设计方案一方面可确保承受高碰撞负荷后车门仍然可以打开；另一方面可防止车门因碰撞负荷过高而自动打开。正面碰撞示意图如图 4.3-1 所示。

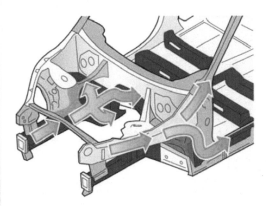
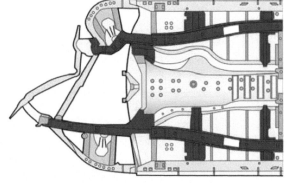

负荷路径及作用力分布情况

图 4.3-1　正面碰撞示意图

4.3.2　侧面碰撞

发生侧面碰撞时，白车身也有助于尽可能防止乘员受伤。为此应准确协调钢板结构与乘员保护系统的相关特性。例如有些车型，采用的设计方案是，使 B 柱在任何测试负荷条件下都尽可能保持直立状态并以整体方式挤向车内。B 柱中部承受的碰撞负荷最高。为了正确对待这种情况且保留轻型结构方案，在此采用了由一种最高强度材料制造、对碰撞性能有决定性影响的 B 柱加强件，即通过轧制方式使 B 柱中间区域的壁厚明显大于顶端和底端区域（图 4.3-2）。

通过这个设计原则能够以最佳方式调整 B 柱变形特性以承受负荷。此后负荷通过车辆的横梁结构继续分布，因此地板上方出现的负荷通过座椅横梁传递到车辆未受碰撞的一侧。地板下方也有不同的横梁结构执行这项功能。在车顶区域内由刚性连接的车顶框架执行这项功能，在全景天窗车型上则由带有高刚度纵梁和横梁结构的车顶系统负责。

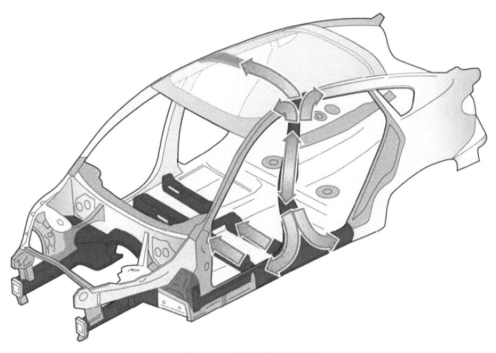

图 4.3-2　侧面碰撞示意图

05

第5章

电气系统

5.1

起动机

　　起动机将蓄电池的电能转化为机械能，驱动发动机飞轮旋转，实现发动机的启动。起动机由直流电动机、传动机构、控制装置（电磁开关）组成（图5.1-1）。

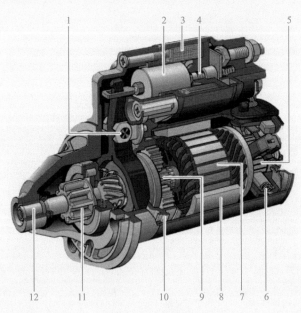

图 5.1-1　起动机

1—啮合拨叉轴；2—继电器电枢；3—继电器线圈；4—继电器弹簧；5—集电环；6—碳刷；7—转子（电枢）；
8—永久磁铁；9—行星齿轮箱；10—带有减振装置的烧结齿圈；11—小齿轮；12—传动机构轴承

5.2

发电机

发电机（图 5.2-1）是汽车的主要电源，其功用是在发动机正常运转（怠速以上）时，向起动机以外的所有用电设备供电，并向蓄电池充电。

普通交流发电机一般由转子、定子、整流器、前后端盖、带轮等组成。发电机由汽车发动机驱动，在发动机正常工作时，发电机对除起动机以外所有用电设备供电，并向蓄电池充电，以补充蓄电池在使用中所消耗的电能。

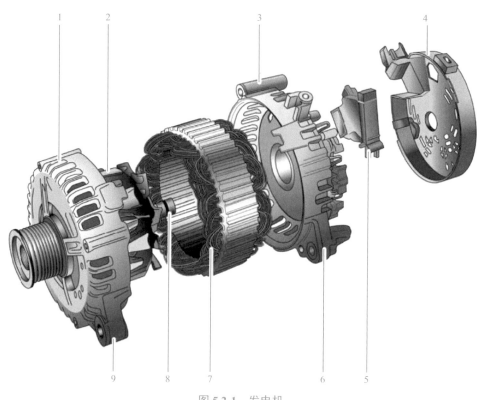

图 5.2-1　发电机

1—前部轴承盖；2—转子；3,9—固定装置；4—罩盖；5—调节器；
6—后部轴承盖；7—定子绕组；8—滑环

5.3

点火系统

点火系统是为了发动机正常工作，按照各缸点火次序，定时地供给火花塞以足够高能量的高压电，使火花塞产生足够强的火花，点燃可燃混合气。

如图 5.3-1 所示，现在的点火系统取消了分电器，使用多个点火线圈直接向火花塞提供高压电。点火正时由发动机电控单元（ECU）中的电子点火提前功能控制。

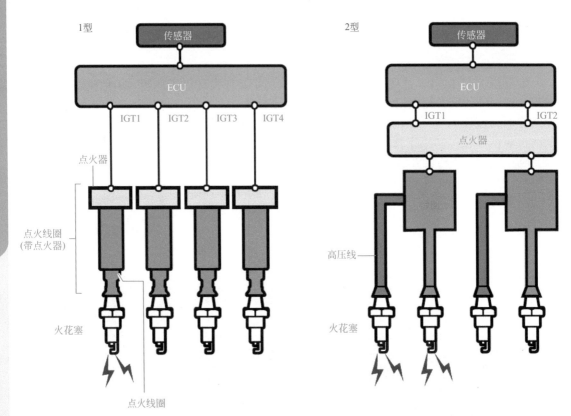

图 5.3-1　点火系统

5.4

空调系统

　　汽车空调用于调节车室内空气温度、湿度、流速、流向和空气清洁度，为驾乘人员创造一个比较舒适的车内环境。按照功能分为五个子系统：制冷系统、采暖系统、通风系统、控制系统和空气净化系统。

5.4.1　空调制冷系统组成

　　空调制冷系统的主要部件有压缩机、储液罐、蒸发器和冷凝器等（图 5.4-1）。其基本原理就是利用制冷剂由液态转变为气态或气态转变为液态的过程，吸收或释放热量。

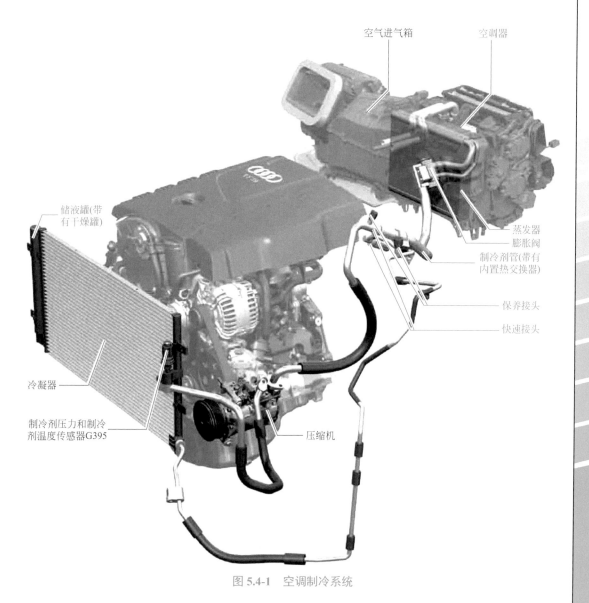

空气进气箱　　　空调器

储液罐(带
有干燥罐)

蒸发器
膨胀阀

制冷剂管(带有
内置热交换器)

保养接头

快速接头

冷凝器

制冷剂压力和制冷
剂温度传感器G395

压缩机

图 5.4-1　空调制冷系统

5.4.2　空调制冷循环

制冷剂循环回路（图 5.4-2）分为四个部分：低压，气态形式；高压，气态形式；高压，液态形式；低压，液态形式。在管道内制冷剂也可以分为两种不同的物质状态——气态与液态。

小贴士

进入压缩机内的制冷剂必须是气态的，否则会损坏压缩机。

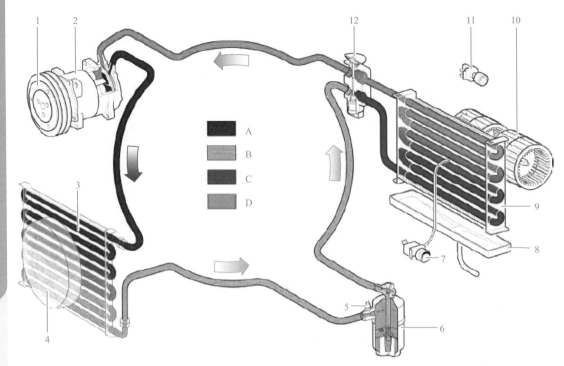

图 5.4-2　空调制冷循环

A—高压，气态形式；B—高压，液态形式；C—低压，液态形式；D—低压，气态形式；

1—电磁离合器；2—压缩机；3—冷凝器；4—辅助风扇；5—压力传感器；6—储液罐；

7—蒸发器温度传感器；8—冷凝水排水槽；9—蒸发器；

10—蒸发器风扇；11—风扇开关；12—膨胀阀

　　一种物质在三态变化时，将伴随着吸收或释放热量。液态变为气态（蒸发）时吸收热量；气态变为液态（冷凝）时释放热量。汽车空调系统的制冷原理就是利用制冷剂由液态转变为气态或气态转变为液态的过程，吸收或释放热量。汽车空调制冷循环，具体过程由以下四个部分组成。

　　（1）压缩过程　低温低压的气态制冷剂被压缩机吸入，并压缩成高温高压的制冷剂气体。该过程的主要作用是压缩增压，这一过程是以消耗机械功作为补偿。在压缩过程中，制冷剂状态不发生变化，而温度、压力不断上升，形成过热气体。

　　（2）冷凝过程　制冷剂气体由压缩机排出后进入冷凝器。此过程的特点是制冷剂的状态发生改变，即在压力和温度不变的情况下，由气态逐渐向液态转变。冷凝后的制冷剂液体呈高温高压状态。

　　（3）节流膨胀过程　高温高压的制冷剂液体经膨胀阀节流降压后进入蒸发器。该过程的作用是制冷剂降温降压、调节流量、控制制冷能力。其特点是制冷剂经过膨胀阀时，压力、温度急剧下降，由高温高压液体变成低温低压液体。

　　（4）蒸发过程　制冷剂液体经过膨胀阀降温降压后进入蒸发器，吸热制冷后从蒸发器出口被压缩机吸入。此过程的特点是制冷剂状态由液态变化成气态，此时压力不变。节流后，低温低压液态制冷剂在蒸发器中不断吸收气化潜热，即吸收车内的热量又变成低温低压的气体，该气体又被压缩机吸入再进行压缩。

5.4.3　两区域空调系统

　　驾驶员和前乘客在左右两侧独立调节温度以及从五个不同强度等级中选择各自所需的自动程序。选择某一自动程序后，系统自动控制车内风量和空气分布。由于左右两侧独立自动调节，因此称为两区域空调系统（图 5.4-3）。

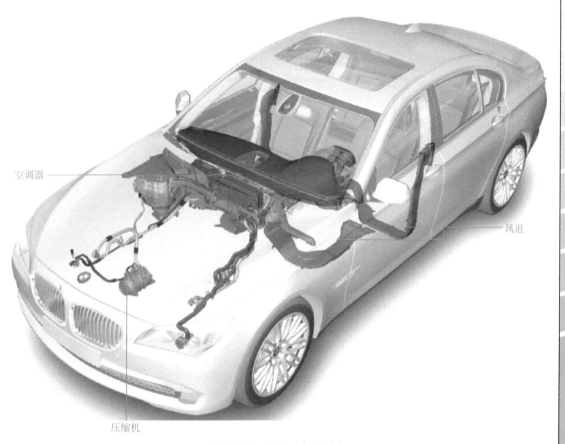

空调器

风道

压缩机

图 5.4-3　两区域空调系统

5.4.4　四区域空调系统

　　后座区乘员也可以通过附加安装的后座区自动空调操作面板和控制单元选择单独调节温度及自动空气分布。可通过四个操作区域对车内四区域独立进行调节。

　　自动运行模式通过按压 AUTO 按钮启用。在自动运行模式下通过多次按压翘板按钮"鼓风机挡"选择强度等级。通过按钮"ALL"可以使针对所有座位的设置（温度、自动模式强度或风量、空气分布）与针对驾驶员的设置同步，如图 5.4-4 和图 5.4-5 所示。

　　与两区域空调系统不同的是，四区域空调系统在后座区域内带有另一个操作面板和控制单元，因此也允许后座区域乘员通过五个不同强度等级实现温度、风量和空气分布的全自动调节。

图 5.4-4　四区域空调系统控制面板（前、后）

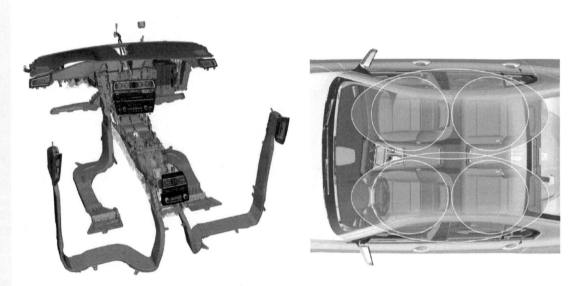

图 5.4-5　四区域空调系统布局和覆盖区域（前排和后排分区覆盖）

5.4.5　暖风和空调器

空气通过鼓风机电动机与暖风和空调器之间的防尘套进入暖风及空调器的滤清器壳体。在滤清器壳体内，新鲜空气运行模式和循环空气运行模式下的空气通过组合过滤器（使用活性炭）进行净化，随后输送到蒸发器和暖风热交换器。空气根据暖风和空调系统的设置以及外部与内部温度情况首先在蒸发器处进行冷却，必要时重新在暖风热交换器处进行加热（图 5.4-6）。

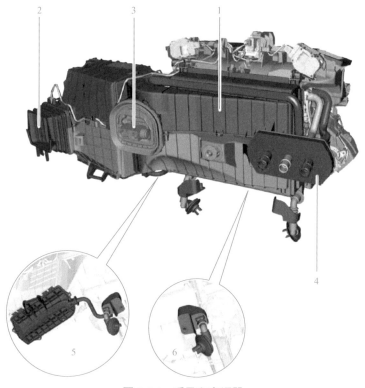

图 5.4-6　暖风和空调器

1—暖风和空调器；2—通过防尘套输送空气；3—制冷剂循环回路 / 膨胀阀接口；4—至暖风热交换器的管路接口；
5—滤清器壳体及右侧暖风和空调器的冷凝水出口；6—左侧暖风和空调器的冷凝水出口

新鲜空气进气装置见图 5.4-7；循环空气进气装置见图 5.4-8。

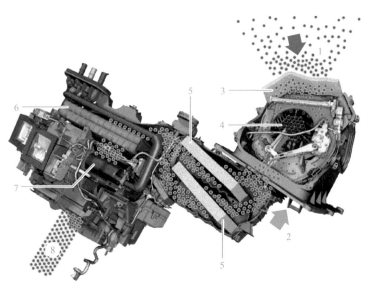

图 5.4-7　新鲜空气进气装置

1—新鲜空气通过粗滤器吸入暖风和空调鼓风机；2—循环空气进气装置；3—鼓风机电动机
壳体内的粗滤器；4—暖风和空调系统的鼓风机；5—滤清器壳体内的两个组合过滤器；
6—蒸发器；7—暖风热交换器；8—空气流向空气通道和车内空间

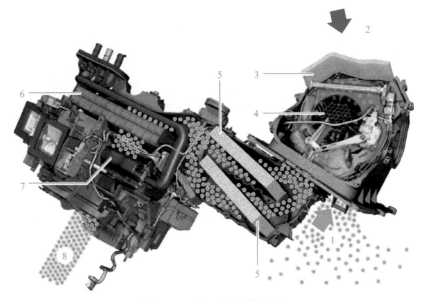

图 5.4-8　循环空气进气装置
1—循环空气从车内经过前围板上的车身开口吸入发动机室；2—新鲜空气进气装置；3—鼓风机电动机
壳体内的粗滤器；4—暖风和空调系统的鼓风机；5—滤清器壳体内的两个组合过滤器；
6—蒸发器；7—暖风热交换器；8—空气流向空气通道和车内空间

5.4.6　离子灭菌器

有些高级轿车装有暖风和空调器的离子灭菌器，需要时可在车辆处于休眠模式时启用离子灭菌器。通过空气的部分离子化可以避免蒸发器上滋生细菌和因此产生异味。

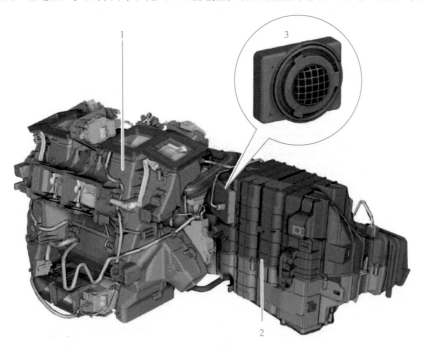

图 5.4-9　离子灭菌器的安装位置
1—暖风和空调器；2—滤清器壳体；3—离子灭菌器

如图5.4-9所示，离子灭菌器作为独立部件通过卡口式接口安装在暖风和空调器上至蒸发器的进气区域。它主要由一个平板模块构成，这个陶瓷平板表面覆有钢化玻璃，正面和背面带有印制导线，在此通过装置内部的高压电时部分空气离子化。离子化的空气与冷凝水发生化学反应，在蒸发器壳体内产生过氧化氢，过氧化氢可以清除蒸发器上的细菌和微生物，从而防止车内出现异味。根据暖风和空调系统的环境及运行条件决定是否启用离子灭菌器。

5.4.7 空调压缩机

斜盘式压缩机（图5.4-10）是目前汽车空调的主要机型，经过不断的技术改进，该压缩机已具有尺寸小、重量轻和功耗小等优点。斜盘式压缩机是轴向往复活塞式，活塞的往复直线运动是依靠主轴带动斜盘或楔块转动时产生位置变化而产生的，它的活塞是双向作用，因此斜盘压缩机的往复惯性力能完全自然地得到平衡，往复惯性力矩也能得到平衡。

外部调节式空调压缩机带有控制单元，无级控制压缩机内的调节阀。系统根据通风温度、车外温度、车内温度以及蒸发器规定温度和实际温度，通过脉冲宽度调制电压信号，改变压缩机曲柄箱内的压力比例。斜盘的倾斜位置随之改变，因此确定了排量和制冷功率。即使空调系统已关闭，多楔带也会带动压缩机继续转动。因此可以在最小0～2%至最大100%之间调节压缩机功率和输送能力。

例如，如果需要较高的制冷功率，控制单元就会控制调节阀。脉冲宽度调制电压信号使调节阀内的柱塞移动。电压供给的持续时间确定了调节行程，通过调节可以改变高压与曲柄箱内压力之间的调节阀开启截面面积。

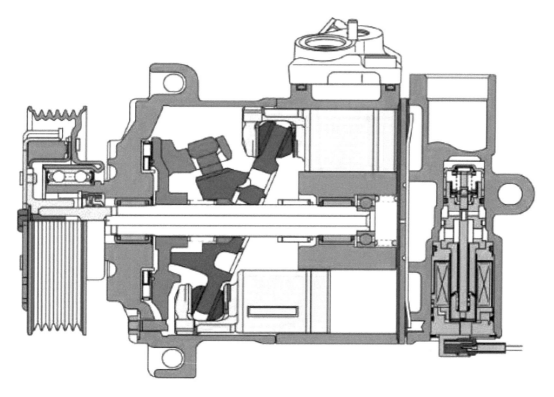

图 5.4-10　斜盘式压缩机

5.4.8　冷凝器

冷凝器（图 5.4-11）由蛇形管和鳍片组成，鳍片与管固定连接在一起，因此热交换面积大且热传递效果好。冷凝器的任务是将制冷剂在压缩机内压缩过程中吸收的能量通过散热片以热量形式散发到车外空气中去，从而使之前气态形式的制冷剂重新变为液态形式。

在此过程中必须使能量释放出去，以便在制冷剂重新注入蒸发器时能够再次从待冷却的空气中吸收热量。冷凝器将利用压力作用下热制冷剂与较凉车外空气之间的能量差。

冷凝器的工作过程如下。

第一阶段，来自压缩机、压力为 10 ~ 25bar（1bar=10⁵Pa）、温度为 60 ~ 120℃ 的气态热制冷剂将其高热能释放到车外空气中。

第二阶段，制冷剂冷凝下来。在此制冷剂释放出较多的能量，以便液化为液体。

第三阶段，为液态的制冷剂继续释放出能量，这种状态称为制冷剂过度冷却，这也可以防止在至膨胀阀的通道上形成气泡。

通过过度冷却可使制冷剂释放出的热量大于液化时所需要的能量。过度冷却的制冷剂可以在蒸发器内吸收较多的能量，因此提高了系统的制冷能力。制冷剂在冷凝器内过度冷却越大，空调系统的制冷能力越高。紧靠冷凝器前面安装的辅助风扇可以提供更多的冷空气。制冷剂在冷凝器内保持高压状态（10 ~ 25bar）。80% ~ 90% 的冷凝器功率消耗在实际冷凝过程中，此时温度下降 30 ~ 40℃。

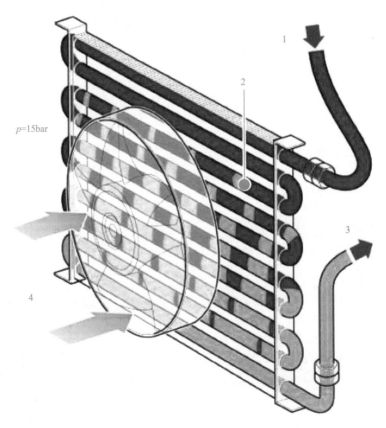

图 5.4-11　冷凝器

1—入口处制冷剂温度为 80℃；2—露点为 55℃；3—出口处制冷剂温度约为 45℃；4—车外空气温度为 30℃

5.4.9　外部储液干燥器

储液罐作为制冷剂的膨胀容器和储罐使用。由于运行条件不同，例如蒸发器和冷凝器上的热负荷以及压缩机转速等，因此泵入循环回路内的制冷剂量不同。为了补偿这种波动，空调系统安装了一个储液罐。来自冷凝器的液态制冷剂收集在储液罐内，蒸发器内冷却空气所需要的制冷剂继续流动。

干燥剂与少量的水发生化学反应并借此将水从循环回路中清除。根据具体型号，干燥剂可以吸收 6 ~ 12g 水。吸收量取决于温度，温度降低时吸收量提高。例如，如果温度为40℃时干燥器饱和，那么60℃时水会再次析出。

压力传感器安装在储液罐上，该传感器根据空调系统内的高压压力输出一个电压信号，信号传输给数字式发动机电子系统模块。此后发动机电子系统模块输出用于辅助风扇输出级的控制电压，从而控制响应的风扇挡。

干燥器（图 5.4-12）还可以过滤掉压缩机磨损产生的颗粒、安装时的污物或类似物质。

制冷剂从上面进入储液罐内并沿着壳体内侧向下流动，然后必须经过过滤干燥器以清除水分，制冷剂向上流动。干燥器上方有一个滤网，借此可以过滤可能存在的污物。滤芯与能够吸水的海绵相似。分子滤网和硅胶吸附水分，除了水分外活性氧化铝还可以吸附酸。有些车辆空调系统中，干燥器集成在冷凝器内，不再是独立的部件。

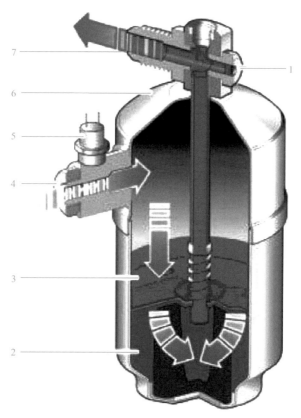

图 5.4-12　干燥器

1—安全阀；2—过滤干燥器；3—滤网；4—接口（自冷凝器）；5—压力
传感器；6—壳体；7—连接膨胀阀的输出接口

5.4.10 膨胀阀

膨胀阀（图 5.4-13）根据蒸发器出口处制冷剂蒸气所谓的"过热"参数来调节至蒸发器的制冷剂流量。在运行条件下能够蒸发的制冷剂通过膨胀阀输送到蒸发器中，这样即可最佳地利用整个热交换面积。膨胀阀作为制冷剂循环回路中高压和低压部分的一个分隔点安装在蒸发器前。为了使蒸发器达到最佳制冷能力，系统根据温度和压力调节经过膨胀阀的制冷剂流量。

制冷剂的压力和温度通过蒸发器出口处的膨胀阀来测量。膨胀阀头部用来测量所吸入制冷剂的温度，制冷剂的压力则作用在隔膜底侧。打开阀门时阀针克服弹簧力向下移动，因此液态制冷剂流入蒸发器内。制冷剂蒸发，压力和温度就会降低。通过对蒸发器出口处气态制冷剂的压力和温度变化的控制，便可实现膨胀阀阀门的打开和关闭。

如果蒸发器出口处的温度降低，则隔膜腔内的探测气体收缩，阀针向上移动并减少至蒸发器的制冷剂流量；相反，如果蒸发器出口处的温度升高，则这个流量增加。蒸发器出口处压力升高时将为关闭阀门提供支持，压力降低时将为打开阀门提供支持。只要空调系统处于运行状态，这个调节过程就会不断进行。

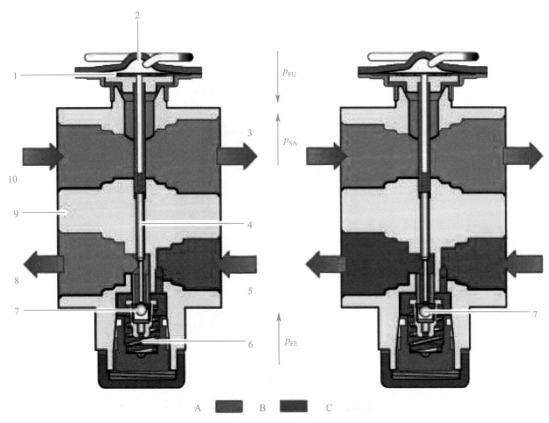

图 5.4-13　膨胀阀

1—隔膜；2—探测气体；3—至压缩机；4—针阀；5—自冷凝器；6—弹簧；7—钢球；8—至蒸发器；
9—壳体；10—自蒸发器；A—高压；B—低压；C—探测气体压力；p_{FU}—传感器管路内的压力
（传感器充气）；p_{SA}—蒸发器压力（低压）；p_{FE}—调节弹簧力

5.4.11 蒸发器

蒸发器（图 5.4-14）由带有压上式鳍片的蛇形管组成。制冷剂流过蛇形管，风扇将待冷却的空气吹过这些鳍片。为改善热传导效果，鳍片具有较大的表面面积。

为了使液态制冷剂尽可能均匀地分布在蒸发器的整个面积上，制冷剂喷入蒸发器内后分为多个大小相同的支流。采用这种结构方式可以提高蒸发器的效率。各制冷剂支流在蛇形管端部汇集在一起，然后由压缩机再次吸入。

由于蒸发器是从外侧吸收空气中的热能并将其向内侧传到制冷剂中，因此蒸发器是以热交换器方式工作的。在此最重要的因素是从液态变成气态时通过制冷剂吸收能量。这个过程需要较多的热能，热能从有空气流过的鳍片中吸收过来。

在低压以及在鼓风机输送车内热量的情况下，制冷剂处于蒸发状态，温度会降低。在喷入过程中压力从之前的 10 ～ 20bar 降低到约 2bar（1bar=10^5Pa）。

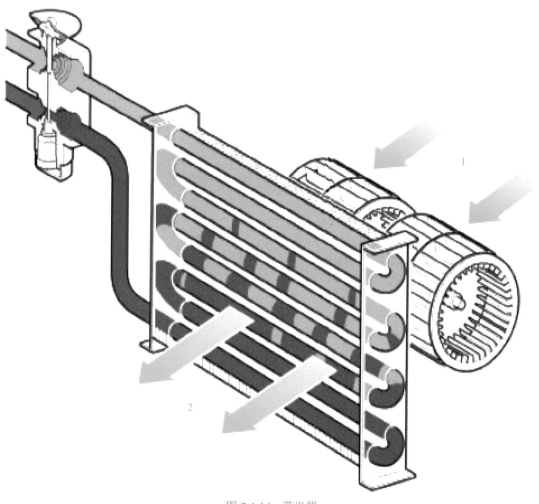

图 5.4-14　蒸发器
1—进气；2—出气

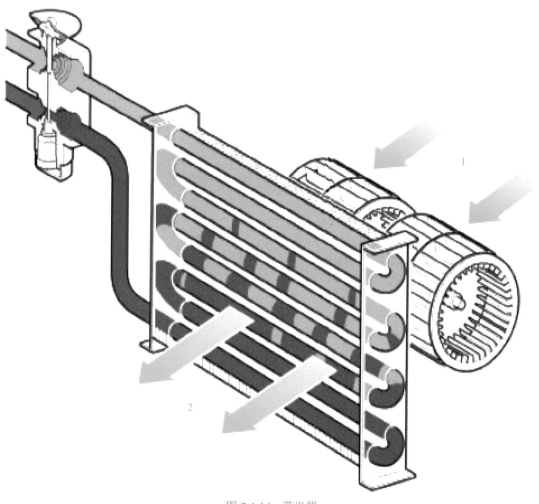

安全气囊

5.5.1 安全气囊组成

安全气囊是指撞车时在车上人员产生二次碰撞前，使气囊膨胀保护乘员的装置。作为座椅安全带的乘员约束装置的辅助装置，其被称为安全气囊系统（SRS）。安全气囊系统（图 5.5-1）由气囊与充气机构（气体发生器）组成的整体式安全气囊模块、感知碰撞并向安全气囊模块发出展开指令的碰撞传感器系统以及传送由传感器发出的信号的线束构成。

图 5.5-1 安全气囊系统

5.5.2 安全气囊工作原理

所有安全气囊系统都按照相同的工作原理进行工作。为了确保气囊能够展开，气囊必须在几毫秒内充满一种无害气体，这项任务由气体发生器负责完成。

随着科技的不断发展，安全气囊技术发生了显著变化，已从第一款简单的驾驶员安全气囊发展到多级智能型安全气囊。多级安全气囊的触发强度和速度均可调节，从而降低了触发时对乘员造成的伤害程度。安全气囊的触发需要借助使用燃爆材料的气体发生器或混合式气体发生器，前者将燃爆材料转化为气体，后者将存储的气体充入安全气囊。

5.5.2.1　驾驶员安全气囊剖面图

驾驶员安全气囊剖面图如图 5.5-2 所示。

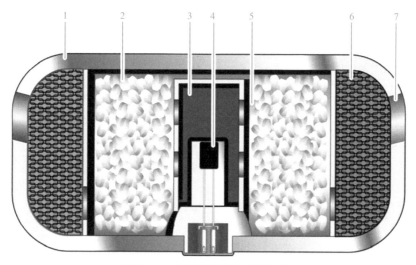

图 5.5-2　驾驶员安全气囊剖面图

1—钢制壳体；2—压片式燃爆材料；3—辅助材料；4—引爆装置（电桥式引爆器）；

5—燃烧室；6—过滤器；7—安全气囊充气出口

5.5.2.2　气体发生器的功能

根据安全气囊模块和引爆级的具体情况，气体发生器内装有经过精确定量且化学成分不同的压片式燃爆材料。安全气囊控制单元使引爆电容器放电并将一个电脉冲发送至电桥式引爆器。电桥式引爆器由一个通过电流加热的金属丝构成，金属丝周围有少量黑色火药，通过这些火药点燃炽热的金属丝。黑色火药燃烧时点燃辅助材料，后者又点燃燃爆材料，之后燃爆材料以可控方式燃烧，不会出现爆炸情况（图 5.5-3）。

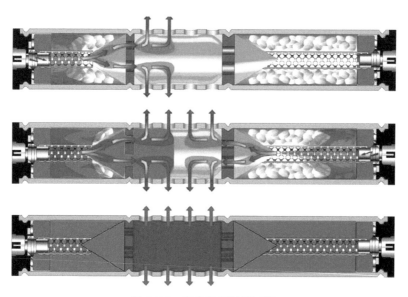

图 5.5-3　安全气囊触发过程

燃烧产生的无害可燃氮气经一个金属过滤器进行清洁后进入扩压管内，扩压管将其充入安全气囊内。可燃气体进入气囊前在金属过滤器处经过充分冷却。

安全气囊挡住乘员后，气体在乘员的挤压下通过出口排出安全气囊。安全气囊迅速缩小，以免妨碍救援工作。

5.5.2.3 混合式气体发生器

混合式气体发生器（图5.5-4），又称冷气体发生器，是一项新的技术。冷气体发生器释放燃爆材料时不会产生热量。

采用混合式气体发生器时，安全气囊展开所需的燃爆材料以压缩气体形式存储在一个压力容器内[350bar（$1bar=10^5Pa$）以下]。

通过一个电桥式引爆器和少量固态燃爆材料进行燃爆，因此称为混合式气体发生器。固态燃爆材料燃烧时产生的压力将压力容器隔膜打开并使可燃气体进入安全气囊内。

由于可燃气体离开压力容器时经过充分冷却，因此少量固态燃爆材料可用于将其加热，从而避免容器开口处冻结。

可燃气体经规定开口进入安全气囊内。安全气囊盖板在预定断裂位置撕开并释放出安全气囊。

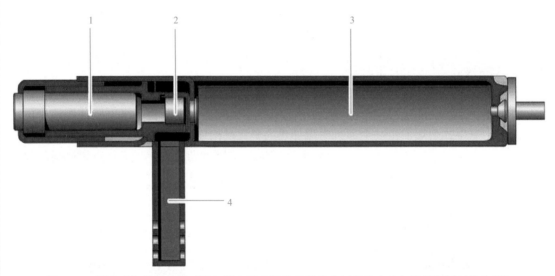

图5.5-4 混合式气体发生器（例如带有开启机构的前乘客侧前部安全气囊燃爆材料发生器）
1—引爆装置；2—开启机构；3—充有气体的压缩气体容器[最高约350bar（$1bar=10^5Pa$）]；4—流出口

5.5.3 驾驶员安全气囊

驾驶员侧前部安全气囊位于转向盘缓冲垫内。由于转向盘的设计要求不同，目前驾驶员安全气囊拥有多种不同形式。安全气囊的容积均在60L左右，现在仅使用两级安全气囊（图5.5-5和图5.5-6）。

驾驶员安全气囊的任务是，与安全带配合使用，降低正面碰撞时驾驶员受伤的危险。驾驶员安全气囊配有一个气体发生器。

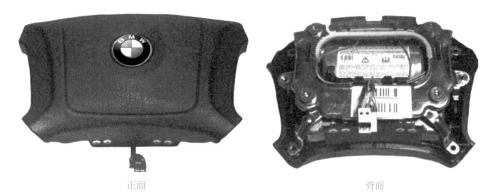

正面 背面

图 5.5-5　两级驾驶员侧前部安全气囊（一）

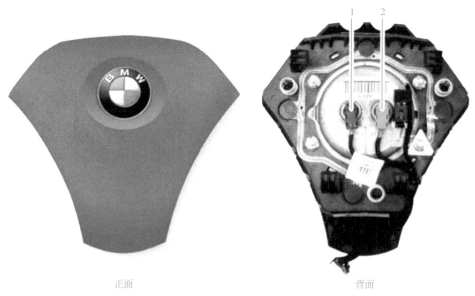

正面 背面

图 5.5-6　两级驾驶员侧前部安全气囊（二）

1—第一级引爆器接口；2—第二级引爆器接口

5.5.4　前乘客安全气囊

前乘客安全气囊的任务是，降低正面碰撞时前乘客受伤的危险。前乘客安全气囊位于仪表板内，展开时在规定位置处冲开仪表板。前乘客安全气囊向风挡玻璃方向打开，向上膨胀并支撑在风挡玻璃和仪表板上。前乘客安全气囊配有一个气体发生器（图 5.5-7）。前乘客安全气囊模块如图 5.5-8 所示。

前乘客侧前部安全气囊充气后将一个通过带子与仪表板连接的盖罩冲开。在不带盖罩的车辆上，仪表板沿着一条预留线冲开。前乘客侧前部安全气囊向风挡玻璃方向打开。安全气囊向上展开并支撑在风挡玻璃和仪表板上。

图 5.5-7　前乘客安全气囊模块的气体发生器（使用固态燃爆材料）

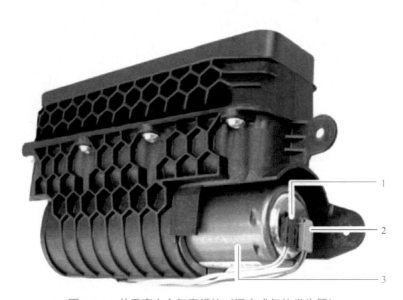

图 5.5-8　前乘客安全气囊模块（混合式气体发生器）

1—前乘客侧前部安全气囊引爆输出级 1；2—前乘客侧前部安全气囊引爆输出级 2；3—混合式气体发生器

5.5.5　集成在车门内的侧面安全气囊

5.5.5.1　侧面安全气囊

　　折叠在一起的侧面安全气囊和气体发生器一起安装在一个带有塑料盖板的铝合金壳体内，即安全气囊模块。安全气囊模块固定在车门饰板后的车门内板上（图 5.5-9）。车门饰板上有一个盖罩或一条撕开缝，发生碰撞时侧面安全气囊通过此处展开。

图 5.5-9　集成在车门内的侧面安全气囊

　　侧面安全气囊及时展开时，可使乘员很早就向碰撞侧的反方向加速。相对于没有侧面安全气囊时直接撞到车门饰板上的情况，这种加速提前进行且加速度水平较低。因此与车门相比，乘员向碰撞侧反方向移动的速度也较慢，这样可以降低车门撞击乘员的相对速度。此外，还能降低大范围刺入肋骨的危险。

5.5.5.2　车门压力传感器

　　车门压力传感器（图 5.5-10）位于车门内板上，用于测量车门内部区域的压力。车门压力传感器也用于识别侧面碰撞。

车门压力传感器

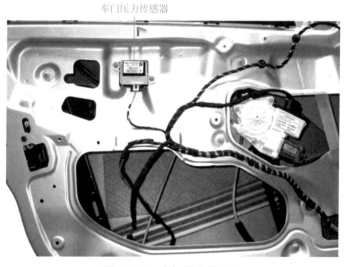

图 5.5-10　车门压力传感器

5.5.6　集成在座椅内的侧面安全气囊

　　集成在座椅内的侧面安全气囊，其安全气囊模块位于座椅套下（图 5.5-11）。侧面安全气囊以折叠方式与气体发生器一起放在一个塑料壳体，即安全气囊模块内。安全气囊模块固定在座椅靠背内，在标准座椅上由座椅套盖住。侧面安全气囊通过预定冲开位置向外弹出并在车门与乘员之间展开。车门与乘员之间的气囊提供适度的碰撞缓冲，从而降低乘员承受的负荷。

> 注意不要安装附加座套，因为这些座套对安全气囊的功能影响很大，甚至会导致安全气囊失效。

图 5.5-11　集成在座椅内的侧面安全气囊

5.5.7　帘式安全气囊

帘式安全气囊从 A 柱延伸至 C 柱并覆盖头部高度的整个侧面区域。帘式安全气囊在乘员与侧窗玻璃及立柱饰板之间展开。该安全气囊与前座椅内的侧面安全气囊配合使用，可在发生侧面碰撞事故时为乘员提供最佳保护。

发生侧面碰撞事故时，系统引爆安装在 B 柱与 C 柱之间的气体发生器（图 5.5-12）。气体从压力容器经过两个喷气嘴喷入帘式气囊内。通过帘式气囊前部和后部同时充气可确保空气垫均匀充气。

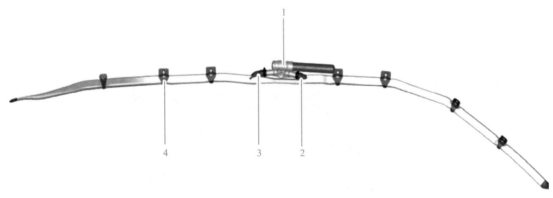

图 5.5-12　已折叠的帘式安全气囊

1—混合式发生器；2—前部喷气嘴；3—后部喷气嘴；4—安全气囊固定件

由于帘式安全气囊固定在 A 柱和 C 柱上，因此可确保头部安全气囊位置准确。此时帘式安全气囊在侧窗玻璃及立柱饰板与乘员之间展开（图 5.5-13）。

通过这个封闭系统可以使帘式气囊在几秒钟内保持足够的结构强度和稳定性。

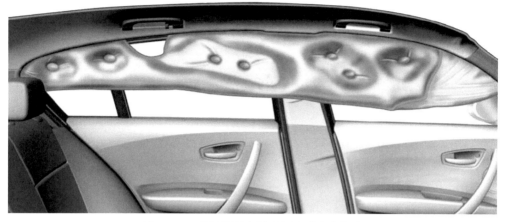

图 5.5-13　已展开的驾驶员侧帘式安全气囊

5.5.8　C 柱头部安全气囊

C 柱头部安全气囊（图 5.5-14）由混合式气体发生器、压力软管和安全气囊模块组成。安全气囊模块安装在 C 柱上方的车顶区域内。

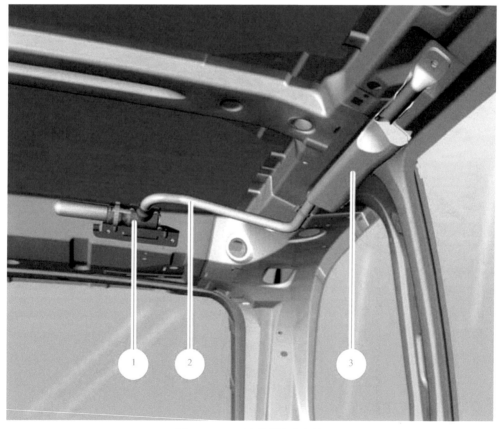

图 5.5-14　C 柱头部安全气囊

1—混合式气体发生器；2—压力软管；3—安全气囊模块

混合式气体发生器安装在车顶或 C 柱的相应区域内，这两个部件通过压力软管相连。发生侧面碰撞事故时，头部安全气囊在 C 柱与后部乘员头部之间展开。

仪表

5.6.1　燃油车仪表

组合仪表由指示车辆运行状态的仪表和指示灯组成。如图 5.6-1 所示，转速表指示发动机转速；冷却液温度表指示发动机冷却液的温度（℃）；车速表指示车辆当前的行驶速度（km/h）；显示控制按键可以进行手动检测、查阅维修保养信息、选定功能（单次里程或保养指示器）归零；组合仪表亮度调节按键在灯光开启时，可调节组合仪表和控制面板的照明亮度。

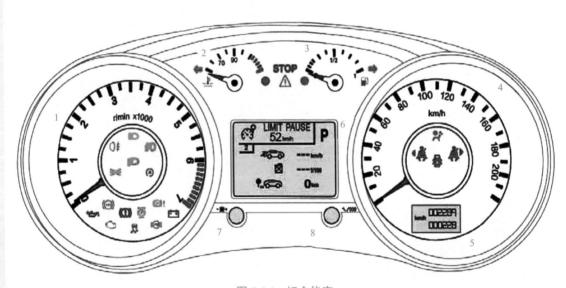

图 5.6-1　组合仪表

1—转速表；2—冷却液温度表；3—燃油表；4—车速表；5—里程表；6—组合仪表显示屏；7—显示控制按键；8—组合仪表亮度调节按键

5.6.2　电动汽车仪表

电动汽车仪表如图 5.6-2 所示。

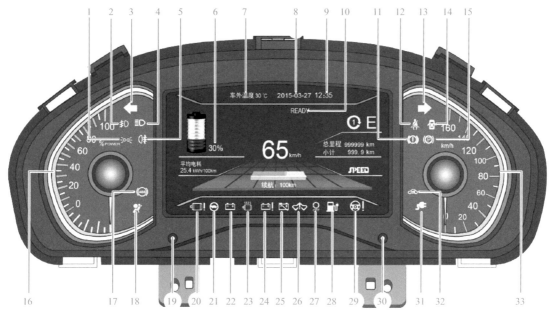

图 5.6-2　电动汽车仪表

1—示廓灯；2—前雾灯；3—左转向指示灯；4—远光灯；5—后雾灯；6—剩余电量指示；7—车外温度指示；

8—日期显示；9—时间显示；10—READY 指示灯；11—制动系统故障指示灯；12—安全带未系指示灯；

13—右转向指示灯；14—门开指示灯；15—手刹指示灯；16—驱动电动机功率表；17—ABS 指示灯；

18—安全气囊指示灯；19—按钮 A；20—电动机系统故障指示灯；21—跛行指示灯；22—蓄电池故障；

23—电动机及控制器过热指示灯；24—动力电池故障指示灯；25—动力电池断开指示灯；26—系统故障

灯；27—制动能量回收关闭；28—充电提醒指示灯；29—EPS 系统故障指示灯；30—按钮 B；31—充电

线连接指示灯；32—防盗指示灯；33—车速表

5.7 照明系统

5.7.1　卤素大灯

　　卤素大灯（图 5.7-1）配有一个手动照明距离调节装置，可通过车灯旋钮上的电位计进行设置。其他类型的大灯则安装有动态照明距离调节装置。

　　动态照明距离调节装置通过后桥上的一个倾斜传感器（车辆倾斜传感器）工作。如果车辆配备带自适应调节系统的底盘，则通过照明距离调节装置 CAN 数据总线来提供电控减振装置控制单元的传感器信息。在该情况下，将取消后桥上的倾斜传感器。

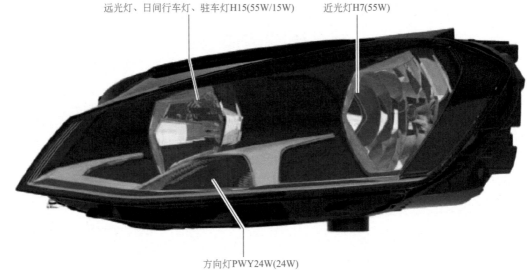

远光灯、日间行车灯、驻车灯H15(55W/15W)　　近光灯H7(55W)

方向灯PWY24W(24W)

图 5.7-1　卤素大灯

5.7.2　双氙气大灯

双氙气大灯使用的是 42V 的 D3S 氙气灯泡，功率为 35W。静态弯道灯集成在大灯中。日间行车灯 / 驻车灯使用 PW24W 灯泡，在作为日间行车灯时为全照明亮度，而作为驻车灯时亮度将调暗。

5.7.2.1　不带动态弯道灯的双氙气大灯

对于不带动态弯道灯功能的双氙气大灯（图 5.7-2），其氙气灯泡、近光灯和驻车灯的 U 形镀铬镶边是与其他大灯进行区分的外部特征。

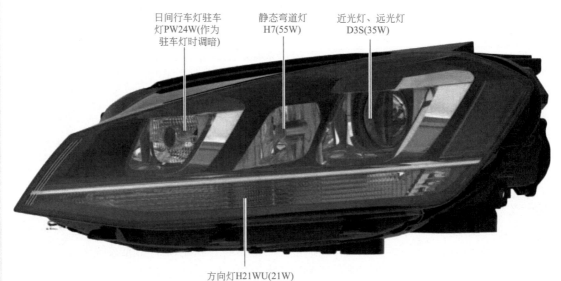

日间行车灯驻车　　静态弯道灯　　近光灯、远光灯
灯PW24W(作为　　H7(55W)　　　D3S(35W)
驻车灯时调暗)

方向灯H21WU(21W)

图 5.7-2　双氙气大灯（不带动态弯道灯）

5.7.2.2 带动态弯道灯的双氙气大灯

对于带动态弯道灯的双氙气大灯（图 5.7-3），其日间行车灯是由若干个 LED 灯组成的 LED 灯组，并以 U 形围绕在 D3S 氙气灯泡周围。根据具体功能（日间行车灯或行车灯）控制 LED 的亮度。

LED 单元的逻辑命令是，在极少状况下，如果一个 LED 出现失灵，则整个 LED 灯组将被关闭。作为行车灯时，LED 灯组的功率消耗约为 4.4W（调暗），作为日间行车灯时功率消耗约为 8.5W。

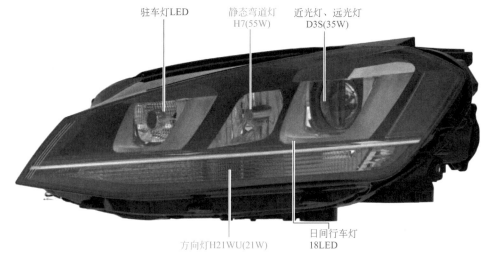

驻车灯LED　静态弯道灯 H7(55W)　近光灯、远光灯 D3S(35W)

方向灯H21WU(21W)　日间行车灯 18LED

图 5.7-3　双氙气大灯（带动态弯道灯）

5.7.2.3 带动态车灯辅助系统（DLA）的双氙气大灯

带动态车灯辅助系统的双氙气大灯（图 5.7-4）在驻车灯和近光灯周围也带有 U 形的透明塑料镶边。

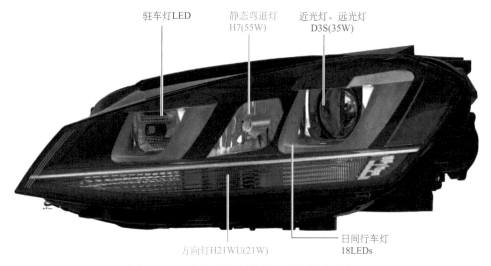

驻车灯LED　静态弯道灯 H7(55W)　近光灯、远光灯 D3S(35W)

方向灯H21WU(21W)　日间行车灯 18LEDs

图 5.7-4　双氙气大灯（带动态车灯辅助系统）

动态车灯辅助系统（Dynamic Light Assist，DLA）具有动态弯道灯（AFS）和遮光式远光灯（MDF）功能。带动态弯道灯系统（AFS）和遮光式远光灯（MDF）的双氙气大灯，在灯泡排列方式以及外观上与带 AFS 的双氙气大灯相同，其区别在于双氙气大灯的内部结构。在这款车灯内部带有一个可调节的遮光板组件，其可转动远光灯的光束。结合水平的调节模块可实现遮光式远光灯的功能，也就是说，遮挡部分特定的照明区域。

5.7.3　后车灯

后车灯（尾灯、制动灯、转向信号灯、反射器）采用的是传统的灯泡技术（图 5.7-5）。尾灯和制动灯的两个固定照明区域，以及后备厢盖内的尾灯均通过白炽灯泡进行照明。例如高尔夫轿车，高位制动灯采用 LED 技术，拥有若干个 LED。当后备厢打开时，将关闭安装在后备厢盖内的照明灯，但高位制动灯依然亮起。

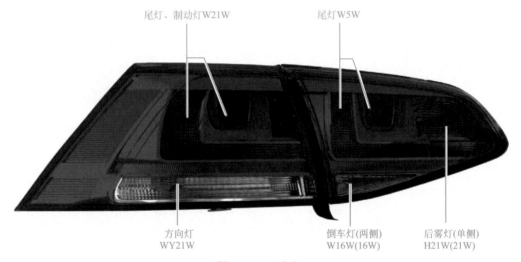

尾灯、制动灯W21W　　　　尾灯W5W

方向灯　　　　　　倒车灯(两侧)　　　后雾灯(单侧)
WY21W　　　　　　W16W(16W)　　　H21W(21W)

图 5.7-5　后车灯

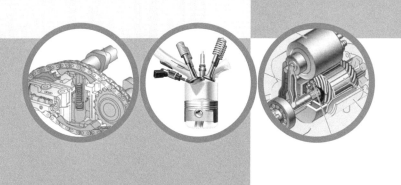

下篇

汽车维修与故障排除

第6章　汽车维修基础知识

第7章　汽车电路图识读与分析

第8章　汽车维护与保养

第9章　汽车维修操作

第10章　汽车故障诊断与排除

第6章

汽车维修基础知识

6.1 走进汽修厂

6.1.1 熟悉汽车维修职业和岗位

（1）汽车维修工的职业素养 汽车维修技工（机电维修）应了解与本岗位相关的法规、标准及工作流程等。能掌握发动机、变速箱、悬架、底盘、电器及电子控制系统的基本原理、故障诊断及维护修理方法，能熟练使用专用工具及相关故障诊断仪。

从客户描述故障、通过自己对故障现象确认、故障诊断分析，到判断故障发生部位、更换/维修故障元件、路试/自检、交单完工，这一整套维修作业都必须能独立完成。

（2）汽车维修岗位设置 见表6.1-1。

表 6.1-1 汽车维修岗位设置

分　类		岗位技术能力特点
车间一线技术工人	机电维修	熟练机械修理，精通电器/电气设备、电路维修，故障诊断分析能力强，树立以养代修的现代汽车维修观
	钣金（车身）维修	保证钣金工艺工作质量
	喷涂（车身涂装）	保持整个喷涂作业流程清洁，保证喷涂工艺流程及油漆质量效果

（3）汽车维修工作业时着装要求

以丰田汽车售后维修工着装标准为例，如图6.1-1所示。

❶ 工作服。为防止事故的发生，工作服必须结实、合身，以便于工作。为防止工作时损坏汽车，不要暴露工作服带子、纽扣、钥匙链等。

❷ 工作鞋。工作时要穿工作鞋。因为穿着凉鞋或运动鞋危险，易摔倒并因此降低工作效率，还能使穿戴者容易因为偶然掉落的物体而受到伤害。

❸ 工作手套。提升重的物体或拆卸热的排气管或类似的物体时，建议戴上工作手套。然而，对于普通的维护工作戴手套并非必须的要求。根据要做的工作的类型来决定，必要时应戴工作手套。

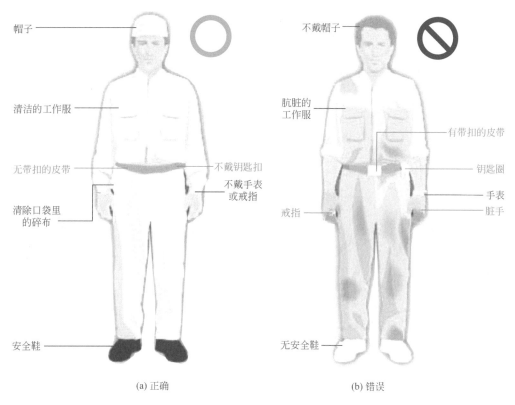

图 6.1-1　丰田汽车售后维修工着装标准

（4）汽车维修车间安全事项

❶ 车间维修现场安全。

a. 始终使工作场地保持干净来保护自己和其他人免受伤害。

b. 不要把工具或零件留在自己或者其他人有可能踩到的地方。应将其放置在工作架或工作台上，并养成好习惯。

c. 立即清理干净任何飞溅的燃油、机油或者润滑脂，防止自己或者他人滑倒（图6.1-2）。

d. 不要在开关、配电盘或电动机等附近使用可燃物。因为它们容易产生火花，并造成火灾。

图 6.1-2　注意车间地面干净整洁

❷ 使用工具工作时，遵守如下的预防措施来防止发生伤害（图 6.1-3）。

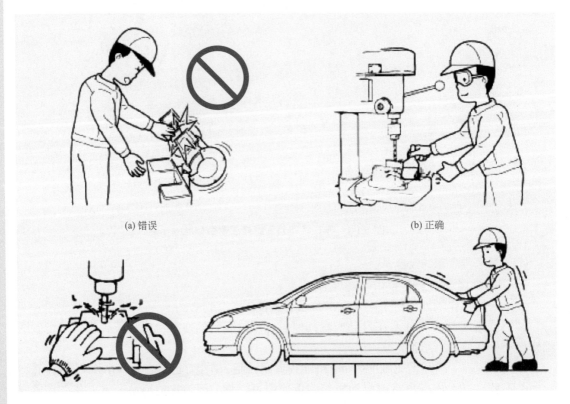

(a) 错误　　　　　　　　　　　　　　　　　(b) 正确

(c) 错误　　　　　　　　　　　　　　　　　(d) 正确

图 6.1-3　注意操作安全

a. 如果不正确地使用电气、液压和气动设备，可能导致严重的伤害［图 6.1-3(a)］。

b. 使用产生碎片的工具前，戴好护目镜。使用砂光机和钻孔机一类工具后，要清除其上的粉尘和碎片［图 6.1-3(b)］。

c 操作旋转的工具或者工作在一个有旋转运动的地方时，不要戴手套。手套可能被旋转的物体卷入，伤到手部［图 6.1-3(c)］。

d. 用升降机升起车辆时，初步提升到轮胎稍微离开地面为止。然后，在完全升起之前，确认车辆牢固地支撑在升降机上。升起后，千万不要试图摇晃车辆，因为这样可能导致车辆跌落，造成严重伤害［图 6.1-3(d)］。

❸ 防火。严禁在车间，尤其是维修现场吸烟（图 6.1-4）。

图 6.1-4 严禁在作业区域内吸烟

为了防止火灾和事故，在易燃品附近遵照如下预防措施。

a. 吸满汽油或机油的碎布有时有可能自燃，所以应当将其放置到带盖的金属容器内（图 6.1-5）。

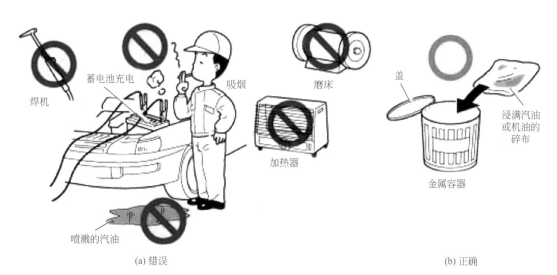

(a) 错误

(b) 正确

图 6.1-5 碎布等放入金属容器内

b. 在机油存储地或可燃的零件清洗剂附近，不要使用明火。

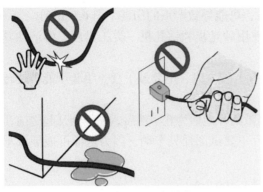

图 6.1-6　小心触电

c. 千万不要在处于充电状态的电池附近使用明火或产生火花，因为它们可产生能够点燃的爆炸性气体，仅在必要时才将燃油或清洗溶剂携带到车间，携带时还要使用能够密封的特制容器。

d. 不要将可燃性废机油和汽油丢弃到阴沟里，因为它们可能导致污水管系统产生火灾。应将这些材料倒入合适的容器内。

❹ 电气设备安全措施（图 6.1-6）。

a. 不正确地使用电气设备可能导致短路和火灾。因此，要学会正确使用电气设备。

b. 不要靠近断裂或摇晃的电线。

c. 为防止电击，千万不要用湿手接触任何电气设备。

d. 千万不要触摸标有"发生故障"的开关。

6.1.2　了解汽车维修基本流程

汽车维修的基本流程见图 6.1-7。汽车维修任务协调示意图如图 6.1-8 所示，图中技术员为车间一线维修工，技师领队为班组长或技术总监。

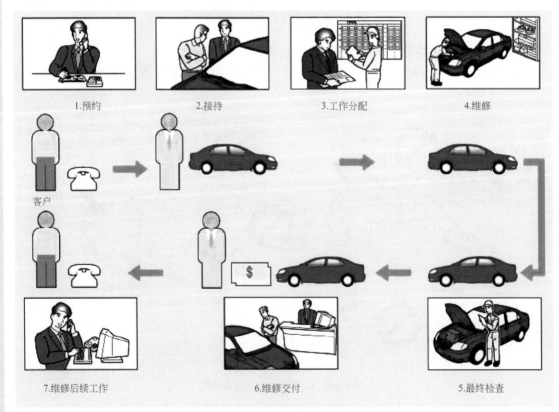

图 6.1-7　汽车维修的基本流程

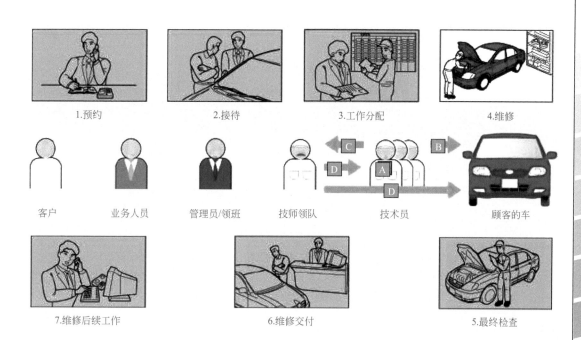

图 6.1-8　汽车维修任务协调示意图

A—接收／检查修理单，接收用于修理的订购零件；B—在允许的时间内进行工作；C—向班组长、
技术总监确认工作完成；D—对技术难度高的工作请求班组长和技术总监提供指导和帮助

6.2

走进汽修车间

6.2.1　常用汽修工具及设备

　　汽车维修用工具分为普通工具和专用工具。螺丝刀、钳子、棘轮扳手、弯把、接杆、梅花扳手、开口扳手、活动扳手等都是一些常用的利用率极高的普通工具；专用的工具和设备有空调压力表、万用表、汽油泵拆卸工具、压力机、安装活塞的专用工具等。还有一些比较大型的设备，包括举升机、气泵、四轮定位仪、轮胎拆装机、轮胎动平衡机、自动变速器油加注机等。

6.2.1.1　常用汽修工具

　　（1）套头（套筒）　套头见图 6.2-1。套头（套筒）扳手是拆卸螺栓最方便、灵活且安全的工具，是维修中最常用的工具之一。使用套筒扳手不易损坏螺母的棱角。根据工作空间大小、扭矩要求和螺栓或螺母的尺寸来选用合适的套筒。套筒呈短管状，一端内部呈六角形或十二角形，与配套快速扳手或者是连接杆、弯把配合使用。

　　套筒类型也很多，如六角长套筒（拆装火花塞就可以用这样的套筒）、六角或十二角花形套筒、风动套筒（气动工具用套筒）、旋具套筒等。头部制成特殊形状的螺栓、螺母，就必须采用专用套筒进行拆卸。

图 6.2-1 套头（套筒）

（2）快速棘轮手柄（快把） 按所拆卸螺栓的扭矩和使用的工作环境不同，可将套筒分为大、中、小三个系列，并以配套快速棘轮手柄的宽度来区分。快速棘轮手柄见图 6.2-2，它适合在狭窄空间中使用。

图 6.2-2 快速棘轮手柄（快把）

如图 6.2-3 所示，操作时将套筒套在配套手柄的方榫上，再将套筒套住螺栓或螺母，左手握住手柄与套筒连接处，保持套筒与所拆卸或紧固的螺栓同轴，右手握住配套手柄加力。

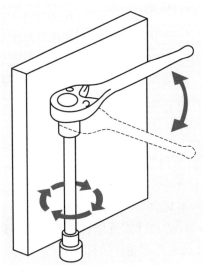

图 6.2-3 套头和快速棘轮手柄的使用

（3）内六角（内六花键）螺栓

内六角螺栓及内六花键螺栓在很多零部件中都使用，尤其是铝制配件上，例如进气歧管（图 6.2-4）。如果要拆卸这种螺栓，则必须使用专用的内六角（内六花键）扳手。

图 6.2-4　进气歧管上的内六角螺栓

（4）扭力扳手　扭力扳手主要用于有规定扭矩值的螺栓和螺母的装配，如气缸盖、连杆、曲轴主轴承等处的螺栓。常用的扭力扳手有指针式和预置力式两种，就力矩标准程度而言，后者更为精准，应用颇为广泛。现在还有新式的电子式预置力扭力扳手。

使用扭力扳手时，左手在握住扳手与套筒连接处，起到托稳作用，右手向身体方向均匀使拉力，用力得当稳衡。注意，使用指针式扭力扳手时不要碰到指针杆，否则会造成读数不准。

预置力扭力扳手（图 6.2-5）可通过旋转手柄，预先调整设定扭矩，力矩扳手工作时达到设定扭矩，即可听到"咔哒"声响，说明螺栓或螺母锁紧力矩到位，停止加力。

（5）滑杆　滑杆（图 6.2-6）是套筒专用配套手柄，横杆部可以滑动调节。通过滑动方榫（安装套头位置）部分，使手柄可以有 2 种使用方法。

图 6.2-5　预置力扭力扳手

图 6.2-6　滑杆

安装套头位置在一端，形成"L"形结构，从而增加力矩，达到拆卸或紧固螺栓的目的。

安装套头位置也可以在中部，形成"T"形结构，接上加力杆，两只手同时用力，可以增加拆卸速度，一般用于拆卸已经松动的螺栓或螺母、安装小力矩螺栓或螺母。

（6）旋柄　旋柄（图 6.2-7）也是套筒配套手柄，它可以与套筒头及旋具（螺丝刀）头配合，与螺丝刀手柄类似。旋柄的柄部可接棘轮扳手或其他手柄，用以增加拆卸或紧固时的扭矩。

旋柄可以快速旋动螺栓、螺钉，主要用于将螺栓、螺钉旋到底。常用于拆卸和安装小的螺栓及螺母，如拆装仪表台、拆装内饰，分解和装配起动机、发动机等。

图 6.2-7　旋柄

（7）**万向接头**　万向接头的方形套头部分可以前后或左右移动，配套手柄和套筒之间的角度可以自由变化，在普通 L 形手柄不能放置的维修位置，视情况使用万向接头，这样适度改变所需操作角度，达到顺利拆装目的。万向接头见图 6.2-8。

（8）**可弯式接杆**　可弯式接杆的接杆部分采用特殊材料制成，弹簧形式连接，不像普通接杆那样。普通接杆无法完成的拆卸，可使用可弯式接杆操作。可弯式接杆见图 6.2-9。

图 6.2-8　万向接头　　　　　　　　　图 6.2-9　可弯式接杆

（9）**梅花扳手**　梅花扳手俗称眼镜扳手，两端是套筒式圆环状，圆环内一般有 12 个棱角，能将螺母或螺栓的六角部分全部围住，工作时不易滑脱，适合于初松螺母或最后锁紧螺母。梅花扳手操作可靠，常用于拆装部位受到限制的螺母、螺栓。梅花扳手见图 6.2-10。

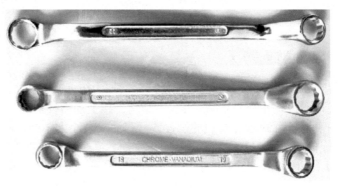

图 6.2-10　梅花扳手

如图 6.2-11 所示，使用推力拆卸时，应该用手掌来推动梅花扳手；锁紧时，用拉力，整个手掌握住梅花扳手一端，均匀使力。笔者建议，拆卸已经初松的螺母可用梅花扳手，拆卸和安装螺栓一般可用套头工具。

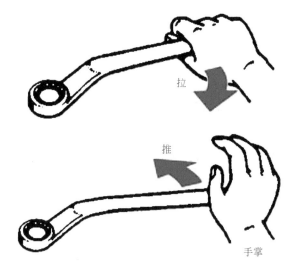

图 6.2-11　梅花扳手的使用方法

（10）卡簧钳　卡簧钳（图 6.2-12）分为内卡簧钳和外卡簧钳，还有特殊功能的多用卡簧钳。卡簧钳是拆卸和安装带有弹性卡圈的零部件。维修变速器经常会用到卡簧钳。前后轮轴承一般在轴承的外侧有卡簧挡圈，也是使用卡簧钳的零部件之一。

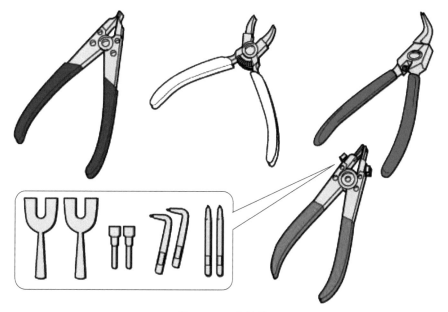

图 6.2-12　卡簧钳

（11）大力钳　大力钳在汽车维修中使用比较广泛，有普通钳子和夹具的功能。大力钳见图 6.2-13。

图 6.2-13　大力钳

6.2.1.2　专用工具

（1）**外拉具**　外拉具有多种形式，可按需要拆装的零部件进行选择。操作方法如下。

❶外拉具（上）与外拉具（下）和推盘配合使用，用于拉出轴承内圈（如大众宝来），如图 6.2-14 所示。

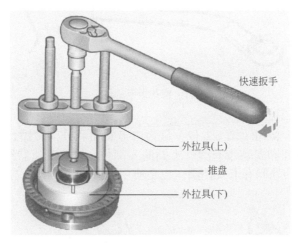

快速扳手

外拉具(上)

推盘

外拉具(下)

图 6.2-14　外拉具使用（一）

❷用于拉出车轮轴承等，也用于拆卸和安装盘式制动车型的车轮轴承／轮毂（6.2-15）。

拉力器(外拉具)

图 6.2-15　外拉具使用（二）

❸用拉具从轮毂轴上拉下轴承内圈，如图 6.2-16 所示。

外拉具

图 6.2-16　外拉具使用（三）

（2）内拉具　内拉具通常要和固定支撑配合使用，主要用于从变速箱壳体上拉出圆锥滚子轴承外圈（图 6.2-17）。

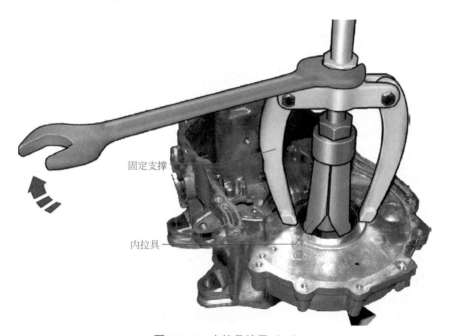

固定支撑

内拉具

图 6.2-17　内拉具使用（一）

此外，冲压座与拔起工具配合使用时，也要用内拉具拔出需要拆卸的轮或者轴套（图 6.2-18）。

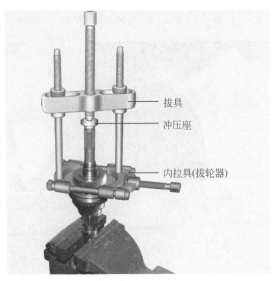

拔具

冲压座

内拉具(拔轮器)

图 6.2-18　内拉具使用（二）

（3）减振器工具　减振器工具和减振器压紧装置配合使用（图6.2-19），压缩减振器螺旋弹簧后，进行拆装和安装。

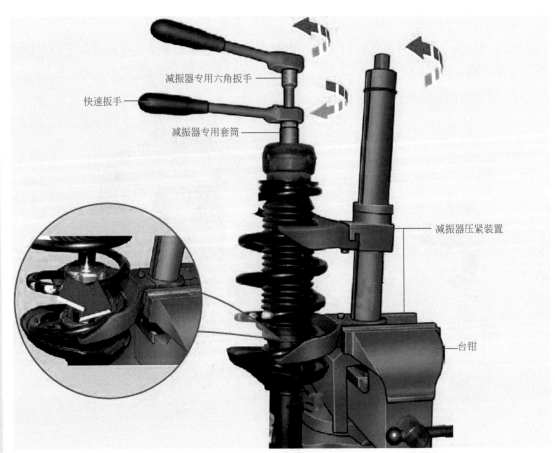

减振器专用六角扳手

快速扳手

减振器专用套筒

减振器压紧装置

台钳

图 6.2-19　减振器工具的使用

（4）燃油压力表　燃油压力表（压力测量装置）串联在燃油系统中，用于检查燃油系统及燃油调节器的压力并保持压力（图6.2-20）。燃油压力表附件有适用于各种车辆的适配接头，可以满足不同车型需要。燃油压力表用于检测输油量和检查燃油泵单向阀，这样可以检查出燃油泵的工作情况（图6.2-21）。

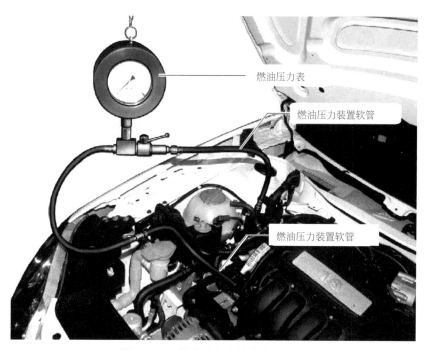

图 6.2-20　燃油压力表的使用（一）

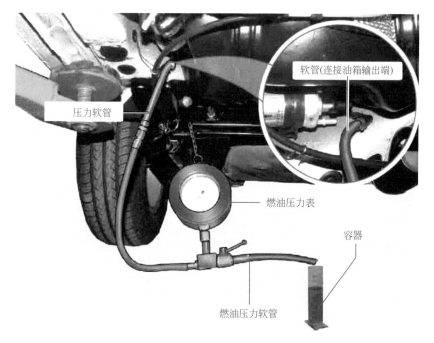

图 6.2-21　燃油压力表的使用（二）

（5）**压缩机工具** 压缩机拆装工具属于专用工具（图6.2-22和图6.2-23），用于固定压缩机离合器盘。

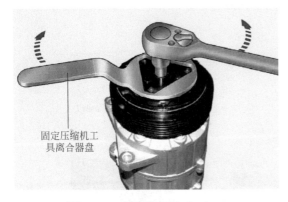

图 6.2-22 压缩机工具（一）　　　　　　图 6.2-23 压缩机工具（二）

（6）**气缸压力测试仪**（图6.2-24） 将适配接头旋入火花塞的螺纹孔中，并与气缸压力检测装置配合使用检测气缸压力。

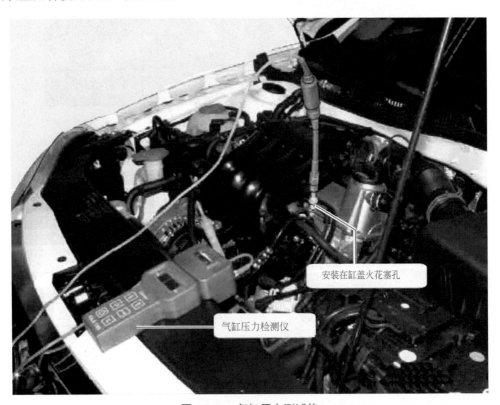

图 6.2-24 气缸压力测试仪

（7）**冰点测试仪**（图6.2-25）

❶ 首先，滴入少许清水，校正折射计，使其归零。

❷ 擦干清水，滴入少许冷却液，通过后部观察其状态，会显示标度，以此来判断冷却液冰点情况（判断冬天在零下多少摄氏度天气下冷却液性能正常）。

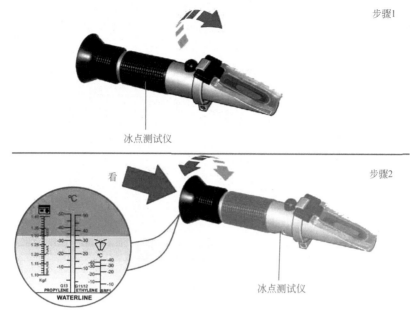

步骤1

冰点测试仪

看

步骤2

冰点测试仪

图 6.2-25　冰点测试仪

（8）活塞环安装工具　活塞环安装工具，也就是如图 6.2-26 所示的活塞环环配套钳，主要用于安装和拆卸活塞环。安装活塞环时候，注意活塞环在钳子上的位置。

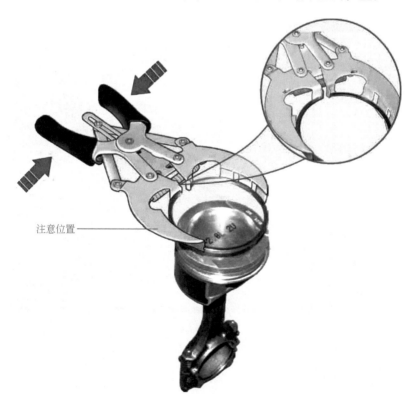

注意位置

图 6.2-26　活塞环安装工具

（9）冷却系统检查设备　冷却系统检查设备和冷却系统检查设备适配接头（图 6.2-27）安装在储液罐盖上，用于检查储液罐盖中的安全阀，以及检查冷却系统的密封性（图 6.2-28）。

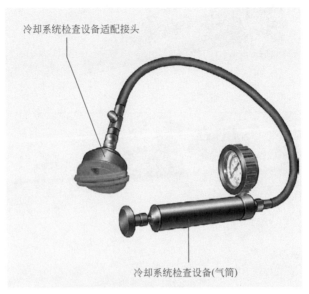

图 6.2-27　冷却系统检查设备（一）

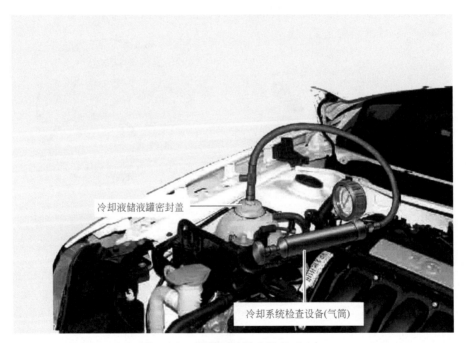

图 6.2-28　冷却系统检查设备（二）

6.2.1.3　电工维修工具

（1）测试灯　测量辅助工具和测试灯连接在一起使用，用于检测电压（图 6.2-29）。例如，测试燃油泵有无供电电压。

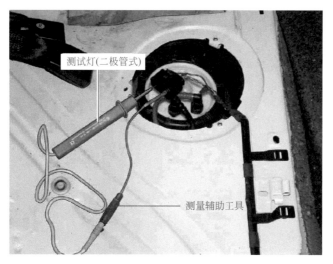

图 6.2-29　测试灯的使用

（2）万用表的使用　　常见的万用表有指针式和数字式两种，主要用于进行电流、电压、电阻以及导线的通断性、电子元件的检测等。通常在汽车维修中使用最广泛的是数字式万用表。指针式万用表一般不能用于汽车电子元件的测试，否则会因检测电流过大而烧坏电控元件或 ECU。

数字式万用表工作可靠，它最大的优点就是可以直接显示测量数据，而指针式万用表的读数则不能直接显示，需要根据量程及指针摆度进行计算。数字式万用表电源开关，一般会在面板左上部显示屏下方字母"POWER"（电源）的旁边，"OFF"表示关，"ON"表示开。数字式万用表的组成见图 6.2-30。

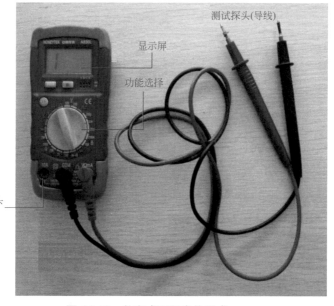

图 6.2-30　数字式万用表的组成

选择测量量程（图 6.2-31），可通过功能选择开关完成测量。

图 6.2-31　万用表的量程

❶ 交流电压测量如图 6.2-32 所示。

a. 目的。用于测量家庭用或工厂供电线路的电压、交流电压电路，以及电力变压器端头的电压。

b. 测量方法。将功能选择开关设置到交流电压挡，并连接测试探头。测试探头的极性是可以互相交换的。

❷ 直流电压测量如图 6.2-33 所示。

a. 目的。测量各种类型的电池、电器设备及晶体管电路，以及电路的电压和电压降。

b. 测量方法。将功能选择开关设置到直流电压测量挡位置。将黑色负极测量探头连接地电位，红色正极测量探头放到待测试的部位，并读数。

图 6.2-32　交流电压测量

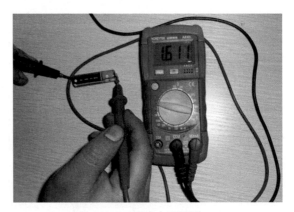

图 6.2-33　直流电压测量

❸ 电阻测量如图 6.2-34 所示。

a. 目的。测量电阻器电阻、短路、开路。

b. 测量方法。设定电阻或连续性的功能选择开关，然后将测试笔放到待测电阻或线圈两端测量其电阻值，此时应保证电阻不带电。二极管不能在此挡测量，因为所使用的内部电压太低。

④ 通断检查如图 6.2-35 所示。

a. 目的。为了检查电路的通断。

b. 测量方法。将功能选择开关旋到通断测试挡，将测试笔接到测试电路。如果电路接通，蜂鸣器会响。通断检查在实际汽车维修中是应用频率很高的。

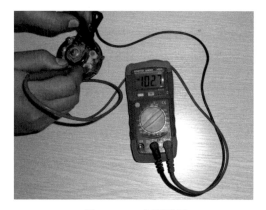

图 6.2-34　电阻测量

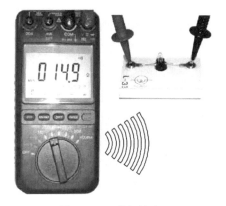

图 6.2-35　通断检查

⑤ 二极管测试如图 6.2-36 所示。

a. 目的：为了检查电路的通断。

b. 测试方法：将功能选择开关旋到二极管测试方式挡位，检测两个方向的通路状态。若在一个方向二极管是通的，在交换测试笔之后断开，则说明二极管良好。若二极管两个方向都通路，则二极管被击穿。若两个方向均不通导，说明它已开路。

⑥ 直流电流测量如图 6.2-37 所示。

图 6.2-36　二极管测试

测量范围和测试导线插入部位

图 6.2-37　直流电流测量

a. 目的。测量使用直流电设备或器件的电流。

b. 测量方法。将功能选择开关旋到电流测量挡位。选择量程的正确插孔，插入正极测试引线。为测量电路中的电流，电流表应串联接进电路中。因此，要断开电路中的某点以接入测试笔引线。将正极测试笔连接高电位一侧，负极测试笔连接低电位一侧，并读数。

6.2.1.4 常用汽修设备——举升机

常用的举升机有摇臂式和平板式两种，二者操作方法大同小异。

顶起或举升车辆前车辆必须处于空载状态，切勿顶起或举升重载车辆。拆下发动机或变速器等较重的零部件时，车辆重心会移动。为了稳定车辆，应放置平衡配重以防止车辆滚动或移动，或在车辆另一端适当的顶起位置下方放置变速器千斤顶。

在车架边梁或者其他指定的举升点提升或举升车辆时，要确保千斤顶垫块未碰到三元催化器、制动油管或者燃油管。如果碰到了上述部位，会造成车辆损坏或车辆性能下降。开始任何举升程序前，都应确保车辆位于清洁、坚硬、水平的地面上；确保所有提升装置都符合重量标准，且处于良好的工作状态；确保所有的车辆负载平均分布并且固定不动。如果只是从车架纵梁支撑车辆，应确保提升装置未在车架纵梁上施加过大的力或损坏车架纵梁。车辆举升支撑的四个位置见图 6.2-38 和图 6.2-39。

（1）举升机操作注意事项

小贴士

汽车在举升机上支撑的位置非常重要，关乎人身安全，必须按照正确位置支撑。

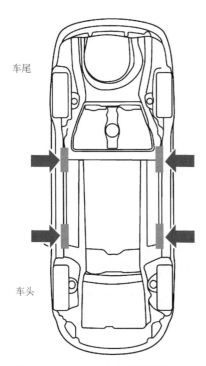

图 6.2-38　车辆举升支撑的位置（一）

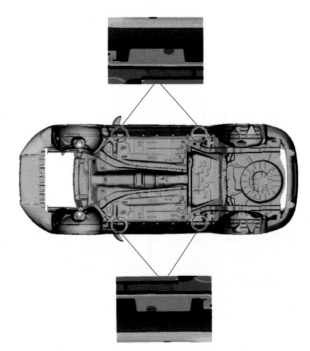

图 6.2-39　车辆举升支撑的位置（二）

（2）举升机垫块及支撑位置

❶ 前端举升机垫块及支撑位置。前端举升机垫块不能碰到门槛板至车架纵梁外侧或地板。将前端举升机垫块放置在前车架纵梁和侧车架纵梁之间连接处的下面（图 6.2-40）。

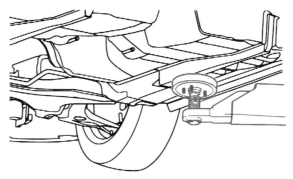

图 6.2-40　前端举升机垫块及支撑位置

❷ 后端举升机垫块及支撑位置。后端举升机垫块不能碰到门槛板至车架纵梁外侧或地板。将后端举升机垫块放置在后车架纵梁和侧车架纵梁之间连接处的下面（图 6.2-41）。

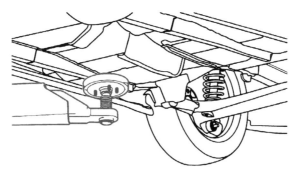

图 6.2-41　后端举升机垫块及支撑位置

（3）摇臂式举升机操作

❶ 按照举升机说明书中的安全步骤进行操作。

❷ 如图 6.2-42 所示，使用配备有橡胶附件的摇臂。

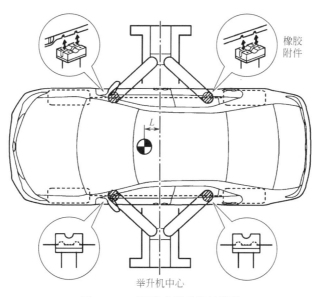

橡胶附件

举升机中心

图 6.2-42　摇臂式举升机的操作

❸ 放置车辆使其重心集中在举升机上（图 6.2-42 中所示 L 的长度应尽可能短）。

❹ 确保橡胶垫或摇臂不要碰触车身覆层或下防护条。

❺ 举升车辆前，确保锁止摇臂（如果配备摆臂锁）。

❻ 使用举升机举升车辆直至轮胎离开地面，然后停止举升机并确保车辆前部和后部平稳。

（4）平板式举升机操作

❶ 按照举升机说明书中的安全步骤进行操作。

❷ 在平板的顶部使用平板式举升机附件（橡胶举升块）。

❸ 务必将车辆固定在如图 6.2-43 所示的规定位置。

❹ 确保平板式举升机或橡胶举升块不会碰触车身覆层或下防护条。

❺ 使用举升机举升车辆直至轮胎离开地面，然后停止举升机并确保车辆前部和后部平稳。

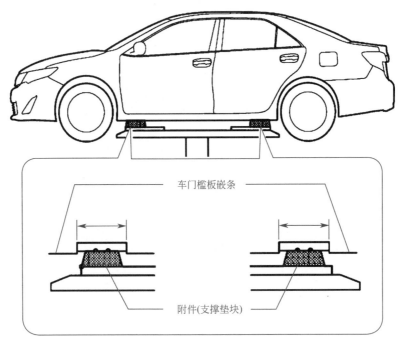

图 6.2-43　平板式举升机的操作

6.2.2　汽车维修操作注意事项

维修工由于工具和设备使用不当、操作不规范导致的问题或者安全事故屡见不鲜。维修作业中，为了减少安全隐患，务必遵守操作规程。

（1）**车辆举升操作的警告**　为避免车辆损坏、严重人身伤害甚至死亡事故，在从车辆上拆下主要部件并用举升机支承车辆时，应用千斤顶座支撑与待拆卸部件相对应的车辆部位。

（2）**处理防抱死制动系统部件的警告**　防抱死制动系统（ABS）中的某些部件不能单独维修，试图拆卸或断开某些系统部件会导致人身伤害和/或系统运行不正常。只能维修那些许可拆卸和安装的部件。

（3）断开蓄电池操作的警告

❶ 在维修任何电气部件前，点火钥匙必须处于"OFF"或"LOCK"位置，并且所有电气负载必须为"OFF（关闭）"，除非操作程序中另有说明。如果工具或设备容易接触裸露的带电电气端子，还要断开蓄电池负极电缆。违反这些安全须知，可能导致人身伤害和/或损坏车辆、车辆部件。

❷ 在维修安全气囊时，必须断开蓄电池负极至少90s以上，才能进行其他操作。

 小贴士

每当连接或断开蓄电池电缆、蓄电池充电器或跨接电缆时，务必将点火开关置于"OFF"位置，否则会导致控制模块或其他电气部件损坏。

（4）制动系统操作的警告

❶ 制动液极易吸湿和吸潮，请勿使用开口容器中可能受水污染的制动液，使用不合适或受污染的制动液可能导致系统故障、车辆失控和人身伤害。

❷ 制动液对皮肤和眼睛有刺激性。一旦接触应采取以下措施：眼睛接触，用水彻底冲洗；皮肤接触，用肥皂和水清洗。

❸ 更换制动管时请小心安装和固定，务必使用正确的紧固件，否则可能会导致制动管和制动系统损坏从而引起人身伤害。

 小贴士

① 制动系统加注制动液的重要注意事项：向制动总泵储液罐中添加制动液时，只能使用清洁、密封的制动液容器中的制动液，符合DOT4。不使用推荐的制动液会导致污染，从而损坏液压制动系统部件内部的橡胶密封件和/或橡胶衬垫。

② 避免制动液溅到漆面、电气连接器、导线或电缆上，制动液会损坏漆面并导致电气部件腐蚀，如果制动液接触到漆面，应立即用水冲洗接触部位，如果制动液接触到电气连接器、导线或电缆，应用干净的抹布将制动液擦去。

（5）关于空调系统R134a的警告　应避免吸入空调制冷剂134a（R134a）和润滑油蒸气或雾，接触它们后会刺激眼睛、鼻子和咽部。应在通风良好的区域内作业。从空调系统中排出R134a时，应使用维修设备（R134a回收设备）。如果发生系统意外排液，在继续维修前，必须对工作区通风。

（6）排气系统维修操作的警告　为避免被烫伤，在排气系统很烫时不要维修排气系统。应在排气系统冷却后再进行维修。

（7）有关车窗升降操作的警告　在驾驶员操作电动车窗开关时，快速升/降功能使车窗移动速度极快，而无法停止，可能导致人身伤害。

（8）关于燃油相关及压力表操作的警告

❶ 为降低失火和人身伤害的危险，请遵守以下几点。

a. 应更换所有在安装过程中刻伤、划伤或损坏的燃油管，不得试图修理燃油管。

b. 安装新燃油管时，不得用锤子直接敲击燃油管束卡夹。

c. 在燃油管附近使用焊枪操作时，务必用湿毛巾覆盖燃油管，此外，切勿使车辆暴露在 115℃以上的温度下超过 1h，也不能在 90℃上的温度下长时间停留。

　　d. 在连接燃油管接头前，务必在阳管接头上涂抹数滴清洁的发动机油，从而保证重新连接的正确，并防止可能出现的燃油泄漏（在正常操作过程中，阴接头中的 O 形密封圈会出现膨胀，如果不进行润滑，就不能正确地重新连接）。

　　❷ 在燃油压力接头周围包一块抹布，以降低发生火灾或人身伤害的风险，抹布可吸收连接燃油压力表时泄漏出来的燃油，连接好燃油压力表后，将抹布放入适当的容器内。

　　❸ 汽油或汽油蒸气非常容易燃烧，如果存在火源，可能会导致火灾。为防止火灾或爆炸危险，切勿使用敞口容器排出或存放燃油。应在附近准备一个干粉式灭火器。

　　❹ 在维修燃油系统前，应先拆下燃油箱盖并释放燃油系统压力，以降低人身伤害的风险。释放燃油系统压力后，在维修燃油管路、喷油器或接头时，会溢出少量燃油。为降低人身伤害的风险，在断开前用抹布包住燃油系统部件，这可以吸附泄漏的燃油。断开连接后，将抹布放入适当的容器内。

　　（9）**关于灯泡的警告**　卤素灯泡内含高压气体，处理不当会使灯泡爆炸成玻璃碎片。为避免人身伤害，应做到以下几点。

　　❶ 在更换灯泡前，关闭灯开关并使灯泡冷却。

　　❷ 保持灯开关关闭，直到换完灯泡。

　　❸ 更换卤素灯泡时，务必戴上护目镜。

　　❹ 拿灯泡时，只能拿住灯座，避免接触玻璃。

　　❺ 灯泡要避免沾灰尘和湿气。

　　❻ 正确报废旧灯泡。卤素灯泡要远离儿童。

　　（10）**燃油系统喷油器操作的警告**

　　❶ 检查各喷油器的下 O 形密封圈，不能保留在下歧管上，以降低失火和人身伤害的风险。

　　❷ 如果未将 O 形密封圈随喷油器一起拆卸，带新 O 形密封圈的维修喷油器就不能正确放置于喷油器座中，放置不当会产生漏油。

　　（11）**冷却系统维修操作的警告**　只要冷却系统中有压力，即使散热器中溶液没有沸腾，溶液温度也会比沸腾温度高出很多。如果在发动机未冷却并且压力还很高的情况下打开储液罐盖，执行对冷却系统的维修时，发动机冷却液就会立即沸腾并可能会喷到操作人员身上，造成严重烫伤。

　　（12）**安全气囊系统操作的警告**

　　❶ 安全气囊系统，如不遵循正确的操作程序，会导致以下情况。

　　a. 安全气囊展开。

　　b. 预紧器点爆。

　　c. 人员受伤。

　　d. 不必要的安全气囊系统维修。

　　❷ 遵守以下准则，以免出现上述状况。

　　a. 应参见安全气囊系统部件视图，确定是否正在安全气囊系统部件、周围或其线路上进行维修操作。

　　b. 如果正在安全气囊系统部件、周围或其线路上进行维修操作，应解除安全气囊系统。

　　❸ 展开后，安全气囊系统部件的金属表面可能会很烫，为了避免火灾和人身伤害，应注意以下两点。

　　a. 在触摸安全气囊系统部件的任何金属表面之前，要有足够的冷却时间。

　　b. 切勿将已充气的安全气囊系统部件放在任何易燃物旁边。

❹ 时钟弹簧总成的不正确安装会损坏时钟弹簧内部螺旋线圈，可能会造成线圈故障，导致气囊模块不能正常工作，从而造成人员伤害。

❺ 为了防止安全气囊意外展开，造成人身伤害，不得将未展开的气囊模块按常规车间废弃物进行处置。如果在报废过程中密封容器损坏，未展开的模块所含的一些物质可能会导致严重疾病或人身伤害。利用展开程序，安全报废未展开的气囊模块。

❻ 运输未展开的气囊模块时，应注意以下两点。

a. 不得拎提气囊模块上的导线或连接器进行搬运。

b. 确保气囊开口不是朝向自己或其他人。

❼ 存放未展开的气囊模块时，确保气囊开口不是朝向放置气囊模块的表面。气囊开口不能朝下，禁止在气囊模块上放置任何物体，气囊周围应有足够的空间供气囊意外展开，否则会伤人。禁止将未展开的气囊模块浸入水中或接触其他液体。禁止将未展开的安全气囊模块临近火源或放置在高温区域，防止气囊意外展开伤人。

❽ 切勿撞击或摇晃安全气囊系统碰撞传感器，在给碰撞系统传感器加电之前，应确保碰撞系统传感器已牢固固定，不遵守正确的安装程序操作，可能会造成安全气囊系统误爆或在本应起爆时不产生作用，造成人员伤害。

（13）发动机操作重要注意事项

无论因何种原因举升或支撑发动机时，都不要将千斤顶支撑在油底壳、任何钣金件或曲轴皮带轮下方，以不正确的方式举升发动机会导致部件损坏。

（14）紧固件的重要注意事项

请在正确的位置使用正确的紧固件，更换紧固件的零件号必须正确，需要更换的紧固件或需要使用螺纹锁止胶或密封胶的紧固件在维修程序中有特别指出，不得在紧固件或紧固件连接表面使用油漆、润滑油或阻蚀剂，除非另有说明。

这些涂剂会影响紧固件的扭矩和夹紧力，并会损坏紧固件。安装紧固件时，务必使用正确的紧固顺序和紧固力矩，以避免损坏零件和系统。

（15）处理静电放电敏感部件的重要注意事项　静电放电（ESD）会损坏很多固态电气部件，易受静电放电影响的部件不一定都标注了静电放电符号，应小心处理所有电气部件。请遵守如下安全须知，避免受静电放电损坏。

❶ 在维修任何电子部件前，先触摸金属搭铁点以放出身体中的静电（尤其是在车辆座椅上滑动后）。

❷ 尽量不要触摸裸露的端子，端子可能连接至易被静电放电损坏的电路。

❸ 维修连接器时，切勿使工具接触裸露的端子。

❹ 不得将部件从保护性壳体中拆下，除非要求这样操作。

❺ 避免以下操作，除非诊断程序特别要求。

a. 使部件或连接器跨接或搭铁。

b. 将测试设备探针连接至部件或连接器，使用测试探针时，先连接搭铁引线。在打开部件的保护性壳体之前，先将其搭铁，不得将固态部件放在金属工作台上或者电视机、收音机及其他电气设备的顶部。

（16）氧传感器操作注意事项

❶ 不要拆下加热型氧传感器（HO2S）的引线，拆下引线或线束连接器会影响传感器的工作。

❷ 请小心取放氧传感器，注意不要跌落，应保持直列式电气连接器和格栅式散热端无油脂、污物或其他污染物。不要使用任何类型的清洗剂。

❸ 不要修理氧传感器的导线、线束连接器或端子。如果引线、线束连接器或端子损坏，

必须更换氧传感器。

④ 外界清洁的空气基准是通过信号和加热器导线获得的，如果试图修理导线、线束连接器或端子，会堵塞空气基准并导致氧传感器性能下降。

⑤ 修理加热型氧传感器时，必须遵循以下原则。

a. 切勿在传感器或车辆线束连接器上涂抹触点清洁剂或其他材料，这些材料会进入传感器，导致性能不良。

b. 不要损坏传感器的引线和线束，导致其内部导线外露，这样提供了异物进入传感器的通道并导致性能故障。

c. 传感器和车辆引线不得出现弯折或扭结现象，较大的弯折或扭结会堵塞通过引线的空气基准通道。

d. 确保线束连接器外围密封完好无损，以避免因进水而造成损坏。

（17）密封胶的重要注意事项　不要让室温硬化密封剂进入螺纹盲孔中，如果进入，则紧固件在紧固时会产生液压锁止效应，紧固件液压锁止会导致紧固件和/或其他部件损坏，并且还会使紧固件在紧固时无法获得正确的夹紧力，不正确的夹紧力会使部件无法获得正确的密封，从而导致泄漏，紧固件无法正确紧固，会使部件松动或分离，从而导致发动机严重损坏。

（18）故障诊断仪使用的重要注意事项　在对车辆进行诊断之前，必须注意以下情况，否则很可能导致控制模块损坏。

❶ 车辆蓄电池必须充满电，蓄电池电压应在 12 ～ 14V 之间。

❷ 故障诊断仪和终端电缆的连接必须牢固。

❸ 在对控制模块编程时，蓄电池充电器不得连接到蓄电池上。

（19）转向操作注意事项

液压动力转向系统中，转向盘处于转向极限位置的持续时间不要超过 5s，否则可能损坏转向泵。

07

第7章

汽车电路图识读与分析

7.1

电路的基本组成

7.1.1 电工基本术语

（1）电压　电压是电流流过导体造成的压力（电动势），是两个原子之间由于正负电荷量的失衡而产生的"电位差"形成的。

电压的计量单位叫伏特（V）。大多数汽车电路用蓄电池或发电机作电源，是12V电系。有的卡车用24V电系。随着汽车电子系统的发展，今后采用24V甚至42V电系的轿车会越来越多。

 以水塔为例，电压可以比作水塔内生成的水压。压力是由塔顶（相当于12V）和塔底或地面（相当于0）之间的位差产生的。如果在蓄电池正极接线柱与底盘接地之间测量车用蓄电池产生的电压，会发现这两端之间的压差正是推动电流通过电路的电压（图7.1-1）。

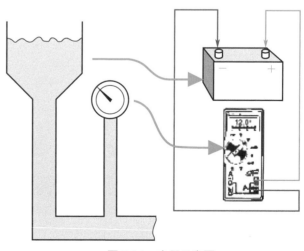

图7.1-1　电压示意图

（2）**电流**

❶ 电流的形成和概念。电流是由电荷载体（例如物质或真空中的自由电子或离子）的定向移动产生的。单位时间内流动的电子（电荷载体）数量称为电流强度。单位时间内流经导体的电子数量越多，电流强度就越大。电流强度用电流表测量。

电流的计量单位是安培 (A)。1A 电流意味着每秒有约为地球总人口的一百万倍个电子通过。要知道有不到 1/10A 的电流通过人体就足以造成严重伤害！

仍以水塔为例，可以将电流比作从水塔到水龙头的水流。电压还是正负端之间的位差，电流是电的实际流动。在水塔的例子里，从水塔到地面的实际水流类似于电流（图 7.1-2）。只有在受到电压作用时才会有电流。

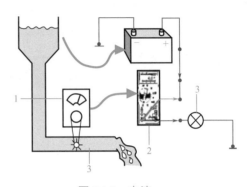

图 7.1-2 电流
1—水流；2—负荷；3—电流

❷ 直流电流（DC）。方向、大小保持不变的电流称为直流电流。最简单的情况是，电流流动不随时间而改变，电流方向从正极流向负极。

❸ 交流电流（AC）。交流电流是指以周期方式改变其极性（方向）和电流值（强度）的电流。交流电流的特点是其电流方向呈周期性变化。每秒钟内电流朝相同方向流动的次数用电流变化频率（通常也称为电源频率）来表示。

❹ 脉冲电流。方向不变，强度随时间作周期性改变的电流就是脉冲电流，也称脉动电流。如果在一个电路中直流电源和交流电源可同时起作用，就会产生脉动电流。因此，周期电流是直流电流与交流电流叠加的结果。

7.1.2 常用电子元器件

7.1.2.1 电阻器

（1）**电阻的形成和概念** 电阻阻碍或限制电流在电路中的流动。由于所有导体，如铜、银和金，都对电流有阻力，因此可以说所有的电路都有电阻。电阻的计量单位叫欧姆，用希腊字母 Ω 来表示。

并不是所有的电阻都是有害的。在一个正常的照明灯电路中，灯泡的灯丝通常是唯一可测到的电阻。灯丝的电阻抵抗电流，使灯丝加热到白炽的程度，用于照明，就是对人类有利的。

电阻可以阻滞或限制电流的流动。三个因素可以影响电阻的大小：温度、导体长度和导体材料截面积。

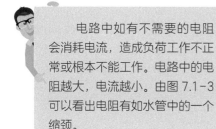

电路中如有不需要的电阻会消耗电流，造成负荷工作不正常或根本不能工作。电路中的电阻越大，电流越小。由图 7.1-3 可以看出电阻有如水管中的一个缩颈。

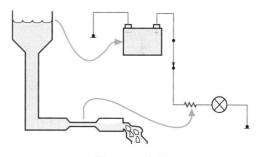

图 7.1-3 电阻

（2）作为元件使用的电阻　由于在大多数情况下导线的电阻都会带来不利影响，因此电子系统通常需要将电路电流限制在一个特定限值内，再根据具体用途将相应类型和大小的电阻作为元件使用。由于电阻尺寸通常很小且不印出或很难看清电阻值，因此通常用色环来表示电阻值。

带有四个色环，其中第一、第二环分别代表阻值的前两位数；第三环代表倍率；第四环代表误差。快速识别的关键在于根据第三环的颜色把阻值确定在某一数量级范围内。

每种颜色都代表一个特定的阻值，因此可以通过计算色环数值总和得到电阻值。电阻上注明的电阻值仅适用于温度为 20℃ 的条件，之所以有这种限制是因为所有材料的电阻都会随温度而变化。

（3）NTC热敏电阻器　非金属物质制成的电阻器具有热敏感特性，因此称为热敏电阻器。NTC 表示"负温度系数"，即电阻值随温度升高而降低。

NTC 热敏电阻器在汽车中用于测量温度，例如冷却液、进气、车内和车外温度等。NTC 热敏电阻器见图 7.1-4。

（4）PTC热敏电阻器　PTC 热敏电阻器的阻值随温度升高而增加，因此，这种热敏电阻器的温度系数称为正温度系数。这表示，该电阻器在低温条件下比高温条件下能够更有效地导电。

PTC 热敏电阻器在汽车中用作空调系统内风扇电动机的过载保护装置，也用来控制车外后视镜内的加热电流。例如，PTC 热敏电阻器用来监控燃油箱储备量。车外后视镜内加热控制电路见图 7.1-5。

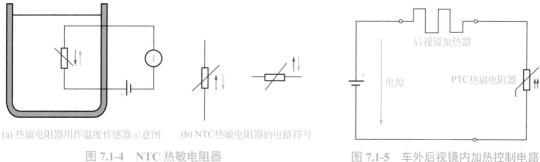

(a) 热敏电阻器用作温度传感器示意图　(b) NTC热敏电阻器的电路符号

图 7.1-4　NTC 热敏电阻器

图 7.1-5　车外后视镜内加热控制电路

（5）LDR光敏电阻器　光敏电阻器是可以在光线影响下改变自身电阻的光敏半导体组件。光敏电阻器在汽车中主要用于车内后视镜自动防眩，两个 LDR 光敏电阻器可同时测量向行驶方向的入射光线和向其他方向的入射光线，并对它们进行比较。

（6）测量电阻　电阻值用欧姆表测量（万用表的测量电阻挡）。在大多数情况下使用多量程测量仪（万用表），以免出现读数错误和不准确现象。测量电阻时要注意以下几点。

❶ 测量期间不得将待测部件连接在电压电源上，因为欧姆表使用本身的电压电源并通过电压或电流确定电阻值。

❷ 待测部件必须至少有一侧与电路分离，否则并联的部件会影响测量结果。

❸ 极性无关紧要。

7.1.2.2　电容器

（1）电容器作用　电容器和电阻在汽车中大量使用，汽车上的控制模块都离不开电容。

电容器充满电时不再有电流流过（电流表显示0A），即使之后电压电源仍保持连接状态。随后电容器阻断直流电流，即电容器电阻变为无限大。

电容器与直流电压电源断开后其仍保持充电状态，即两个金属板之间存在电子差，电容器存储了电能。

电容器是一个能够存储电荷或电能的元件。最简单的电容器由两个对置的金属板和金属板之间的一个绝缘体组成（图7.1-6）。

（2）电容器特性　通过改变开关位置使电容器短路时，放电电流朝反方向流动。直至两个金属板重新为电中性，或电阻内的电能转化为热能时，放电电流停止流动。

❶ 电容器开始充电时的电流较大，而开始时的电压较低或为0。随着电容器充电过程的进行，电流越来越小，电压越来越大。

❷ 电容器充满电时不再有电流经过，电压达到电压电源值。

❸ 电容器开始放电时的电流较大，但与充电时的流动方向相反；电压开始时为最大值，然后随电容器放电而不断降低。电容器完全放电后不再有电流经过，电容器金属板之间没有电势差。如果单位时间内充电和放电过程的数量增加（例如通过施加交流电压），则单位时间内的充电和放电电流数量就会增大，因此单位时间内的电流平均值也会增大。电容器内的电流变大，即电容器电阻明显减小（电容性电抗）。电容器在车辆上作为短时电荷存储器使用，用于电压滤波和减小过压峰值（图7.1-7）。

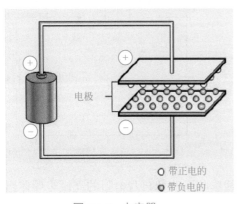

图 7.1-6　电容器

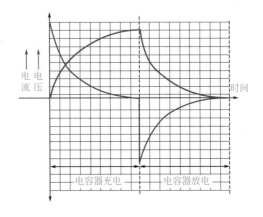

图 7.1-7　电容器充电／放电期间的电压和电流曲线特性示意图

（3）电容器在汽车上的应用　例如，如图7.1-8所示的汽车车内照明灯关闭延迟电路。电容器C与继电器的线圈并联在一起。因此，释放开关后仍有电流通过继电器，从而通过照明灯。通过继电器的励磁线圈使电容器放电后，继电器就会关闭照明灯电路，照明灯电流在开关释放后延迟一小段时间才中断。

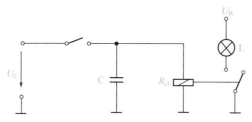

图 7.1-8　汽车车内照明灯关闭延迟电路

7.1.2.3　电感器

（1）汽车线圈和电感元件　在车辆电气系统上线圈有多种用途，例如用作点火线圈、用于继电器和电动机内。在车辆电子系统上，线圈用于感应式传感器内，例如曲轴和凸轮轴传感器。但线圈也可以用于输送能量（变压器）或进行过滤（例如分频器）。在继电器内利用线圈的磁力切换开关。

（2）磁力线圈和电磁感应

❶ 基本线圈是指缠绕在一个固体上的导线，但不一定要有这个固体。它主要用于固定较细的导线。线圈用在变压器、继电器和电动机内。

❷ 有电流经过线圈时，就会产生磁场。线圈将电能存储在磁场中。切断电流时，磁能重新转化为电能。产生感应电压。线圈最重要的物理特性是其电感。但除了电感外，实际线圈还具有其他一些（通常是不希望出现的）特性，例如电阻或电容。通过在线圈中放入一个铁芯可使磁场强度增大1000倍。铁芯不是电路的一部分。带有铁芯的线圈称为"电磁铁"。

❸ 电感原理如下。

简单地说，电感原理与物理学中的惯性原理相似（图7.1-9）。

电导体或线圈在磁场中移动或磁场强度改变时，导体或线圈内都会产生电压。该过程称为电磁感应，产生的电压称为感应电压。感应电压的大小取决于磁场强度（绕组数量 N、电流强度 I 和线圈结构）。

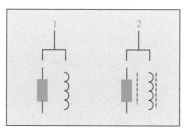
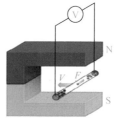

(a) 线圈的电路符号　　　　　　(b) 电磁感应

图 7.1-9　电感原理

（3）电感器在汽车上的应用　电感器依据电感原理工作，因此只需要有一个线圈（绕组）和一个变化的磁场即可实现。电感器能够以非接触（因此也不产生磨损）方式测量角度、距离和速度。

例如图 7.1-10 所示的感应式脉冲传感器——曲轴位置传感器，它用于测量发动机转速，由一个永久磁体和一个带有软铁芯的感应线圈构成。飞轮上装有一个齿圈作为脉冲传感器。在感应式传感器与齿圈之间只有一个很小的间隙。经过线圈的磁流情况取决于传感器对面是间隙还是轮齿。轮齿将散乱的磁流集中起来，而间隙则会削弱磁流。飞轮及齿圈转动时，就会通过各个轮齿使磁场产生变化。

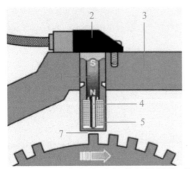

图 7.1-10　汽车发动机曲轴位置传感器

1—永久磁铁；2—传感器壳体；3—发动机（变速器）壳体；
4—软铁芯；5—线圈；6—齿隙（基准标记）；7—间歇

磁场变化时在线圈内产生感应电压。每个单位时间内的脉冲数量是衡量飞轮转速的标准。控制单元也可以通过已知的齿圈齿隙确定发动机的当前位置。通常使用 60 齿距的脉冲信号轮，缺少一个或两个轮齿的部位（齿隙）定为基准标记。

7.1.2.4　二极管

（1）普通二极管　普通二极管是一种由两种不同半导体区域（即P层和N层）构成的电子元件。使用塑料或金属外壳对半导体晶体进行保护，以免受到机械损伤。两种半导体层与外部通过电气连接。P层形成阳极，而N层形成阴极，构成P-N结。二极管结构和电路符号见图7.1-11。

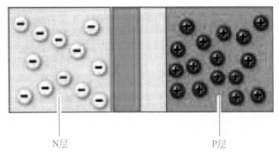

N层　　　　　　　　　P层　　　　　阳极　阴极

图 7.1-11　二极管结构和电路符号

检查二极管最好的方法是检测二极管的单向导电特性。用万用表检测二极管的电阻，如果二极管正极的电阻比较小，反向电阻比较大，说明二极管是良好的；如果二极管正反向电阻都比较大或比较小，那么可以判断二极管是损坏的。

（2）发光二极管　发光二极管（LED）和普通二极管一样，是P-N结二极管。当发光二极管正向导通时能够发光。

特性：比普通的灯泡发热小，寿命长。以低功率消耗发出亮光。只需较低电压即可工作。

LED 在汽车上必须始终与一个串联电阻连接在一起，以便限制经过发光二极管

（图 7.1-12）的电流。

　　一个 LED 的 N 层掺杂较多时，P 层的掺杂只能较少，这样二极管接入流通方向时，电流几乎只通过电子运载。P 层内出现空穴与电子结合（复合）的情况时，释放出能量。根据具体半导体材料，这种能量以可见光或红外辐射形式释放出来。由于 P 层非常薄，因此可能有光线溢出。

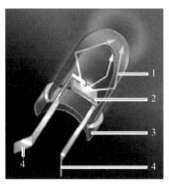

图 7.1-12　发光二极管
1—发光光线；2—P-N 结；3—壳体；4—接头

　　（3）光敏二极管　光敏二极管也是P-N结二极管（图7.1-13），由半导体和透镜组成。如果在有光线照射的光敏二极管上加上反向电压，则反向电流就会通过。它的电流强度的变化和照在光敏二极管的光线多少成比例。当光敏二极管加上反向电压时，根据它测试的逆向电流的多少就可确定光照量的多少。

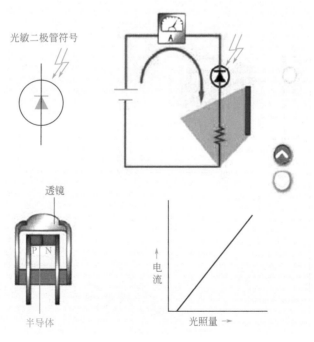

图 7.1-13　光敏二极管

（4）稳压二极管 稳压二极管接入阻隔方向。如果在阻隔方向上超过一个特定的电压，电流就会明显提高，二极管即可导电。通过提高掺杂物质可使阻隔层变得很薄，因此电压为1～200V时就会击穿。为了在出现击穿电压时电流迅速升高不会造成二极管损坏，必须通过一个相应的电阻限制电流。稳压二极管在车辆电子系统中用于稳压和限制电压峰值。

（5）整流二极管 整流二极管是利用P-N结的单向导电特性，把交流电变成脉动直流电。整流二极管流的电流较大，多数采用面接触材料封装的二极管。另外，整流二极管的参数除前面介绍的几个外，还有最大整流电流，是指整流二极管长时间的工作所允许通过的最大电流值。它是整流二极管的主要参数，是选择整流二极管的主要依据。

（6）晶体管 晶体管是由三个半导体层组成的电子元件，也称为三极管。每个半导体层都各有一个电气接头。根据半导体层的分布方式分为PNP晶体管和NPN晶体管。这三个半导体层及其接头称为发射极（E）、基极（B）和集电极（C）。电荷载体从发射极移动到基极（发射出去）并由集电极吸收。因此晶体管有两个P-N结，一个位于发射极与基极之间，另一个位于集电极与基极之间。晶体管的结构见图7.1-14。

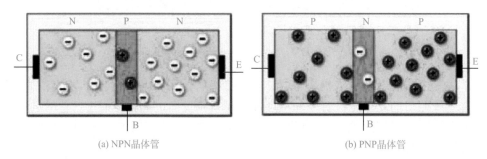

(a) NPN晶体管　　　　　　　　　　(b) PNP晶体管

图 7.1-14　晶体管的结构

7.1.3　常用电气元件

7.1.3.1　电路保护装置

在有些情况下，电路中的电流可能很大。如果电路没有某种保护措施，短路可能会使全部可用电流都从该处通过。如果电流大于设计的承载能力，导线可能过热并燃烧，所以每条电路中包含有一个或多个保护装置用来防止导线或电子元件受到损坏。

电路保护装置（图7.1-15）可以是保险、易熔线、断路器或其组合。汽车上有的计算机具有自我保护功能，在过载或电压超过规范值时会自行关机。

图 7.1-15　常见的电路保护装置

1—小截面部分；2—分接点；3—电路导体；4—易熔线；5—好的保险；
6—熔断的保险；7—断路器；8—双金属臂；9—触点

7.1.3.2 保险

❶ 保险是插入件，两端间接有一个可以熔化的导体，应保证当通过的电流超过规定值时保险便熔断，并能够在修复电路故障后更换。一定要按原规格更换保险。

❷ 利用保险壳上的两个槽口，可以检查电压降、可用电压或导通性。

❸ 保险在结构上保证了当电流到达一定值时，金属会熔化断开，从而使电路断开。这样便断开了电路，避免电路的导线与部件电流过大。

保险有四个基本类型：管形保险、大保险、标准叶片式保险与小保险（图 7.1-16）。

标准叶片式保险在汽车上最常见，有特定的额定电流和色标。

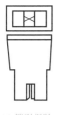 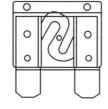

(a) 管形保险　　　　(b) 大保险　　　(c) 标准叶片式保险　(d) 微型叶片式保险(小保险)

图 7.1-16　保险的类型

保险上标有额定电压和额定电流值的永久性标记。保险按处理电流的能力分级。以 10A 保险为例，如果电路中的电流超过 10A 过多并持续一定时间，保险就会断开（图 7.1-17）。

7.1.3.3 易熔线

❶ 易熔线结构如图 7.1-18 所示。易熔线装在靠近电源处。

❷ 在难以使用保险或断路器的场合，通常用易熔线来保护大部分汽车导线。

❸ 发生过载时，易熔线中较细的线段部分会先熔断，将电路断开，避免线路受损。

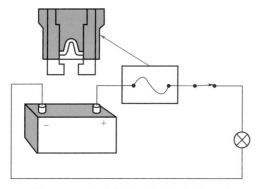

图 7.1-17　保险在电路中作为保护装置

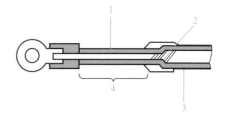

图 7.1-18　易熔线结构

1—小截面线段；2—分接点；3—电路导体；
4—通过电流过大时，易熔线在此处熔断

7.1.3.4 断路器

（1）断路器特点

❶ 断路器可以是一个单独的插件，也可以是装在开关或电动机电刷座中的一个部件。

❷当超过规定的电流值时，断路器中的一组触点将电路暂时分断。

❸与保险不同的是，断路器每次断开后不必进更换。但是，断路后还是要找出过载或短路的原因并加以修理，以免造成电路的进一步损坏。

（2）断路器类型　断路器一般有两种型式，即循环式与非循环式。

❶循环式断路器。循环式断路器中有一个双金属片。两种金属受热时膨胀率不一样。当双金属片中通过的电流过大时，膨胀率较大的金属由于热量积聚而弯曲，将触点打开（图7.1-19）。

电路断开后，无电流通过，双金属片冷却收缩直到触点再次将电路闭合。在实际工作中，触点的打开是很快的。

如果发生连续过载，断路器会重复循环（断开与接通）直到纠正过载为止。

❷非循环式断路器。非循环式断路器用一段高阻导线绕在双金属臂上，在触点打开时电路仍可通过这段导线维持一个高电阻通路。它所产生的热量使双金属片在电路撤去电压前不至于冷却下来将触点接通。撤去电压后，双金属片才可冷却下来使电路复原（图7.1-20）。

对于非循环式断路器，断开电路后，需撤去电路电压才能将断路器复位。

重要的电路，比如前照灯电路，不能使用非循环式断路器，因为暂时性短路会使电路电压中断，要一直等到断路器可以复位为止。

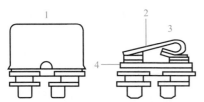

图7.1-19　循环式断路器结构

1—侧视图（外部）；2—双金属臂；
3—侧视图（内部）；4—触点

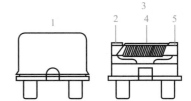

图7.1-20　非循环式断路器结构

1—侧视图（外部）；2—双金属臂；3—侧视图（内部）；
4—盘绕高阻线；5—双金属臂

7.1.3.5　继电器

继电器是一种利用小电流控制大电流的电动开关。继电器在汽车中的应用很广，燃料泵、喇叭和启动系统等都使用了继电器。

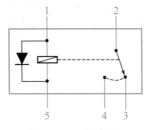

图7.1-21　继电器

1—自电源；2—自电源；3—常闭触点；
4—至负载；5—接地（控制电路）

如图7.1-21所示，继电器由控制电路、电磁铁、衔铁和一组触点组成。给控制电路通一个小电流接通电磁铁，可吸动衔铁。衔铁动作后或断开或接通装在衔铁上的触点。

❶当继电器控制电路闭合时，电磁铁将衔铁吸向铁芯，接通触点为负荷提供大电流。

❷当控制开关断开时，没有电流到继电器线圈。电磁铁断电，衔铁回到常态位置，即未动作时的位置。

7.2 汽车电路图识读方法和步骤

7.2.1 汽车电路图识读方法

（1）三个掌握要点

❶ 掌握各种车型的电路图中图形意义、标注规则、符号含义和使用方法等，记不住不要紧，但要看着电路图能找到对应元件。

❷ 掌握一定的电气系统的工作原理，尤其是电器元件的电路输出和输入。

❸ 掌握承修车辆的电器布置情况。

（2）"一种两路"的技巧

❶ 一种车型。精心分析一种车型的典型电路，掌握各个系统之间的接线特点和规则，进而了解一个车系的电路特点。

❷ 两路理顺。

a. 顺向。从用电设备找到蓄电池正极和搭铁，顺着电流方向从蓄电池正极出发到用电设备，再到搭铁。

b. 逆向。逆着电流方向从负极搭铁到用电器，再到蓄电池正极。

选择一种路径或者两种路径结合的方法去理顺，善于将一个复杂的系统回路简化，这样有利于快速理清电路结构。

7.2.2 汽车电路图识读步骤

7.2.2.1 熟悉电路图的组成结构和元件布局

以大众／奥迪电路图的结构为例进行说明。

（1）电路图中最上部　在电路图中，最上面部分为中央配电盒电路，其中标明了熔丝的位置及容量、继电器位置编号及接线端子号等（图7.2-1）。

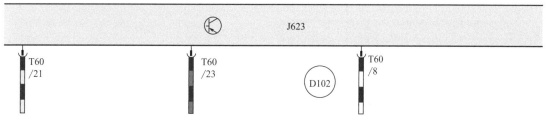

图 7.2-1　电路图中最上部

（2）电路图的中部　在电路图中，中间部分是车上的电气元件及连线（图7.2-2）。

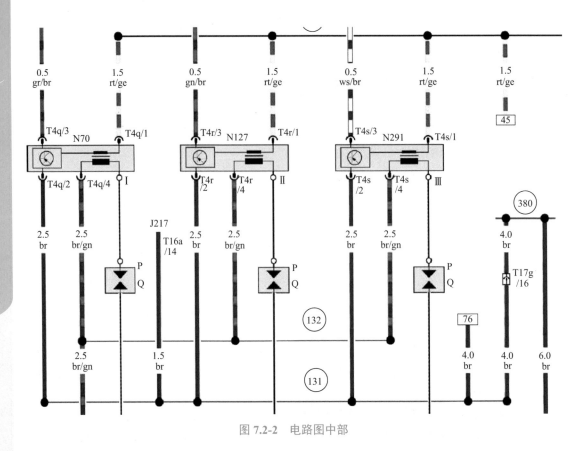

图 7.2-2　电路图中部

（3）电路图中最下部　在电路图中，最下面的横线是搭铁线，上面标有电路编号和搭铁点位置，最下面搭铁线的标号是为了方便标明在续页查找而编制的（图7.2-3）。

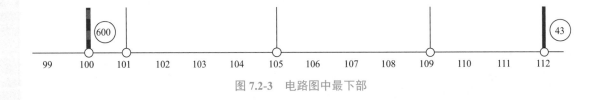

图 7.2-3　电路图中最下部

7.2.2.2　掌握电路图的一般阅读原则

（1）简单的电路图——找电源　比较简单的电路图要按"从前到后"的原则阅读，即电源→用电器→接地。

（2）复杂的电路图——找用电器　比较复杂的电路图要按"从中间向两边"的原则阅读，即电源←用电器→接地。

结合以上原则试读图 7.2-4 所示电路图。电路图中符号释义见表 7.2-1。

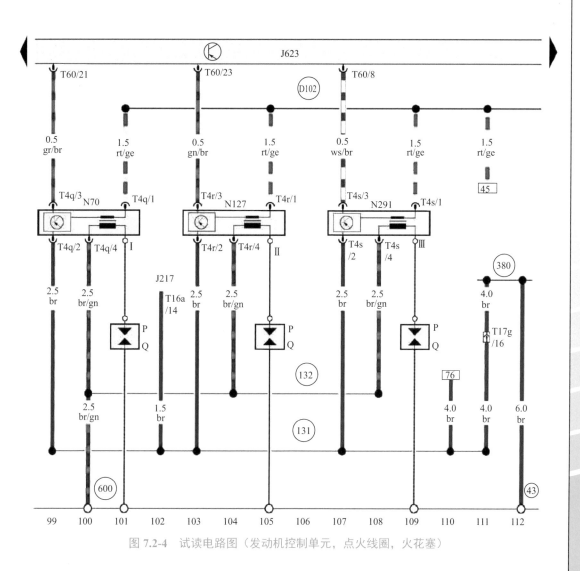

图 7.2-4　试读电路图（发动机控制单元，点火线圈，火花塞）

表 7.2-1　电路图中符号释义

电路图中元件 / 数字	说明 / 释义	图示 / 示意图
J127	自动变速器控制单元	
J623	发动机控制单元	
N70	点火线圈 1	
N127	点火线圈 2	
N291	点火线圈 3	
P	火花塞插头	
Q	火花塞	

电路图中元件 / 数字	说明 / 释义	图示 / 示意图
T4q	4 芯插头连接（器）	
T4r	4 芯插头连接（器）	
T4s	4 芯插头连接（器）	
T16a	16 芯插头连接（器）	
T17g	17 芯插头连接（器），发动机舱电控箱内	
T60	60 芯插头连接（器）	
43	接地点，右侧 A 柱下部	各车型的接地点位置有所不同
131	接地点 2，在发动机舱线束中	
132	接地点 3，在发动机舱线束中	
380	接地点 15，在主导线束中	
600	接地点，气缸上右侧	
D102	连接 2，在发动机舱线束中	
ws	导线颜色——白色	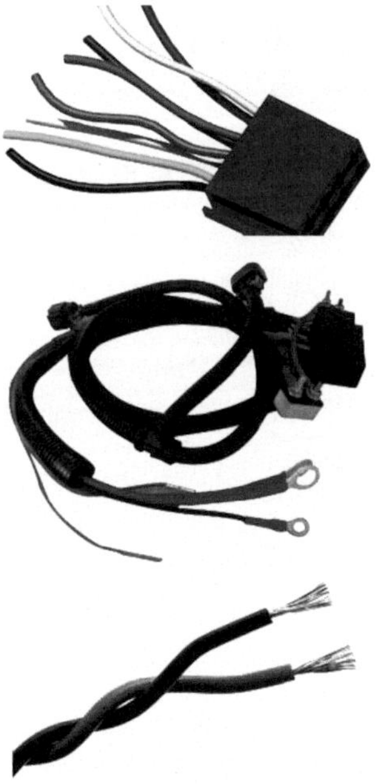
sw	导线颜色——黑色	
ro	导线颜色——红色	
br	导线颜色——棕色	
gn	导线颜色——绿色	
bl	导线颜色——蓝色	
gr	导线颜色——灰色	
li	导线颜色——浅紫色	
vi	导线颜色——淡紫色	
ge	导线颜色——黄色	
or	导线颜色——橘黄色	
rs	导线颜色——粉红色	
rt/ge	导线颜色——红黄色导线	
2.5	表示导线横截面面积 2.5mm^2	
0.5	表示导线横截面面积 0.5mm^2	

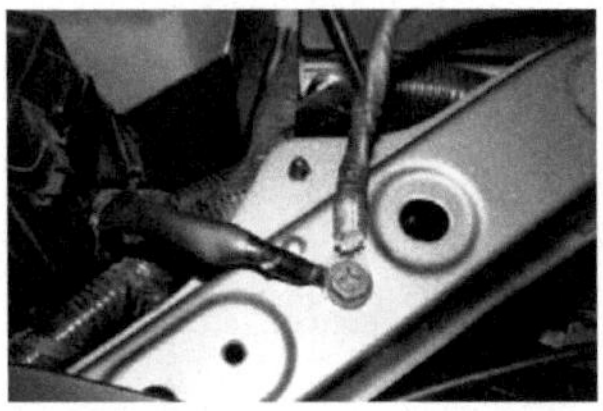

电流方向基本上是从上到下，电流流向从电源正极→保护装置→开关→用电器→搭铁→电源负极，形成简明的完整回路（图 7.2-5）。

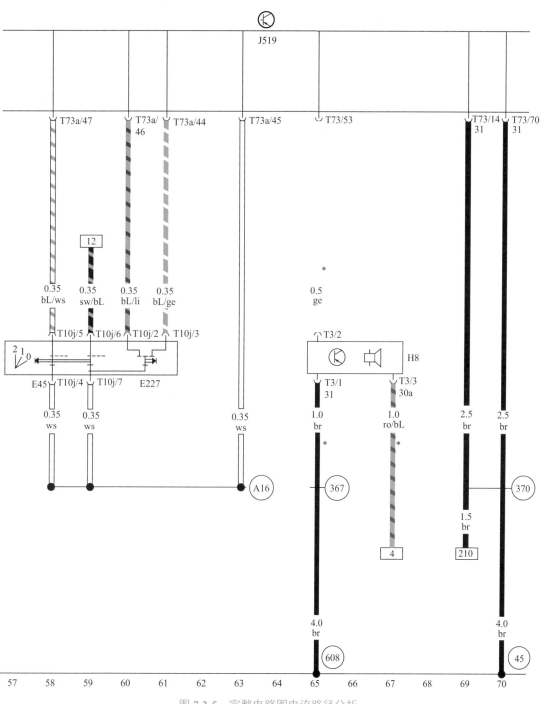

图 7.2-5　完整电路图电流路径分析

7.2.2.4 用小方格中的数字代号解决电路交叉问题

大众车系采用断路代号法来处理线路复杂交错的问题，如图 7.2-6 所示，某一条线路的上半段在电路号码为 4 的位置上，下半段在电路号码为 67 的位置上，在上半段电路的中止处画一个标有 67 的小方格，即可说明下半段电路就在电路号码 67 的位置上，下半段电路开始处也有一个小方格，里面标有 4，说明上半段电路就应在电路号码为 67 的位置上，通过 4 和 67，上、下半段电路就连在一起了。使用这种方法以后，读再复杂的电路图，也看不到一根横线，线路清晰简洁，方便查找。

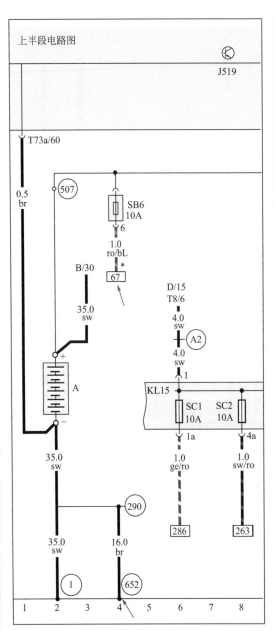
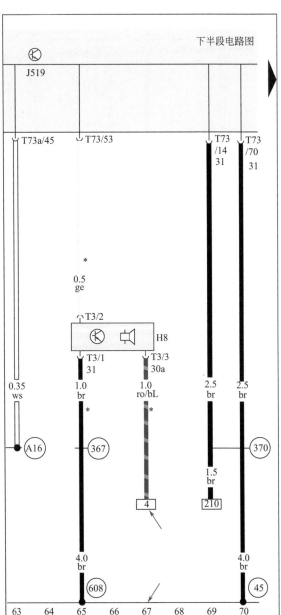

图 7.2-6　图中小方格为电路交叉

7.2.2.5 识读电路图最上边的内部正负线路

最上区域内部水平线为接电源正极的导线，有30、15、X等。电路中经常通电的线路（称为常火线）使用代号30，接地线的代号是31，受控制的大容量用电设备的电源线（称为卸荷线）代号是X，受控制的小容量用电设备的电源线（称为条件电源线）代号是15（图7.2-7）。

（1）常火线　常电源就是在蓄电池正常的情况下，均有规定电压的电源线，30号线接蓄电池正极，汽车维修中称为"常火线"。

（2）条件电源线　条件电源线就是在一定条件下才有规定电压的电源线，即15号线。点火开关置于"ON"（接通）和"ST"（启动）挡时，30号线经点火开关连接中央继电器盒内的15号线，也就是说打开钥匙门时会有电。

（3）卸荷线　卸荷线（X）是大容量火线，雾灯、刮水器和风窗加热等用电取自X线，只有在点火开关位于"ON"挡时X触点继电器J59才工作，30号线经X触点继电器接通X线，而在点火开关位于"ST"（启动）挡启动发动机时X线自动断电，从而保证发动机能顺利启动。

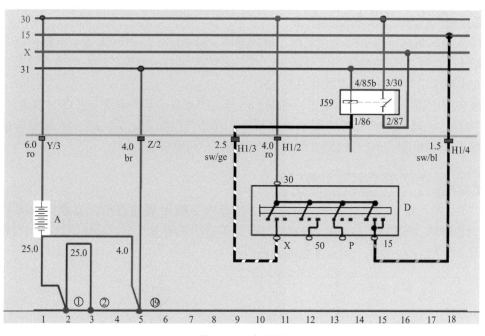

图 7.2-7　电路图

7.2.2.6 找出中央控制盒

汽车的整个电气系统以中央配电盒为中心进行控制，大部分继电器和保险安装在中央配电盒的正面。接插器和插座安装在中央配电盒背面。

如图7.2-8所示，电路图上标有4/85、3/30、2/87和1/86，分母数85、30、87和86是指继电器上的4个插脚，分子和分母是相对应的。电路图上的 **2** 表示该继电器在中央控制盒的2号位置安装。

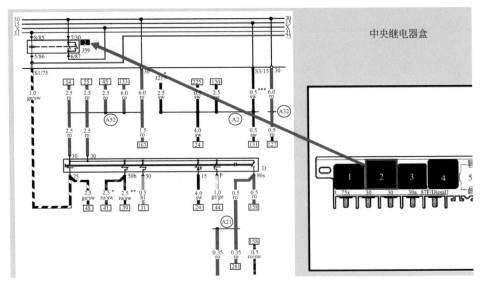

图 7.2-8　中央控制盒

7.2.2.7　识读电源线与继电器

❶ 灰色区域内部水平线为接电源正极的导线，有 30、15、50、X 等。电路中经常通电的线路使用代号 30，接地线的代号是 31，受控制的大容量用电设备的电源线代号是 X，受控制的小容量用电设备的电源线代号是 15。

❷ 在继电器中，85 号接脚用于接地线，86 号接脚来自于条件电源（如 15 号线或 X 线），30 号接脚经常通电，87 号接脚用于被控制件。当条件电源通电后，85、86 号线导通，产生磁性，吸引 30 号与 87 号线路之间的触点闭合，使用电器通电。

7.2.2.8　识读电路与导线插接器

（1）导线和电路图特殊标记　电路图中的导线一般用实线表示，有些导线的右边带有 *、**、***、*数字、*字母，表示该导线并不适用于所有车型，具体信息会在右侧列表中标出（图 7.2-9）。导线一般有主色和辅色两种。

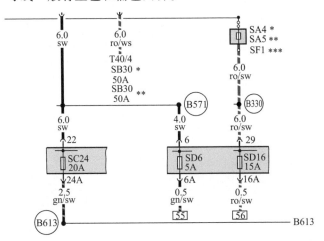

图 7.2-9　导线和电路图特殊标记

（2）导线特定含义和颜色代码　见表7.2-2。

表 7.2-2　部分导线颜色特定含义

颜色	特指用在电器设备的导线	颜色	特指用在电器设备的导线
红色	蓄电池电源线	棕色	搭铁线（31）
绿色	点火开关（1）	黄色	前照灯线路（58）

对于大众车系，在电路图上，导线颜色均以德文缩写形式标注，其中文含义对照表，见表 7.2-3。

表 7.2-3　导线颜色代码

代码	含义	代码	含义
bl	蓝色	ro	红色
br	棕色	sw	黑色
ge	黄色	li	紫色
gn	绿色	ws	白色
ro/sw	标有红色和白色两种颜色的一根导线		

（3）导线规格　电路图中在导线的中间部分标注了该导线的规格（单位为 mm^2），这是表示导线的粗细，即横截面积（图7.2-10）。

在电路维修时，如果无法得到同样规格的导线，只能够采用横截面积大一个规格的导线来代替。

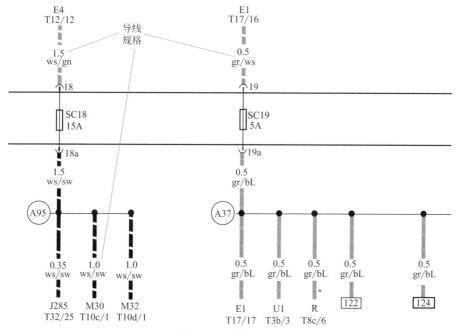

图 7.2-10　导线规格

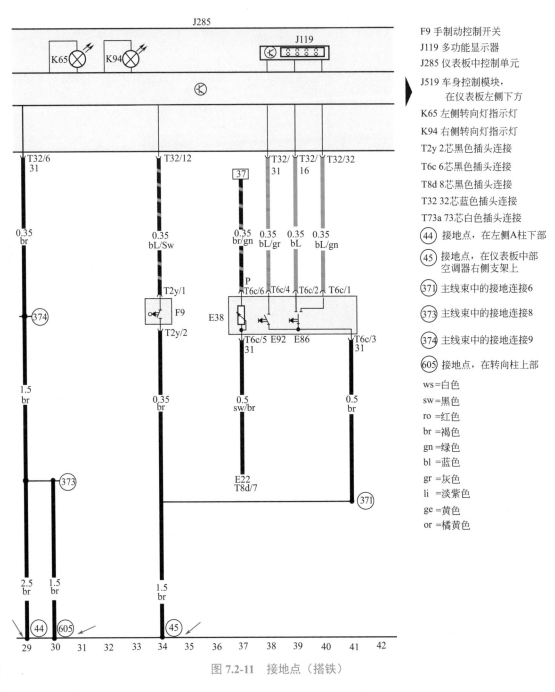

（4）**接地点（搭铁）** 一般用汽车车身作为搭铁，贯通整个车辆的搭铁导体，用电路图底部的一根细线来表示。在细线上，会标注电路序号以及搭铁线在车身上的搭铁位置序号。一般（搭铁）接地点在电路图的起始页码就会标出，如图7.2-11所示。在电路图查找过程中，可以在右侧的列表中找到搭铁点在车身上的具体位置。

图 7.2-11　接地点（搭铁）

（5）**插接器** 如图7.2-12所示，不论是控制单元上的插接器（电脑插头），还是线路连接插头，都由接线端代号在电路图上查找。

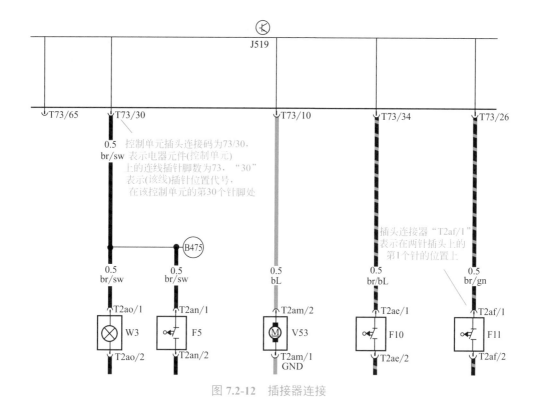

图 7.2-12 插接器连接

7.3
典型汽车电路图分析

7.3.1 分析单一的电路图

7.3.1.1 照明电路

迈腾前大灯电路图分析见图 7.3-1 和图 7.3-2。

（1）左侧停车灯电路　J519 车载电控单元 → T11/7 → T10q/10 → 左侧停车灯灯泡 M1 → T10q/7 → 左前纵梁上接地点 1 搭铁。

（2）左侧远光灯电路　J519 车载电控单元 → T11a/3 → T1Oq/8 → 左侧远光灯灯泡 M30 → T10q/7 → 左前纵梁上接地点 1 搭铁。

（3）左侧近光灯电路　J519 车载电控单元 → T11a/4 → T10q/6 → 左侧近光灯灯泡 M29 → T10q/5 → 左前纵梁上接地点 1 搭铁。

（4）右侧停车灯电路　J519 车载电控单元 → T11a/10 → T10r/10 → 右侧停车灯灯泡 M3 → T10r/7 → 右前纵梁上接地点 1 搭铁。

（5）右侧远光灯电路　J519车载电控单元→T11/3→T10r/8→右侧远光灯灯泡M32→T10r/7→右前纵梁上接地点1搭铁。

（6）右侧近光灯电路　J519车载电控单元→T11/2→T10r/6→右侧近光灯灯泡M31→T10r/5→右前纵梁上接地点1搭铁。

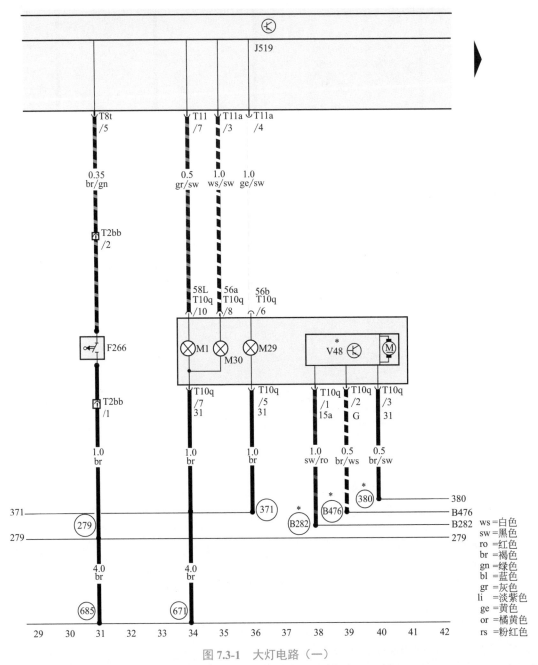

图7.3-1　大灯电路（一）

F266—发动机舱盖接触开关；J519—车载电网控制单元；M1—左侧停车灯灯泡；M29—左侧近光灯灯泡；M30—左侧远光灯灯泡；T2bb—2芯黑色插头连接，大灯右后侧；T8t—8芯黑色插头连接；T10q—10芯黑色插头连接；T11—11芯黑色插头连接；T11a—11芯棕色插头连接；V48—左侧照明距离调整伺服电动机；279—接地连接5，在车内线束中；371—接地连接6，在主线束中；380—接地连接15，在主线束中；671—接地点1，在左前纵梁上；685—接地点1，在右前纵梁上；B282—正极连接6（15a），在主线束中；B476—连接12，在主线束中；*—仅适用于带照明距离调节装置的汽车

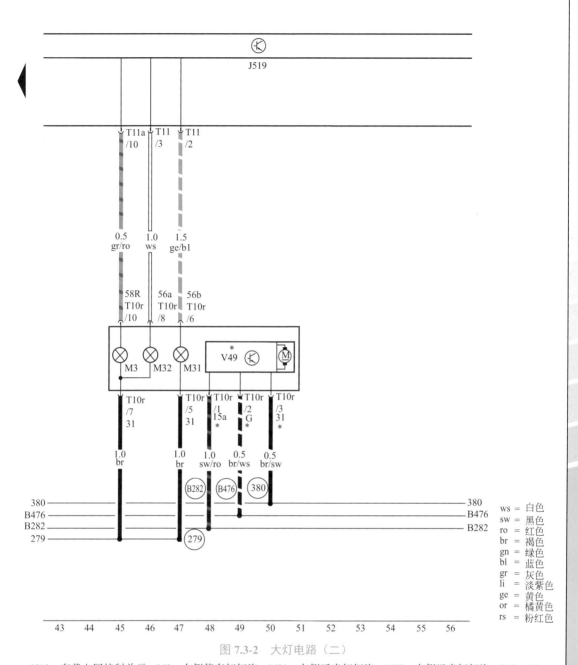

图 7.3-2　大灯电路（二）

J519—车载电网控制单元；M3—右侧停车灯灯泡；M31—右侧近光灯灯泡；M32—右侧远光灯灯泡；T10r—10
芯黑色插头连接；T11—11 芯黑色插头连接；T11a—11 芯棕色插头连接；V49—右侧照明距离调整伺服电动机；
279—接地连接 5，车内线束中；380—接地连接 15，在主线束中；B282—正极连接 6（15a），在主线束中；
B476—连接 12，在主线束中；*—仅适用于带照明距离调节装置的汽车

ws = 白色
sw = 黑色
ro = 红色
br = 褐色
gn = 绿色
bl = 蓝色
gr = 灰色
li = 淡紫色
ge = 黄色
or = 橘黄色
rs = 粉红色

7.3.1.2 启动和充电电路

（1）启动系统电路组成　启动系统电路包括蓄电池、点火开关、J519（车载电网控制单元）、保险（SB30）、J682（接线端50供电器）、J329（总线端15供电器）、起动机等。

（2）点火开关　例如迈腾轿车，将ID发生器（点火钥匙）插入到预锁位置。发动机运转，点火钥匙退回到15号线位置。关闭发动机→压下点火钥匙后将手放开，点火钥匙将被弹回到取出位置。

（3）起动机　起动机是用来启动发动机的，当点火开关处于启动位置时，继电器接通起动机主电路，此时起动机工作。起动机由直流电动机、传动机构和控制部分组成。其中控制部分也就是电磁开关上有三个端子，一个直接接蓄电池正极（端子30），一个接启动继电器的开关触点（端子50），最后一个接直流电动机电刷（端子C），起动机壳体接地。

例如新迈腾轿车，将ID发生器（点火钥匙）插到启动位置，车载电网控制单元接收到启动信号的同时确认离合器位置（手动变速器）、变速杆位置（自动变速器）、蓄电池电压等信号是否在相应位置，若在相应位置，车载电网控制单元控制J682（接线端50供电）、J329（总线端15供电器）给起动机供电使起动机工作，从而启动发动机。

（4）电路走向分析　如图7.3-3所示，以迈腾启动系统电路进行分析。

蓄电池→20→27→J329（总线端15供电继电器），在J519（车载电网控制单元）的控制下，使T2cq/2和T2cq/1（T2cq2芯黑色插头连接器）接通→J682（接线端50供电继电器），在J519（车载电网控制单元）的控制下，使2/30和8/87接通→起动机50号线（Tlv1芯黑色插头连接器）→起动机吸合线圈→蓄电池的电压通过起动机30号线端子给起动机电枢供电→壳体搭铁→起动机工作→发动机启动。

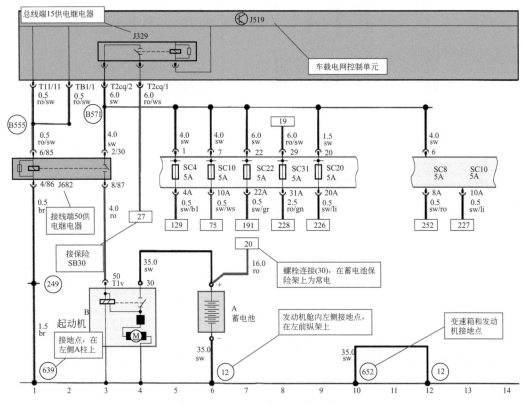

图 7.3-3　迈腾启动系统电路

7.3.2 不同车系电路图的特点

7.3.2.1 福特汽车电路图

（1）福特汽车电路图结构 如图7.3-4所示，各组件间的连接和实车是相符合的，而且为了更好理解电路的工作原理，已经将复杂组件的内部电路进行了简化。

❶ 电流流通路径 通常情况下，每一电路的起点总是从诸如保险或点火开关等提供电源的组件开始。电路图中，电流路径是按从该页顶部电源处到底部接地点的路线流动的。

❷ 开关位置 在电路图中，所有开关、传感器及继电器等都处于不工作状态（就如点火开关在"OFF"时一样）。

❸ 电路结合处 用箭头指示某结合处没有被完全绘出。完整的结合处所在页码已在索引中列出。

❹ 虚线方框 线路图中，窄的虚线方框表示该部分电路仅限某些装配该功能车型。对该限制的备注标在图中方框旁。

❺ 组件名称与标注 组件名称标注于该组件右侧，说明开关位置或工作条件的备注紧邻着它。内部组件如速度传感器的说明也标注于此。

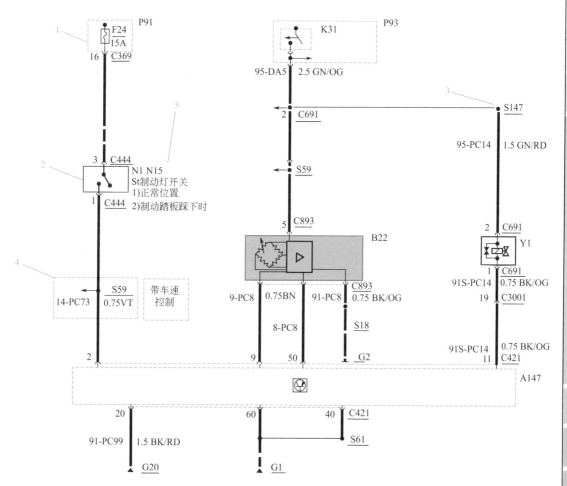

图 7.3-4 福特汽车电路图识读样图

（2）电路图中重要符号　见表7.3-1。

表 7.3-1　电路图中重要符号

元件 / 名称	说明 / 释义	图示 / 图形
保险片及继电器	保险及继电器盒示意图，说明了全部保险及继电器的信息，而且还以表格的形式列出了每个保险所保护的电路与系统	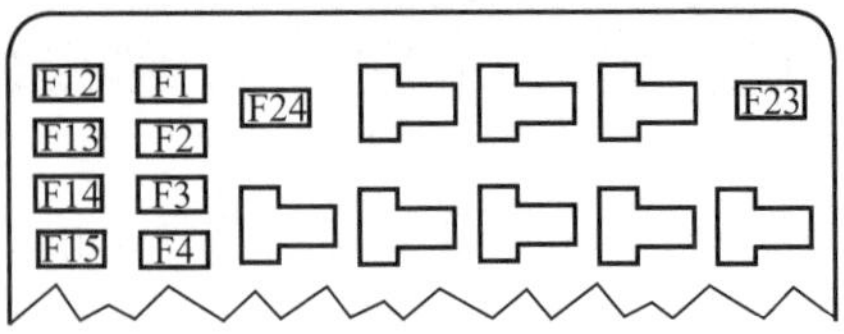 F12 F1 F24 F23　F13 F2　F14 F3　F15 F4
动力分配系统	动力分配系统单元显示了电流回路。该电路图显示了从蓄电池到点火开关及所有保险的电路	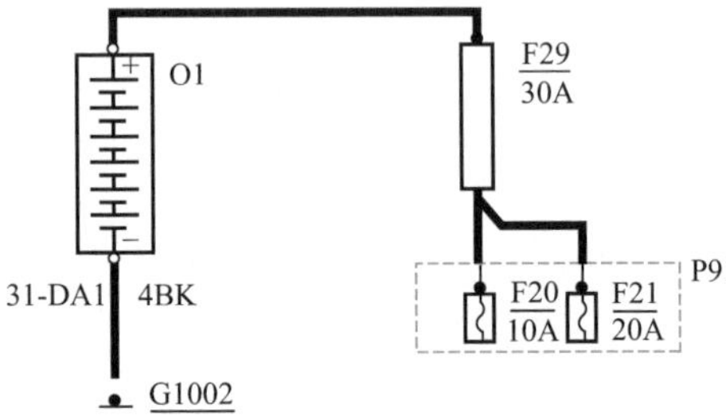 O1　F29 30A　31-DA1 4BK　F20 10A　F21 20A　P91　G1002
保险明细	保险明细指出了每个保险片所保护的电路。该电路依次从保险到各电器组件 在保险及第一个组件间的所有细节（包括导线、连接处、连接器等）都指示在图上	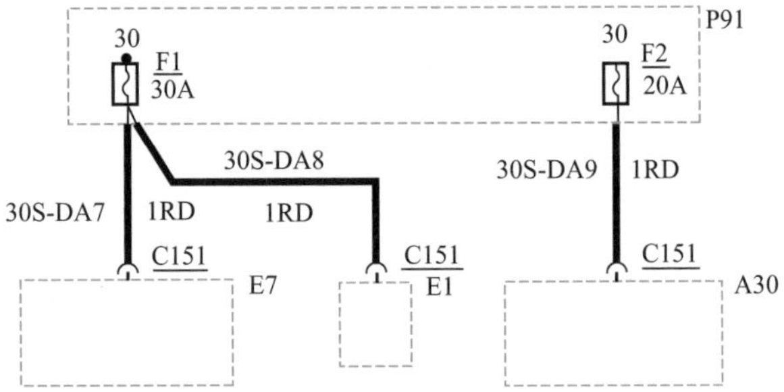 P91　30 F1 30A　30 F2 20A　30S-DA8　30S-DA9 1RD　30S-DA7 1RD 1RD　C151 E7　C151 E1　C151 A30
接地点	接地点部分说明了每个接地点或搭铁线的全部细节。这对于一个故障同时影响几个组件的诊断是很有用的（接地不良）。在接地点及组件间的所有细节都已列出（包括导线、接点、连接器等）。在此处说明这些细节是为了使各个单元电路图尽可能保持整洁一点 为了改善可读性，对于电路图中有多个分支线路的接点，采用分别表示的方式，同时以一条细线代表接点的一致性	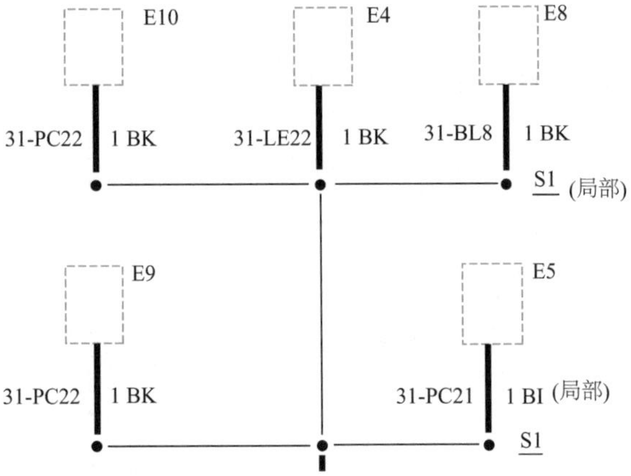 E10　E4　E8　31-PC22 1 BK　31-LE22 1 BK　31-BL8 1 BK　S1 (局部)　E9　E5　31-PC22 1 BK　31-PC21 1 BI (局部)　S1

元件 / 名称	说明 / 释义	图示 / 图形
方块图	方块图可见于某节的开头部分，这些方块图给出了在接下来几页中详细说明的系统的概述。所有连接到该控制模块的组件在此图上都有标示，这样就为理解系统中各组件间的相互作用提供了方便	A30 N15 P91 15 F10 30A E10 A147

（3）电路编号与导线标识码

❶电路编号（图7.2-5）。

福特公司已采用一套全球统一的电路编号与导线标识系统，该标识法称为功能 - 系统连接法（FSC）。FSC其实主要是为车辆的开发及生产而开发的，但它对维修技术人员在做电路诊断作业中发挥着重要作用。

前两位数指出了该线路的功能。本例中还有一个字母"S"，它表示了该导线具有一个附加的开关功能。功能部分对维修技术人员在做故障诊断时特别有用。功能码是在先前使用的某些DIN代码的基础上，增加一些新的数字用以表示其有过载保护的功能、传感器的功能、数据连接及特殊的电子控制模块功能。

系统连接（含分电路）：系统是与汽车的电路子集相关联的。

紧接系统代码后面是该系统特殊的连接码。分电路识别码用于区别连接中有相同功能的不同导线。

❷ 导线标识码（导线颜色）。导线标识码由基本色和识别色构成，能直接从电路编号上加以确认。在电路图中，导线颜色同以前一样分别标示在导线之后。

识别色是用一个色条对同一组件连接器中的具有同样功能的不同导线加以区分。如棕色用BN表示，黑色用BK表示。

如上所述，利用电路编号导线标识码，那么就能知道如图7.3-6所示这条导线的信息了。

功能：31表示接地；S表示附加开关功能。

系统：AC表示头灯水平调节。

线路：3表示开关线路；A表示分线路。

导线规格：1.5表示$1.5mm^2$

颜色：BK表示基本色为黑色。

图 7.3-5　电路编号　　　　　　　　　　图 7.3-6　导线

（4）识读电路图中的细节　见表7.3-2。

表 7.3-2　电路图中符号／细节说明

序号	图示／符号	说明／释义	序号	图示／符号	说明／释义
1	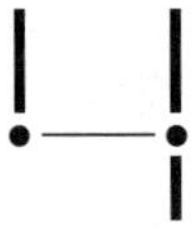	配置接点	10		组件整体
2	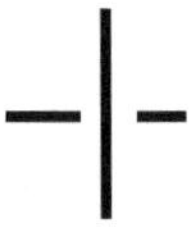	不相连接的跨越电路	11		组件的部分
3		接地（搭铁）	12		组件外壳和与车身金属直接连接（搭铁）
4		连接器	13		组件上的配置螺钉锁接式端子
5		连接器（母）	14		连接组件导线的连接器（引出端）
6		连接器（公）	15		直接连接到组件的连接器
7	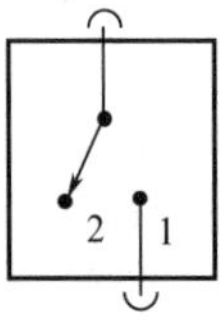	单极、两投开关	16	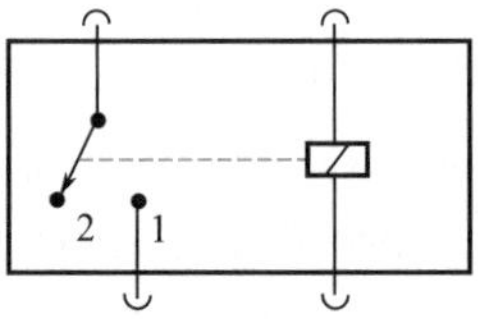	继电器
8		代表两条或两条以上线路	17		代表一条线路
9	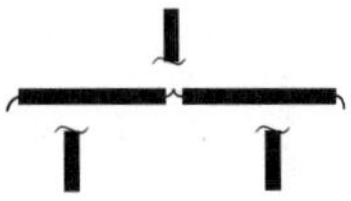	选择用支路，代表在不同机型、国别、选装设备时，线路有不同	18	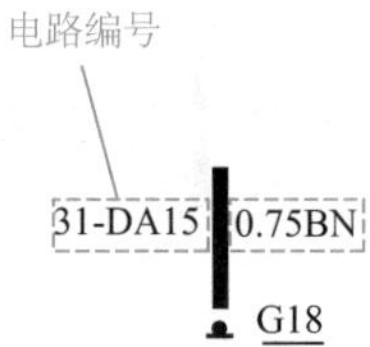 电路编号 31-DA15 0.75BN G18	导线横截面积 mm² 线路连接与车身金属表面（搭铁）可利用位置表中的搭铁编号

序号	图示 / 符号	说明 / 释义	序号	图示 / 符号	说明 / 释义
19	 74-MD8　1.5 GN/WH　29-01	线路绝缘为一种主色配备其他颜色条纹组成（绿色搭配白色）线路参照编号，可找出连接于其他回路中的线束	24	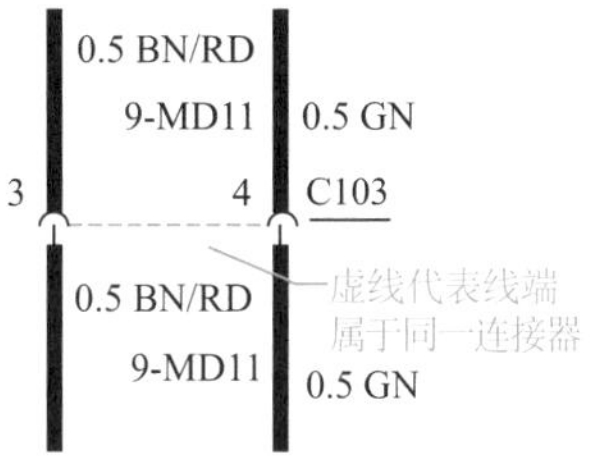 0.5 BN/RD　9-MD11　0.5 GN　3　4　C103　0.5 BN/RD　9-MD11　0.5 GN　虚线代表线端属于同一连接器	同一连接器的两个接点（插脚）
20	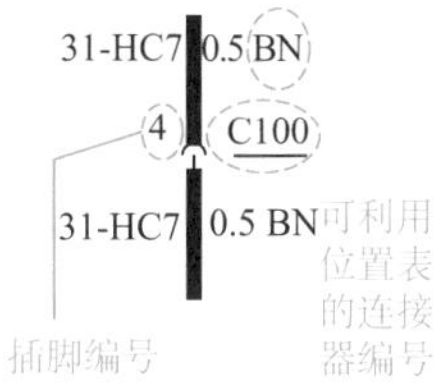 31-HC7 0.5 BN　(4)　C100　31-HC7 0.5 BN　插脚编号　可利用位置表的连接器编号	线路绝缘为单一颜色	25	 A7ABS控制模块	该符号用以显示系统中的硬件装置（仅由电子元件所组成）
21	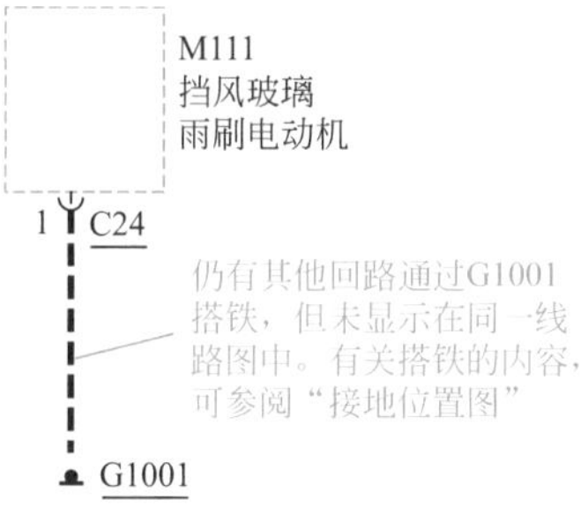 M111 挡风玻璃雨刷电动机　1　C24　仍有其他回路通过G1001搭铁，但未显示在同一线路图中。有关搭铁的内容，可参阅"接地位置图"　G1001		26	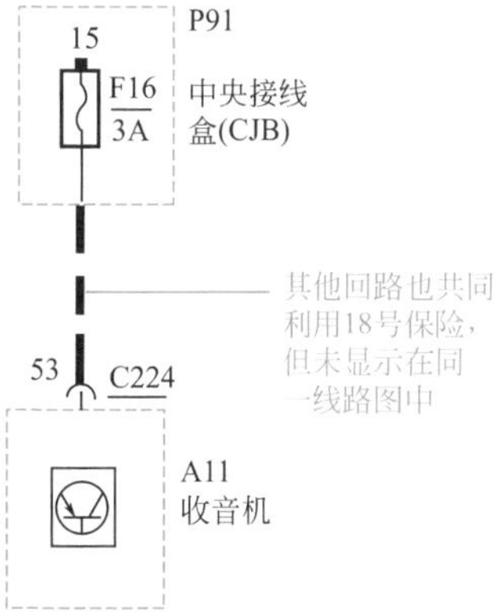 P91　15　F16　3A　中央接线盒(CJB)　其他回路也共同利用18号保险，但未显示在同一线路图中　53　C224　A11 收音机 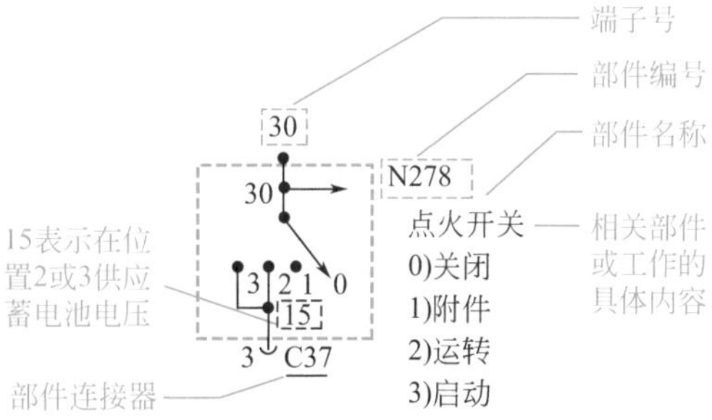	
22	联动开关　2 1　2 1　虚线代表在开关之间以机械方式相连接			端子号　部件编号　部件名称　30　30　N278　点火开关　0)关闭　1)附件　2)运转　3)启动　相关部件或工作的具体内容　15表示在位置2或3供应蓄电池电压　3 2 1 0　15　3　C37　部件连接器	
23	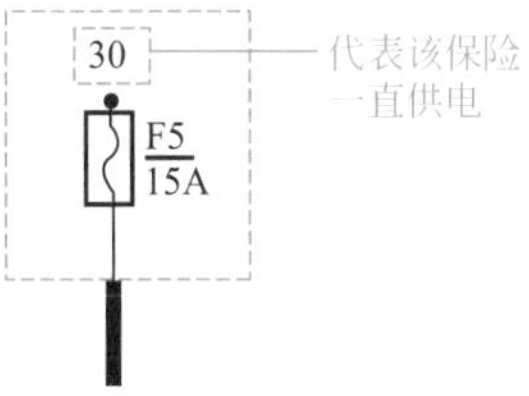 30　代表该保险一直供电　F5　15A				

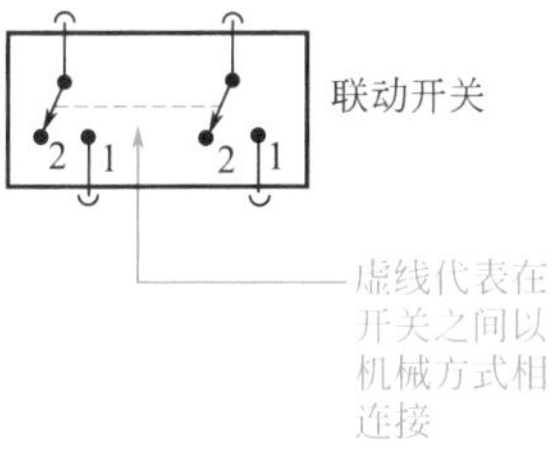

续表

序号	图示 / 符号	说明 / 释义	序号	图示 / 符号	说明 / 释义

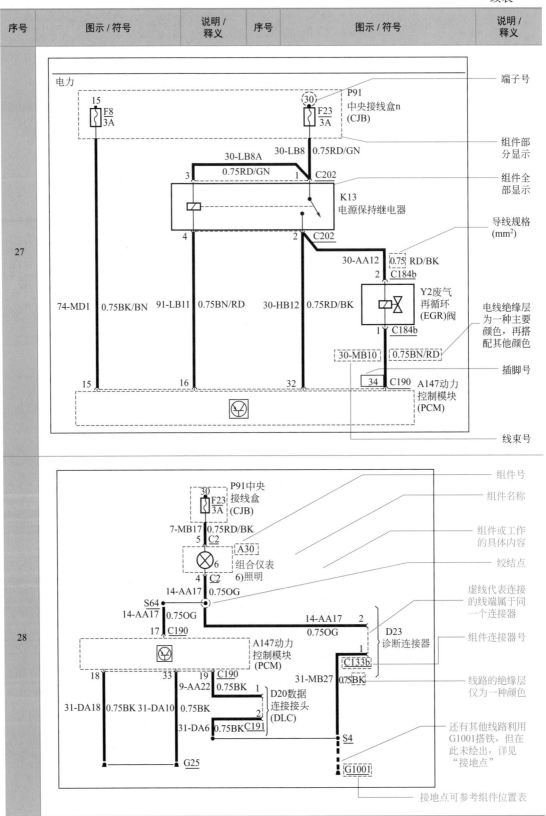

27

电力

15
F8
3A

P91
中央接线盒n
(CJB)

30
F23
3A

30-LB8A
0.75RD/GN

30-LB8 0.75RD/GN

3   1 C202

K13
电源保持继电器

4   2 C202

30-AA12   0.75 RD/BK
2 C184b

Y2废气
再循环
(EGR)阀

1 C184b

30-MB10   0.75BN/RD

74-MD1 0.75BK/BN   91-LB11 0.75BN/RD   30-HB12 0.75RD/BK

34 C190 A147动力
控制模块
(PCM)

15   16   32

端子号

组件部分显示

组件全部显示

导线规格
(mm²)

电线绝缘层
为一种主要
颜色，再搭
配其他颜色

插脚号

线束号

28

P91中央
接线盒
(CJB)

30
F23
3A

7-MB17 0.75RD/BK
5 C2

A30
组合仪表
6)照明

4 C2

14-AA17 0.75OG

S64
14-AA17 0.75OG

17 C190

A147动力
控制模块
(PCM)

14-AA17   2
0.75OG

D23
诊断连接器

1
C133b

31-MB27 0.75BK

18   33   19 C190

9-AA22 0.75BK   1
D20数据
连接接头
(DLC)

31-DA18 0.75BK 31-DA10 0.75BK

31-DA6 0.75BK C191   2

S4

G25

G1001

组件号

组件名称

组件或工作
的具体内容

绞结点

虚线代表连接
的线端属于同
一个连接器

组件连接器号

线路的绝缘层
仅为一种颜色

还有其他线路利用
G1001搭铁，但在
此未绘出，详见
"接地点"

接地点可参考组件位置表

（5）**试读电路图样图** 某款福克斯汽车玻璃、窗框、机构（左驾驶）及前后电动车窗电路图如图7.3-7～图7.3-10所示。

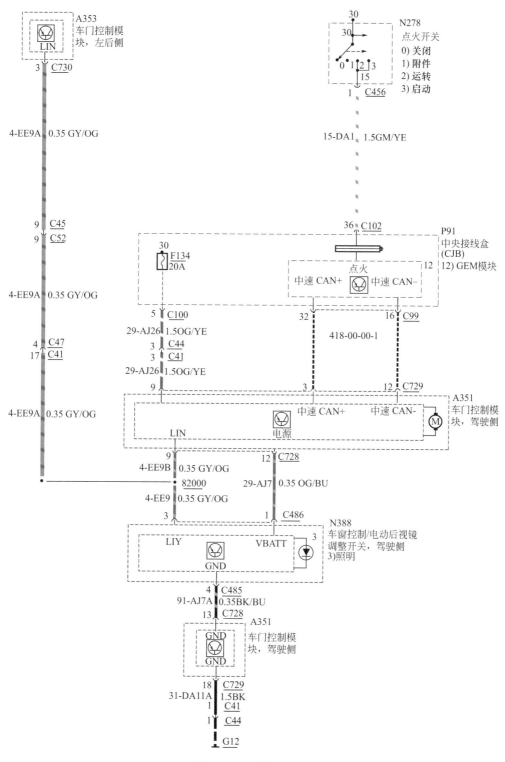

图 7.3-7 电路图（一）

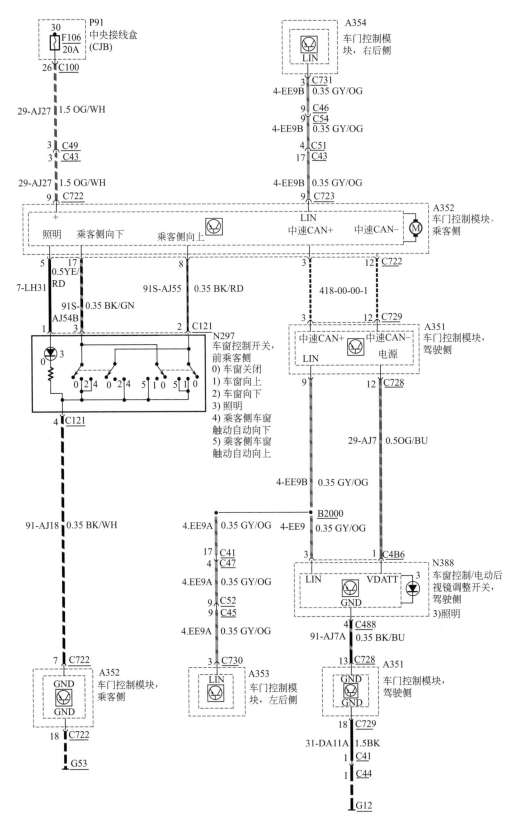

P91
30
F106
20A
中央接线盒
(CJB)
26 C100

29-AJ27 1.5 OG/WH

3 C49
3 C43

29-AJ27 1.5 OG/WH

9 C722

A354
LIN
车门控制模块，右后侧
3 C731
4-EE9B 0.35 GY/OG

9 C46
9 C54
4-EE9B 0.35 GY/OG

4 C51
17 C43
4-EE9B 0.35 GY/OG

9 C723

A352
车门控制模块，乘客侧
照明　乘客侧向下　乘客侧向上　LIN　中速CAN+　中速CAN−　M

5　I7
0.5YE/RD
7-LH31

91S-AJ54B 0.35 BK/GN

8
91S-AJ55 0.35 BK/RD

3　12 C722

418-00-00-1

3　12 C729

A351
车门控制模块，驾驶侧
中速CAN+　中速CAN−
LIN　电源
9　12 C728

1　3　2 C121

N297
车窗控制开关，前乘客侧
0) 车窗关闭
1) 车窗向上
2) 车窗向下
3) 照明
4) 乘客侧车窗触动自动向下
5) 乘客侧车窗触动自动向上

0　0 2 4　0 2 4　5 1 0　5 1 0　0

4 C121

29-AJ7 0.5OG/BU

91-AJ18 0.35 BK/WH

4-EE9B 0.35 GY/OG

4.EE9A 0.35 GY/OG　4-EE9 0.35 GY/OG　B2000

17 C41
4 C47
4.EE9A 0.35 GY/OG

9 C52
9 C45
4.EE9A 0.35 GY/OG

3 C730

A353
LIN
车门控制模块，左后侧

3 C4B6
1 C4B6

N388
车窗控制/电动后视镜调整开关，驾驶侧
LIN　VDATT　3
GND
3)照明

4 C488
91-AJ7A 0.35 BK/BU

7 C722

A352
GND
车门控制模块，乘客侧
GND

18 C722

G53

13 C728
A351
GND
车门控制模块，驾驶侧
GND

18 C729

31-DA11A 1.5BK

1 C41
1 C44

G12

图 7.3-8　电路图（二）

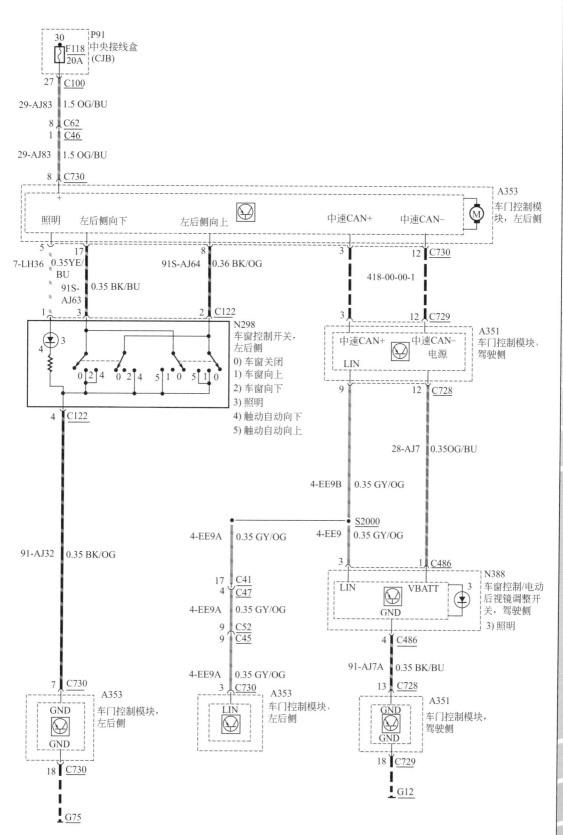

图 7.3-9 电路图（三）

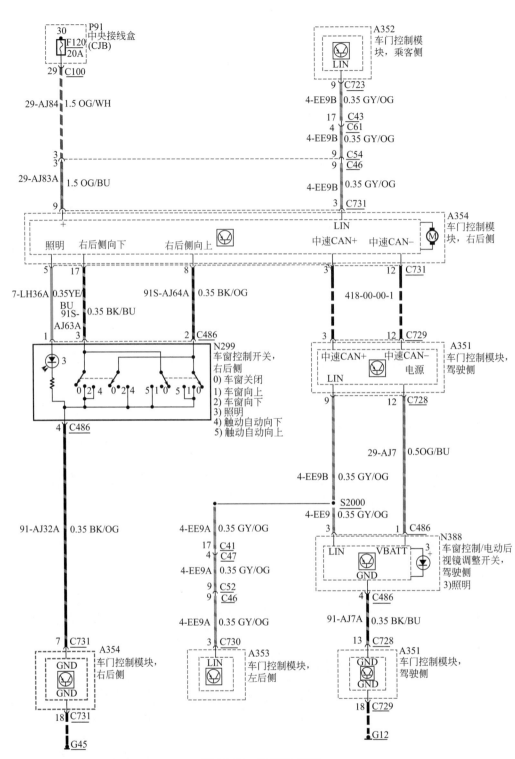

图 7.3-10　电路图（四）

7.3.2.2　现代汽车电路图

（1）电路图结构和识读　如图 7.3-11 所示。

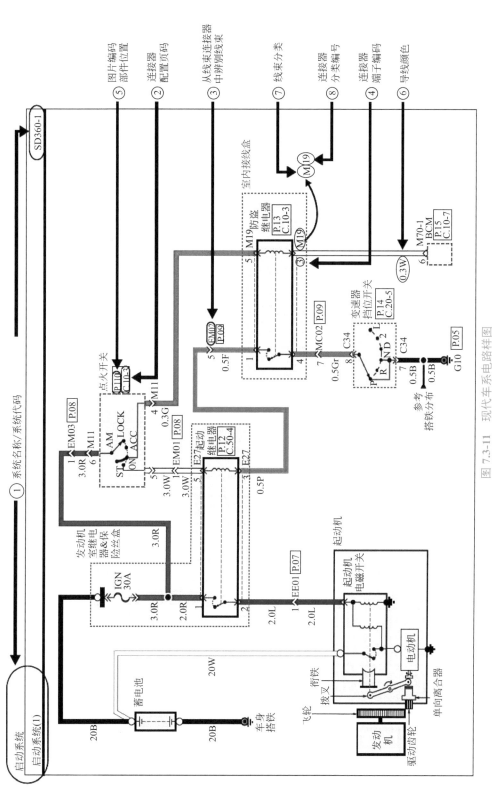

图 7.3-11 现代车系电路样图

1—系统名称／系统代码；2—连接器配置（部件）；3—连接器视图（线束连接器）；4—连接器
视图和编码顺序；5—部件位置；6—导线颜色缩写；7—线束分类；8—连接器识别

❶ 系统名称／系统代码。

a. 每一页电路图都由系统电路组成。示意图包括电流程的路径、各个开关的连接状态，以及当前其他相关电路的功能，它适用于实际的维修工作中。在故障检修前正确理解相关电路是非常重要的。

b. 系统的电路依据部件编号并表示在电路图索引上。

❷ 连接器视图（部件）。电路图中主线束如图 7.3-12 所示。

a. 部分显示：连接器（线束侧，非部件侧）正面图；连接器颜色；端子编码；导线颜色；端子功能。

b. 按照表 7.3-3 所示的连接器视图和编号顺序，在每个连接器的端子上标记编号。

c. 没有连接线束的端子以（-）进行标记。

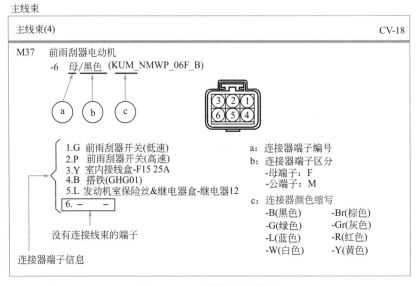

图 7.3-12　电路图中主线束

❸ 连接器配置（线束连接器）。电路图中线束连接如图 7.3-13 所示。

a. 在线束间连接的连接器为插件（插座）连接器，表示在连接器视图篇上。

b. 按照表 7.3-3 所示的连接器视图和编号顺序，在每个连接器的端子上标记编号。

c. 没有连接线束的端子以（＊）进行标记。

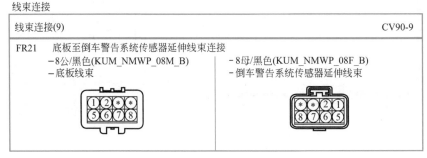

图 7.3-13　电路图中线束连接

④ 连接器视图和编码顺序。见表 7.3-3。

表 7.3-3　连接器视图和编码顺序

连接器插接端（插头）	连接器插接端（插座）	说明 / 释义
![连接器插头视图：端子、外壳、卡扣]	![连接器插座视图：卡扣、外壳、端子]	这里不是说明导线连接器的外壳形状，而是说明辨别插头导线连接器和插座导线连接器上的连接器端子
1 2 3 / 4 5 6	3 2 1 / 6 5 4	排列插座导线连接器和公导线连接器时，参考以下排列顺序 某些导线连接器端子不使用这种表示方法，具体情况请参考导线连接器配置
1 2 3 / 4 5 6	3 2 1 / 6 5 4	插座导线连接器从右上侧开始往左下侧的顺序读号码 插头导线连接器从左上侧开始往右下侧的顺序读号码

⑤ 部件位置。为了方便寻找部件，在示意图上用 "PHOTO ON" 表示在部件名称的下面。为了方便区别连接器，图内的连接器为安装到车上状态进行表示。

⑥ 导线颜色缩写。电路图中识别导线颜色的缩写字母。

⑦ 线束分类。根据线束的不同位置，把线束分为表 7.3-4 所示的几类。

表 7.3-4　线束分类

符号	线束 / 说明	线束位置
D	车门线束	车门
E	前线束、点火线圈、蓄电池、喷油嘴延伸线束	发动机室
F	底板线束	底板
M	主线束	室内
R	后保险杠、后备厢门、后除霜器线束	后保险杠、后除霜器、后备厢门

⑧ 连接器识别。线束位置识别代号和连接器识别代号组成连接器位置参考线束布置图。

举例 1：　　　　　　　　　　　　　　举例 2：

连接器分序列表（系列数字）
连接器主序列表（系列数字）
符号指示线束（发动机线束）

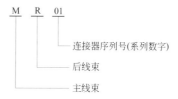

连接器序列号(系列数字)
后线束
主线束

接线盒识别符号由对应线束位置的位置分类符号和对应接线盒内连接器的编号组成。

连接器名称
"室内接线盒"的缩写

（2）线束布置

线束布置图说明主要线束、导线连接器安装固定位置及主要线束的路线。

① 主线束。 主线束样图见图7.3-14。

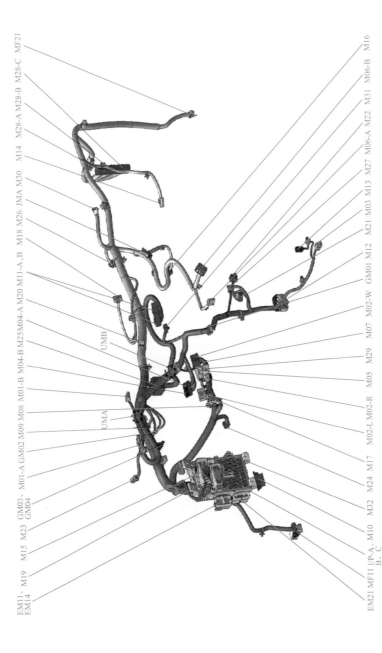

图 7.3-14　主线束样图

M01-A—仪表盘；M01-B—仪表盘；M02-L—组合开关（灯光）；M02-R—组合开关（远程控制）；M02-W—组合开关（雨刷器）；M03—变速杆开关；M04-A，M04-B—BCM；M05—钥匙插入开关；M06-A—空调控制模块；M06-B—空调控制模块；M07—蒸发器温度传感器；M08—电控转向柱锁；M09—钥匙防盗模块；M10—诊断连接器；M11-A，M11-B—音响；M12—SRS控制模块；M13—变速杆开关；M14—鼓风机电动机；M15—变阻器；M16—鼓风机电动机；M17—点火开关；M18—危险警告灯开关；M19—大灯水平调整开关；M20—ODO行程开关；M21—点烟器；M22—电源插座；M23—后驻车辅助蜂鸣器；M24—EPS控制模块；M25—闪光器；M26—内外气选择执行器；M27—智能钥匙天线#1；M28-A，M28-B，M28-C—智能钥匙控制模块；M29—驾驶席气囊；M30—助手席气囊；M31—启动/停止按钮开关；M32—制动灯继电器；JMA—短接连接器；I/P-A，I/P-B，I/P-C—连接室内接线盒；EM11，EM14，EM21—连接前线束；MF11，MF21—连接底板线束；GM01、GM02、GM03、GM04—搭铁；UMA、UMB—超声波接点。

❷ 前线束。前线束样图见图 7.3-15。

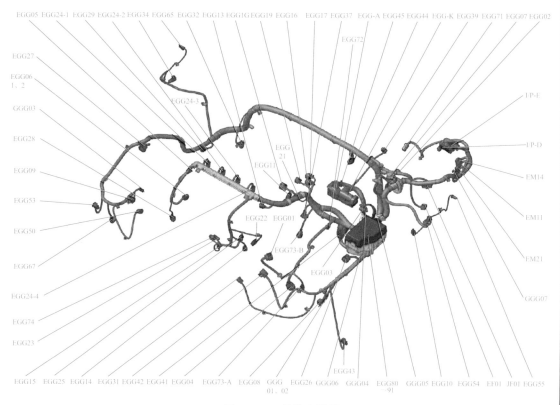

图 7.3-15　前线束样图

EGG01—变速器挡位开关；EGG02—点火锁止开关；EGG03—蓄电池传感器；EGG04—ATM 电磁阀；EGG05—机油控制阀；EGG06-1—交流发电机（未配备 AMS）；EGG06-2—交流发电机（配备 AMS）；EGG07—前雨刮器电动机；EGG08—驾驶席正面碰撞传感器；EGG09—助手席正面碰撞传感器；EGG10—外部蜂鸣器；EGG11—发动机冷却水温传感器；EGG13—凸轮轴位置传感器；EGG14—曲轴位置传感器；EGG15—机油压力开关；EGG16—氧传感器（上游）；EGG17—氧传感器（下游）；EGG19—电容器；EGG21—净化控制电磁阀；EGG22—ETC 电动机和节气门位置传感器；EGG23—爆震传感器；EGG24-1—喷油嘴 #1；EGG24-2—喷油嘴 #2；EGG24-3—喷油嘴 #3；EGG24-4—喷油嘴 #4；EGG25—歧管绝对压力传感器；EGG26—左大灯；EGG27—右大灯；EGG28—空调压缩机；EGG29—空调压力传感器；EGG31—左喇叭；EGG32—动力转向开关；EGG34—前右轮速传感器；EGG37—倒车灯开关（M/T）；EGG39—制动灯开关；EGG41—ABS 控制模块；EGG42—冷却风扇电动机；EGG43—前左雾灯；EGG44—加速踏板位置传感器；EGG45—制动油量传感器；EGG50—右喇叭；EGG53—前右雾灯；EGG54—前左轮速传感器；EGG55—左侧面转向灯；EGG65—右侧面转向灯；EGG67—喷水器电动机；EGG71—EPS 控制模块；EGG72—车速传感器（M/T）；EGG73-A—脉冲发生器 A；EGG73-B—脉冲发生器 B；EGG74—起动机电磁开关；EGG80—多功能检查连接器；EGG81—IG2 继电器；EGG82—启动继电器；EGG83—冷却风扇高速继电器；EGG84—IG1 继电器；EGG85—喇叭继电器；EGG86—空调继电器；EGG87—冷却风扇低速继电器；EGG88—ACC 继电器；EGG89—发动机控制继电器；EGG90—鼓风机继电器；EGG91—燃油泵继电器；EGG-A—TCM；EGG-K—ECM；JE01—短接连接器；I/P-D—连接室内接线盒；I/P-E—连接室内接线盒；EGGIG—连接点火线圈延伸线束；EF11—连接底板线束；EM11—连接主线束；EM14—连接主线束；EM21—连接主线束；GGG01、GGG02、GGG03、GGG04、GGG05、GGG06、GGG07—搭铁；EGG18-1、EGG18-2、EGG18-3、EGG18-4—点火线圈延伸线束；EGGIG—连接前线束

❸ 蓄电池线束。蓄电池线束样图见图 7.3-16

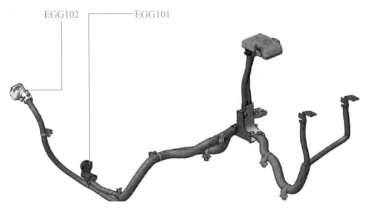

图 7.3-16　蓄电池线束样图
EGG101—起动机；EGG102—交流发电机

（3）试读电路图

❶ 起亚 K2 充电系统电路图见图 7.3-17。

❷ 起亚 K2 启动系统电路图（非智能钥匙）见图 7.3-18。

图 7.3-18 电路说明如下。

由蓄电池 B+ 端子为起动机电磁开关、启动继电器和点火开关提供蓄电池电压。

将变速杆置于 P 或 N 位置，点火开关转到"START"位置，对于自动变速器车辆踩下制动踏板，对于手动变速器车辆踩下离合器踏板。ECM 接收启动电源信号，并根据此信号控制启动继电器线圈负极（－）端子搭铁。

由于启动继电器线圈负极（－）搭铁，启动继电器工作，启动继电器开关端子吸引电磁阀，电流流入启动机 ST 端子，因此拉动电磁开关和杆时，小齿轮与飞轮啮合，电磁开关触点接合，因此 B+ 高强度电流使电动机旋转，从而驱动发动机。发动机启动后分离点火开关时，小齿轮离合器超速运转，防止电枢过度旋转造成损坏。

❸ 起亚 K2 启动系统电路图（智能钥匙）见图 7.3-19。

图 7.3-19 电路说明如下。

携带智能钥匙，在没有插入钥匙的状态可以启动发动机。如果智能钥匙的电池电量不足，则不能启动发动机。此时可以用智能钥匙直接按下发动机启动／停止按钮来启动发动机。

由蓄电池 B+ 端子为启动机电磁开关、启动继电器提供蓄电池电压。

将变速杆位于 P 或 N 位置，踩下制动踏板，按下启动／停止按钮。智能钥匙控制模块接收启动／停止按钮开关信号，并把信号通过室内接线盒的"START"10A 保险传送到 ECM。ECM 根据此信号控制启动继电器线圈负极（－）端子搭铁。

由于 ECM 控制启动继电器线圈负极（－）搭铁，启动继电器工作，通过启动继电器开关端子电流提供到启动机 ST 端子，电磁开关的线圈磁化，拉动开关和拨叉，小齿轮与飞轮啮合，电磁开关触点接合，因此 B+ 高强度电流使电动机旋转，从而驱动发动机。发动机启动后分离点火开关时，小齿轮离合器超速运转，防止电枢过度旋转造成损坏。注意，在按下启动／停止按钮时，如果没有踩下制动踏板（自动变速器车辆），发动机不能启动。发动机启动／停止按钮改变如下：OFF>ACC>ON>OFF。

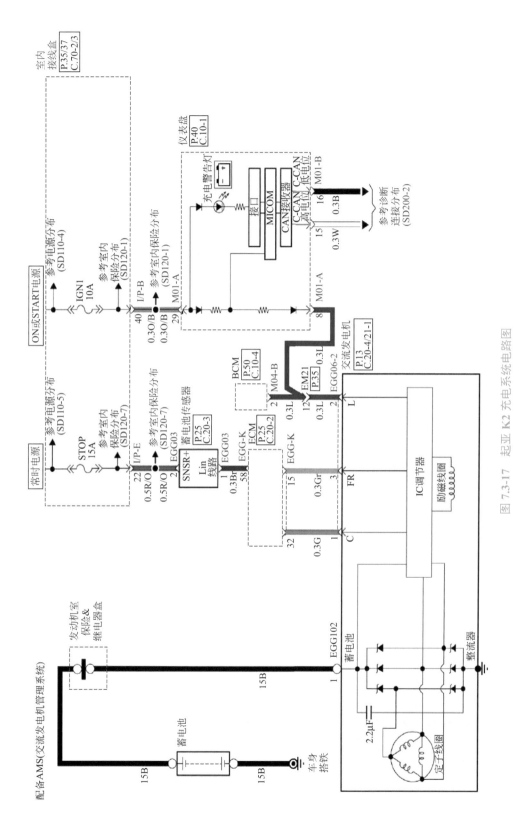

图 7.3-17 起亚 K2 充电系统电路图

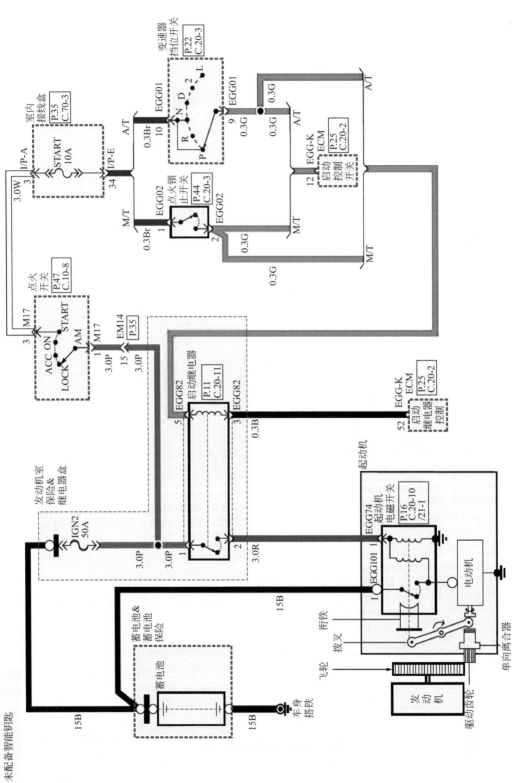

图 7.3-18　起亚 K2 启动系统电路图（非智能钥匙）

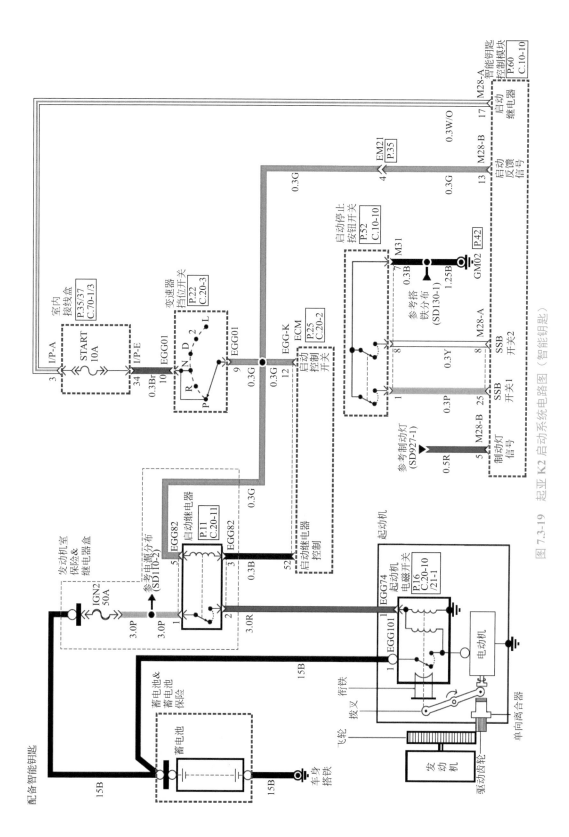

图 7.3-19 起亚 K2 启动系统电路图（智能钥匙）

❹ 起亚 K2 电动室外后视镜电路图见图 7.3-20。

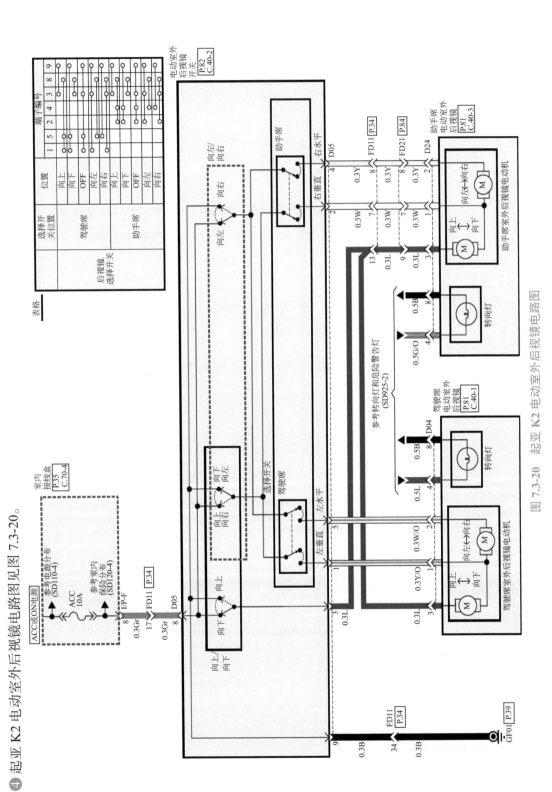

图 7.3-20 起亚 K2 电动室外后视镜电路图

图 7.3-20 电路说明如下。

点火开关在 ACC 以上位置时，可使用后视镜开关调整室外后视镜的角度。

要调整后视镜，移动选择开关杆到 R（右）或 L（左）位置，并按动向左 / 向右或向上 / 向下开关进行调整。按下向上或向下开关时，分别向左或向右开关连接；按下向左或向右开关时，分别向上或向下开关连接。

后视镜调整结束后，移动选择开关杆到中间位置，防止意外调整。

电动室外后视镜内部开关连接方向如下。

a. 后视镜向上开关（图 7.3-21）。

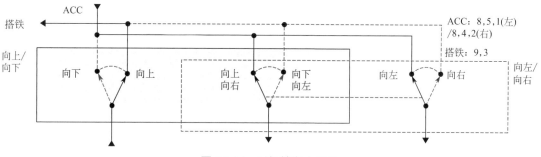

图 7.3-21　后视镜向上开关

b. 后视镜向下开关（图 7.3-22）。

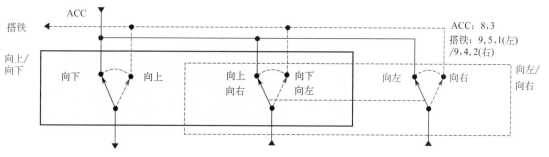

图 7.3-22　后视镜向下开关

c. 后视镜向左开关（图 7.3-23）。

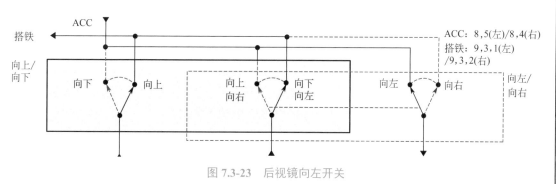

图 7.3-23　后视镜向左开关

d. 后视镜向右开关（图 7.3-24）。

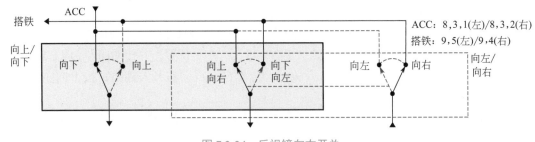

ACC
搭铁
向上/
向下
向下
向上
向上
向右
向下
向左
向左
向右
ACC：8,3,1(左)/8,3,2(右)
搭铁：9,5(左)/9,4(右)
向左/
向右

图 7.3-24　后视镜向右开关

如图 7.3-25 所示，检查电动室外后视镜是否正常工作。

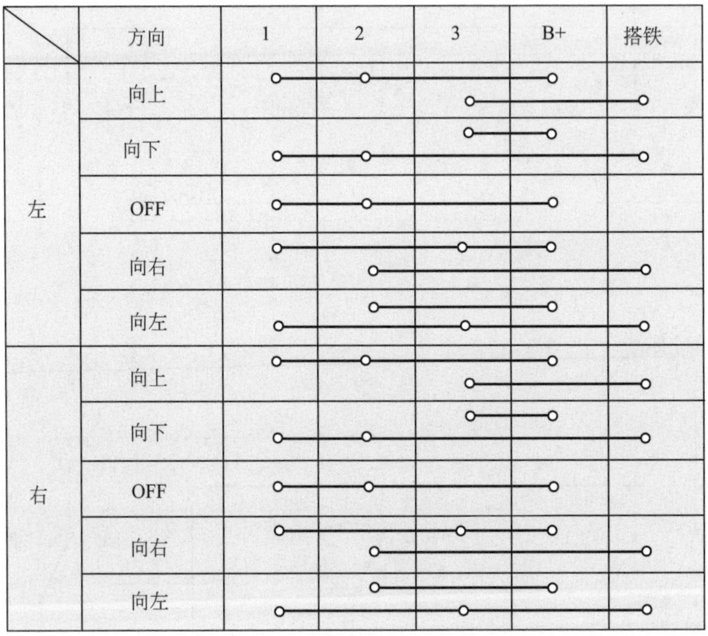

方向
1
2
3
B+
搭铁
左
向上
向下
OFF
向右
向左
右
向上
向下
OFF
向右
向左

图 7.3-25　电动室外后视镜检查

❺ 大灯电路图见图 7.3-26。

图 7.3-26 电路检查如下。

要操纵大灯，点火开关必须在 IG2 以上位置。转动组合开关的灯光开关到“HEAD”位置，并把变光 / 超车开关置于近光 / 远光位置。通常，将变光 / 超车开关置于近光位置。

a. 变光 / 超车开关（近光）。灯光开关在“HEAD”位置，将变光 / 超车开关置于近光位置时，提供 IG2 电源并接通大灯近光。

b. 变光 / 超车开关（远光）。灯光开关在“HEAD”位置，将变光 / 超车开关置于远光位置时，接通仪表盘上的远光指示灯，并提供 IG2 电源至大灯。

c. 变光 / 超车开关（超车）。此功能不管灯光开关是否在“HEAD”位置都能工作。朝驾驶员方向拉动变光 / 超车开关 2 ～ 3 次，警告对面车辆驾驶员，并接通仪表盘上的远光指示灯和大灯（远光）。

d. 组合开关检查。检查组合开关各位置处端子之间的导通性。如果导通性不良，则更换组合开关。

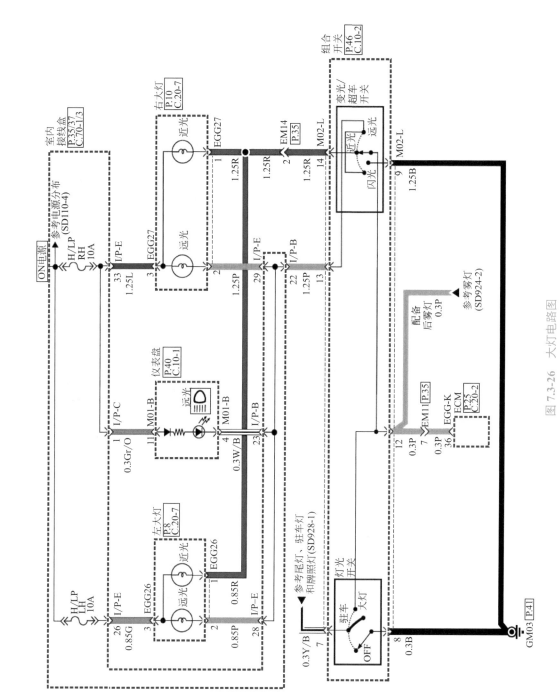

图 7.3-26 大灯电路图

7.3.2.3 广汽传祺汽车电路图

（1）电路图结构和认读　见图 7.3-27～图 7.3-29 和表 7.3-5。

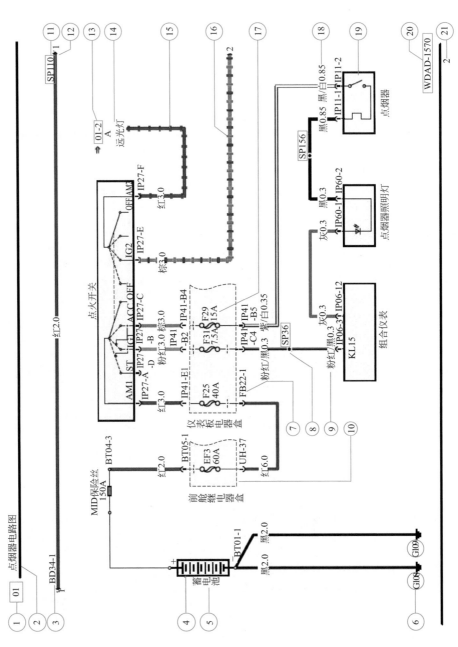

图 7.3-27　电路图样图（一）

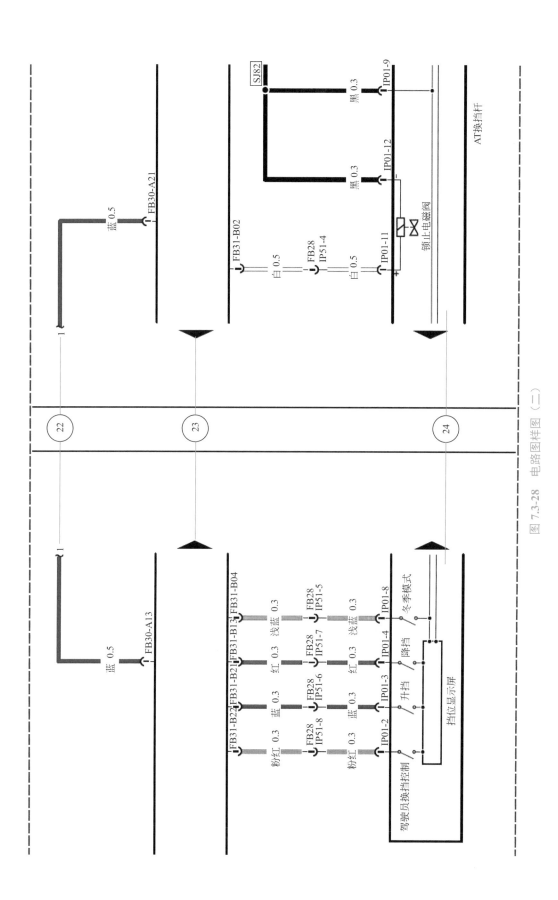

图 7.3-28 电路图样图（二）

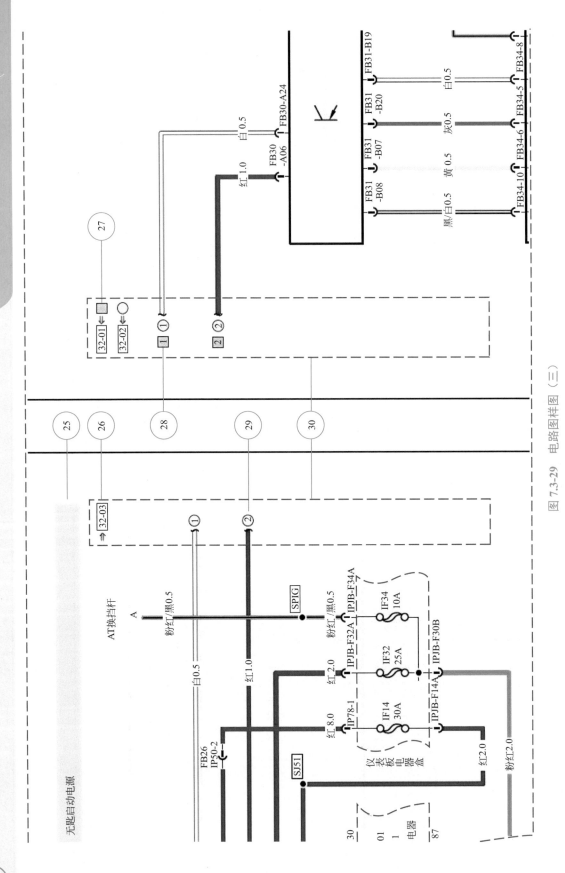

图 7.3-29　电路图图样图（三）

表 7.3-5 电路图结构和元件说明

电路图上序号	说明 / 释义
1	组别
2	系统标题
3	如在一页电路图中，没出现该导线的任一执行元件端 / 供电元件端，则用此方法标明该线束至上一电路页面的电气端子 / 连接代码
4	部件的内部图标
5	部件名称：通常标示部件代码和部件名称
6	接地点
7	连接器代码：例如 FB22-1 表示连接器 FB22 上第 1 个芯脚
8	连接代号：线束内部连接代号，不可拆
9	导线颜色：分为单色导线和双色导线，例如双色导线颜色为"灰 / 白"，主色颜色是"灰色"，辅助颜色是"白色"
10	保险电器盒（断头表示部件未完）
11	如在一页电路图中，没出现该导线的任一执行元件端 / 供电元件端，则用此方法标明该线束至下一电路页面的电气端子 / 连接代码
12	断接代码：转接页面的连接断点。指示导线的延续
13	跳接指向：指向同一系统下要跳接的系统页码
14	跳接代码：指示导线的延续，红色箭头延续到相同代号所在的页码
15	选项配置：表示此导线需注意车型配置（单一选配）
16	选项配置：表示此导线需注意车型配置（多种选配）
17	保险代码：图中"F29"表示仪表板电器盒 29 号位保险 15A
18	导线截面积（mm^2）
19	电气部件
20	电路图图号
21	电路图页码
22	断接代码：图示为图例 12 中导线相对位置的对接示意。这种方式的断接导线上下页直接对接
23	系统元件断接符号：表示系统元件上下页间的关联关系
24	系统元件内部电路断接连接：通过系统元件断接示意，直接对接
25	电源电路颜色区分：机械锁启动开关、无匙启动系统开关分别以蓝色、黄色的标题颜色在系统电路图里面标明，以区分两种电源电路
26	跳接指向：指向要跳接的系统页码
27	电源电路跳接说明：机械锁启动开关用方框示意；无匙启动系统开关用圆示意
28	跳接说明：用蓝色方框表示机械锁启动开关跳接符号
29	跳接说明：用黄色圆表示无匙启动系统开关跳接符号
30	跳接区域选项：在虚线内的所有跳接都采用图例 26 指向的系统页码

（2）试读电路图

❶ 广汽传祺 GS5 充电系统电路图见图 7.3-30。

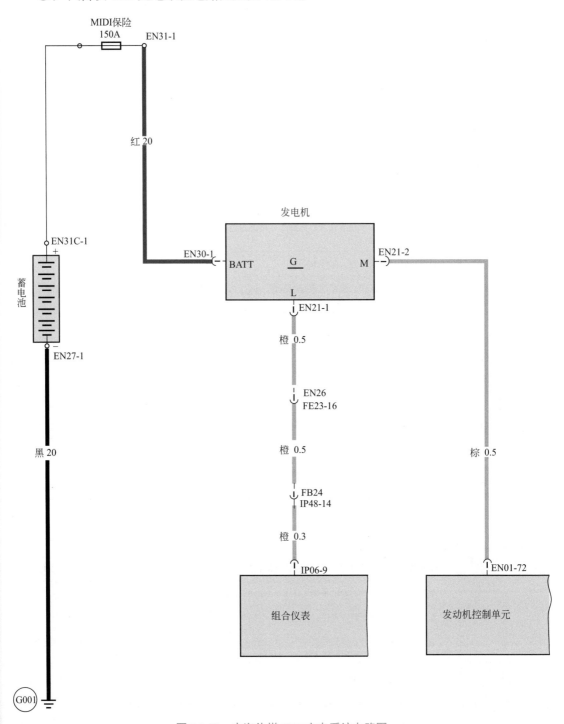

图 7.3-30　广汽传祺 GS5 充电系统电路图

❷ 广汽传祺 GS5 机械锁启动电源电路图见图 7.3-31。

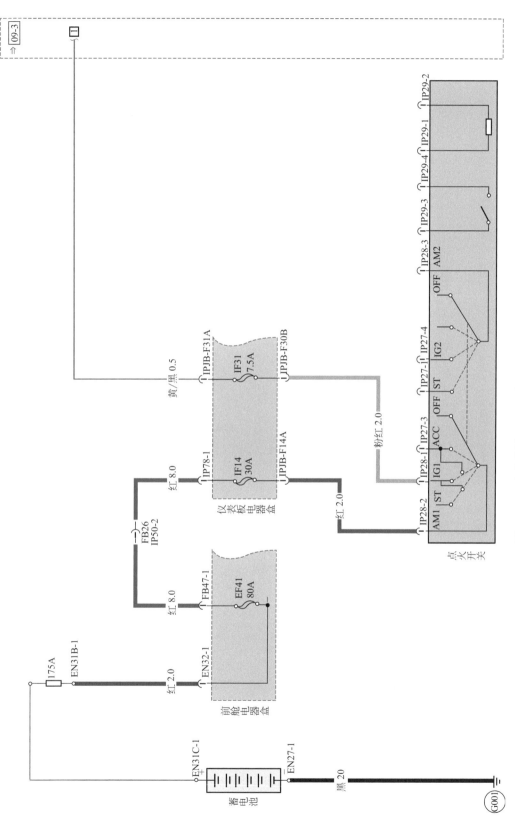

图 7.3-31 广汽传祺 GS5 机械锁启动电源电路图

⇒ 09-3

第7章 汽车电路图识读与分析

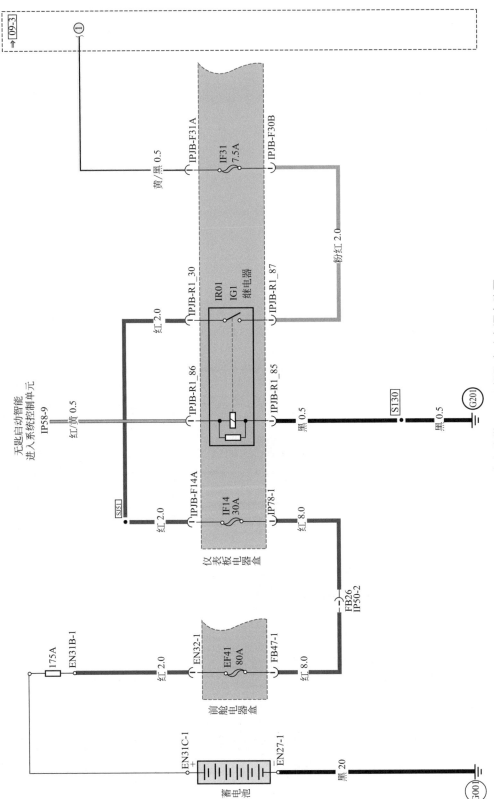

❸ 广汽传祺 GS5 无钥匙启动电源电路图见图 7.3-32。

图 7.3-32　广汽传祺 GS5 无钥匙启动电源电路图

7.3.2.4 长安汽车电路图

（1）电路图结构和认读　见图7.3-33和表7.3-6。

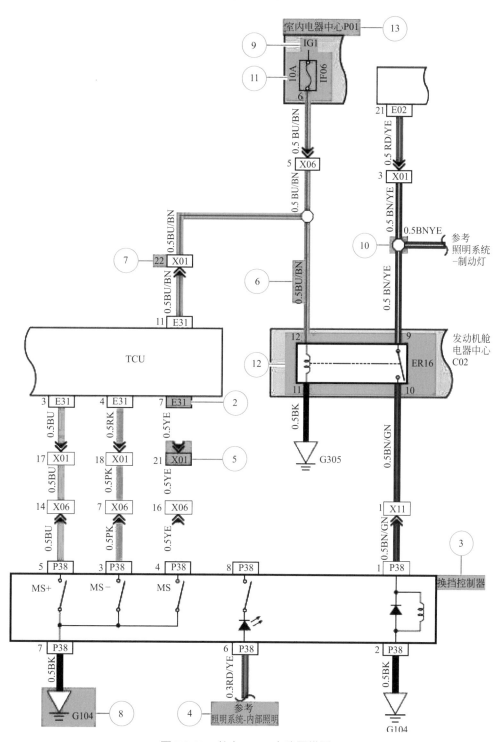

图 7.3-33　长安 CS75 电路图样图

表 7.3-6　电路图结构和元件说明

电路图上序号	说明 / 释义
2	线束接头编号 本电路的线束接头编号规则以线束为基础，例如发动机线束中的ECM，线束接头编号为E01，其中E为线束代码，01为接头序列号 CA表示发动机舱线束；C_表示发动机舱线束插头；EN表示发动机线束；E_表示发动机线束插头；IP表示仪表线束；P_表示仪表线束插头；SO表示底盘线束；S_表示底盘线束插头；DR表示车门线束；D_表示车门线束插头；RF表示（室内灯）车顶线束；L_表示（室内灯）车顶线束插头；X表示线束与线束插头
3	零部件名称
4	显示此电路连接的相关系统信息
5	线束与线束接头，黑色箭头表示该接头的阳极，方框部分表示该接头的阴极，方框内的内容表示该接头的代码
6	显示导线颜色及线径。如果导线为双色线，则第一组字母显示导线底色，第二组字母显示条纹色，中间用"/"分隔。例如标注为YE/WH的导线即为黄色色底白色条纹
7	显示接插件的端子编号，注意相互插接的线束接头端子编号顺序互为镜像
8	接地点编号以G开头的序列编号标识，接地点位置详细参见接地点布置图
9	供给于保险上的电源类型，+B表示蓄电池电源，ACC表示点火开关处于"ACC"时的电源输出，IG1表示点火开关处于"ON"时的4端子输出，IG2表示点火开关处于"ON"时的1号端子输出。 注意：IG1与IG2的区别在于点火开关处于"ST"时IG1有电源输出，而IG2无电源输出
10	导线节点 未连接交叉线路 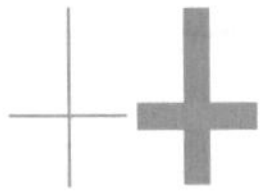 相连接交叉线路 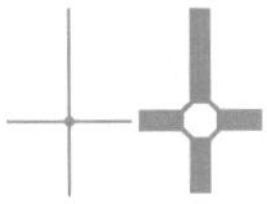
11	保险编号由保险代码和序列号组成，位于发动机舱的保险代码为EF，室内保险代码为IF。保险编号详细参见保险列表
12	继电器编号用两个大写英文字母标识。位于发动机舱的继电器代码为ER，室内继电器代码为IR。详细参见继电器列表
13	灰色阴影填充表示电器中心，P01表示电器中心线束接头代码 如果由于车型、发动机类型或者配置不同而造成相关电路设计不同，在线路图中用虚线标示，并在线路旁添加说明 如果电路线与线之间使用8字形标识，表示此电路为双绞线，主要用于传感器的信号电路或数据通信电路

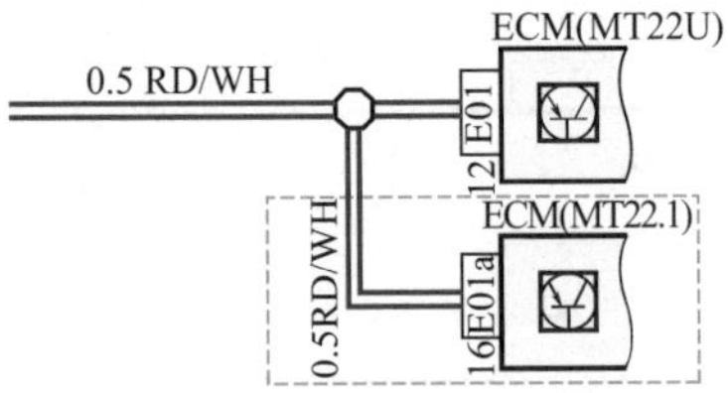

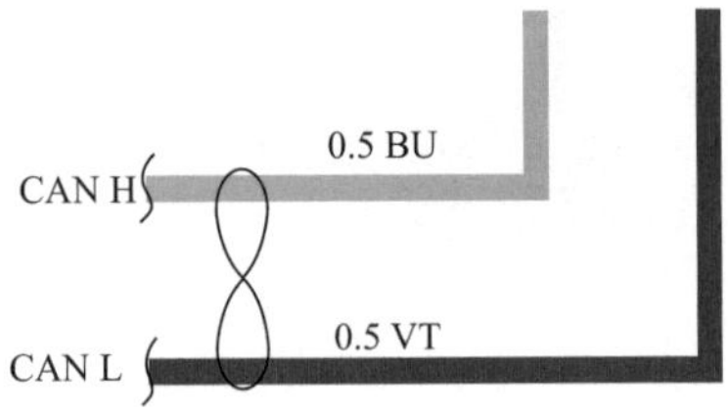

（2）试读电路图

❶ 长安 CS75 充电系统电路图见图 7.3-34。

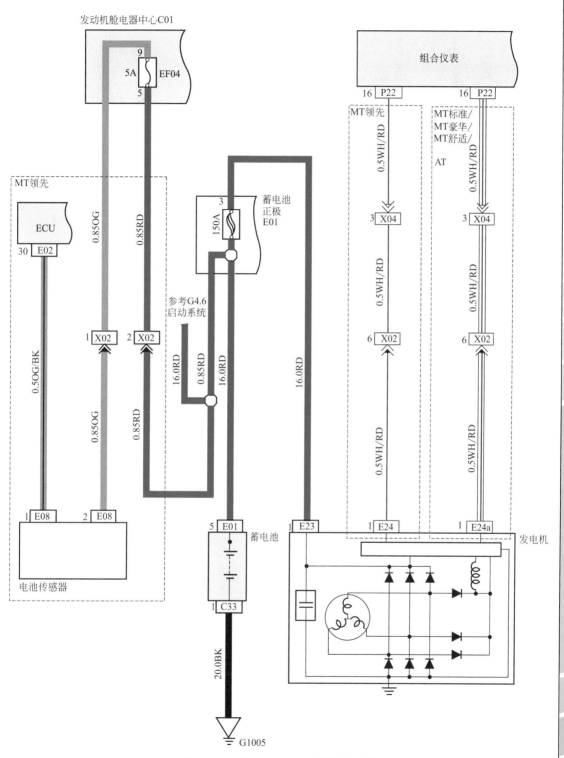

图 7.3-34 长安 CS75 充电系统电路图

❷ 长安 CS75 启动系统电路图见图 7.3-35。

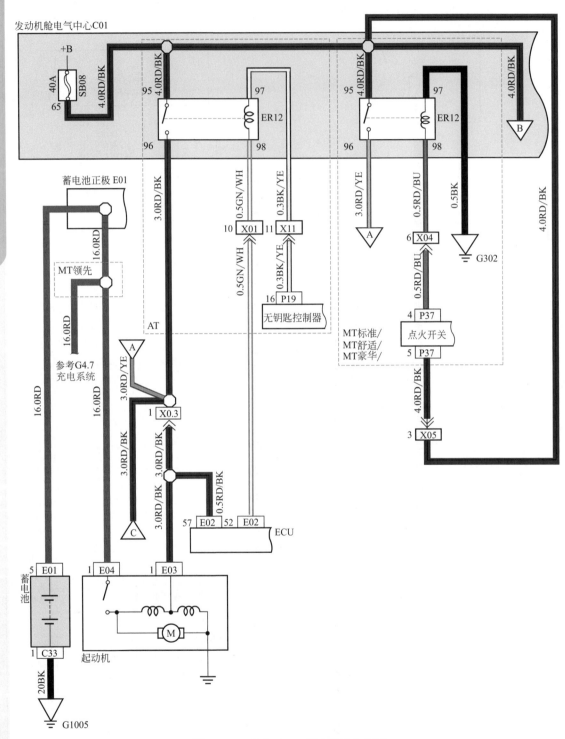

图 7.3-35 长安 CS75 启动系统电路图

❸ 发动机凸轮轴传感器、电子油门踏板、前氧传感器、后氧传感器、炭罐控制阀电路图，见图 7.3-36。

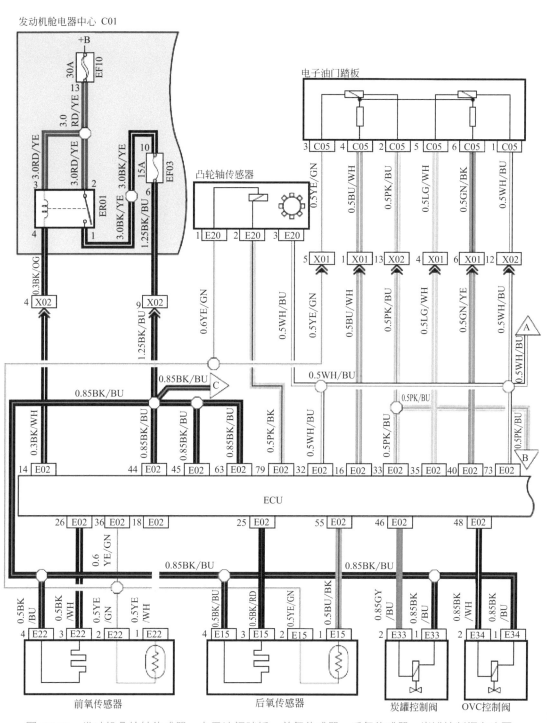

图 7.3-36　发动机凸轮轴传感器、电子油门踏板、前氧传感器、后氧传感器、炭罐控制阀电路图

④ 喇叭电路图见图 7.3-37 和图 7.3-38。

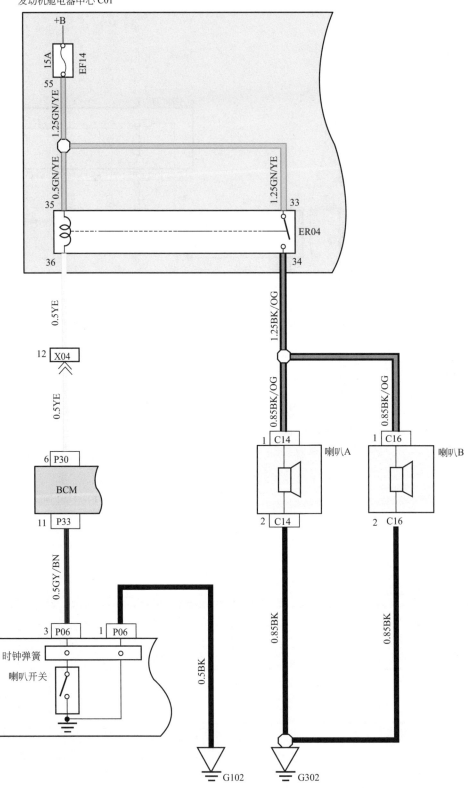

图 7.3-37　喇叭电路图（车型：**MT** 标准、**MT** 舒适、**MT** 豪华）

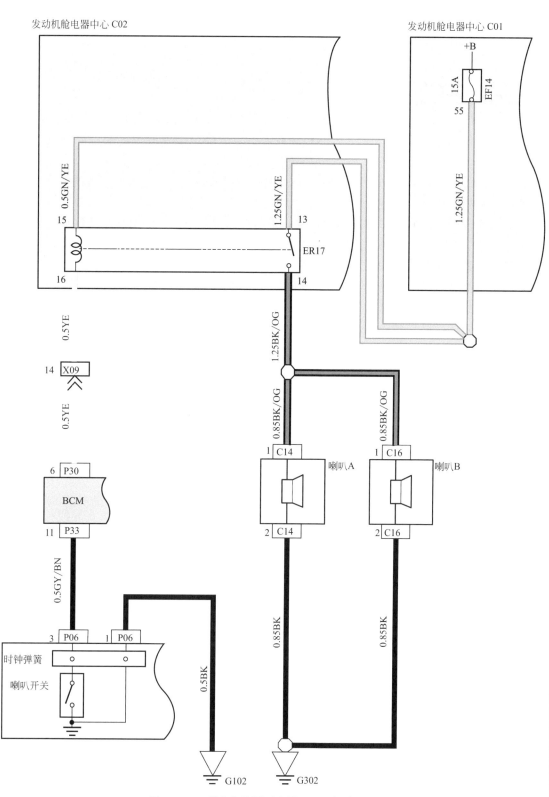

发动机舱电器中心 C02

发动机舱电器中心 C01

+B

15A　EF14

55

0.5GN/YE

1.25GN/YE

1.25GN/YE

15　　　　　　　　　　　13

ER17

16　　　　　　　　　　　14

0.5YE

1.25BK/OG

14　X09

0.5YE

0.85BK/OG　　　　0.85BK/OG

1　C14　　　　　1　C16

喇叭A　　　　　喇叭B

6　P30

BCM

2　C14　　　　　2　C16

11　P33

0.5GY/BN

3　P06　　1　P06

时钟弹簧

喇叭开关

0.5BK

0.85BK　　　　　0.85BK

G102　　　　　G302

图 7.3-38　喇叭电路图（车型：MT 领先、AT）

7.3.3 汽车电路基本检测

7.3.3.1 检测程序

（1）**确认故障内容** 为了正确维修，确认客户所描述的故障现象，应仔细核查相关部件以确认故障现象并做好记录。不允许在未确定故障范围及原因之前对部件进行分解工作。

（2）**电路图识读及原因分析** 根据子系统电路图对故障部件从电源到接地的整个电路进行分析、判断，确定维修操作方案。

如果无法确定维修操作方案，参考维修手册中的说明与操作中对该系统的描述，明白其工作原理。同时需要检测与故障电路公用的其他电路，如在电路图上参考保险、接地、开关等公用的系统电路。如果公用电路中的其他部件工作正常，则故障就在本身电路上。如果公用电路上的部件都有故障，则可能保险或接地有故障。

（3）**电路及零部件的检查** 对于有模块控制的电路，应该充分结合诊断测试仪对部件进行测试，有效的故障诊断应该是具有逻辑性的合理操作过程，从可能性最大的原因和最容易检查的部件开始检查。

（4）**故障维修** 要学会基本的电路处理方法，例如接地不良时的处理流程、线束接头的处理方法等。

（5）**确定故障排除** 确认电路工作状态，维修结束后，确认故障已经排除，应该重新检测所有功能是否已经恢复正常。如果是保险熔断故障，则应该对所有共用该保险的电路进行检测。

7.3.3.2 检测项目

（1）**电压检测**（图7.3-39） 电压检测是检查某一点是否有电压。当检查导线接头的某一个端子时，可以不分解导线接头，利用线路检测工具中的正极连接线探针从导线接头的背面插入进行测试。

❶ 用试灯或电压表检查电压（万用表电压挡）时，先把检测工具的负极与蓄电池负极相连接。

❷ 然后把试灯或电压表（万用表电压挡）的另一端导线连接到要检测的位置上。

❸ 如果检测工具是电压表（万用表电压挡），显示值比规定值小于1V以上，说明电路有故障。如果检测工具是试灯，试灯不能正常点亮说明电路有故障。

（2）**通电测试**（图7.3-40）

❶ 断开蓄电池负极线束。

❷ 用自带电源测试灯或电阻表的一根引线连接到要检测的部件上。使用电阻表时，先把电阻表的两根导线短接，用调零器把电阻表调零。

❸ 用检测仪的另一根导线连接到要检测的负载另一个端子上。

❹ 自带电源试灯亮，表示导通；使用电阻表时，电阻很小或接近0，表示该部件具有良好的导通状态。

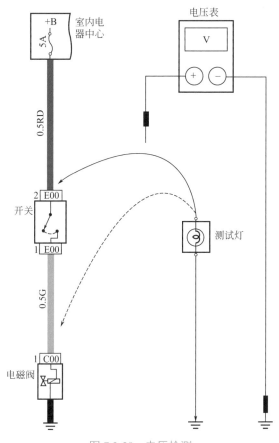

图 7.3-39　电压检测

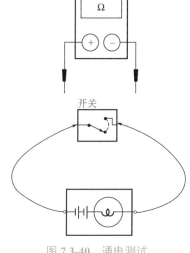

图 7.3-40　通电测试

（3）短路测试（图7.3-41）

❶ 断开蓄电池负极线束。

❷ 把自带电源测试灯或电阻表的一根导线连接到保险的输出端子上。

❸ 把自带电源的测试灯或电阻表的另一根导线接地。

❹ 断开保险所有相关的电气负载。

注意：如果不断开该保险所有的电气负载，在检查与灯光等低电阻负载电路时，电阻表会一直显示低电阻，这种情况下会引起误判。

❺ 从保险最近处依次排查线路。

❻ 自带电源试灯亮或电阻表显示值低于 5Ω，说明这部分与接地短路。

（4）电压降测试（图7.3-42）　此测试沿着导线、接头或开关检查电压降。

❶ 电压表正极导线连接到接近蓄电池的导线的一端（接头侧或开关侧）。

❷ 电压表负极导线连接到导线的另一端（接头或开关的另一侧）。

❸ 断开或接合开关，使电路工作。

❹ 电压表将显示两个点之间的电压差。

❺ 如果电压差超过 0.1V（5V 电路应小于 50mV），则表明电路上有故障，检查松动、氧化或腐蚀的连接电路。

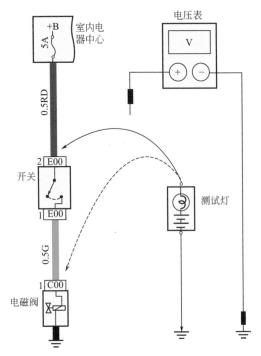

图 7.3-41　短路测试　　　　　　图 7.3-42　电压降测试

7.3.3.3　处理搭铁

接地（搭铁）不良的处理流程如图 7.3-43 所示。

❶拆卸接地点螺栓。

❷用粗砂布清洁线束侧接地铜环的两个接触表面（包括与车身侧及与螺栓侧），直到氧化物完全清洁干净。

❸用粗砂布清洁车身侧接地点，直到表面完全清洁干净。

❹重新安装接地点线束及固定螺栓，并按规定力矩拧紧。

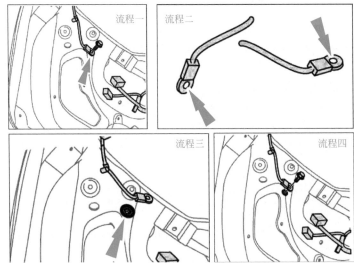

图 7.3-43　接地不良的处理流程

第 8 章

汽车维护与保养

8.1 汽车的维修养护周期

8.1.1 发动机维修养护周期

（1）机油更换周期　机油即发动机润滑油。机油的更换期限一般在5000km或者6个月，以哪个先到为准。笔者建议在购买新车或者刚刚大修完的车辆，第一次更换机油应该小于5000km。

发动机内活塞和气缸壁以及其他相互摩擦运动的金属表面，这些部件运动速度快、环境特殊，工作温度很高。在这样恶劣的工况下面，只有合格的机油才可降低发动机零件的磨损，延长使用寿命。例如，劣质机油导致活塞环卡死，进而导致发动机严重故障。

（2）机油滤清器更换周期　机油滤清器即机油滤芯，在更换机油时候必须一同更换。

（3）空气滤清器和空调滤芯更换周期　一般每隔10000km更换一次空气滤清器和空调滤芯。根据车辆行驶环境可适当调整更换周期。

（4）燃油滤清器和火花塞更换周期　在每更换两次机油的周期更换一次外置燃油滤清器，也就是10000km更换一次即可。如果是内置在燃油箱的燃油滤清器，应该在20000～30000km更换一次。30000km更换一次火花塞。

（5）正时皮带和水泵更换周期　正时皮带在发动机中非常重要，一般60000km更换一次。更换正时皮带时，如果是水泵与正时皮带相驱动的，那么水泵也一同更换，同时更换张紧器或张紧轮。

（6）冷却液更换周期　冷却液要每2年更换一次。

冷却液中含有添加剂和抗泡沫添加剂，这些添加剂会在使用过程中逐渐地丧失应有的功能，以至于无法对冷却系统内部进行很好的保护。也就是说，在冷却系统不发生泄漏的前提下，冷却液对于温度的控制基本不会变，但由于添加剂失效，特别是抗泡沫添加剂，在水泵叶轮的搅动下，会使冷却液产生气泡，这种气泡会大大削弱冷却液的效果。所以，冷却液最好能按期更换。

（7）清洗养护　发动机进气歧管和进气道内有积炭，通常建议30000km左右清洗一次进气道。喷油嘴同样在30000km时候进行清洗一次。

8.1.2　变速器维修养护周期

（1）自动变速器油更换周期　自动变速器油（Automatic Transmission Fluid，ATF）是指专用于自动变速器的油液。ATF对自动变速器的工作、使用性能以及使用寿命都有非常重要的影响。汽车自动变速器保养的主要内容就是对ATF的检查和更换。通常应该每60000km更换一次AFT，同时更换自动变速器油滤芯。

（2）手动变速器油更换周期　手动变速器齿轮油一般应该80000km左右更换一次。

8.1.3　制动系统维修养护周期

（1）制动液更换周期　制动液必须每2年更换一次，如果不到2年，建议行驶里程超过6万千米，更换制动液。制动液必须使用该车型手册指定的型号，不得与其他品牌、型号的制动液混加。

随着时间和里程的增加，制动液会慢慢吸收空气中的水分，制动液中过高的含水量可能会引起制动系统的腐蚀损伤。此外，制动液的沸点也会明显下降，在高负荷制动的情况下，制动系统中会产生气泡，从而使制动效能降低。

（2）制动片更换周期

❶制动摩擦片磨损到整个厚度的1/3时，需要更换。

❷制动盘磨损出不平的槽沟时候需要更换，这时需要一同更换制动摩擦片。

❸毂式制动器的制动鼓磨损有不平的沟槽视情况更换，一同更换制动蹄片。

❹一般来讲，制动蹄片的更换周期是前制动片更换周期的1/3。

8.1.4　车轮和转向系统维修养护周期

（1）转向助力油更换周期　转向助力油每隔2年更换一次。转向助力泵皮带建议60000 ～ 80000km更换一次。

（2）轮胎更换周期　轮胎磨损到一定程度时必须要更换，一般是在胎面上的磨损极限标记（图8.1-1）露出时就不再使用该轮胎。正常道路行驶，普通轮胎可使用80000km左右。

轮胎磨损指示器：1.6mm

指示标记

图 8.1-1　轮胎磨损极限标记

8.2

汽车的例行检查

8.2.1　发动机机油油位检查

启动发动机前，将汽车水平停稳，检查发动机机油液位。如果发动机已启动，则关闭发动机，等待数分钟后再检查。

❶拔出机油尺并擦拭干净。

❷插入机油尺，确认发动机机油液位在如图 8.2-1 所示的范围内。

❸如果超出范围，请调整。

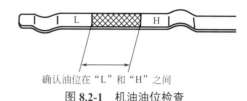

确认油位在"L"和"H"之间

图 8.2-1　机油油位检查

8.2.2　自动变速器油检查

如图 8.2-2 所示，自动变速器用本身带有的油尺进行检查。

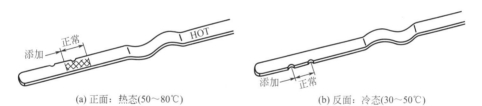

(a) 正面：热态(50～80℃)　　　　　　(b) 反面：冷态(30～50℃)

图 8.2-2　用油尺进行检查自动变速器油量

用油尺进行检查时，一般应按以下步骤进行。

❶检查有无自动变速器油泄漏。

❷行驶前，当油温处在 30 ～ 50℃使用自动变速器油尺的"COLD"范围检查油面高度。

a.将车辆停放在水平地面上，拉起驻车制动手柄。

b.启动发动机，并将选挡杆在各挡位位置上移动。最后将选挡杆至于"P"位置。

c.在发动机怠速时检查自动变速器油的高度。

d.拔出自动变速器油尺，用无绒纸擦净。

e.重新将自动变速器油尺尽可能地插入加油管中。

 小贴士

使用附带限位器将自动变速器油尺牢靠地固定在自动变速器油加注管中。

f.拔出自动变速器油尺，观察油尺指示。如果指示自动变速器油面过低，应向加油管中添加自动变速器油。

注意：请勿过量加注油液。

❸ 在城区道路上驾车行驶大约 5min。

❹ 当油温达到 50～80℃的范围时，根据自动变速器油尺"HOT"范围重新检查油面高度。

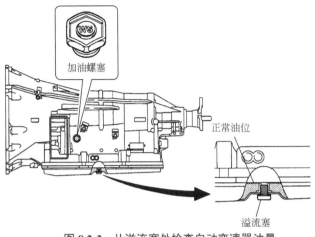

加油螺塞

正常油位

溢流塞

图 8.2-3　从溢流塞处检查自动变速器油量

❺ 检查自动变速器油状况。如果自动变速器油颜色发黑或有焦煳味，应该更换；如果自动变速器油中含有摩擦材料（离合器和制动带）等，则应在修理自动变速器后更换散热器，并用清洁剂和压缩空气冲洗冷却器管路。

如图 8.2-3 所示，从溢流塞处进行检查（这种自动变速器本身不带油尺，也没有油尺导管，但有加油螺塞，有的则须从溢流塞孔处加注自动变速器油）。

视频精讲

8.2.3　制动液检查

在车辆行驶过程中，由于制动摩擦片的损耗及其自动调整，使制动液液面产生轻微的下降，这种情况是正常的。制动液非正常下降，将会导致车辆隐患，甚至出现重大安全事故，所以一定要在例行保养中检查制动液。

如图 8.2-4 所示，检查制动液液面是否位于储液罐的 MAX 和 MIN 标记之间。如果大于 MAX，则可能是制动液加注过多；如果小于 MIN，则可能是制动系统某部分发生渗漏所致。此时应仔细检查制动系统是否存在渗漏现象，之后再将制动液加注到标准范围。

制动液位上限

制动液位下限

图 8.2-4　制动液液位标记

8.2.4　转向助力油检查

油泵是负责产生油压的，油泵是第一个要检查的部件。在整个转向范围，如果注意到部分或间歇动力转向损失，这通常是由于油泵动力不足造成的，很可能是由于转向助力油的问题所导致。

❶ 测量储液罐油位，必须在规定范围（图 8.2-5）。

❷ 储液罐油位必须在车辆冷时测量，在车辆和动力转向操作后，不能正确测量。如果在车辆静止情况下或车辆在重载下行驶过，更是如此。

❸ 使用储液罐油位表来测量油位，如果油位低，将其补充到规定油位。

❹ 要使用车辆及其装备规定使用的油液，使用不符合规定的油液会导致故障。

❺ 如果测量的油位低，仔细检查是否泄漏。

❻ 检查油液质量和状况，如果变脏或烧蚀，则进行更换。

8.2.5 冷却液检查

检查冷却液的液面位置。冷却液的液面位置应在低和满两条标记线之间。如果液面位置低，则应检查是否有渗漏，并添加冷却液至上标记线位置（图 8.2-6）。

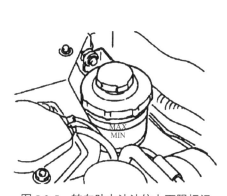

图 8.2-5 转向助力油油位上下限标记

图 8.2-6 冷却液限位标记

8.2.6 蓄电池检查

免维护蓄电池的检查见表 8.2-1。

表 8.1-1 免维护蓄电池的检查

项目	图解	图示 / 示意图
电眼	（1）电眼可以通过一个颜色指示器提供有关蓄电池电量状态和酸液液位的信息 （2）通过对单个单格电池的检查，便足以反映整个蓄电池的起始负荷情况 （3）在利用电眼进行目测之前，请用螺钉起子的手柄小心敲打电眼。任何气泡都会造成色散，从而影响指示器的检测。气泡去除后，电眼的颜色显示更加准确	颜色指示器　电眼 光学探测器 浮笼　浮子

续表

项目	图解			图示/示意图
电眼	电眼的指示器有不同颜色	绿色	良好的电量状态，＞65%，蓄电池正常	浮子可见
		黑色	不良的电量状态，＜65%，需充电	浮笼可见
		黄色或无色	电解液液位太低，更新蓄电池	电解液可见

8.2.7 火花塞检查

火花塞电极的正常颜色为灰白色，如电极烧黑并附有积炭，则说明存在故障。检查时可将火花塞与缸体导通，用中央高压线接触火花塞的接线柱，然后打开点火开关，观察高压电跳位置。如高压电跳位置在火花塞间隙，则说明火花塞作用良好，否则，即需换新（图8.2-7）。

中央电极 —— 侧电极

图 8.2-7 火花塞的电极消耗

火花塞绝缘体的顶端和电极间的积炭严重时可能造成发动机内部机械损坏。事实上，火花塞出现积炭（沉积物）只是一种直观的表面现象（图8.2-8），这有可能是发动机相关电气或机械部件故障的信号，应及时维修。

图 8.2-8 火花塞积炭（沉积物）

8.3 汽车的常规保养

通常说的更换机油和"四滤"是汽车保养的关键，这"四滤"包括机油滤清器、燃油滤清器、空气滤清器和空调滤芯，都需要定期更换。对于汽修初学者来讲，更换"四滤"是最基本的维修和养护操作，更换过程中要注意一些细节和要领。

8.3.1 更换燃油滤清器（外置）

燃油滤清器的任务是滤清燃油中的杂质和水分，防止燃油系统堵塞，减小机件磨损，保证发动机正常工作。燃油滤清器见图8.3-1。

（1）拆卸燃油滤清器（图8.3-2）

❶ 拆下进油管路 1 和 3 以及回油管路 2。

❷ 松开管路时按压卡环，旋出螺栓 4。

❸ 取下燃油滤清器。

（2）安装燃油滤清器（图8.3-3） 注意，燃油滤清器上有箭头标记，表示燃油流动方向，接头不要混淆。

❶ 燃油流动方向在滤清器壳体上用箭头标出。

❷ 滤清器壳体上的销钉 2 必须嵌入滤清器支架上导向件的凹口 1 中。

❸ 启动发动机，检查燃油滤清器接头处是否泄漏。

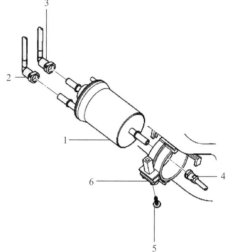

图 8.3-1　燃油滤清器
1—燃油滤清器；2—燃油供油管路（黑色，来自燃油箱）；3—燃油回油管路（蓝色，连接燃油箱）；4—燃油供油管路（黑色，到发动机）；5—螺栓；6—支架（用于支撑燃油滤清器）

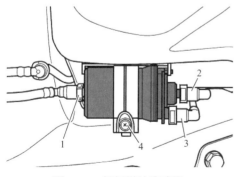

图 8.3-2　拆卸燃油滤清器

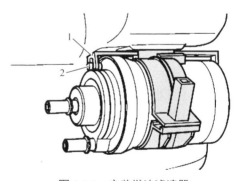

图 8.3-3　安装燃油滤清器

8.3.2 更换机油滤清器

机油滤清器用于清洁机油，防止污物颗粒进入机油回路并因此进入轴承部分，这样可

图 8.3-4 拆装机油滤清器

以避免发动机油因固体杂质（例如金属磨损颗粒、炭烟或灰尘颗粒）提前变质。

当前车辆发动机使用所谓的主流量机油滤清器位于机油泵与发动机润滑部位之间的主机油流内，也就是说，机油泵输送的全部机油在到达润滑部位前都要通过该滤清器，因此润滑部位只获得经过清洁的机油。

拆装机油滤清器如图 8.3-4 所示。

❶ 拆卸时用专用扳手松开机油滤清器（逆时针转动）。

❷ 安装时在新机油滤清器的橡胶垫圈上涂上一点机油，拧上新机油滤清器，用手拧紧。

❸ 加入机油，然后盖好机油加油盖，并启动发动机，检查机油滤清器和放油螺塞处是否有渗漏现象。

8.3.3 更换空气滤清器（滤芯）

空气滤清器是主要负责清除空气中的微粒杂质的装置。活塞式机械（内燃机、往复压缩机等）工作时，如果吸入空气中含有灰尘等杂质就将加剧零件的磨损，所以必须装有空气滤清器。空气滤清器由滤芯和壳体两部分组成。空气滤清器的主要要求是滤清效率高、流动阻力低。空气滤清器总成如图 8.3-5 所示。

空气滤清器位于发动机舱内，而且更换相当方便。打开发动机舱，蓄电池的正极左侧就是空气滤清器的位置。空气滤清器被一个密封壳体覆盖，进气管连接在此壳体上方。要更换空气滤清器就要拆开这个壳体盖。有些空气滤清器上壳是用螺钉锁紧的，但拆装一般都比较简单，例如斯柯达晶锐汽车。

空气滤清器上壳体盖四周有卡扣，用于把塑料壳体压紧在空气滤清器上方，保持进气管路的密封。卡扣的结构较为简单，通过往外掰卡扣就能把其拆除，掰开卡扣后打开塑料壳体，取出空气滤清器（滤芯）。

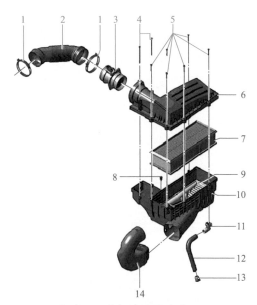

图 8.3-5 空气滤清器总成

1—弹簧卡箍；2—空气导向管；3—空气质量流量计；4,5,8—螺栓；6—空气滤清器壳上部件；7—空气滤芯（需要例行保养更换）；9—防雪网；10—空气滤清器壳下部件；11—排水软管接头；12—软管；13—摆动阀；14—进气导管

8.3.4 更换空调滤芯

空调滤芯主要安装在两个位置，一是在副驾驶座位的手套箱后面；二是在挡风玻璃右下侧。

拆装空调滤芯的方法和步骤如下。

❶ 如图 8.3-6 所示（现代伊兰特），其安装在副驾驶座位的手套箱后面，将手套箱拆卸下来，用螺丝刀拆下挡片（2 个螺栓），就可以取出。

❷ 如图 8.3-7 所示（帕萨特领驭），其在发动机舱内（挡风玻璃右下侧）副驾驶室对应的一侧雨刮器下方。用螺丝刀拆下罩盖即可取出，拆卸非常简单。

螺栓

图 8.3-6　拆卸空调滤芯（一）

拧下螺栓，取出空调滤芯

图 8.3-7　拆卸空调滤芯（二）

8.4

汽车的快速保养流程

表 8.4-1 为上海大众车辆保养项目表，请参考执行。

表 8.4-1　上海大众车辆保养项目表

序号	保养和检查项目 / 内容	保养里程（每间隔里程数）				
		7500km 首次保养	15000km 常规保养	每 15000km 常规保养	每 30000km 保养	每 60000km 保养
1	车身内外照明电器，用电设备检查功能 （1）组合仪表指示灯、阅读灯、化妆镜灯、时钟、点烟器、喇叭、电动摇窗机、电动外后视镜、暖风空调系统、收音机 （2）近光灯、远光灯、前雾灯、转向灯、警示灯 （3）驻车灯、后雾灯、制动、倒车灯、车牌灯、后备厢照明灯	●	●	●	●	●
2	自诊断：用故障诊断仪读取各系统控制器内的故障存储信息	●	●	●	●	●
3	安全气囊和安全带：目测外表是否受损，并检查安全带功能	●	●	●	●	●

序号	保养和检查项目／内容	保养里程（每间隔里程数）				
		7500km 首次保养	15000km 常规保养	每15000km 常规保养	每30000km 保养	每60000km 保养
4	手制动器：检查，必要时调整	●	●	●	●	●
5	前风窗玻璃落水槽排水孔：清洁	●	●	●	●	●
6	雨刮器／清洗装置：检查雨刮片，必要时更换；检查清洗装置功能，必要时调整并加注清洗液	●	●	●	●	●
7	发动机舱：检查燃油管路、真空管路、电气线路、制动管路、ATF冷却器管路是否存在干涉或损坏，必要时进行调整	●	●	●	●	●
8	发动机机油及机油滤清器：更换（行驶里程较少的车辆建议每6个月更换） 选择机油类型： □专用机油 □优选机油 □高端机油	●	●	●	●	●
9	冷却系统：检查冷却液冰点数为___℃，检查系统是否泄漏，必要时补充原装冷却液（标准值为-35℃，极寒地区低于-35℃。请使用折射计T10007检查冷却液冰点数值）	●	●	●	●	●
10	空气滤清器：清洁罩壳和滤芯	●	●	●	●	●
11	蓄电池：观察蓄电池上的电眼，必要时使用MCR 341V检测蓄电池状况，检查正负极连接状态	●	●	●	●	●
12	前大灯：检查灯光，必要时调整	●	●	●	●	●
13	转向横拉杆／稳定杆／连接杆：检查是否有间隙，连按是否牢固	●	●	●	●	●
14	车身底部：检查燃油管、制动液管是否干涉以及底部保护层是否损坏，排气管是否泄漏，固定是否牢靠	●	●	●	●	●
15	底盘螺栓：检查并按规定扭矩紧固	●	●	●	●	●
16	制动系统：检查制动液管路是否泄漏，检查制动液液面，必要时补充	●	●	●	●	●
17	轮胎／轮毂（包括备胎）：检查轮胎磨损情况，必要时进行轮胎换位，同时校正轮胎气压	●	●	●	●	●
18	车轮固定螺栓：检查并按规定扭矩紧固	●	●	●	●	●
19	试车：性能检查	●	●	●	●	●
20	保养周期显示器：复位		●	●	●	●
21	空调系统冷凝排水：检查，必要时清洁		●	●	●	●
22	空调滤芯滤器：更换滤芯（行驶里程较少的车辆建议12个月更换）		●	●	●	●
23	空气滤清器：更换滤芯（行驶里程较少的车辆建议每12个月更换）		●	●	●	●

序号	保养和检查项目/内容	保养里程（每间隔里程数）				
		7500km 首次保养	15000km 常规保养	每15000km 常规保养	每30000km 保养	每60000km 保养
24	活动天窗：检查功能，清洁导轨，涂覆专用油脂		●	●	●	●
25	车门限位器、固定销、门锁、发动机盖/后备厢铰链和锁扣：检查功能并润滑		●	●	●	●
26	变速箱/传动轴护套：检查有无渗漏和损坏，连接是否牢固	●	●	●	●	●
27	发动机燃烧室和进气道：用内窥镜检查积炭情况，必要时应使用汽油清净剂					●
28	火花塞：更换				●	●
29	楔形皮带：检查，必要时更换（每120000km 更换）				●	●
30	活动天窗排水功能：检查，必要时清洁				●	●
31	制动盘、制动鼓及制动摩擦片：检查厚度及磨损情况，必要时更换				●	●
32	尾气排放：检测				●	●
33	燃油滤清器：更换					●
34	手动变速箱：检查变速箱齿轮油液位，必要时补充或更换					●
35	自动变速箱：更换变速箱 ATF					●
36	制动液：更换（每24个月或每50000km，以先到者为准）					

注：1. 本表的保养内容适用于上海大众生产的波罗车型。保养项目需根据车型的不同配置进行选择。

2. 本表的保养内容和周期是根据汽车在正常行驶情况下制定的。对于使用条件比较恶劣的车辆，特别是经常停车/启动以及经常在低温情况下使用的车辆，应经常检查机油液面，并建议每5000km更换机油和机油滤清器。

3. 在灰尘较大的环境里行驶的车辆，应缩短空气滤清器滤芯和空调系统花粉过滤器的保养间隔（如每5000km更换）。空调滤芯脏污将影响空调制冷效果，请注意检查并及时更换。

4. 表中 ● 表示需要执行的保养项目。

第8章 汽车维护与保养

第9章
汽车维修操作

9.1 常用零部件的更换

9.1.1 拆装电动燃油泵

拆装电动燃油泵见表9.1-1。

表 9.1-1　拆装电动燃油泵

项目		拆卸步骤		安装步骤	图解
更换电动燃油泵总成	1	释放燃油系统压力（将燃油泵保险或继电器拔下，启动发动机3～5s）	1	清洁燃油箱衬垫接合面	拔下燃油泵控制单元法兰上的连接插件时一定要按下图中箭头方向稍用力松开插件卡子，再向上拔出插件 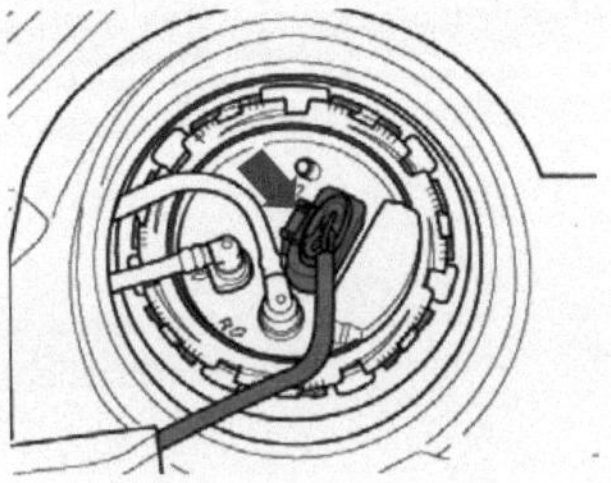
	2	断开蓄电池负极电缆	2	将密封环放置就位，做好出油管路或回油管与油箱位置标记或记住燃油泵控制单元法兰箭头标记	

项目	拆卸步骤		安装步骤		图解
更换电动燃油泵总成	3	拆卸后排座椅或者后备厢地毯	3	按拆卸时的位置将燃油泵装回到燃油箱中,以便安装油管和连接器	拆下燃油泵总成时一定要用专用工具拆卸,按照下图规范操作
	4	拆卸燃油泵检修盖	4	放上锁环并顺时针拧动,直至它接触燃油箱上的止动器	
	5	断开燃油泵总成的电气连接器	5	连接燃油泵总成连接器	
	6	断开出油管	6	安装燃油泵出油管	拆装油泵出油和回油管时,要将油管插入到油泵油管接口底部,使其密封锁止
	7	断开燃油箱回油管	7	安装燃油箱回油管	
	8	逆时针拧密封紧固卡环,以松开燃油箱与油泵控制单元法兰的锁止	8	安装燃油泵检修盖	安装时一定要将密封环A拉过法兰并将其安装在燃油箱的开口中,如下图所示
	9	从燃油箱上拆卸燃油泵总成	9	连接蓄电池负极电缆	
			10	进行燃油泵更换操作检查	
			11	安装后排座椅或后备厢地毯	

9.1.2 拆装节气门

拆装节气门见表9.1-2。

表 9.1-2 拆卸节气门(迈腾)

操作内容				图解
拆卸步骤		安装步骤		
1	拆下空气滤清器总成	1	在清洗、检查完后,安装节气门体	
2	拆下油门拉线(机械拉线节气门)。首先将节气门操纵机构拧到最大位置,用左手扳住,右手捏住油门拉线,将其从操纵机构的豁口处取下;然后从油门拉线支架上取下拉线,取出限位卡子和垫片,放在安全位置保管好;最后将固定在节气门体上的油门拉线支架拆卸掉	2	安装节气门位置传感器插头	拆下进气软管(箭头处)

续表

操作内容				图解
	拆卸步骤		安装步骤	
3	用合适的扳手拧松节气门体上的 3 个紧固螺栓，拆下节气门体	3	安装节气门体上的油门拉线支架并紧固（机械拉线节气门）	
4	取下节气门体上与空气滤清器接合部位的密封胶圈，以防止清洗剂腐蚀胶圈，使胶圈发胀、断裂。取下密封胶圈后，检查是否有老化、裂纹迹象	4	安装油门拉线，安装过程与拆卸过程相反，安装完后应检查调整油门拉线的松紧度（机械拉线节气门）	
5	清洗节气门体	5	安装空气滤清器总成	节气门的 4 个固定螺栓（箭头处） 注意：❶清洗时，重点清洗节气门体腔、节气门及节气门轴等部位，直至没有污物为止。清洗后反复扳动节气门操纵机构，检查节气门开关是否自如。另外，还要清洗进气道与节气门体的接合面，清洗前先拆下密封胶圈，以防被腐蚀 ❷清洗节气门时，集成电路罩盖必须朝上，以免损坏其中元件
		6	整个安装过程结束后，用检查仪检查发动机系统；自适应匹配节气门	

9.1.3　拆装进气歧管

拆装进气歧管见表 9.1-3。

表 9.1-3　拆装进气歧管（通用汽车某车型）

操作内容			图解
步骤	拆卸操作	安装操作	
1	拆卸燃油泵保险。启动发动机。在发动机熄火后，转动曲轴 10s，以释放燃油系统中的燃油压力	安装进气歧管衬垫。安装进气歧管	❶断开进气歧管空气温度传感器连接器并断开节气门上进气软管
2	断开蓄电池负极电缆	按顺序安装进气歧管固定螺栓和螺母	
3	从进气歧管上断开蒸发排放炭罐清污电磁阀并松开托架螺栓	安装进气歧管支架	❷从节气门体上断开冷却液软管
4	断开进气歧管空气温度传感器连接器	将进气歧管支架上螺栓安装到进气歧管上；将进气歧管支架下螺栓安装到发动机体上	
5	从节气门体上断开进气管	安装燃油分配管和喷油器罩	

操作内容			图解
步骤	拆卸操作	安装操作	
6	断开息速空气控制（IAC）阀连接器	安装节气门拉线托架	
7	断开节气门位置传感器连接器	安装节气门拉线托架螺栓	
8	断开进气歧管绝对压力（MAP）传感器连接器	将节气门拉线连接到进气歧管和节气门体上	
9	从节气门体上断开冷却液软管	连接之前断开所有必要的真空软管	
10	断开所有必要的真空软管，包括燃油压力调节器上的真空软管和进气歧管上的制动助力器真空软管	连接进气歧管绝对压力传感器连接器	❸按图示顺序拆卸进气歧管固定螺栓和螺母 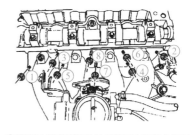
11	从节气门体和进气歧管上断开节气门拉线	将冷却液软管连接到节气门体上	
12	从进气歧管上拆卸节气门拉线托架螺栓	连接怠速空气控制连接器	
13	拆卸节气门拉线托架。拆卸发电机至进气歧管管箍带托架螺栓和箍带	连接节气门位置传感器连接器	❹按图示顺序安装进气歧管固定螺栓和螺母。按规定力矩紧固进气歧管固定螺栓和螺母 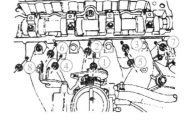
14	拆卸动力转向机软管卡箍螺栓并将软管从修理部位移开	使动力转向系统软管就位并安装卡箍螺栓	
15	从发动机体和进气歧管上拆卸进气歧管支架螺栓	将进气歧管连接至节气门体	
16	拆卸进气歧管支架	连接进气歧管空气温度传感器连接器	
17	按顺序拆卸进气歧管固定螺栓和螺母	将炭罐清污电磁阀连接至进气歧管并紧固托架螺栓	
18	拆卸进气歧管，拆卸进气歧管衬垫	安装燃油泵保险及电缆	

9.1.4　拆装排气管

（1）排气管组件　见图9.1-1。

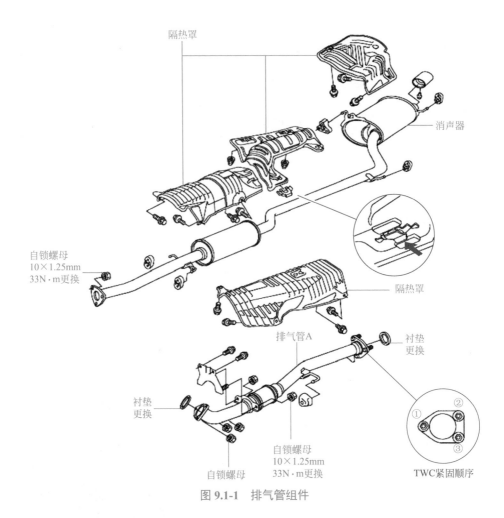

隔热罩

消声器

自锁螺母
10×1.25mm
33N·m更换

隔热罩

排气管A

衬垫
更换

衬垫
更换

自锁螺母
10×1.25mm
33N·m更换

自锁螺母

①　②

①　③

TWC紧固顺序

图 9.1-1　排气管组件

（2）拆卸和安装排气管　见表9.1-4。

表 9.1-4　拆卸和安装排气管

项目	步骤	操作内容
拆卸排气管	1	断开并拆卸后加热型氧传感器
	2	从三元催化器上拆卸前排气管螺母和衬垫
	3	拆卸前下排气管托架
	4	从前上排气管安装架上拆卸前排气管
	5	从前排气管法兰至第3消音器法兰连接处的橡胶吊环上拆卸前排气管
	6	拆卸前排气管法兰至第3消音器法兰固定螺母
	7	拆卸前排气管和衬垫
	8	清洁前排气管法兰和排气歧管密封面
	9	检查前排气管和三元催化器或第3消音器是否有孔洞、损坏、裂缝或导致废气漏入乘客舱或后备厢的其他损坏现象

项目	步骤	操作内容
安装排气管	1	安装第3消音器法兰与前排气管法兰之间的衬垫
	2	安装前消音器管
	3	安装前消音器管至第3消音器固定螺母，紧固前消音器管至第3消音器螺母至30N·m即可
	4	将前排气管安装至橡胶吊环
	5	将前排气管装入前上排气管安装架
	6	将前下排气管安装架安装到前排气管上
	7	用螺母将前下排气管安装架安装至前上排气管安装架焊接螺栓，紧固前下排气管安装架螺母至30N·m即可
	8	安装前排气管法兰和催化转换器之间的衬垫
	9	用螺母将前排气管安装至催化转换器，一般车型紧固前排气管到催化转换器法兰螺母至40N·m

9.1.5 更换前制动片

（1）拆卸制动片

❶ 拆下车轮；拆下防尘盖。

❷ 从支架上取下制动摩擦片报警插头并断开。

❸ 旋出制动钳固定螺栓。

❹ 拆下制动钳壳体后，用金属线将其固定在车身上，以免制动钳重力压迫或损坏制动管。

❺ 从制动钳壳体上拆下制动摩擦片。

（2）安装制动片　用活塞调整工具压回活塞（图9.1-2）；将制动摩擦片插到制动钳和活塞间。

❶ 首先将带制动摩擦片的制动钳壳体下部安装到车轮轴承座上。

❷ 用力推制动钳壳体，直至入位。

注意制动钳位置复位，制动钳壳体凸台（图9.1-3中箭头位置）必须位于车轮轴承座导向后面。

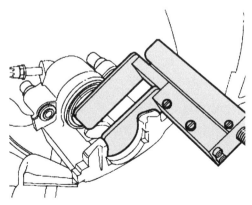

图9.1-2　压回活塞

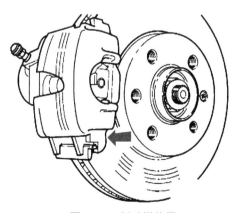

图9.1-3　制动钳位置

❸ 安装防尘盖；安装车轮。

❹ 检查复位。

a. 在停车状态下将制动踏板多次用力踩到底，使制动摩擦片达到其运行状态相应的位置。

b. 更换制动摩擦片后，检查制动液液面高度。

制动片标记如图 9.1-4 所示。带有较大三脚架 1 的制动摩擦片安装在内侧（活塞侧）；带有较小三脚架 2 的制动摩擦片安装于制动钳壳体外侧。

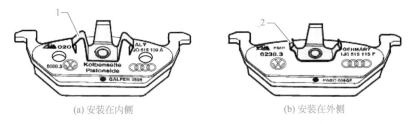

(a) 安装在内侧　　　　　　　　　　(b) 安装在外侧

图 9.1-4　制动片标记

9.1.6　更换后轮盘式制动片

（1）拆卸后轮制动片　后轮盘式制动器装配见图 9.1-5。

❶ 拆下车轮。

❷ 从制动钳壳体上拧下固定螺栓 1 时，应固定住导向销（图 9.1-6）。

❸ 拆下制动钳壳体并用金属线固定，以免其重力压迫或损坏制动管。

❹ 拆下制动摩擦片和定位弹簧（图 9.1-7）。

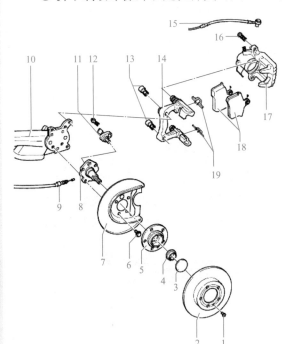

图 9.1-5　后轮盘式制动器装配

1—TORX 螺栓；2—制动盘；3—护盖；4—12 角自锁螺母；5—带车轮轴承和齿圈的轮毂；6—六角螺栓；7—盖板；8—轮毂轴；9—手制动拉索；10—后桥；11—ABS 转速传感器；12,13—内六角螺栓；14—带导向销和防尘盖的制动钳支架；15—制动管；16—自锁六角螺栓；17—制动钳壳体；18—制动摩擦片；19—摩擦片定位弹簧

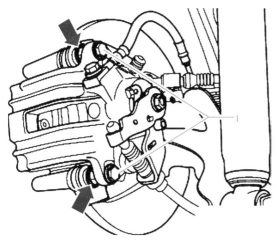

图 9.1-6 拆装后制动摩擦片（一）

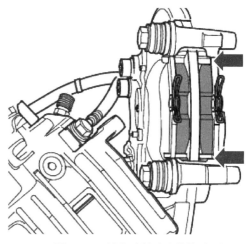

图 9.1-7 拆装后制动摩擦片（二）

（2）安装后轮制动片 如图9.1-8所示。

❶ 顺时针沿箭头方向旋转和调整拆卸工具 3272 的滚花轮并拧入活塞。

a.若活塞移动困难，用开口扳手钳住平台（箭头），旋转拧入活塞。

b.不能用活塞调整工具将活塞推回，否则制动钳自动调整功能将被破坏。

❷ 将制动摩擦片和制动摩擦片定位弹簧（箭头位置）插入制动钳。

❸ 撕下外侧制动摩擦片背面保护膜。

❹ 用新的自锁螺栓固定好制动钳。

❺ 调整手制动；安装车轮。

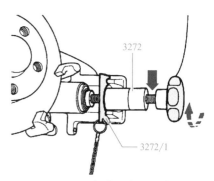

图 9.1-8 安装后轮制动片

9.1.7 更换后轮轴承

（1）拆卸后轮轴承

❶ 压出防尘盖。轻轻敲打鼓盖拔出器 VW 637/2 的卡爪，将防尘盖从其固定位置松开（图 9.1-9 和图 9.1-10）。

❷ 旋出螺栓，用扳手固定住导向销。

❸ 拆下制动钳壳体并用金属线将其固定在车身上，以免其重力压迫或损坏制动软管。拆下制动盘。

❹ 拉出车轮轴承 / 轮毂。旋出 12 角自锁螺母。用拉力器拉出车轮轴承（图 9.1-11）。

❺ 从轮毂轴上拉下轴承内圈（图 9.1-12）。

（2）安装后轮轴承

❶ 尽可能将车轮轴承 / 轮毂装到轮毂轴上。

❷ 装好专用工具，将车轮轴承 / 轮毂压到止点位置，然后拆下专用工具。

❸ 使用新 12 角自锁螺母，将螺母拧到止位，将力矩拧到 175N·m。

❹ 压入防尘盖。

❺ 进一步安装工作与拆卸顺序相反。

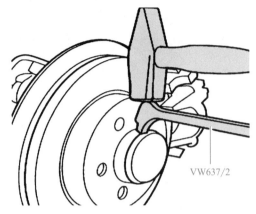

图 9.1-9　拆卸（盘式）后轮轴承（一）

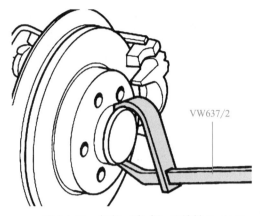

图 9.1-10　拆卸（盘式）后轮轴承（二）

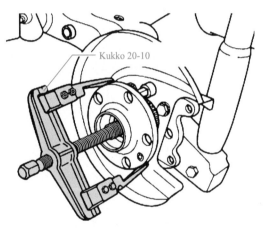

图 9.1-11　拆卸（盘式）后轮轴承（三）

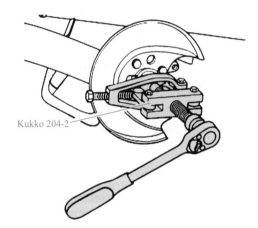

图 9.1-12　拆卸（盘式）后轮轴承（四）

9.1.8　更换转向拉杆球头

（1）**拆卸转向拉杆球头**　拆卸转向拉杆球头最恰当的方式就是使用专用工具辅助拆卸（图 9.1-13）。实践证明，专用工具比使用锤子敲击拉杆球头更便捷，且更安全。

最常见的转向拉杆球头拆卸程序如下。

❶ 拆卸车轮。

❷ 标记内转向横拉杆上的螺纹，以便重新定位调整螺母。

❸ 拆卸转向横拉杆球头螺母并用专用工具从转向节上断开转向横拉杆球头。

❹ 松开转向横拉杆球头调整螺母，通过转动，从内转向横拉杆上拆下转向横杆球头。

（2）**安装转向拉杆球头**

❶ 对准内转向横拉杆上的标记，将调整螺母重新定位（图 9.1-14）。

❷通过转动，将转向横拉杆球头安装到内转向横拉杆上。

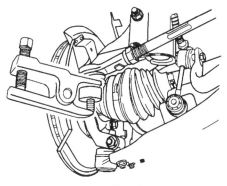

图 9.1-13　使用专用工具

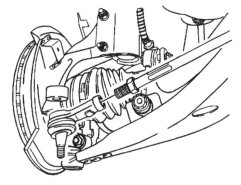

图 9.1-14　球头对准内转向横拉杆进行安装

❸安装调节螺母。紧固外调节螺母至 62N·m。

❹安装新的转向横拉杆球头螺母。紧固转向横拉杆球头螺母至 30N·m，再加 120°。

9.1.9　更换转向机护套

（1）拆卸转向机护套

❶拆下转向机外转向横拉杆。

❷拆下转向机内转向横拉杆螺母 1（图 9.1-15）。

❸拆下转向机外护套卡箍 2（图 9.1-15）。

❹松开转向机内护套卡箍 1（图 9.1-16）。

拆下转向机内护套卡轴 1 后（图 9.1-17），检查转向传动机构内转向横拉杆是否有明显的腐蚀或污染。如果无明显状况，则继续修理。如果有明显的腐蚀或污染，则更换内转向横拉杆。

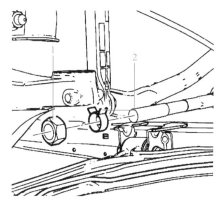

图 9.1-15　拆下螺母和外护套卡箍

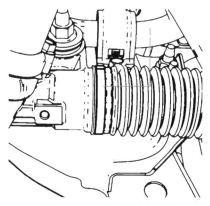

图 9.1-16　拆卸内护套卡箍（一）

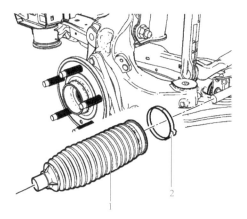

图 9.1-17　拆卸内护套卡箍（二）

❺拆下转向机内护套卡箍 2（图 9.1-17）。

（2）安装转向机护套

❶ 将一个新的卡箍松松地安装在转向机护套的内侧。

❷ 将维修组件内的润滑脂涂到标识位置。

> **小贴士**
>
> 转向机护套必须就位于转向机相应的凹槽内。

❸ 将转向机护套穿过转向传动机构内转向横拉杆并安装在转向机上。

❹ 使用专用钳子压接转向机内护套卡箍。

❺ 安装转向机外护套卡箍。

❻ 安装转向传动机构内转向横拉杆螺母。

❼ 安装转向传动机构外转向横拉杆。

9.1.10　拆装转向拉杆

❶ 将转向横拉杆接头从齿条接头上拆下。将接头螺塞从转向器壳体上拆下，然后将自锁螺母从齿轮轴端拆下。

拆下防尘罩箍带 A 和转向横拉杆卡子 B，将防尘罩从转向器接头处拉下，如图 9.1-18 所示。

❷ 用形卡夹和木块固定转向器壳体。不要将转向器壳体的油缸部分夹在台钳中。

拆卸转向拉杆如图 9.1-19 所示。用扳手固定转向齿条 B 的平面部分 A，并用另一个扳手拧下齿条的两个接头 C。小心不要让扳手损坏齿条表面。拆下锁止垫圈 D 和橡胶挡块 E。

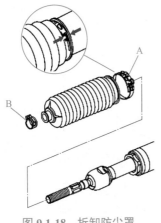

图 9.1-18　拆卸防尘罩

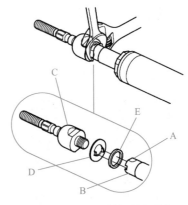

图 9.1-19　拆卸转向拉杆

9.1.11　拆装前减振器

（1）拆卸前减振器

❶ 如图 9.1-20 所示，拆卸 3 个把前减振器总成固定到车身上的螺母。

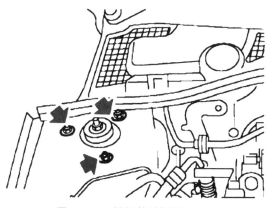

图 9.1-20　拆卸前减振器（一）

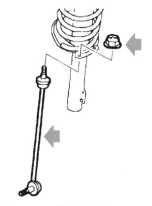

图 9.1-21　拆卸前减振器（二）

❷ 拆下前减振器及弹簧总成。

❸ 如图 9.1-21 所示，拆下把前横向稳定杆连接杆固定到前减振器总成上的螺母，并取下前横向稳定杆连接杆。

❹ 如图 9.1-22 所示，标记和注明前减振器上部安装支座和前减振器弹簧安装支座排水孔的相对位置。

按图 9.1-23，把弹簧压缩器（专用工具 T32016 和 T32017）固定到前减振器弹簧上（保证弹簧压缩器 T32016 的卡脚准确定位），压缩前减振器螺旋弹簧。

注意：确保弹簧压缩器卡脚保护套的状态完好并安装正确。如果卡脚保护套损坏则不能使用此弹簧压缩器，需更换卡脚保护套。要当心压缩状态下的弹簧突然或意外地松开，可能会导致对人身的伤害。

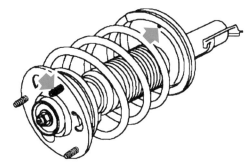

图 9.1-22　拆卸前减振器（三）

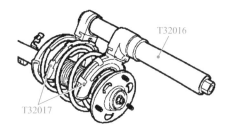

图 9.1-23　拆卸前减振器（四）

❺ 用内六角扳手卡住前减振器柱顶部，拆下柱顶部螺母并废弃。

❻ 拆下前减振器回弹垫圈和前减振器上安装支座总成。

❼ 从前减振器柱上拆下前减振器螺旋弹簧。

❽ 拆下前减振器压缩行程缓冲块垫圈、前减振器压缩行程缓冲块和前减振器防尘罩。

❾ 释放前减振器螺旋弹簧的弹力，从弹簧压缩器上松开卡脚并取下前减振器螺旋弹簧。

（2）安装前减振器

❶ 检查前减振器柱、弹簧上下隔振垫和前减振器的轴承有无裂痕及损坏。

❷ 检查前减振器防尘罩和前减振器压缩行程缓冲块有无老化或损坏的痕迹。

❸ 清洁前减振器柱和前减振器压缩行程缓冲块垫圈。

④ 安装前减振器压缩行程缓冲块、前减振器压缩行程缓冲块垫圈和前减振器柱防尘罩到前减振器总成上。

⑤ 确保前减振器压缩行程缓冲块和前减振器压缩行程缓冲块垫圈正确定位在前减振器柱防尘罩上。

⑥ 安装前减振器螺旋弹簧到前减振器柱上。

⑦ 定位弹簧压缩器到前减振器上，使用工具 T32016 和 T32017，压缩弹簧。

⑧ 确保正确的安装相对位置，安装前减振器上安装支座和前减振器弹簧隔振垫到前减振器轴上。

⑨ 安装前减振器回弹垫圈和新螺母。

⑩ 用内六角形扳手卡住前减振器柱并拧紧螺母到 30N·m。

⑪ 释放弹簧的弹力，松开弹簧压缩器的卡脚并取下弹簧压缩器。

⑫ 清洁前横向稳定杆连接杆并安装到前减振器总成上，安装螺母并拧紧到 50～65N·m，使用开口扳手卡住前横向稳定杆连接杆以防止前横向稳定杆连接杆球节的转动。

⑬ 清洁前减振器及弹簧总成和车身的结合处。

⑭ 把前减振器及弹簧总成定位到车身上，装上螺母并拧紧到 19～25N·m。

⑮ 把前轮毂安装到前减振器总成上。

⑯ 取下前下摆臂外球节保护器并检查球节护套有无损坏。

⑰ 清洁外球节和前轮毂的结合处。

⑱ 连接前下摆臂外球节到前轮毂上，安装螺栓和螺母并拧紧到 40～50N·m。

⑲ 确保下摆臂外球节完全安装到前轮毂上，螺栓也装进入前下摆臂外球节的凹槽中。

⑳ 清洁前横向稳定杆连接杆的连接处，并固定到前横向稳定杆上，拧紧螺母到 60～70N·m。用开口扳手卡住前横向稳定杆连接杆，以防止前横向稳定杆连接杆球节转动。

㉑ 确保前横向稳定杆连接杆正确地连接到前横向稳定杆上。

㉒ 把前减振器总成安装到前轮毂上，装上螺栓并拧紧到 90～110N·m。

㉓ 清洁转向横拉杆球节和护套。

㉔ 把转向横拉杆球节装到转向臂上，安装并拧紧锁止螺母到 28～32N·m。

㉕ 安装前制动软管和前轮 ABS 传感器线束到前减振器柱支架上。

㉖ 针对右边：固定前制动衬块磨损传感器线束到前减振器柱支架上。

㉗ 装上车轮。必要的检查，确保安装到位。路试车辆。

9.1.12　拆装皮带轮和张紧器

（1）拆装动力转向泵皮带轮

❶ 拆卸动力转向泵皮带轮（图 9.1-24）。

a. 把扳手装到皮带张紧器的六角上，顺时针充分转动以松开动力转向泵驱动皮带上的张紧度。

b. 为了把张紧器保持在这一位置，用一个直径不超过 3mm 的销子，穿过六角的中心固定在张紧器的背板上，然后取下动力转向泵驱动皮带。

②安装动力转向泵皮带轮。

a.确保动力转向泵驱动皮带是干净的，而且没有损坏。

b.装上动力转向泵驱动皮带，确保皮带正确地定位在皮带轮的槽中。

c.把扳手装到皮带张紧器的六角上，顺时针转动扳手，取下保持张紧器的销子，使张紧器皮带轮压在动力转向泵驱动皮带上。

（2）拆装发电机/转向动力泵皮带自动张紧器（图9.1-25）

❶拆下辅助传动带（发电机/转向动力泵皮带自动张紧轮）。

❷拆下辅助传动带自动张紧轮总成。

❸安装传动带自动张紧轮总成，拧紧螺栓到25N·m。

❹装上辅助传动带。

图9.1-24　拆卸动力转向泵皮带轮

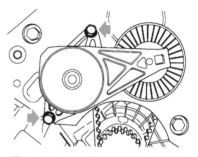

图9.1-25　拆卸和安装自动张紧器

9.1.13　更换发电机

发电机在发动机上的布局见图9.1-26。

（1）拆卸发电机

❶拆下发动机总成盖；断开蓄电池的接地端。

❷拆下辅助传动皮带。

松开接线端盖，拿开把发动机线束固定到发电机上的螺母，松开拉索并放到旁边。断开发电机线束如图9.1-27所示。

断开发电机连接器的连接。拆卸并取下开2个固定发电机的螺栓（图9.1-28）。取出发电机。

（2）安装发电机

❶定位发电机，装上螺栓，把M8螺栓拧紧到25N·m，把M10螺栓拧紧到45N·m。

❷连接发电机连接器。

❸把发动机线束固定到发电机上，装上螺母并拧紧至10N·m。

❹装上发动机总成盖。

❺装上辅助传动皮带。

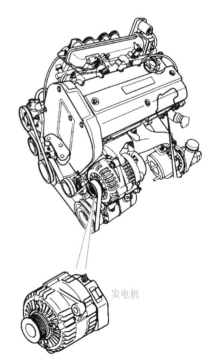

发电机

图9.1-26　发电机在发动机上的布局

⑥ 连上蓄电池的接地端。

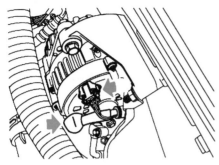

图 9.1-27　断开发电机线束

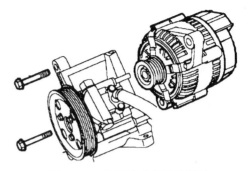

图 9.1-28　拆下发电机固定螺栓

9.1.14　更换起动机

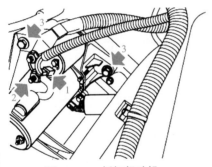

图 9.1-29　拆卸起动机

（1）拆卸起动机

❶ 断开蓄电池的接地端。

❷ 从起动机电磁线圈上断开启动接线柱的连接，见图 9.1-29 中的箭头 1。

❸ 拧下螺母并从起动机电磁线圈上断开蓄电池导线的连接，见图 9.1-29 中的箭头 2。

❹ 拧下 2 个固定起动机的螺栓并拆下起动机，见图 9.1-29 中的箭头 3。

（2）安装起动机

❶ 清洁起动机和变速器的结合面，清洁销子和销孔。

❷ 装上起动机，装上并拧紧螺栓至 45N·m。

❸ 把蓄电池线束固定到起动机电磁线圈上，并拧紧螺母至 10N·m。

❹ 把启动接线柱连接到电磁线圈上。

❺ 连上蓄电池的接地端。

9.1.15　更换空调压缩机

（1）空调系统零部件在汽车上的布局（图 9.1-30）　发动机驱动的制冷剂压缩机从蒸发器吸入液态制冷剂并压缩。制冷剂被压缩后温度升高至某一温度区间，在高压下，传至冷凝器。此处，制冷剂的热度被强制通过冷却翼的空气带出。因为此热度损耗，所以制冷剂液化并脱离冷凝器。之后制冷剂在高压下传至制冷剂干燥机。这作为存储媒介，过滤出制冷剂中的所有湿气。

膨胀阀通过控制注入蒸发器的制冷剂量，从而控制蒸发器中的压力及温度。液态制冷剂在蒸发器中被蒸发。这使从空气中引出的热度进入车辆。这样空气冷却下来，其所包含的湿气在蒸发器芯处被放出。

在低压下从蒸发器出来的气态制冷剂从其被制冷剂压缩机吸入处进入上端开口处的膨

胀阀。

空调压力转换器传感器将一个模拟信号传送至动力控制模块，动力控制模块首先对此输入信号进行评估，然后将其转换成控制信号，发送至可接合和分开压缩机离合器的空调离合器继电器。

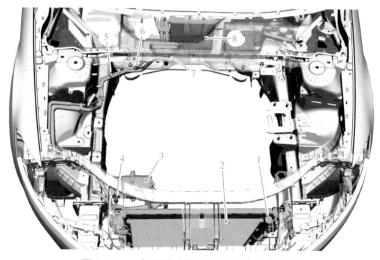

图 9.1-30　空调系统零部件在汽车上的布局
1—制冷剂干燥机；2—冷凝器；3—空调压缩机；4—高压充液接头；
5—空调压力转换器传感器；6—低压充液接头；7—膨胀阀；8—蒸发器

（2）拆卸压缩机（图9.1-31）

注意：防止杂质和空气中的水分凝结在零件上进入系统内部，拆卸后应尽快重新密封所拆卸的零件。

❶ 按空调制冷剂的回收程序操作。

❷ 断开蓄电池负极线电缆。

❸ 拆卸驱动皮带。

❹ 拆卸压缩机上高、低压空调管接头。

❺ 断开压缩机线束连接器。

❻ 拆卸压缩机固定螺栓，取下压缩机。

（3）安装压缩机

❶ 安装并紧固压缩机固定螺栓。

❷ 连接压缩机线束连接器。

❸ 安装压缩机上高、低压空调管接头。

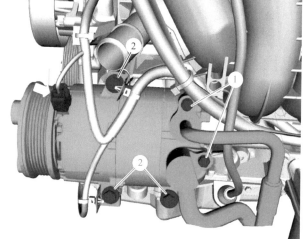

图 9.1-31　拆卸压缩机
1—高、低压空调管接头；2—空调压缩机固定螺栓

❹ 安装驱动皮带。

❺ 连接蓄电池负极线电缆。

❻ 按空调制冷剂的加注程序操作。

9.1.16　拆装膨胀阀

膨胀阀与蒸发器相连，安装于蒸发器的一端，位于蒸发器进口。膨胀阀的一侧连接着空调压缩机的进、排气管，另一侧连接着蒸发器的进、排气管，在液体管路内对高压液体制冷剂形成限制，使制冷剂流向蒸发器时成为低压液体。

（1）拆卸膨胀阀

❶ 回收空调制冷剂。

❷ 拆卸膨胀阀与蒸发器接口的空调管，细管为高压管，粗管为低压管如图 9.1-32 所示。

❸ 拆卸膨胀阀至蒸发器的紧固螺栓（图 9.1-32 中箭头）。

❹ 将膨胀阀从蒸发器芯上拆下（图 9.1-33）。

❺ 报废 O 形密封圈。

图 9.1-32　拆卸膨胀阀与蒸发器接口的空调管

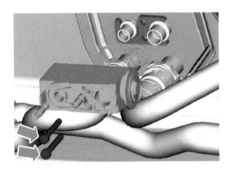

图 9.1-33　拆下膨胀阀

（2）安装膨胀阀

❶ 更换新的 O 形密封圈，并将其安装到蒸发器芯管上。

❷ 安装热膨胀阀到蒸发器芯上。

❸ 安装热膨胀阀至蒸发器芯紧固螺栓，并将其紧固至 4 ～ 6N·m。

❹ 安装膨胀阀与蒸发器接口的空调管。

9.1.17　拆卸机油泵

拆卸机油泵见表 9.1-5。

表 9.1-5　拆卸机油泵（本田汽车某车型）

操作步骤	维修图解
1	转动曲轴皮带轮，使其上止点（TDC）标记 A 与指针 B 对准	

操作步骤	维修图解
2	拆下油底壳；若要固定后部平衡轴，则将长的销冲头 A 插入平衡轴支架上的保养孔并穿过后部平衡轴	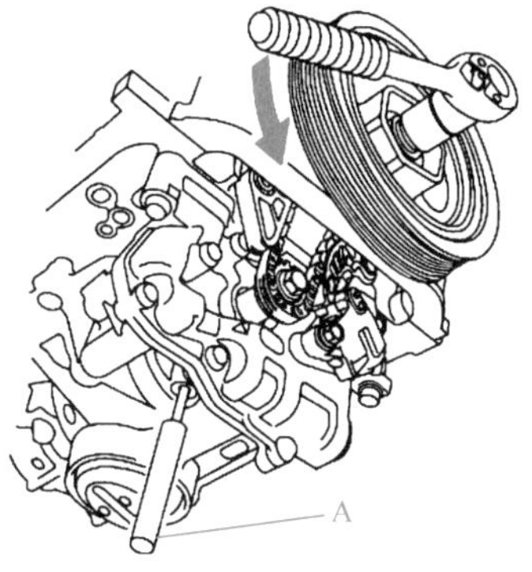
3	逆时针转动曲轴以固定压缩机油泵链条自动张紧器	
4	对准锁 A 上的孔和机油泵链条自动张紧器 B，然后将直径 3.0mm 的销 C 插入孔中。顺时针转动曲轴以固定销	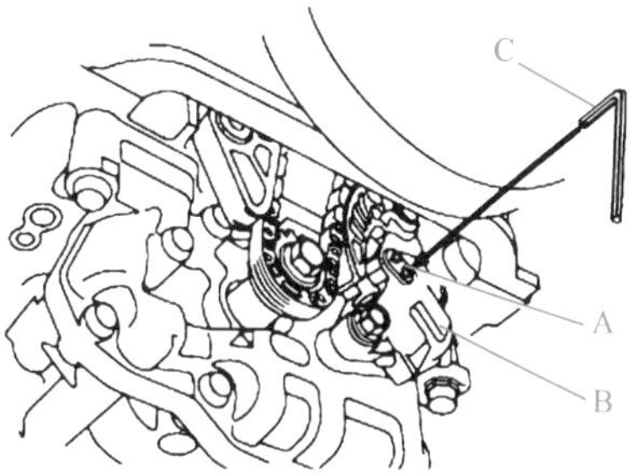
5	松开机油泵链轮安装螺栓 A	
6	拆下机油泵链轮 A 和机油泵 B，然后拆下机油泵链条自动张紧器 C	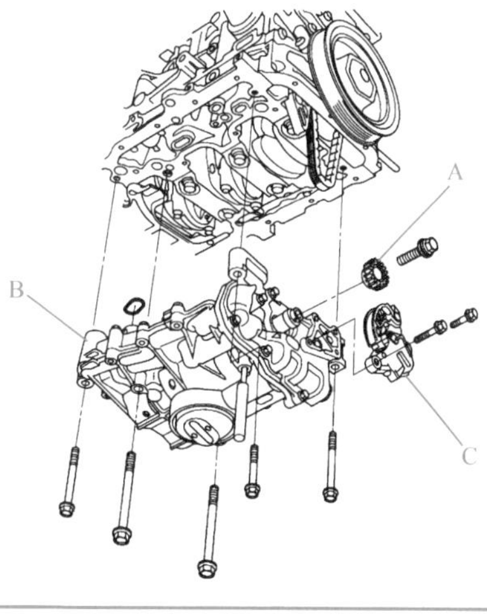

9.1.18　更换喷油器

更换喷油器见表 9.1-6。

表 9.1-6　更换喷油器

操作步骤	拆卸操作	安装操作	维修图解
1	释放燃油系统压力	用发动机油润滑新喷油器 O 形密封圈。将新 O 形密封圈安装到喷油器上	❶图中，1～4 为喷油器安装位置，拆装喷油器前，要清洁干净 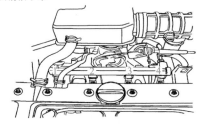
2	断开蓄电池负极电缆	将喷油器装入燃油分配管座，使喷油器端子朝外	
3	断开进气温度（IAT）传感器连接器	将喷油器固定卡夹安装到喷油器和燃油分配管凸缘上	
4	从气门室盖上断开通气软管	确保卡夹与喷油器线束连接器平行	
5	从气门室盖上断开曲轴箱强制通风（PCV）软管	将燃油分配管总成装入气缸盖	❷维修燃油系统部件，尤其是喷油器电气连接器、喷油器喷嘴和喷油器 O 形密封圈时，应倍加小心。将燃油分配管的进、出口塞住，以防污染 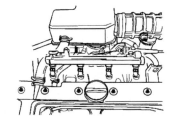
6	从节气门体和托架上断开节气门拉线	安装燃油分配管固定螺栓	
7	拆卸燃油压力调节器	将进油管连接至燃油分配管	
8	从燃油分配管上断开回油管	将回油管连接至燃油分配管	
9	从燃油分配管上断开进油管	安装燃油压力调节器	
10	拆卸燃油分配管固定螺栓	连接喷油器油道盖和连接器。必要时转动每个喷油器	❸安装时必须用发动机油润滑新喷油器 O 形密封圈，图中 O 处 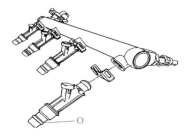
11	连同喷油器油道盖和喷油器一起拆卸燃油分配管	将曲轴箱强制通风软管连接到气门室盖上	
12	断开喷油器油道盖连接器	将通气软管连接到气门室盖上	
13	拆卸喷油器固定卡夹	连接进气温度传感器连接器	
14	朝外向下拉喷油器，以将其拆卸	连接蓄电池负极电缆	❹紧固燃油分配管固定螺栓时必须按规定力矩紧固，不易力矩过大，一般轿车紧固至 25N·m 即可
15	报废喷油器 O 形密封圈	执行燃油分配管和喷油器的泄漏检查	

9.1.19 更换节温器

更换节温器见表 9.1-7。

表 9.1-7　更换节温器

图示	操作步骤
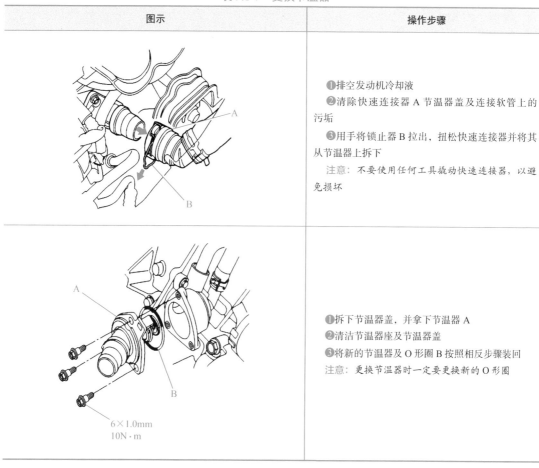	❶排空发动机冷却液 ❷清除快速连接器 A 节温器盖及连接软管上的污垢 ❸用手将锁止器 B 拉出，扭松快速连接器并将其从节温器上拆下 注意：不要使用任何工具撬动快速连接器，以避免损坏
6×1.0mm 10N·m	❶拆下节温器盖，并拿下节温器 A ❷清洁节温器座及节温器盖 ❸将新的节温器及 O 形圈 B 按照相反步骤装回 注意：更换节温器时一定要更换新的 O 形圈

9.1.20 拆装离合器

（1）拆卸离合器

❶ 断开蓄电池负极。

❷ 举升车辆。

❸ 拆卸发动机下护板。

❹ 拆卸变速箱总成。

❺ 拆卸离合器压盘螺栓（图 9.1-34），取下离合器压盘及离合器片。

（2）安装离合器

❶ 在离合器盘花键上涂抹多用途润滑脂。

❷ 用专用工具将离合器压盘和离合器片对准飞轮（图 9.1-35）。

❸ 安装压盘螺栓并紧固。

小贴士

螺栓安装以对角的顺序进行。

④ 取下专用工具。

⑤ 安装变速箱总成。

⑥ 安装发动机下护板。

⑦ 放下车辆。

⑧ 连接蓄电池负极。

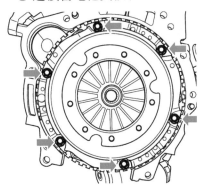

图 9.1-34　拆卸离合器

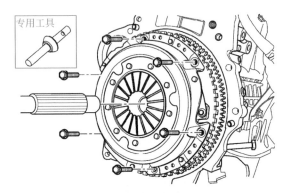

图 9.1-35　安装离合器

9.1.21　拆装转向节

（1）拆卸转向节

❶ 举升车辆，拆卸轮胎。

❷ 拆卸半轴螺母 4（图 9.1-36）。

❸ 拆卸下球头。

❹ 拆卸转向横拉杆与转向节的开口销 1 和六角开槽螺母 2，脱开转向横拉杆。

❺ 拆卸轮速传感器固定螺栓 3，从转向节上拆卸轮速传感器。

❻ 拆卸转向节与减振器的连接螺栓，从减振器上脱开转向节（图 9.1-37）。

❼ 拆卸带有前轮毂的转向节。

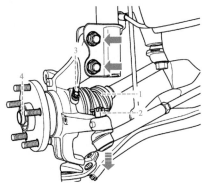

图 9.1-36　拆卸转向节（一）

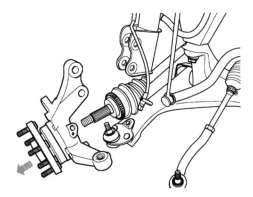

图 9.1-37　拆卸转向节（二）

（2）拆下前轮毂

❶ 拆卸前轮毂固定卡簧（图 9.1-38）。

❷ 用专用工具从转向节压出前轮毂（图 9.1-39）。

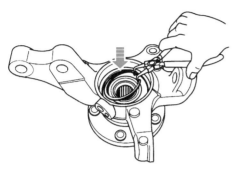

图 9.1-38 拆卸转向节（三）

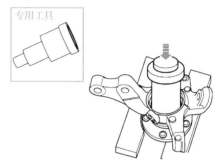

图 9.1-39 拆卸转向节（四）

（3）安装转向节 安装转向节按与拆卸转向节相反的程序进行，安装时应注意以下操作要领。

❶ 如图 9.1-40 所示，在轮毂下垫木块，将前轮毂装入前转向节内。

❷ 安装前轮毂固定卡簧。

❸ 安装带有前轮毂的转向节，紧固转向节和减振器的连接螺栓。

❹ 安装下球节。

❺ 拧紧半轴螺母。

❻ 安装车轮传感器线束连接器，并紧固螺栓。

❼ 拧紧转向横拉杆六角开口螺母。

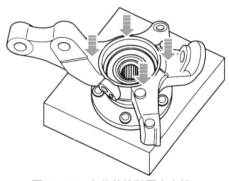

图 9.1-40 安装前轮毂固定卡簧

9.1.22 更换下摆臂

（1）拆卸下摆臂 在开始下面的拆卸程序之前，必须先取出点火开关内的点火钥匙，转动转向盘使转向盘锁死。

❶ 举升车辆。

❷ 拆卸前轮。

❸ 拆卸下摆臂球头。

❹ 拆卸左右两侧稳定连接杆与减振器的连接螺母 1（图 9.1-41）。

❺ 拆卸转向器横拉杆球头螺母，将转向器横拉杆从转向节上脱离 2（图 9.1-41）。

❻ 转动稳定杆及转向器横拉杆，腾出空间，以方便拆卸下摆臂。

❼ 拆卸下摆臂在副车架上的 2 个固定螺栓

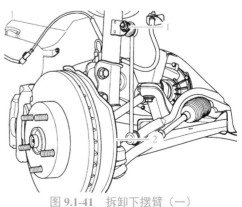

图 9.1-41 拆卸下摆臂（一）

（图 9.1-42）。

⑧ 拆卸下摆臂（图 9.1-43）。

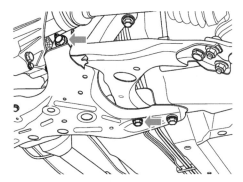

图 9.1-42　拆卸下摆臂（二）

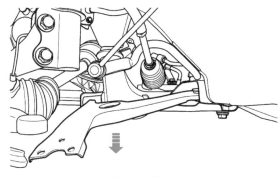

图 9.1-43　拆卸下摆臂（三）

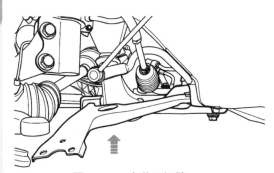

图 9.1-44　安装下摆臂

（2）安装下摆臂

❶ 安装下摆臂至副车架（图 9.1-44）。

❷ 紧固下摆臂至副车架的 2 个固定螺栓。按规定力矩拧紧螺栓。

❸ 安装下摆臂球头。

❹ 安装转向器横拉杆球头螺母。

❺ 转动稳定杆至正确位置，并紧固左右两侧稳定连接杆的连接螺母。

❻ 安装车轮。

9.2
总成件的拆装

视频精讲

9.2.1　从车上拆下发动机

小贴士

应确保举升机有足够的负重能力。保证举升机在提举和支撑工作时处于水平位置，使用手制动和楔子来固定车轮。

不要在只靠一个千斤顶支撑的车顶或底部工作。必须把车支撑在举升机上。

从车上拆下发动机是个比较复杂的作业工程，涉及很多附属零部件的拆卸。首先要拆卸相关油液管路、电器连接件、机械连接件等；然后把发动机与变速器分离，分离后进行车下拆解发动机。

小贴士

① 在维修任何电气部件前，点火和启动开关必须置于"OFF"或"LOCK"位置，并且所有电气负载必须关闭，除非操作程序中另有说明。将蓄电池负极电缆断开，以防止工具或设备接触裸露的电气端子，从而产生电火花。违反这些安全须知，可能导致人身伤害和／或损坏车辆或车辆部件。

② 为了避免给电子元件带来损害，运行电子系统时要先断开蓄电池连接。首先断开且最后接上接地电线。

应确保蓄电池导线连接正确，不能存在潜在隐患。

发动机拆卸过程中的一些重要操作事项如下。

❶ 排空冷却系统。

❷ 断开蓄电池的接地端。

❸ 给燃油系统泄压。

❹ 拿开把膨胀箱固定到发动机舱右辅助隔板的螺栓，从安装件上拿开膨胀箱。

❺ 松开夹子并从散热器上断开顶部软管的连接。从散热器的保持支架上松开软管。

❻ 拿开把顶部软管保持支架固定到散热器上的螺栓并拿开支架。

a. 如图 9.2-1 所示，拧下螺母并从起动机上断开蓄电池导线的连接；从起动机上断开接头；拿开固定发动机接地导线的起动机螺栓并把导线移到旁边。

b. 如图 9.2-2 所示，如果保险在发动机罩下，拿开螺栓并从发动机罩下面的保险上断开蓄电池导线与连接器的连接。

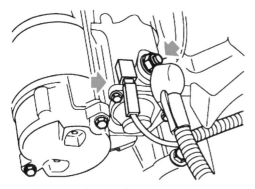

图 9.2-1　拆下起动机和蓄电池连线

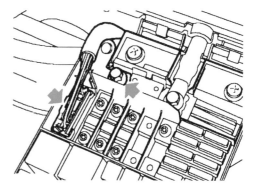

图 9.2-2　断开蓄电池导线与连接器的连接

❼ 从主线束连接器上断开变速器线束的连接。

❽ 放松夹子并从燃油导轨上断开软管的连接。

❾ 放松夹子并从冷却液导轨上断开软管的连接。

❿ 放松夹子并从膨胀箱软管上断开加热器软管。

⓫ 拆卸起动机。

⓬ 拆卸影响发动机整体卸出的周围附件，如有的车辆的发电机或者皮带等会影响拆卸

作业。

　　a. 如图 9.2-3 所示，拆卸皮带张紧器，提起辅助驱动皮带张紧器，从皮带轮上松开驱动皮带。

　　b. 如图 9.2-4 所示，拆卸 3 个把排气系统中后部总成法兰固定到排气歧管上的螺母，松开排气系统中后部总成。从前排气歧管上拿开并废弃掉法兰衬垫。

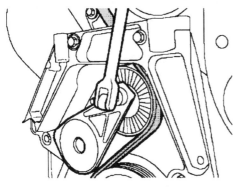
图 9.2-3　拆卸张紧轮

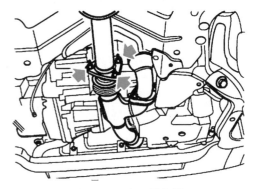
图 9.2-4　断开排气管

　　c. 如图 9.2-5 所示，拆下 4 个把左排气歧管固定到缸盖上的螺母，拿开排气歧管并废弃掉歧管衬垫。

　　⑬ 拆卸把发动机下后系杆固定到油底壳和副车架上的螺栓，拿开下后系杆。

　　⑭ 拆卸把换挡杆固定到变速器上的换挡轴螺母，并从换挡轴上松开变速杆。如图 9.2-6 所示，松开固定换挡杆拉索至变速器支架的夹子，拿开拉索；拆卸固定换挡杆外拉索支撑支架到变速器上的螺栓，把拉索移到旁边。

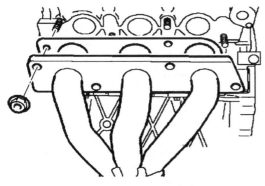
图 9.2-5　拆卸排气歧管

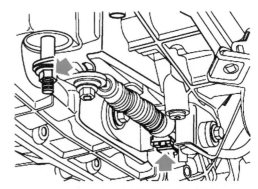
图 9.2-6　拆下自动变速器操纵拉索

　　⑮ 将转向拉杆从球头侧拆下。

　　a. 如图 9.2-7 所示，使用专用工具 T30001 从变速器上松开左内驱动轴接头；往外拉前毂并从变速器上拿开驱动轴和中间轴，把轴放平直，以防止对变速器内的油封造成损害。

　　b. 如图 9.2-8 所示，使用举升机并把可调举升支架连到发动机上。

　　提升举升机提起发动机的重量，而不是把负荷转移到安装点上。

　　拆卸完附件，完成下列拆卸步骤，从车辆上移开发动机。

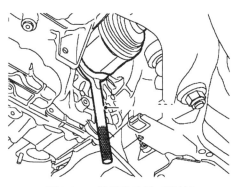

图 9.2-7　拆卸驱动轴（半轴）

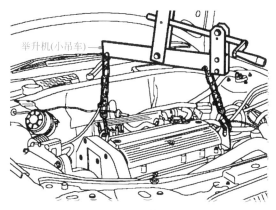

举升机(小吊车)

图 9.2-8　吊住发动机

c. 如图 9.2-9 所示，拆下从发动机右上系杆固定到发动机右系杆上的螺栓，松开把右上系杆固定到发动机右托架上的螺栓并把右上系杆朝上支好。

d. 如图 9.2-10 所示，拆下固定发动机右托架的螺母和 4 个螺栓并拿开支架。

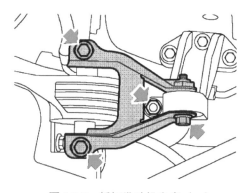

图 9.2-9　拆卸发动机支座（一）

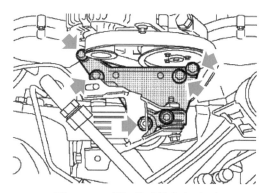

图 9.2-10　拆卸发动机支座（二）

e. 如图 9.2-11 所示，拆下 4 个把发动机右支架固定到发动机前盘上的螺栓并拿开支架。把变速器左液压安装支架固定到变速器左安装支架的贯穿螺栓。

f. 如图 9.2-12 所示，拆下固定变速器左安装支架到变速器上的螺栓并拿开支架。

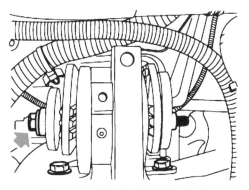

图 9.2-11　拆卸发动机支座（三）

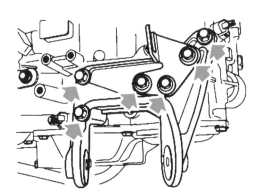

图 9.2-12　拆卸发动机 / 变速器支座

g. 如图 9.2-13 所示，固定变速器左液压安装支架到车身上的螺栓并拿开安装支架。

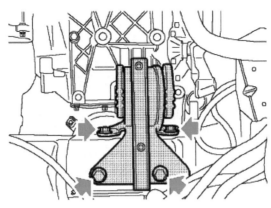

图 9.2-13　拆装支座

9.2.2　分解发动机

视频精讲

9.2.2.1　就车拆下气缸盖

（1）拆卸电气连接件

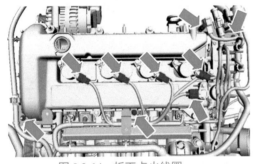

图 9.2-14　拆下点火线圈

❶拆卸燃油泵保险。启动发动机。在发动机熄火后，转动曲轴 10s，以释放燃油系统中的燃油压力。

❷断开蓄电池负极电缆。

a. 如图 9.2-14 所示，拆下点火线圈。

b. 如图 9.2-15 所示，拆卸附件及电气连接件。拆卸出水法兰或水管。

c. 如图 9.2-16 所示，拆下节气门插头。

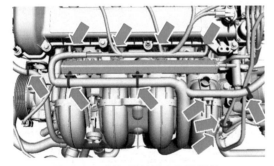

图 9.2-15　拆卸附件及电气连接件

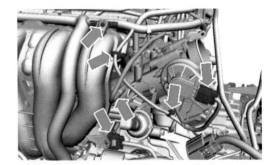

图 9.2-16　拆下节气门插头

（2）拆卸进气歧管

❶从进气歧管上断开蒸发排放炭罐清污电磁阀并松开托架螺栓。如图 9.2-17 所示，断开相关连接器。

❷断开进气歧管空气温度传感器连接器。

❸从节气门体上断开进气管。

④断开怠速空气控制阀连接器。

⑤断开节气门位置传感器连接器。

⑥断开进气歧管绝对压力传感器连接器。

⑦从节气门体上断开冷却液软管。

⑧断开所有必要的真空软管，包括燃油压力调节器上的真空软管和进气歧管上的制动助力器真空软管。

⑨从节气门体和进气歧管上断开节气门拉线（拉线式操作此步骤）。

⑩从进气歧管上拆卸节气门拉线托架螺栓（拉线式操作此步骤）。

⑪拆卸发电机至进气歧管管箍带托架螺栓和箍带。

⑫拆卸动力转向机软管卡箍螺栓并将软管从修理部位移开。

⑬从发动机体和进气歧管上拆卸进气歧管支架螺栓。

⑭拆卸进气歧管支架。按顺序拆卸进气歧管固定螺栓（图9.2-18）。

⑮拆卸进气歧管。拆卸进气歧管衬垫。

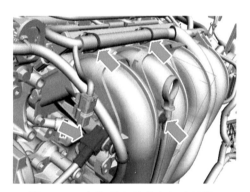

图9.2-17 拆卸进气歧管电气连接器

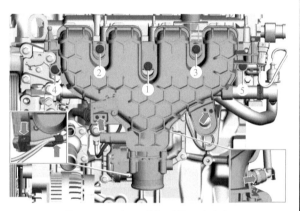

图9.2-18 拆下进气歧管固定螺栓

1～5—固定螺栓

（3）拆卸排气歧管

①从发动机体和排气歧管上拆卸排气歧管支架螺栓。若有隔热板，一并拆下隔热板（图9.2-19）。

②拆卸排气歧管支架。按顺序拆卸排气歧管固定螺栓（图9.2-20）。

③拆卸排气歧管，拆卸进气歧管衬垫。

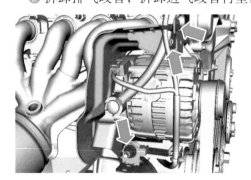

图9.2-19 拆下隔热板／支架

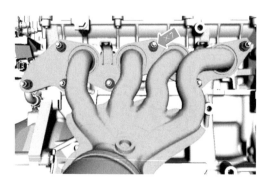

图9.2-20 拆下排气歧管固定螺栓

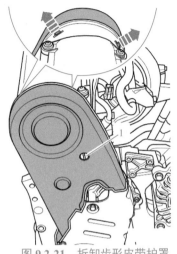

图 9.2-21　拆卸齿形皮带护罩

（4）拆卸正时（齿形）皮带　如果是就车作业，只需拆卸气缸盖，那么拆卸正时传动机构在气缸盖部分即可。也就是脱开凸轮轴轮上的 正时皮带，使缸盖与缸体分离。下述以捷达汽车1.6L、宝来汽车1.6L车型为例，拆下齿形皮带护罩；然后校准正时；松开张紧轮螺栓，释放张紧度；从凸轮轴皮带轮上脱下皮带。

❶拆下齿形皮带护罩。

a. 拆下发动机皮带。

b. 用小螺丝刀将固定凸耳向上按压图9.2-21中箭头位置，然后取下齿形皮带上部护罩。安装时用力将齿形皮带上部护罩压至齿形皮带后部护罩，直到紧固螺栓1锁入。

❷校对正时。转动曲轴带动凸轮轴正时齿轮转至1缸上止点处，凸轮轴正时齿轮的标记必须与齿形皮带后护罩的标记平齐（图9.2-22 和图9.2-23）。

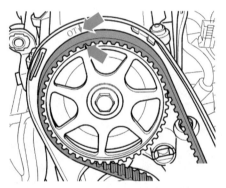

图 9.2-22　正时标记（凸轮轴皮带轮）

图 9.2-23　正时标记（曲轴皮带轮）

（5）拆卸气门室罩盖

❶将气缸盖罩螺栓按对角顺序拧下。

❷取下气缸盖罩。将气缸盖罩放置在一个干净的软垫层上。

取下气门室罩盖垫，注意气门室罩盖垫的完好。

（6）拆下气缸盖

❶用力矩扳手将气缸盖螺栓按对角1～5顺序拧松，然后旋出（图9.2-24）。

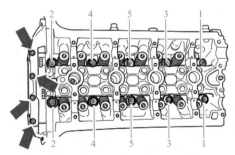

图 9.2-24　拆下气缸盖螺栓

1～5—气缸盖螺栓

图 9.2-25　拆卸法兰

❷取下气缸盖。将气缸盖放置在一个软垫层上。注意气缸垫的完好。

9.2.2.2 **分解气缸盖**

（1）**拆卸火花塞**　拆卸火花塞的内容在前边保养章节中已经讲过，在此不重复说明。需要说明的是，如果火花塞还继续用，那么要放置好火花塞，以免损伤电极。

（2）**拆卸凸轮轴**　位于每个气缸侧面的双凸轮轴，由凸轮轴架支撑，并与缸盖直线排列，一般凸轮轴由一个安装法兰定位，该安装法兰同时还控制凸轮轴的浮动端。

❶如图 9.2-25 所示，拆卸法兰的 4 个螺栓，取下法兰。

❷按图 9.2-26 所示的顺序，渐次松开把凸轮轴支架固定到缸盖上的螺栓，直到气门弹簧压力不再作用到凸轮轴上，同时拿开螺栓。

❸取下凸轮轴，并废弃凸轮轴油封。油封不能再次使用，一旦拆卸，安装时更换新油封。

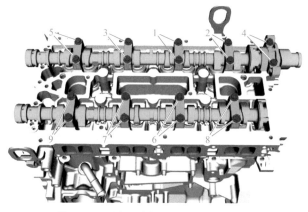

图 9.2-26　按顺序拆卸凸轮轴固定螺栓

　　按安装顺序把液压挺柱倒置放好。处理液压挺柱的时候要保持绝对的清洁。如果不能注意这些要点，将会导致发动机故障。

（3）**取出液压挺柱**　自我调节型轻量的液压挺柱（图 9.2-27）安装在每个气门的顶部并直接与凸轮轴接触。液压挺柱是安装在每个气门顶部的，由凸轮轴直接驱动。气门挺柱油封是铸在金属上的，它同时也作为气缸盖上的气门弹簧座。

最好是用磁力棒，从缸盖上吸着拿出液压挺柱。

（4）**拆卸气门弹簧**　如图 9.2-30 所示为气门弹簧在气门组的位置。有些车辆配置 2 个气门弹簧，内、外簧各一个，有些车辆只有一个气门弹簧。

下述两种工具都可以拆卸气门弹簧。4S 店一般使用第一种工具（图 9.2-28）相对较多；

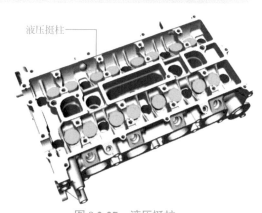

液压挺柱

图 9.2-27　液压挺柱

第二种工具（图9.2-29）简单方便，购买便宜，修理厂和小维修店使用第二种工具较多。

❶ 如图9.2-28和图9.2-29所示，使用专用压簧工具压下气门弹簧。

❷ 拿开气门弹簧锁夹，松起压簧工具，松开气门弹簧。

❸ 取下气门弹簧。

❹ 取下气门弹簧垫片。

图9.2-28 拆卸气门弹簧工具（一）

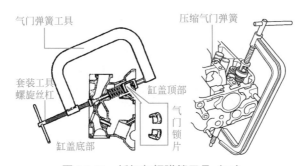

图9.2-29 拆卸气门弹簧工具（二）

（5）**取下气门** 每个气门座有3个机加工面，可提高气门与座之间的密封性能。

❶ 在气门底部做好标记，记录气门所属那个气缸。

❷ 取下气门（图9.2-30），并顺序放置。

（6）**拆下气门油封** 气门油封在气门组的位置见图9.2-31。气门油封一旦拆卸，必须并废弃，不能再次使用。如图9.2-32所示，用气门油封专用工具，夹住气门油封。

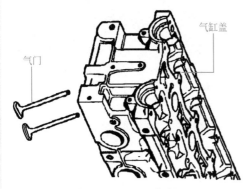

图9.2-30 取下气门

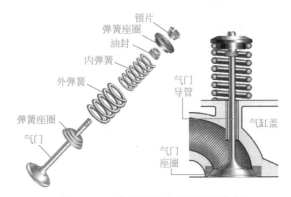

图9.2-31 气门弹簧在气门组的位置

（7）检查气缸盖（图9.2-33和图9.2-34）

❶用刮刀刮去气缸盖上积炭，注意刮刀不宜很锋利，以免伤着缸盖表面。

❷用煤油或汽油清洗缸盖。

❸检查缸盖是否有腐蚀和损伤；检查缸盖的平整度。

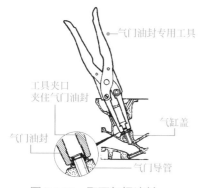

图9.2-32　取下气门油封

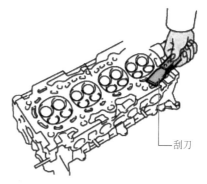

图9.2-33　检查气缸盖（一）

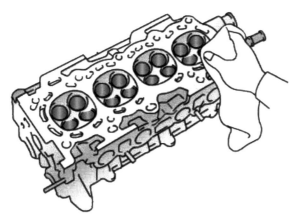

图9.2-34　检查气缸盖（二）

9.2.2.3　从车上拆下飞轮

　　飞轮是将在做功行程中传输给曲轴的功的一部分储存起来，用以在其他行程中克服阻力，带动曲柄连杆机构越过上、下止点，保证曲轴旋转角速度和转矩尽可能均匀，并使发动机有可能克服短时间的超载荷。飞轮通过离合器将动力传递给变速器。

　　（1）从车上拆下变速器总成　拆卸手动变速器总成和自动变速器总成，见第二章中的"从车上拆下变速器总成"部分，此处不再重复。

　　（2）拆卸离合器　手动变速器离合器是传统的膜片弹簧式离合器，配有由液压驱动的离合器分离机构，由预先加注油液的主缸和从动缸这两个密封系统提供助力。离合器不需因磨损而调整。飞轮上有6个螺纹孔用来定位及固定离合器压盘。

　　❶用专用工具将飞轮固定，如图9.2-35所示。

　　❷将离合器压盘的固定螺栓对角拧松并旋出螺栓；取下离合器压盘及离合器从动盘（离合器摩擦片，简称离合器片）。

（3）拆卸飞轮

❶ 如图 9.2-36 所示，使用力矩扳手，按顺序松开飞轮的 6 个螺栓。

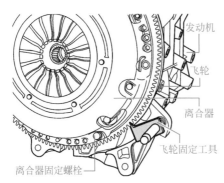

图 9.2-35　拆卸离合器（宝来）

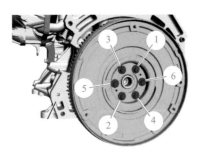

图 9.2-36　拆卸飞轮螺栓

❷ 旋出螺栓，取下飞轮，见图 9.2-37 取下垫板。

（4）拆解气缸体（总成）

❶ 拆卸油底壳、附件。

a. 拆卸发电机支架。

b. 拆卸曲轴皮带轮。

c. 拆卸正时下罩盖。拆下正时链轮链条或正时皮带。拆卸正时罩盖时，如图 9.2-38 所示，将螺栓 1～15 以图示顺序拧松，并旋出。

d. 拆卸曲轴前后油封法兰。

e. 拆卸油底壳。

❷ 拆卸机油泵。机油泵固定在缸体上（图 9.2-39），机油泵靠曲轴通过链条驱动，机油滤清器从上面拆卸，机油冷却器用来冷却机油。

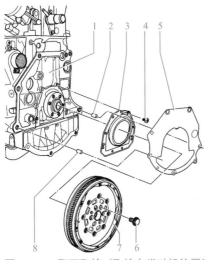

图 9.2-37　取下飞轮（飞轮在发动机位置）

1—气缸体；2,8—定位销；3—后部密封法兰；4,6—螺栓；5—垫板；7—双质量飞轮

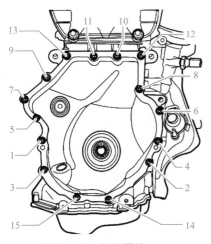

图 9.2-38　拆卸螺栓

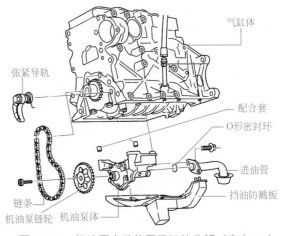

图 9.2-39　机油泵安装位置及组件分解（宝来 1.6）

a. 旋出螺栓 4 并取下防溅板（图 9.2-40）。

b. 旋出螺栓 2，从机油泵轴上取下链轮。

c. 旋出螺栓 1 和 3 并取下机油泵。

❸ 拆卸活塞连杆组件。拆卸之前，注意每个组件的位置。在每个活塞和连杆上做对应气缸的标记。

a. 拆卸连杆瓦螺栓，取下连杆瓦，见图 9.2-41。

b. 用木质锤子柄把连杆从气缸中捅出，拿出带活塞的连杆（图 9.2-42）。

c. 逐个把连杆瓦按入带有活塞的连杆，按顺序放置。

❹ 拆卸轴承盖和轴瓦。

a. 拆卸轴承盖：拆下脉冲信号齿轮（信号盘），小心不要损坏脉冲信号齿轮；按顺序每次旋松轴承盖螺栓（图 9.2-43），重复操作直到所有的螺栓都松动为止；拆下轴承盖螺栓，然后拆下轴承盖。

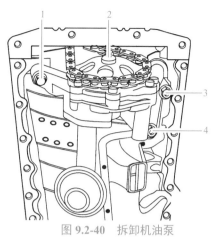

图 9.2-40 拆卸机油泵

（宝来 1.6，此图为缸体立起来放置）

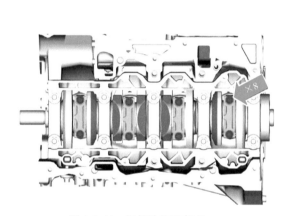

图 9.2-41 拆卸连杆瓦螺栓

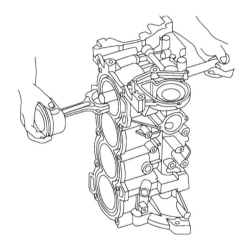

图 9.2-42 取下活塞

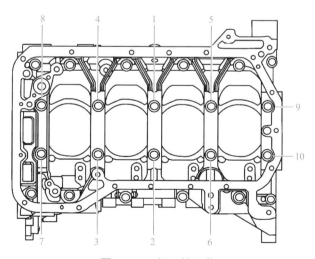

图 9.2-43 拆下轴承盖

b. 取下轴瓦：将轴瓦从轴承盖上拆下，按次序摆放好所有的轴承盖；将曲轴抬出发动机气缸体（图 9.2-44）。

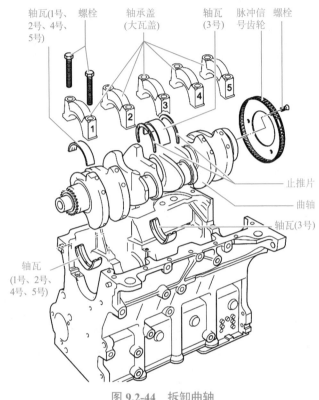

图 9.2-44　拆卸曲轴

⑤ 取出轴瓦和止推垫片。取出轴瓦，且做好标记，不要混淆运转过的轴瓦；轴承盖上的轴瓦无润滑槽；气缸体上的轴瓦有润滑槽。

9.2.3　拆装活塞

9.2.3.1　装配活塞连杆组件

（1）从旧连杆上拆下旧活塞　如果还继续使用旧连杆，那么需要这一程序。从旧连杆上拆下旧活塞，以备在旧连杆上安装新的活塞。

从连杆上拆卸活塞，见图 9.2-45 和图 9.2-46。

❶ 在活塞销卡环上涂抹新的发动机机油，并在环槽内转动它们，直到端隙与活塞销孔的切口对齐。

❷ 将卡环从各活塞两侧拆下。从活塞销孔的切口处开始，小心地拆下卡环，使其不飞出或丢失。戴上眼保护装置。

小心不要损坏环槽。

（2）把新活塞安装的连杆上

❶ 先在一侧安装活塞销卡环（图 9.2-47）。

② 安装活塞和连杆,使压印标记在同一侧(图 9.2-48)。

③ 安装活塞销。

④ 安装另一侧卡环。

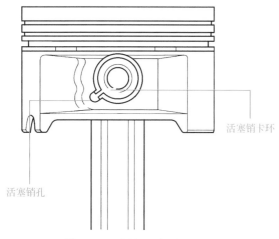

图 9.2-45 拆卸活塞(一)

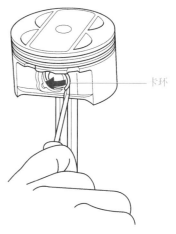

图 9.2-46 拆卸活塞(二)

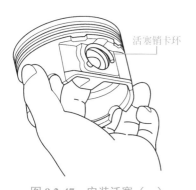

图 9.2-47 安装活塞(一)

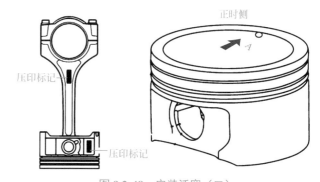

图 9.2-48 安装活塞(二)

用同样的方法重新装配其他的活塞(图 9.2-49)。

注意:在活塞销上,涂抹新的发动机机油。

如图 9.2-48 所示,传统连杆分离面是平的,有安装朝向标记,安装时注意标记。

如果是分体式连杆,分离面不是平的,取消连杆瓦定位凸起(如大众发动机,见图 9.2-50)。安装前需要断开连杆大头,用带铝保护垫的台钳夹紧连杆。

只能略微夹紧连杆,以避免损坏连杆。

连杆在划线下方被夹紧。拧出两个螺栓5圈。

小心地用一把塑料锤沿图 9.2-50 所示箭头方向敲连杆轴承盖,直到其松动。

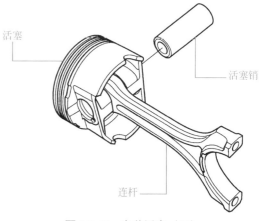

图 9.2-49 安装活塞(三)

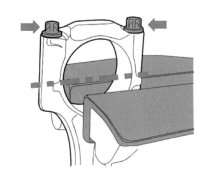
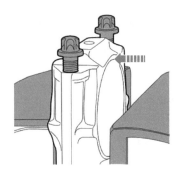

图 9.2-50 分体式连杆

（3）安装活塞环 活塞环是金属密封环，负责密封燃烧室，使之与曲轴箱隔开；从活塞向气缸壁导热以及调节气缸套的油膜（图9.2-51）。

为了完成上述任务，活塞环必须紧靠在气缸壁和活塞环形槽的侧沿上。活塞环的径向弹簧力使活塞环靠在气缸壁上。刮油环通常由一个附加弹簧进一步支撑。活塞必须与活塞环共同确保在所有负荷状态下燃烧室密封可靠，以防气体泄漏和润滑油渗透。接触表面上的润滑油对密封有帮助作用。

每个活塞装有两道气环和一道刮油环。第一道气环为镀铬钢。第二道气环为镀铬铸铁件。刮油环由上下刮片、中间夹、衬环三部分组成。

气环用于确保尽可能没有燃烧气体从燃烧室经过气缸壁与活塞之间的间隙进入曲轴箱内。只有这样，燃烧过程中燃烧室内才能产生足够压力，以使发动机达到设计功率。

刮油环负责调节气缸壁上的油膜，它们将气缸壁上多余的润滑油刮掉并确保这些润滑油不会燃烧。因此，刮油环也决定了发动机的润滑油消耗量。

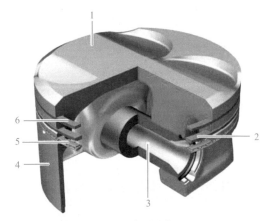

图 9.2-51 活塞／活塞环
1—活塞顶；2—气环；3—活塞销；4—活塞裙；
5—刮油环；6—气环

❶ 用一个直角断裂的环或一个带刮片、可适应活塞环槽的环槽清理器彻底地清理所有环槽。如有必要，锉平刮片。不要用钢丝刷清理环槽，或用清理工具深切环槽（如果是新活塞这步程序免去）。

❷ 按顺序安装刮油环、第二道气环、第一道气环（可使用专门的活塞环扩张器安装活塞环），使"TOP"或识别标记朝活塞的上部。

❸ 在活塞环槽内旋转活塞环，确保活塞环不卡滞。

非常重要的操作：安装活塞环时应注意，如图 9.2-52 所示，第一道气环有标记，第二道气环也有标记，制造标记必须朝上。

活塞环在活塞上安装定位位置如下（图 9.2-53）。

① 第一道环开口与活塞销轴向约 45° 角。

② 第二道环开口与第一道环成 180° 角。

③ 第三道环开口与第二道环成 90° 角。

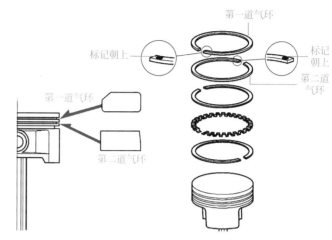

图 9.2-52　安装活塞环（一）

视频精讲

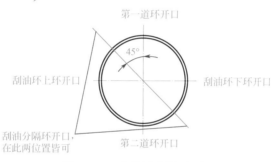

图 9.2-53　安装活塞环（二）

9.2.3.2　把曲轴安装到气缸体上

 小贴士

① 曲轴组装时需进行配对，需先得知缸体尺寸级数，再选择曲轴尺寸级数，两者都确定级数后，则可按选定的级数进行轴瓦选配，气缸体上有标记。

② 在曲轴各轴上涂抹少许机油。

③ 确认轴瓦沟槽的方向。

④ 确认气缸体上的机油孔与对应主轴承轴瓦上的机油孔已对正。

⑤ 安装曲轴时不可戴棉质手套。轴瓦上不可有异物附着。

在气缸体上安装曲轴的过程中，一些重要的操作事项如下。

❶ 使用气枪喷向气缸体、气缸口径及下曲轴箱的发动机机油回路与发动机冷却液回路，以除去所黏附的异物。

❷ 确认所有油道、水道、轴瓦安装面必须干净。

❸ 安装各缸机油喷油嘴。

❹ 将主轴承轴瓦（油沟式）压入缸体主轴承座。

❺ 将曲轴降到发动机气缸体内，当心不要损坏轴颈和脉冲轮。

❻ 曲轴置于气缸体中。

在带止推垫圈槽的一侧涂抹新的发动机机油。如图 9.2-54 所示，将止推垫圈安装到第四轴颈（对于四缸发动机）止推槽内，沟槽向外。

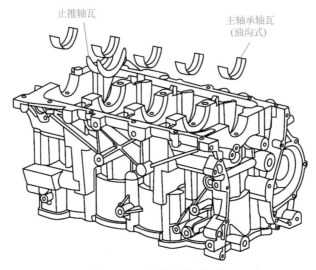

图 9.2-54　安装曲轴（一）

❼ 把飞轮安装于曲轴上（此步骤先不用紧固飞轮螺栓，待曲柄连杆机构和法兰油封都安装完毕，再紧固飞轮螺栓）。

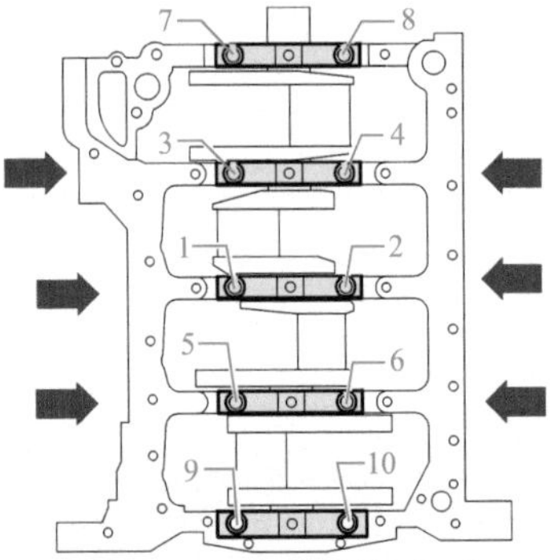

❽ 安装轴瓦和轴承盖。轴承盖朝向发动机气缸体正时皮带端。

❾ 安装轴承盖螺栓。

❿ 按顺序用力矩扳手紧固曲轴瓦盖螺栓。如图 9.2-55 所示，按照顺序拧紧曲轴轴承盖的固定螺栓（所有四缸发动机均为此顺序，多缸发动机也按照先紧固中间位置螺栓，后紧固两边螺栓的原则）。具体某种车型要参照维修手册紧固力矩。下面以大众高尔夫、宝来汽车发动机为例来说明。

a. 用力拧紧螺栓 1 ～ 10 和两侧螺栓。

图 9.2-55　安装曲轴（二）

b. 以 60N・m 的力矩预拧紧螺栓 1 ～ 10。

c. 用刚性扳手继续旋转螺栓 1 ～ 10，然后再使用力矩扳手旋转 90° 紧固。

d. 以 20N・m 的力矩预拧紧两侧螺栓。

e. 用刚性扳手继续旋转螺栓 90°。

⓫ 转动飞轮，曲轴转动自如，无卡滞。

9.2.3.3　把活塞连杆组件装入缸体

向各气缸壁、曲轴及轴瓦涂抹机油。气缸的所在位置与所安装的连杆上气缸号码应相同。

❶ 将连杆轴瓦压入连杆大端及连杆大端盖轴承座中。安装时，将连杆轴承的凸出挡块

对正连杆及连杆大端盖的凹口（图 9.2-56）。

❷ 将连杆及活塞裙部放入气缸，并要注意活塞装配标记（指向前）和活塞端隙开口方向（图 9.2-57）；然后，将活塞环压紧器套住活塞环上收紧。

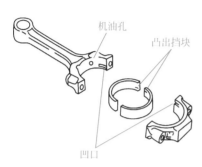

图 9.2-56　安装活塞连杆组件（一）

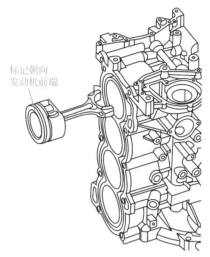

图 9.2-57　安装活塞连杆组件（二）

❸ 使用活塞环压紧器将活塞与连杆总成安装到曲轴上。

❹ 如图 9.2-58 所示，将活塞 / 连杆总成在气缸内定位，并用锤子的木柄将其敲入。在压环器上，保持向下的压力，以防止活塞环在进入气缸前胀开。

❺ 活塞环压紧器自由松开后，停止下压，在推活塞就位前，检查连杆与曲轴连杆轴颈是否对准。

❻ 用力矩扳手按顺序锁紧连杆螺栓，按维修手册规定力矩拧紧螺栓。

❼ 检查连杆侧间隙。确认曲轴是否可平顺旋转。

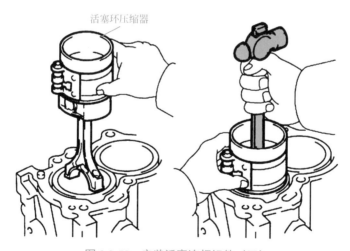

图 9.2-58　安装活塞连杆组件（三）

9.2.3.4　安装相关附件

❶ 安装法兰和曲轴后油封。

❷ 安装机油泵。

❸ 安装平衡轴（如有）。

❹ 安装曲轴前油封。

❺ 安装油底壳（图 9.2-59）。

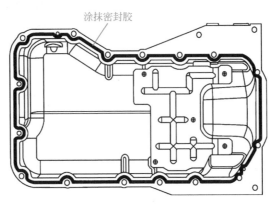

涂抹密封胶

图 9.2-59　安装油底壳（一）

a. 在油底壳上涂抹密封胶。

b. 将油底壳与下曲轴箱接合处使用涂胶增加密封性；分解后涂抹面要完全消除干净才能再涂胶；涂胶后 5min 内，需将螺栓锁到规定扭力；打胶面不可沾附油液、水分及异物；涂胶起点要超过涂胶终点；在螺孔周围及螺孔内侧均要涂上胶。

c. 将油底壳对正定位销，贴合在下曲轴箱上。

d. 再用螺栓 A×2 个、螺栓 B×2 个、螺栓 C×15 个，按 1 ~ 19 的顺序锁紧油底壳螺栓（图 9.2-60）。

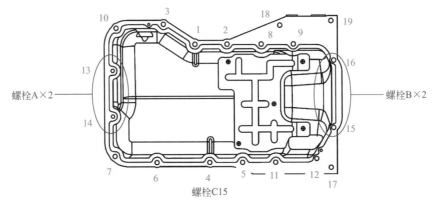

螺栓A×2　　螺栓B×2

螺栓C15

图 9.2-60　安装油底壳（二）

❻ 安装飞轮。

❼ 安装爆震传感器。

视频精讲

9.2.4　从车上拆下变速器

9.2.4.1　从车上拆下手动变速器总成

从车上拆下变速器总成是个比较复杂的作业工程，涉及很多附属零部件和底盘部件被拆卸。首先要拆卸相关电器连接件、机械连接件等，然后把发动机与变速器分离。曲轴后油封泄漏、更换离合器及相关部件（手动变速器）以及液力变矩器（自动变速器）、变速器内部维修分解等都需要把变速器总成拆下进行作业，以下是变速器总成拆卸过程中重要的一些操作事项。

（1）拆卸相关部件

❶ 拆卸蓄电池。

❷ 视情况拆卸发动机盖。在发动机罩标记机罩铰链位置（这个标记一般很明显，通常正好被铰链平面结合的部分一般没有表漆），可以在安装发动机罩时，方便地调整发动机罩位置。

❸ 仔细观察是否和车内有连接件，如有，拆卸车内总成或者连接件。

❹ 拆卸发动机室内过往变速器的连接件、线路或固定件。

❺ 从车辆下部拆卸部件。

❻ 拆卸传动桥。

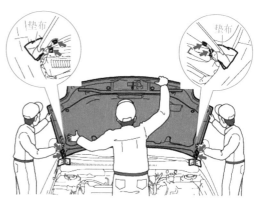

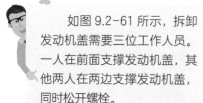
如图 9.2-61 所示，拆卸发动机盖需要三位工作人员。一人在前面支撑发动机盖，其他两人在两边支撑发动机盖，同时松开螺栓。

图 9.2-61　拆卸发动机盖

（2）拆卸起动机（图9.2-62）

❶ 拆卸螺母，然后断开起动机电缆和连接器。

❷ 拆卸起动机安装螺栓，然后拆卸起动机。

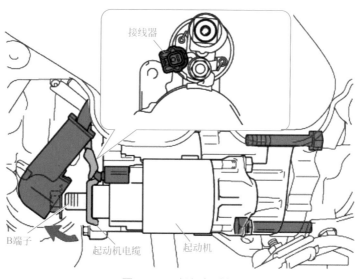

图 9.2-62　拆卸起动机

（3）拆卸离合器泵　拆卸管路时，柔性软管管路不能从分离泵分离。如果将柔性软管管路从分离泵分离，将导致空气进入离合器系统，导致离合器工作不正常。

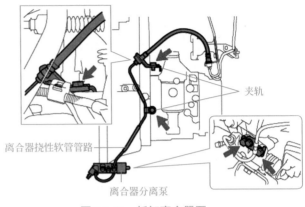

如图9.2-63所示，拆卸柔性软管管路卡箍，然后将分离泵连同管路卡箍一起从传动桥拆下。切勿使挠性软管管路变形。

图 9.2-63　拆卸离合器泵

（4）拆下换挡和选挡控制拉索　如图9.2-64所示，拆卸卡扣和垫圈，然后从传动桥断开换挡和选挡拉索。

（5）使用发动机起吊工具

❶ 发动机吊架。使用发动机吊架（小吊车）吊住发动机，以便为从车上拆下变速器做准备工作。

如图9.2-65所示，通过发动机吊索将它们连接到链动滑轮。利用吊链上的张紧力（两边吊链张紧力均匀），从驱动桥上拆下支架安装螺栓和发动机安装支架。

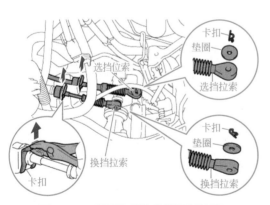

图 9.2-64　拆下换挡和选挡控制拉索

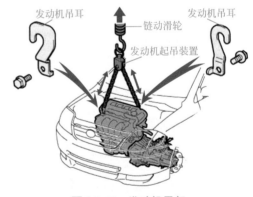

图 9.2-65　发动机吊架

小贴士

①如果链动滑轮升起过高，车辆可能从起重机上落下，非常危险。

②如果链条用力不均匀，发动机将明显倾斜，非常危险。

❷ 发动机支架。如图9.2-66所示，使用该工具可以稳定支撑发动机。

（6）升起车辆拆卸　升起车辆，拆下和断开半轴、拉杆球头等底盘零部件和连接件。如果栏杆球头比较容易拆下，用锤子敲击转向节（羊角）和栏杆球头安装连接处，使球头因敲击振动而松动，使其快速脱开拆下。如果球头很难脱开，使用图9.2-66所示方法拆下。

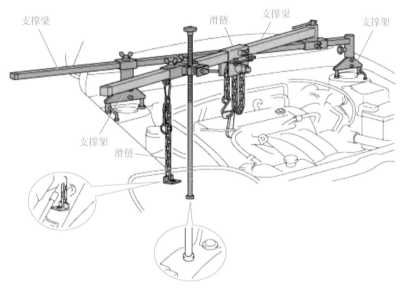

图 9.2-66　发动机支架

❶ 如图 9.2-67 所示，拆卸拉杆球头。拆卸开口销和槽顶螺母。使用专用球头拉具，将横拉杆球头从转向节脱离。

❷ 如图 9.2-68 所示，拆卸半轴。当将车桥轮毂轻轻拉离车辆时，用塑料锤轻轻敲端部，脱开半轴，从车桥轮毂断开半轴。

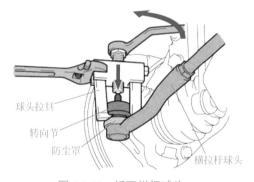

图 9.2-67　拆下栏杆球头

图 9.2-68　拆卸半轴

（7）分离变速器　如图9.2-69所示，使用千斤顶支撑变速器，调整千斤顶角度和连接件，防止摇摆，确保安全稳定。

拆下最后一个变速器与发动机安装螺栓，将平头螺丝刀插入发动机与变速器结合部位，用螺丝刀撬动，脱开变速器（图9.2-70）。慢慢放下千斤顶，同时确保变速器不妨碍车身。

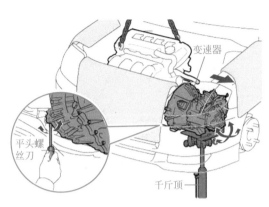

变速器

平头螺丝刀

千斤顶

图 9.2-69　拆下变速器（一）

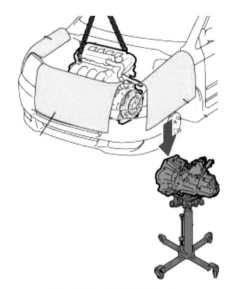

图 9.2-70　拆下变速器（二）

9.2.4.2　从车上拆下自动变速器总成

　　拆卸自动变速器总成与拆卸手动变速器总成的步骤方法一样。以下是自动变速器总成拆卸过程中重要的一些操作事项。

　　（1）拆卸换挡拉索　如图9.2-71所示，拆卸换挡拉索。换挡拉索严禁弯曲或纠结。

　　（2）拆卸自动变速器油液冷却器　变速箱油液冷却器安装在散热器后面（图9.2-72）。通过两个带有快速接头的软管连接变速箱，通过两个带有软管夹子的软管连接散热器。为了防止混淆，快速释放接头都有带颜色的编号。

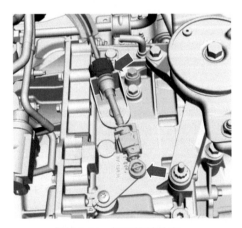

图 9.2-71　拆下换挡拉索

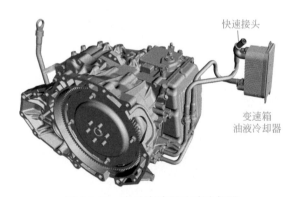

快速接头

变速箱
油液冷却器

图 9.2-72　自动变速器油液冷却器

　　如图 9.2-73 所示，使用管夹拆装器夹住水管，松开冷却器水管卡子，拆开与自动变速器链接一端的水管。

　　（3）安装发动机支架工具　如图9.2-74所示，使用发动机支架工具吊住发动机，以便为从车上拆下变速器做准备工作。

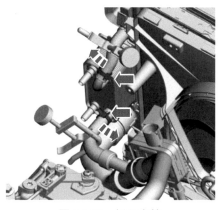

图 9.2-73　拆开水管

图 9.2-74　使用发动机支架工具吊住发动机

（4）升起车辆　拆下和断开半轴、拉杆球头等底盘零部件和连接件。
如图 9.2-75 和图 9.2-76 所示，拆卸半轴。

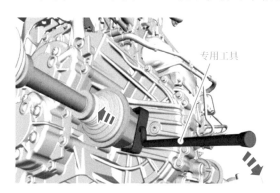

图 9.2-75　拆卸半轴（一）

图 9.2-76　拆卸半轴（二）

9.2.5　分解手动变速器

差速器分解图如图 9.2-77 所示。
（1）拆卸差速器（图9.2-78）

视频精讲

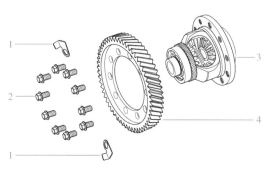

图 9.2-77　差速器分解图

1—行星轮轴锁止片；2—从动齿轮与行星架固定螺栓；
3—行星架；4—从动齿轮

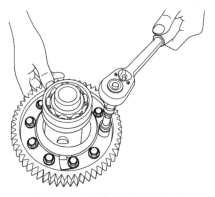

图 9.2-78　差速器的拆卸（一）

❶ 拆卸变速箱总成。

❷ 拆卸换挡控制机构总成。

❸ 拆卸拨叉轴。

❹ 从变速箱内部拆卸差速器总成。

❺ 拆卸主减速器从动齿轮 10 个固定螺栓。

❻ 找出行星轮轴锁止销位置（图 9.2-79）。

❼ 用通用工具取出行星轮轴锁止销（图 9.2-80）。注意：锁止销的另一面有一个锁止钢球，在拆卸过程中防止钢球掉落。

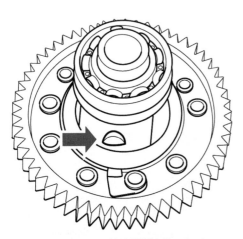

图 9.2-79　差速器的拆卸（二）

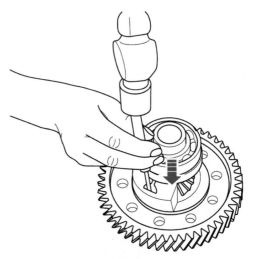

图 9.2-80　差速器的拆卸（三）

❽ 取出行星轮轴（图 9.2-81）。

❾ 旋转行星轮。注意：把行星轮按图 9.2-82 中箭头所示方向旋转 90°。

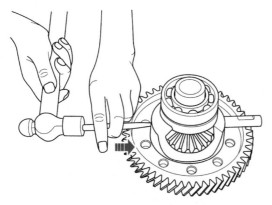

图 9.2-81　差速器的拆卸（四）

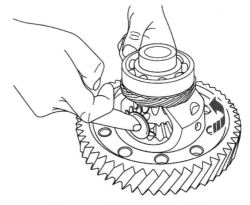

图 9.2-82　差速器的拆卸（五）

❿ 取出行星轮（图 9.2-83）。

⓫ 取出右输出小齿轮（图 9.2-84）。

⓬ 取出左输出小齿轮（图 9.2-85）。

⓭ 取出主减速器从动齿轮（图 9.2-86）。

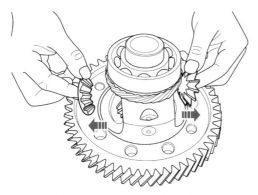

图 9.2-83　差速器的拆卸（六）

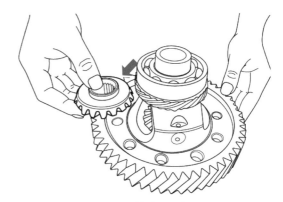

图 9.2-84　差速器的拆卸（七）

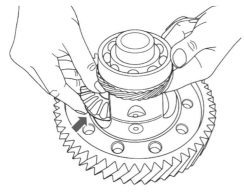

图 9.2-85　差速器的拆卸（八）

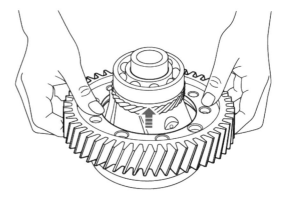

图 9.2-86　差速器的拆卸（九）

⓮ 拆卸后的行星轮及输出齿轮见图 9.2-87。

注意：如果需要调整行星轮与输出齿轮之间的啮合间隙，可以调整垫片的厚度。

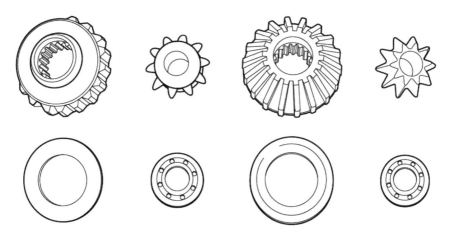

图 9.2-87　差速器的拆卸（十）

（2）安装差速器

❶ 安装行星轮。在安装过程中请注意行星轮及输出齿轮的垫片状态。如果需要更换差速器轴承，请使用专用工具安装轴承（图 9.2-88）。

❷安装行星轮轴。

❸安装行星轮轴锁止销。

❹安装行星轮轴锁止销钢球（图 9.2-89）。

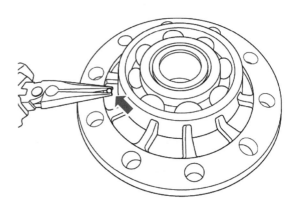

图 9.2-88　差速器的安装（一）　　　　图 9.2-89　差速器的安装（二）

❺用冲子锁上锁止销（两面）。

❻安装主减速器从动齿轮（图 9.2-90）。

❼紧固主减速器从动齿轮固定螺栓。在安装过程中确认行星轮轴两边的锁止片不要漏装，并按图 9.2-91 所示顺序紧固螺栓。

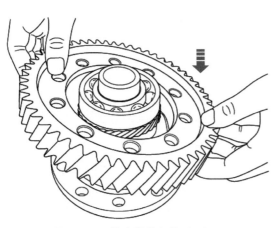

图 9.2-90　差速器的安装（三）　　　　图 9.2-91　差速器的安装（四）

❽安装差速器总成。

❾安装拨叉轴。

❿安装变速箱总成。

⓫安装换挡控制机构总成。

9.2.6　拆装自动变速器变矩器

❶ 在下列任何状况下，都需更换液力变矩器。

a. 液力变矩器轮毂焊接区外部漏油。

b. 液力变矩器轮毂刮伤或损坏。

c. 液力变矩器导套断裂或损坏。

d. 冲洗冷却器与冷却器管路后，发现有铁屑。

e. 泵损坏或转换器中发现有铁屑。

f. 定子单向离合器内部故障。

g. 过热导致离合器碎屑严重过多。

h. 滤网或磁铁上发现铁屑或离合器摩擦片材料，但装置中的内部零件却无磨损或损坏，则表示铁屑或摩擦片材料来自液力变矩器。

❷ 发生下列状况时，不需更换液力变矩器。

a. 油液有异味、变色，并且未发现有金属或离合器表面材料颗粒的迹象。

b. 车辆显示的里程数过高。此种异常状况可能是车辆在被过度使用的状况下运转（如出租车、运输或警用），液力变矩离合器减振器摩擦片过度磨损。

 小贴士

在进行液力变矩器螺栓孔攻牙操作时，切勿攻牙过深，使液力变矩器表面凹陷，进而造成内部的锁定离合器运转异常。

9.2.7　拆装空调器

9.2.7.1　拆装暖风总成

拆卸暖风总成（图 9.2-92）的操作步骤如下。

❶ 拆下蓄电池负极接线。

❷ 拆下空调进气格栅总成。

❸ 拆下发动机舱隔板上绝热垫和发动机舱中间辅助隔板。

❹ 排空发动机的冷却系统。

❺ 断开软管的连接。

❻ 回收空调系统制冷剂。

❼ 拆下空调管固定到蒸发器上的螺栓，松开管子。从管子上拆下 O 形圈，并废弃不用。

❽ 松开将暖风机左右两侧出风口固定到空调隔热板上的螺钉，拆下空调隔热板。

❾ 拆下仪表板总成。

❿ 断开乘客侧的安全气囊的连接器。

⓫ 拆下将前排乘客侧前气囊模块固定到仪表板骨架上的螺栓，拆下气囊模块。

⓬ 拆下将转向管柱支架固定到仪表板骨架上的螺母和螺栓。

⓭ 拆下将主线束固定到仪表板骨架上的扎带。

⓮ 松开将主线束固定到通道顶部上的夹子。

⓯ 拆下将接地线固定到仪表板骨架上的螺母和螺栓。

⑯ 拆下仪表板骨架上相连的电气件。

⑰ 拆下将仪表板骨架总成到车身上的螺栓。

⑱ 拆下仪表板骨架总成。

⑲ 拆下将暖风机总成固定到车身上的螺栓。

⑳ 支撑好暖风机总成。

㉑ 从暖风机壳体的底部断开排空软管的连接。

㉒ 从进风口和中控台地板通风管上松开暖风机。

㉓ 断开暖风机线束连接器，从前围上移开暖风机总成。

㉔ 拆下暖风机总成。

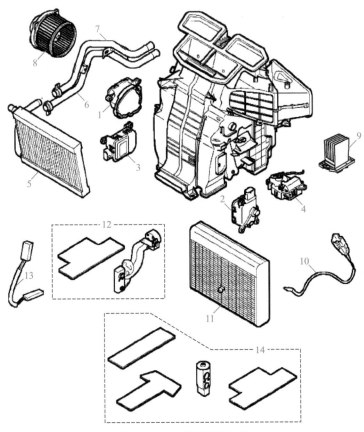

图 9.2-92　拆卸暖风总成

1—模式风门伺服电动机总成；2—右混合风门伺服电动机总成；3—左混合风门伺服电动机总成；4—新鲜
循环空气风门伺服电动机总成；5—暖风机芯体总成；6—进水管总成（暖风机芯体到发动机）；7—出水
管总成（暖风机芯体到发动机）；8—鼓风机总成；9—功率管；10—蒸发器温度传感器；11—蒸发器
总成；12—蒸发器连接管总成；13—暖风芯体温度传感器；14—蒸发器膨胀阀

安装暖风总成时，按与拆卸相反的顺序安装暖风总成各部件即可。

9.2.7.2　拆装蒸发器

拆卸蒸发器的操作步骤如下。

❶ 拆卸相关连接件和附件。

②拆下将蒸发器连接管固定到暖风机上的螺钉。

③从膨胀阀上松开隔热胶布。

④拆下将蒸发器连接管固定到蒸发器上的螺栓，拆下蒸发器连接管。

⑤拆下并废弃掉蒸发器连接管的 O 形圈。

⑥拆下膨胀阀。

⑦从暖风机和蒸发器进入面板上松开暖风机线束卡扣。

⑧拆下固定新鲜／循环空气风门伺服电动机的螺钉。断开操作杆的连接并将新鲜／循环空气风门伺服电动机放到旁边。

⑨拆下固定蒸发器进入面板的螺钉并拆下面板。

⑩断开蒸发器温度传感器连接器。

⑪拆下蒸发器总成。

安装蒸发器时，按与拆卸相反的顺序安装即可。

9.2.8　拆装转向机

（1）拆卸转向机（液压）

①举升车辆，拆卸车轮。

②将储油盘放在转向器下接收动力转向油。

③从动力转向器带横拉杆总成上断开进油管、回油管（图 9.2-93）。

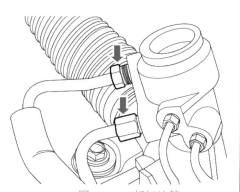

④转动转向盘使联轴器上的标记与短轴外壳标记对齐（图 9.2-94）。

⑤拆卸机械转向管柱总成万向节螺栓。

⑥拆卸转向横拉杆和球头固定螺母。

⑦拆卸前副车架总成。

⑧拆卸动力转向器固定装置的固定螺栓。

图 9.2-93　拆卸油管

⑨拆卸动力转向器与副车架的固定螺栓（图 9.2-95）。

⑩从副车架上取下动力转向器带横拉杆总成。

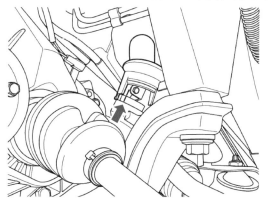

图 9.2-94　拆卸十字轴

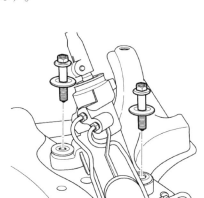

图 9.2-95　拆卸副车架固定螺栓

（2）安装转向机（液压）

①将高压油管从动力转向泵总成连接到动力转向器。

② 将回油管从储液罐连接至动力转向器。

③ 举起车辆，将转向系统油管安装到副车架并紧固螺栓。

④ 将高压油管和回油管连接到动力转向器上并紧固。

⑤ 将高压油管托架固定螺栓安装到动力转向泵总成上。

⑥ 将转向系统油管托架固定在右侧纵梁上并紧固。

⑦ 将转向系统油管连接至油壶上并紧固。

⑧ 将供油软管连接到动力转向泵总成上。

⑨ 将动力转向油加注到动力转向管路带油壶总成中。

⑩ 检查是否存在管路泄漏，如有泄漏，重复以上步骤重新安装管路，并排出管路中的空气。

第10章

汽车故障诊断与排除

10.1 发动机故障诊断与排除

10.1.1 冷却液温度传感器故障

10.1.1.1 冷却液温度传感器的原理和特性

冷却液温度传感器相当于一个测量发动机冷却液温度的可变电阻。热敏电阻置于冷却液温度传感器内,其电阻值随着发动机冷却液温度的变化而变化。

冷却液温度传感器由半导体材料制成,测量电阻安装在壳体内,主要由热敏电阻、金属引线、触点和外壳等组成(图10.1-1)。

冷却液温度传感器信号用于识别发动机温度,并计算发动机的点火时间和喷油时间,是发动机工作的重要传感器。

冷却液温度传感器可以对来自ECU的电压信号进行调整,这是通过热敏电阻来实现的。调整后的信号作为发动机冷却液温度测量的输入信号返回给ECU。当冷却液温度较低时,传感器的电阻值变大;而当冷却液温度升高时,传感器的电阻值变小(图10.1-2)。将这种变化通过电路的连接转化为电信号输送给ECU,ECU根据输入的电信号来对发

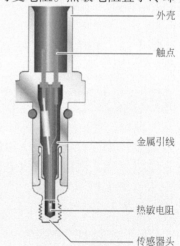

图 10.1-1　冷却液温度
传感器结构

外壳

触点

金属引线

热敏电阻

传感器头

动机的喷油量及喷油时间进行修正，同时调整空燃比（冷机时供给较浓的可燃混合气，热机时供给较稀的可燃混合气），使发动机稳定而良好地工作。

10.1.1.2 冷却液温度传感器的故障诊断

发动机控制模块为传感器提供一个 5V 参考电压：冷车时电压升高，热车电压降低。通过测量电压变化，发动机控制模块可以确定发动机冷却液温度。

冷却液温度传感器故障会生成两个故障码：故障码 P0117，表示冷却液温度传感器电路电压过低；故障码 P0118，表示冷却液温度传感器电路电压过高。

10.1.1.3 冷却液温度传感器的更换

更换冷却液温度传感器如图 10.1-3 所示。

❶ 释放冷却系统压力。

❷ 断开冷却液温度传感器线束插头，用扳手拧松后，旋出冷却液温度传感器。

❸ 安装时，在冷却液温度传感器的螺纹上涂抹密封剂。

❹ 检查冷却液液面高度，如过低，则添加相同型号的冷却液。

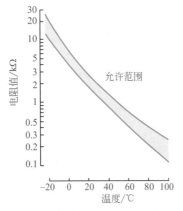

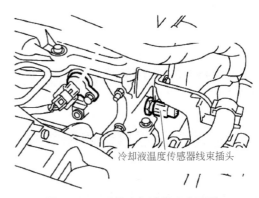

冷却液温度传感器线束插头

图 10.1-2　冷却液温度传感器（热敏电阻）特性　　　图 10.1-3　更换冷却液温度传感器

10.1.2　曲轴位置传感器故障

10.1.2.1 曲轴位置传感器的重要作用

曲轴位置传感器（图 10.1-4）用于检测发动机转速、活塞上止点和曲轴的转角，这些参数是计算混合气空燃比和进行点火调节的主要控制参数。曲轴位置传感器将这些参数以信号形式发送给发动机电控单元，如果曲轴位置传感器发生故障，信号无法触发电子点火器（或 ECU）工作，将导致发动机没有点火指令，也不会喷油，此时发动机就不能启动（着车）。

10.1.2.2 曲轴位置传感器的工作原理

曲轴位置传感器一般为电磁脉冲信号式传感器，装在飞轮上，利用脉冲信号感应曲轴正时盘 58 齿的缺两齿位置，来判定曲轴旋转时发动机的转速和活塞的相对位置。发动机控制单元使用曲轴位置传感器提供的这些信息生成正时点火信号和喷射脉冲，然后分别发送给点火线圈和喷油器。

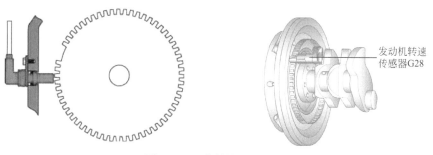

图 10.1-4　曲轴位置传感器

　小贴士

　　曲轴位置传感器为重要的传感器之一，如果曲轴位置传感器因损坏而无法输出缺齿齿位的信号，会使发动机控制模块（ECM）无法判断曲轴位置，这将导致燃油系统及主继电系统无法运作。

10.1.2.3　曲轴位置传感器故障诊断

（1）故障生成

❶ 如果启动发动机 2s 以上，凸轮轴位置传感器给出了发动机在旋转情况下的信号，而曲轴位置传感器仍无信号，则曲轴位置传感器会被设定故障码。

❷ 在发动机达到某个转速以上时，系统自检检查 100 次中失败的次数为 10 次以上，且曲轴位置传感器信号没有高低变化时间超过 2 个脉冲，就会被设定故障码。

（2）可能的故障原因

❶ 曲轴位置传感器本身故障。

❷ 曲轴位置传感器至 ECM 之间电路短路或断路。

❸ 正时盘损坏。

10.1.2.4　曲轴位置传感器检测及注意事项

（1）检测其性能　　检测曲轴位置传感器的性能，一定要抓住故障再现时这一关键时机进行，发动机停机以后调出的故障码不能说明根本的故障问题。如果检测到关于曲轴位置传感器的故障码，那是自诊断系统给出的检查范围，需要逐一检查传感头、信号发生盘、ECU 以及控制线束等有无问题。检测方法主要有开路测电阻、测量输出电压、采用示波器检测信号波形、采用模拟试验法检测、测量点火提前角等。

　　磁脉冲式曲轴位置传感器实质上是一个交流发电机，它是无源式信号发生装置，发出的信号电压是很微弱的，只有毫伏级，所以需要加装屏蔽保护装置（图 10.1-5），防止发出的微弱信号被外界干扰。

（2）霍尔式曲轴位置传感器检测　　对于霍尔式曲轴位置传感器，不能采取测量电阻的方法判断其性能好坏。霍尔式曲轴位置传感器有 3 个端子，一个是外供电源线，由 ECU 提供

5V电源，一个是搭铁线，另一个是信号线。在一个霍尔式曲轴位置传感器中，包含霍尔元件、放大电路、整形电路以及输出电路等。

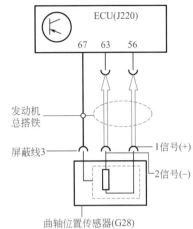

> 👆 **小贴士**
>
> 　　在维修资料中，通常没有给出霍尔式曲轴位置传感器的电阻参数，因此不能像对待磁脉冲式曲轴位置传感器那样去测量电阻。正确的方法是利用示波器，测试其输出的波形是否正确。

　　（3）**安装位置应精准**　安装位置应精准，间隙得当。磁脉冲式曲轴位置传感器信号发生盘齿顶与传感头之间的气隙必须符合要求，否则难以感知磁力线的变化，将造成输出信号减弱或者无信号输出。

图 10.1-5　曲轴位置传感器电路

10.1.2.5　曲轴位置传感器故障排除案例

　　普通霍尔式传感器有 3 根引线，分别为电源线、信号线和搭铁线；而大众 CC 车采用的新型霍尔式曲轴传感器只有 2 根引线，如图 10.1-6 所示，分别为电源线和信号线。新型霍尔式传感器输出信号的高、低电压不受速度影响，主要由 ECU 内部的电阻决定，电阻一定，高、低电压便一定，即使转速很低，发动机 ECU 仍能检测到输出信号电压，这就克服了电磁式传感器输出信号电压随转速变化而变化的缺点。

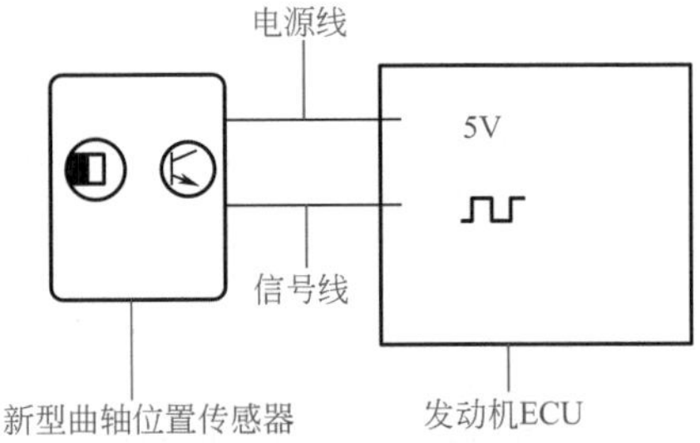

图 10.1-6　霍尔式传感器

10.1.3　凸轮轴位置传感器故障

10.1.3.1　凸轮轴位置传感器故障影响

　　凸轮轴位置传感器（图 10.1-7）安装在凸轮轴同步运转的位置，提供凸轮轴位置信息。凸轮轴位置传感器对系统的排放影响很大，传感器出现问题的时候车辆启动困难，启动会出加速明显不良。

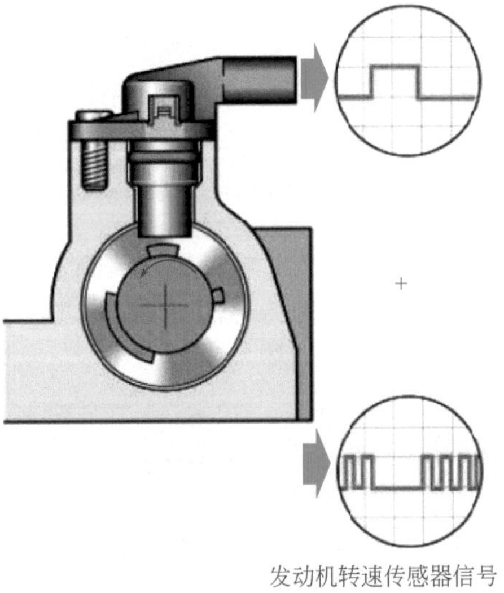

　　ECU 根据此信号以及 G28 信号判缸，从而确定启动时第一次点火；确定点火次序，同时也用于分缸爆震控制。如果传感器出现故障，则发动机无爆震控制功能，同时各缸点火提前角均推迟。

发动机转速传感器信号

图 10.1-7　凸轮轴位置传感器（一）

10.1.3.2　凸轮轴位置传感器结构

　　凸轮轴位置传感器（相位）感应凸轮轴突起位置，以此识别工作气缸。凸轮轴位置传感器感应活塞的位置。当曲轴位置传感器（位置）系统失效时，凸轮轴位置传感器（相位）

将利用气缸识别信号的正时，向各发动机零部件提供不同的控制。

霍尔传感器由永磁铁和霍尔集成电路组成。当发动机运转时，轮齿的高低部分与传感器之间的间隙发生变化。这种变化的间隙会引起传感器附近的磁场发生变化。由于磁场的变化，来自传感器的电压也会改变。

当凸轮轴上的凸起物在凸轮轴的旋转作用下经过 CMP 传感器的电磁阀时，它们会导致磁通量发生变化。CMP 传感利用处理电路将磁通量的变化转换为数字波形（矩形波）（图 10.1-8）。ECU 根据凸轮轴位置波形检测发动机转速和凸轮轴位置。

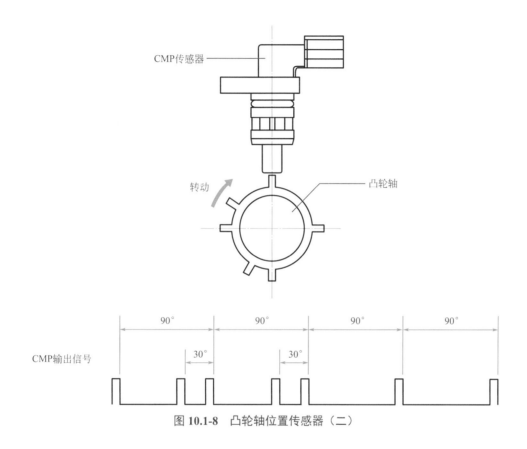

图 10.1-8　凸轮轴位置传感器（二）

10.1.3.3　凸轮轴位置传感器故障诊断

实际凸轮轴位置与电子控制单元指令位置不匹配时，就会导致凸轮轴位置传感器产生故障。一种是电子方面故障；另一种如图 10.1-9 所示，即凸轮轴后端信号盘异物积存和凸轮轴后端信号盘损坏的机械故障。

（1）传感器及其电路故障

❶ 当指令电磁阀断电时，发动机控制模块检测到进气凸轮轴位置执行器电磁阀和排气凸轮轴位置执行器电磁阀持续开路 1s 以上或累计达 5s，凸轮轴位置传感器故障产生。

❷ 当指令电磁阀断电时，发动机控制模块检测到排气凸轮轴位置执行器电磁阀电路持续开路 1s 以上或累计达 5s，凸轮轴位置传感器故障产生。

图 10.1-9　检查凸轮轴

（2）非传感器本身故障生成的传感器故障码信息

小贴士

例如某奥迪 Q5，由于机油压力调节阀性能不良，机油压力无法满足凸轮轴调节装置的需求，影响正时调节功能，因此产生故障码 P0341。发动机控制模块设定的故障码有可能只是故障点引发的表面现象，真正的故障根源并不在传感器本身。更换机油压力调节阀，故障彻底排除。

10.1.3.4　凸轮轴位置传感器检测及注意事项

关闭点火开关，断开凸轮轴位置传感器，打开点火开关至"ON"位置，用万用表检查 VC 端子与 VV- 之间的电压，应为 5V，如果没有 5V 电压，应分别检查与 ECU 间线路的连接情况，如果线路正常，则说明发动机 ECU 有故障。

10.1.4　机油压力温度传感器故障

10.1.4.1　机油压力温度传感器结构

图 10.1-10　发动机机油压力
温度传感器及其连接
1—机油压力温度传感器；2—3 芯插头连接

发动机机油压力温度传感器是一种新型组合式传感器。传感器信号用于油泵的特性线控制，温度信号用于发动机热量管理。此传感器安装在主机油道中，并承受那里的油压和机油温度。因此不再测量油底壳中的机油温度，而是测量发动机中的实际机油温度。如图 10.1-10 所示。

机油压力温度传感器测量发动机机油的绝对压力及其温度。测量值作为按脉冲宽度调制的信号输出。该测量方法基于一个微机械压阻式压力传感器（硅），它提供一个与压力成正比的输出信号。温度测量通过一个二极管实现。

在介于 -40 ～ 160℃ 之间的允许温度下，传感器的测量范围在 0.5 ～ 10.5bar（1 bar=10^{5}Pa）之间。传感器在 5V 的电压下运行。

10.1.4.2　机油压力温度传感器电路

机油压力温度传感器电路如图 10.1-11 所示。机油压力温度传感器通过一个 3 芯插头进行连接。机油压力温度传感器从发动机控制单元获得接地和一个 5V 的供电电压。按脉冲宽度调制的信号划分为 3 个固定周期：第一个周期用于同步和诊断；第二个周期用于传递温度；第三个周期用于传递压力。

发动机机油压力温度传感器参数见表 10.1-1。

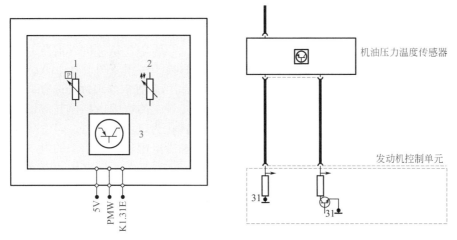

图 10.1-11　机油压力温度传感器电路

1—油压传感器；2—油温传感器；3—电子分析装置；5V—5V 供电电压；

PWM—发动机机油压力温度传感器按脉冲宽度调制的信号；Kl.31E—总线端 Kl.31，两个传感器的电子接地线

表 10.1-1　发动机机油压力温度传感器参数

说明 / 物理量	参数
供电电压 /V	5
压力测量范围 /$\times 10^5$Pa	$0.5 \sim 10$
最大电流消耗 /mA	15
温度范围 /℃	$-40 \sim 160$

10.1.4.3　机油压力温度传感器检查

　　机油压力温度传感器具有自诊断性，温度信号和压力传感器信号可以分开诊断。诊断结果包含在按脉冲宽度调制的信号中，并由发动机控制系统进行分析。

　　发动机机油压力温度传感器失灵时，在发动机控制单元记录故障码。

10.1.5　空气流量计故障

10.1.5.1　空气流量计发生故障的影响

　　空气流量计常见故障是信号电压过高或过低。空气流量计或其电路发生故障，如信号电压电压过高或过低、信号电压在测量范围内不正确，若 ECU 并没有判断出有故障，将会引起发动机失速。

10.1.5.2　空气流量计结构简单、工作路径清晰

　　（1）进气量转换为电压　空气流量计（图 10.1-12）用来检测引入到发动机的空气量（空气质量流量），是发动机控制单元计算点火时刻与喷油量的重要影响因素。

　　空气流量计的原理就是将进气量转换为电压。

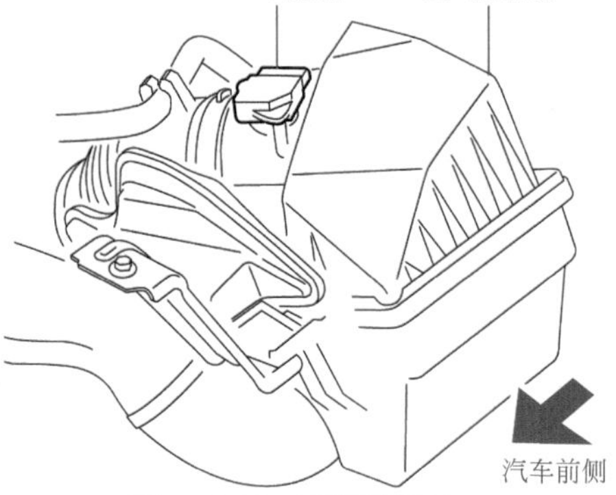

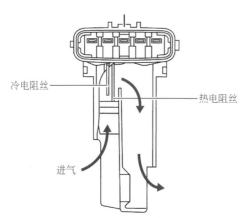

图 10.1-12　空气流量计

图 10.1-13　空气流量计特性（一）

（2）空气流量计的特性

❶ 当金属温度降低时，电阻减小。利用这一特性，热电阻丝从进气气流获取热量，并将进气量转换为电压（图 10.1-13）。

❷ 利用进气密度因进气温度升高而下降这一空气特性，冷电阻丝根据其环境温度，将进气密度转化为电压。然后，对由热电阻丝（进气量）和冷电阻丝转化而来的电压进行比较，通过给晶体管加载不同电压使电动势变得稳定（图 10.1-14）。向热金属丝加载的电压被作为进气量输出。

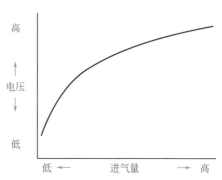

图 10.1-14　空气流量计特性（二）

10.1.5.3　空气流量计故障码

空气流量计产生故障（码），一般有以下几种。

❶ 空气流量计内部断路，没有电压信号输出。

❷ 空气流量计接线端与电子控制单元之间的线束故障。

❸ 主继电器与空气流量计之间的线束故障。

❹ 空气滤清器过脏，集结的尘土和异物会影响空气流量计的准确性，但不一定储存故障码。

热膜式空气流量传感器（图 10.1-15）前格栅起到阻挡异物进入进气管的作用。热膜式空气流量传感器前格栅中间变形会导致空气经过前格栅时产生涡流，以至于不能检测涡流，涡流使热膜式空气流量传感器计量

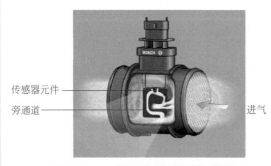

图 10.1-15　热膜式空气流量传感器

失准。涡流流过热膜时，带走的热量大，发动机 ECU 就会控制多喷油；涡流不经过热膜时，带走的热量少，发动机 ECU 就会控制少喷油。同样，热膜式空气流量传感器格栅上有尘土、杂物等同样会引起空气流量信号失准。

10.1.5.4 空气流量计检测及注意事项

发动机 ECU 参考转速传感器和节气门位置传感器信号来判断空气流量信号是否正常，当出现空气流量信号的故障，而检查空气流量传感器及其电路又都正常时，则要检查发动机转速传感器和节气门位置传感器。

检查时需要检查空气流量传感器的波形，若波形不正常，需要检查空气流量传感器的电路。

10.1.6 氧传感器故障

10.1.6.1 氧传感器发生故障的影响

氧传感器的作用就是在排气中检测氧气浓度。如果氧传感器信号一直偏大，发动机就会不断地降低喷油量，这时候，就会出现怠速波动幅度较大、加速无力。

10.1.6.2 氧传感器工作原理

❶ 如氧化锆原件的氧传感器，当锆元件里面和外面的氧气浓度存在差别时，氧离子的运动产生了电动势。在化学计量的空气/燃油比边界值（A/F=14.7）时，电动势发生明显的变化（图10.1-16）。

❷ 当锆元件温度过低时，不产生电动势。因此内部增加了一个加热器用于加热氧传感器，使氧传感器更容易启动。由于这个原因，即使在发动机冷启动之后，传感器也能即时高效地被激活，从而得到稳定的传感器输出。

❸ 氧传感器的输出电压用于确定催化转化器是否老化和燃油喷射控制。

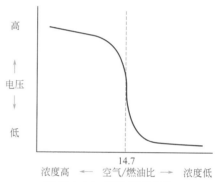

图 10.1-16 氧传感器特性

10.1.6.3 氧传感器故障原因

❶ 前氧传感器（上游氧传感器）产生原因。
a. 氧传感器由于燃油中含硅而被污染。
b. 氧传感器信号电路开路。
c. 氧传感器本身故障。
d. 排气管或排气歧管泄漏。
e. 电子控制模块（PCM 或 ECM）故障等。

氧传感器（图10.1-17）的作用是测定发动机排气中的氧气含量，以修正喷油量，从而使发动机获得最佳空燃比（14.7：1）。加热型氧传感器监控器会跟踪氧传感器信号上升和下降过程中的电压变化速率。当电压变化速率低于校准值时，电子控制模块（ECU）就会开始修改空燃比，试图提高氧传感器的电压变化速率。如果 ECU 已经达到可以接受的燃油修正限制或者已超过可接受的燃油修正的时间长度，而仍然没有监测到可以接受的电压变化速率的话，该故障码就会出现。

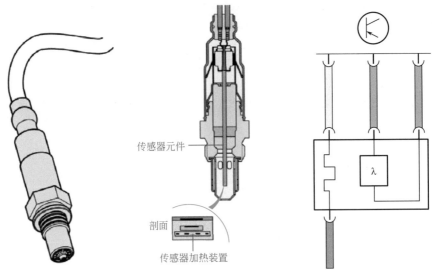

传感器元件

剖面

传感器加热装置

图 10.1-17　氧传感器

❷ 后氧传感器（下游氧传感器）产生原因。

电子控制模块（ECU）持续监测加热型氧传感器加热器，以确保没有开路、短路或电流消耗过度的情况。如果电流消耗超过校准的极限，或监测到开路或短路，故障码就会出现。故障原因包括氧传感器加热器电压电路开路或加热器接地线电路开路，由插接器内的油或湿气引起的信号交叉、氧传感器本身故障、电子控制模块（PCM 或 ECM）故障等。

❸ 氧传感器的铅中毒、硅中毒、汽油燃烧不完全、积炭油污等都会导致其失效而使数据流异常或产生故障码。

10.1.6.4　空燃比传感器

空燃比传感器也就是宽带氧传感器，是一种电流限制型传感器，可以在所有浓度范围的废气（从浓到稀）中检测到氧气的浓度［空燃比（A/F），即全范围空气/燃油比］。空燃比传感器将废气中的氧气浓度转换为一个电流值，并将其发送到 PCM/ECM。PCM/ECM 根据所接收的电流值计算空气燃料混合气的 λ 值。

10.1.7　节气门故障

10.1.7.1　节气门（位置传感器）故障的影响

节气门位置（TP）传感器采用了霍尔元件，内置于节气阀体，用来检测节气门的开启角度。行车中节气门会变脏，从而使得车辆怠速不稳，加速不良，冬天严重时候会使发动机启动困难。

10.1.7.2　节气门工作原理

电子节气门（图 10.1-18）开度大小由 ECM 根据驾驶员控制的节气门踏板控制输入信号，以及其他各种传感的输入信号，计算出车辆在该时刻和该状态下所需要的发动机输出功率，并据此控制发动机的燃料供给（喷射）量，根据反馈信号修正控制参数，保证发动机工作在最佳控制状态。

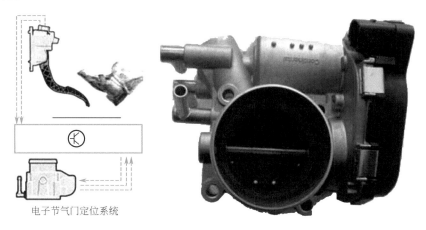

电子节气门定位系统

图 10.1-18 电子节气门

10.1.7.3 节气门故障码

（1）节气门/加速踏板位置传感器电路或者性能问题 在电子节气门控制（ETC）系统中，加速踏板位置（APP）传感器的作用是将加速踏板的位置以电信号的形式传递给节气门控制模块，作为节气门执行器控制节气门阀开度的参考依据。故障原因包括节气门翻板太脏、卡住，传感器信号电路开路，传感器接地线电路开路，传感器本身故障等。

（2）节气门/加速踏板位置传感器/电路电压过低 这样的故障码信息说明电子节气门踏板位置传感器A信号电压低于校准的最低值（0.17V）。故障原因包括传感器信号电路开路、传感器信号电路短路到接地、传感器参考电压电路开路、传感器本身故障或电子控制模块（PCM或ECM）故障等。

（3）节气门/加速踏板位置传感器/电路电压过高 这样的故障码说明电子节气门踏板位置传感器A信号电压高于校准的最高值（4.65V）。故障原因包括传感器信号电路短路到正极、传感器本身故障或电子控制模块（PCM或ECM）故障等。

10.1.7.4 节气门设定注意事项

对节气门进行基本设定的目的是通过电控单元的学习功能适应节气门开度变化，自行找到一个新的开启角度，以满足怠速的需求以及对不同工况的识别。在冷却液温度正常、打开点火开关、不启动发动机的情况下进行设定。

系统按照程序执行基本设定的操作，给节气门单元供电使其到达上下止点（即最大与最小位置）以及几个关键位置，然后由节气门位置传感器（TPS）将这些位置对应的电压值反馈给发动机ECU。ECU就知道节气门整个行程对应的电压范围，从而在运转中开到某个角度时可以知道目前是什么工况（怠速、急加速、部分负荷、全负荷），以便采取不同的控制策略（图10.1-19和图10.1-20）。

在断开或更换发动机控制单元，清洗或者更换过电子节气门后，都需要进行这个基本设定。如果显示"节气门基本设定未完成"的故障码，则通常仪表中EPC会报警，而且出现无法加速等症状。这时需重点检查节气门相关线路，包括节气门电动机供电、传感器数值，特别是节气门体插接件部分。

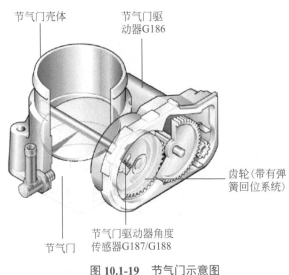

图 10.1-19 节气门示意图

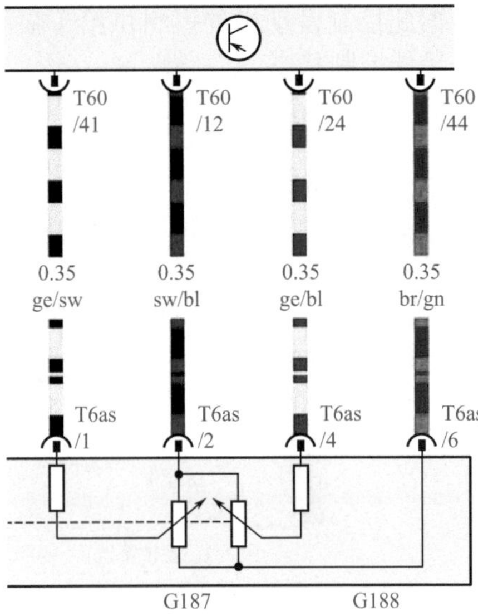

节气门壳体
节气门驱动器G186
齿轮(带有弹簧回位系统)
节气门
节气门驱动器角度传感器G187/G188

图 10.1-20 节气门电路

10.1.8 爆震传感器故障

10.1.8.1 爆震传感器故障的影响

爆震传感器的作用是感知发动机爆燃情况，将信号反馈给控制单元，适当减小点火提前角，防止发机爆震燃烧。

爆震传感器发生故障会导致发动机功率下降，尤其换挡时会"闯车"，高速行驶驾驶不良。

10.1.8.2 爆震传感器工作原理

❶ 爆震传感器利用半导体的压电特性把发动机中异常燃烧产生的振动转化为电压，并把电压输入到 PCM。

❷ 压电效应是指在压电元件表面的某一方向上受到拉伸负荷或压力时产生电势差的现象。发动机内的异常燃烧导致发动机振动，从而对爆震传感器施加拉伸负荷和压力。由于振动而发生变形所产生的电势差被作为爆震信号发送到发动机控制单元。

10.1.8.3 爆震传感器故障

（1）主要原因　点火提前角过大会产生发动机爆震。

（2）其他原因

❶ 喷油器故障，混合气过浓。

❷ 经常使用劣质汽油。

❸ 发动机燃烧室内积炭过多，增大了压缩比。

❹ 爆震传感器安装不到位导致的信号失准。

10.1.9　点火线圈故障

10.1.9.1　独立点火线圈

　　独立点火线圈如图 10.1-21 所示。发动机具有一个带静态点火分电系统的感应式点火装置。每个气缸都有一个单独的点火线圈，此点火线圈直接插在气缸盖罩中。这个线圈点火系统的点火电路由下列部分组成：带初级和次级线圈的点火线圈；发动机控制单元中的点火终极；火花塞，与次级线圈相连。每个火花塞都由一个单独的点火线圈（杆状点火线圈）以及发动机控制单元中一个单独的点火终极用高压控制。

图 10.1-21　独立点火线圈
1—点火线圈；2—插头连接器；
3—火花塞

　　点火终极在希望的点火时刻前使车载网络中的电流流过初级线圈。初级电路闭合期间（关闭时间），在初级线圈中建立起一个磁场。在点火时刻，流过初级线圈的电流重新中断。磁场的能量通过磁耦合的次级线圈放电（感应）。这时在次级线圈中产生一个高压，此高压在火花塞上产生点火火花。

　　火花塞上必要的点火电压（点火电压需求）必须始终低于点火装置可能的最大点火电压（点火电压供应）。在点火火花击穿后，剩余的能量在火花持续时间内在火花塞上转换掉。因此必须精确调整点火火花点燃燃烧室内的油气混合气的点火时刻。这样可以保证最佳扭矩以及低油耗，且同时有害物质的排放最小。

　　主要影响参数有：发动机转速；发动机扭矩；增压压力；当前过量空气系数；冷却液温度和进气温度；燃油等级（辛烷值）；发动机运转工况（发动机启动、怠速、部分负荷、满负荷）。

10.1.9.2　内部线路

　　点火线圈按照变压器原理工作（图 10.1-22）。在一个共用铁芯上安放着 2 个线圈。初级线圈由一根粗金属丝组成，匝数少。线圈的一端通过总线端 Kl.15 过载保护继电器连接在车载网络电压正极（总线端 Kl.15）上，另一端（总线端 Kl.1）连接在点火终极上，这样点火终极能够接通初级电流。次级线圈由一根匝数很多的细金属丝制成。

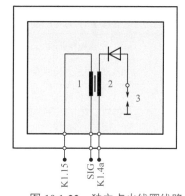

图 10.1-22　独立点火线圈线路
1—初级线圈；2—次级线圈；3—火花塞；Kl.15—供电
（通过总线端 Kl.15 过载保护继电器）；SIG—点火
信号，总线端 Kl.1；Kl.4a—总线端，接地

10.1.9.3　信号曲线及参数

　　点火信号的计算还确保在正确的气缸中以最佳点火提前角使用必要的能量进行火花的点火。为此探测曲轴的转速信号。发动机控制单元由此计算出曲轴角度和当前发动机转速。

　　这样，在每个所需的曲轴角度上进行点火终极的接通和关闭（汽油发动机的有效范围：上止点前 -70°，曲轴转角至上止点后曲轴转角 +30°）。对于四冲程发动机，由于必须在发动机每旋转两圈后点火一次，因此要求凸轮轴传感器与气缸一致对应（图 10.1-23 ）。

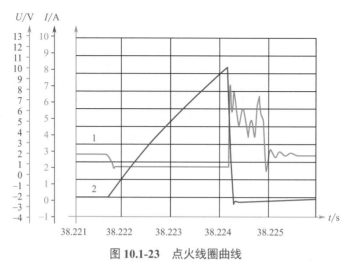

图 10.1-23　点火线圈曲线

1—点火线圈总线端 Kl.1 上的电压（来自点火终极）；2—初级线圈充电电流

连续火花点火的基础是重复接通和关闭点火线圈，于是实际的点火火花扩展成一个火花带。通过提前后续扫气将中断单个火花点火，于是火花塞上没有更多能量传递到油气混合气中，剩余能量保留在点火线圈中，这样能够将后续扫气时间缩到最短，只能在低转速范围中以及暖机阶段时采用连续火花点火（清洁火花塞）。点火线圈参数见表 10.1-2。

表 10.1-2　点火线圈参数

项目 / 说明	参数
电压范围 /V	6～16
正常运行中的次极线圈电压 /kV	至 29
正常运行时的最大耗电 /A	8～10.5
初级电阻 /mΩ	小于 600
初级线圈与次极线圈的传动比	1：80
温度范围 /℃	−40～140

10.1.9.4　故障分析

发动机控制模块使用曲轴位置传感器的信息确定何时出现发动机失火，并且使用凸轮轴位置传感器的信息确定哪个气缸正在失火。发动机控制模块通过监测各缸曲轴转速的变化，可以检测到各个缸失火。如果发动机控制模块检测到缺火率足以使排放水平超出法定标准，则设置故障码 P0300。

在一定的行驶条件下，失火率过高会导致三效催化转换器三元催化器过热，可能使转换器损坏。当转换器过热、出现损坏故障和设置故障码 P0300 时，故障指示灯将闪烁。四缸发动机故障码 P0301～P0304，对应于气缸 1～4；六缸发动机故障码 P0301～P0306，对应于气缸 1～6；八缸发动机故障码 P0301～P0308，对应于气缸 1～8；十二缸发动机故障码 P0301 ～ P0312，对应于气缸 1 ～ 12。如果发动机控制模块可以确定缺火的是哪个气缸，则设置该气缸的故障码。

10.2
变速器故障诊断与排除

10.2.1　手动变速器故障

（1）离合器分离不彻底故障　故障主要表现在汽车起步时将离合器踩到底仍挂挡困难。离合器自由行程很大，即使勉强挂上挡，挂挡时变速器内发出齿轮撞击声，且踏板没有完全放开前汽车就行驶，或发动机立即熄火。

检查离合器片和离合器压盘，对于上述故障现象，更换离合器压盘和离合器片会彻底解决。

（2）离合器打滑故障　离合器打滑有以下原因，一般也是更换离合器压盘和离合器片会彻底解决。

❶ 离合器踏板无自由行程或自由行程过小。

❷ 压盘弹簧过软或折断。

❸ 摩擦片磨损过薄、硬化，铆钉外露或表面沾有油污。

❹ 离合器盖与飞轮连接螺栓松动。

❺ 分离轴承套筒轴向移动不自如。

（3）离合器发抖故障　离合器发抖有以下原因，一般也是更换离合器压盘和离合器片会彻底解决。

❶ 分离杠杆内端高度不一，不在同一平面。

❷ 压紧弹簧弹力不均，个别弹簧折断，高低不等。

❸ 压盘或从动盘翘曲变形或磨损不均。

❹ 从动盘摩擦片油污、破裂、凹凸不平或铆钉外露、铆钉松动，从动盘减振弹簧松弛或折断。

❺ 发动机固定螺栓、飞轮固定螺栓、变速器与飞轮壳之间的紧固螺栓松动。

❻ 分离叉轴及衬套磨损过甚。双片式离合器中间主动盘传动销孔与传动销间隙不当，移动时阻滞。

10.2.2　自动变速器故障

10.2.2.1　汽车不能行驶故障

（1）故障表现　无论操纵手柄位于倒挡或前进挡，汽车都不能行驶；冷车启动后汽车能行驶一小段路程，但热车状态下汽车不能行驶。

（2）可能的故障原因

❶ 自动变速器油底渗漏。

❷ 操纵手柄和手动阀摇臂之间的连杆或拉索松脱，手动阀保持在空挡或停车挡位置。

❸ 油泵进油滤网堵塞。

❹ 主油路严重泄漏。

❺ 油泵损坏。

 小贴士

① 检查自动变速器内有无液压油。其方法是，拔出自动变速器的油尺，观察油尺上有无液压油。如有严重漏油处，应修复后重新加油。

② 检查自动变速器操纵手柄与手动阀摇臂之间的连杆或拉索有无松脱。如果有松脱，应予以装复，并重新调整好操纵手柄的位置。

③ 拆下主油路测压孔上的螺塞，启动发动机，将操纵手柄拨至前进挡或倒挡位置，检查测压孔内有无液压油流出。

④ 如果主油路侧压孔内没有液压油流出，应打开油底壳，检查手动阀摇臂轴与摇臂间有无松脱，手动阀阀芯有无折断或脱钩。若手动阀工作正常，则说明油泵损坏。对此，应拆卸分解自动变速器，更换油泵。

⑤ 如果主油路测压孔内只有少量液压油流出，油压很低或基本上没有油压，应打开油底壳，检查油泵进油滤网有无堵塞。如无堵塞，说明油泵损坏或主油路严重泄漏，应拆卸分解自动变速器。

⑥ 如果冷车启动时主油路有一定的油压，但热车后油压即明显下降，说明油泵磨损过甚，应更换油泵。

⑦ 如果测压孔内有大量液压油喷出，说明主油路油压正常，故障出在自动变速器中的输入轴、行星排或输出轴，应拆检自动变速器。

10.2.2.2　自动变速器打滑故障

（1）故障表现　起步时踩下油门踏板，发动机转速很快升高但车速升高缓慢；行驶中踩下油门踏板加速时，发动机转速升高但车速没有很快提高；平路行驶基本正常，但上坡无力，且发动机转速很高。

（2）可能的故障原因

❶ 液压油油面太低；液压油油面太高，运转中被行星排剧烈搅动后产生大量气泡。

❷ 离合器或制动器摩擦片、制动带磨损过甚或烧焦。

❸ 油泵磨损过甚或主油路泄漏，造成油路油压过低。

❹ 超越离合器打滑。

❺ 离合器或制动器活塞密封圈损坏，导致漏油。

❻ 减振器活塞密封圈损坏，导致漏油。

 小贴士

① 自动变速器在所有前进挡都有打滑现象，则为前进离合器打滑。

② 自动变速器在操纵手柄位于 D 位时的 1 挡有打滑，而在操纵手柄位于 L 位或 1 位时的 1 挡不打滑，则为前进单向超越离合器打滑。若无论操纵手柄位于 D 位或 L 位或 1 位时，1 挡都有打滑

现象，则为低挡及倒挡制动器打滑。

③ 自动变速器只在操纵手柄位于 D 位时的 2 挡有打滑，而在操纵手柄位于 S 位或 2 位时的 2 挡不打滑，则为 2 挡单向超越离合器打滑。若无论操纵手柄位于 D 位或 S 位或 2 位时，2 挡都有打滑现象，则为 2 挡制动器打滑。

④ 在 3 挡有打滑现象，则为倒挡及高速挡离合器打滑。

⑤ 超速挡时有打滑现象，则为超速制动器打滑。

⑥ 在倒挡和高速挡时都有打滑现象，则为倒挡及高速挡离合器打滑。

⑦ 在倒挡和 1 挡时都有打滑现象，则为倒挡及低速挡制动器打滑。

10.2.2.3 换挡冲击过大故障

（1）故障表现 在起步时，由停车挡或空挡挂入倒挡或前进挡时，汽车振动较严重；行驶中，在自动变速器升挡的瞬间汽车有较明显的闯动。

（2）可能的故障原因

❶ 发动机怠速过高。节气门拉索或节气门位置传感器调整不当，使主油路油压过高。

❷ 升挡过迟。真空式节气门阀的真空软管破裂或松脱。

❸ 主油路调压阀有故障，使主油路油压过高。

❹ 单向阀钢球漏装，换挡执行元件（离合器或制动器）接合过快。

❺ 换挡执行元件打滑。油压电磁阀不工作。电子控制单元故障。

 小贴士

① 检查发动机怠速。

② 检查真空式节气门阀的真空软管。如有破裂，应更换；如有松脱，应重新连接。

③ 路试，如果有升挡过迟的现象，则说明换挡冲击大的故障是升挡过迟所致。如果在升挡之前发动机转速异常升高，导致在升挡的瞬间有较大的换挡冲击，则说明离合器或制动器打滑，应分解自动变速器，予以修理。

④ 检测主油路油压。如果怠速时的主油路油压高，则说明主油路调压阀或节气门阀有故障，可能是调压弹簧的预紧力过大或阀芯卡滞所致；如果怠速时主油路油压正常，但起步进挡时有较大的冲击，则说明前进离合器或倒挡及高挡离合器的进油单向阀阀球损坏或漏装。拆卸阀板检修。

⑤ 检测换挡时的主油路油压。在正常情况下，换挡时的主油路油压会有瞬时的下降。如果换挡时主油路油压没有下降，则说明减振器活塞卡滞。对此，应拆检阀板和减振器。

10.2.2.4 升挡过迟故障

（1）故障表现 在汽车行驶中，升挡车速明显高于标准值，升挡前发动机转速偏高；必须采用松油门提前升挡的操作方法，才能使自动变速器升入高速挡或超速挡。

（2）可能的故障原因

❶ 节气门拉索或节气门位置传感器调整不当；节气门位置传感器损坏。

❷ 主油路油压或节气门油压太高。

❸ 强制降挡开关短路。

④控制单元或传感器有故障。

 小贴士

　　①对于电子控制自动变速器，应先进行故障自诊断。如有故障码，则按所显示的故障码查找故障原因。

　　②检查节气门拉索或节气门位置传感器的调整情况。如果不符合标准，应重检修匹配。

　　③检查强制降挡开关。如有短路，应予以修复或更换。

　　④测量急速时的主油路油压，并与标准值进行比较。若油压太高，应通过节气门拉索或节气门位置传感器予以调整。采用真空式节气门阀的自动变速器，应采用减少节气门阀推杆的长度的方法，予以调整。若调整无效，应拆检主油路调压阀或节气门阀。

　　⑤调速器油压正常，则升挡过迟的故障原因为换挡阀工作不良。对此，应拆检或更换阀板。

10.2.2.5　不能升挡故障

（1）故障表现　汽车行驶中自动变速器始终保持在1挡，不能升入2挡和高速挡；行驶中自动变速器可以升入2挡，但不能升入3挡和超速挡。

（2）可能的故障原因

❶节气门拉索或节气门位置传感器调整不当；节气门位置传感器损坏。

❷调速器有故障。

❸车速传感器有故障。

❹2挡制动器或高挡离合器有故障。

❺换挡阀卡滞。

❻挡位开关有故障。

 小贴士

　　①对于电子控制自动变速器，应先进行故障自诊断。影响换挡控制的传感器有节气门位置传感器、车速传感器等。按所显示的故障码查找故障原因。

　　②检查挡位开关的信号。如有异常，应予以调整或更换。

　　③测量调速器油压。若车速升高后调速器油压仍为0或很低，说明调速器有故障或调速器油路严重泄漏。对此，应拆检调速器。调速器阀心如有卡滞，应分解清洗，并将阀心和阀孔用金相砂纸抛光。若清洗抛光后仍有卡滞，应更换调速器。

　　④如果调速器油压正常，应拆卸阀板，检查各个换挡阀。换挡阀如有卡带，可将阀心取出，用金相砂纸抛光，再清洗后装入。如不能修复，应更换阀板。

　　⑤如果控制系统无故障，应分解自动变速器，检查各个换挡执行元件有无打滑现象，用压缩空气检查各个离合器、制动器油路或活塞有无泄漏。

10.2.2.6　无超速挡故障

（1）故障表现　在汽车行驶中，车速已升高至超速挡工作范围，但自动变速器不能从3挡换入超速挡；在车速已达到超速挡工作范围后，采用提前升挡（即松开油门踏板几秒后再踩下）的方法也不能使自动变速器升入超速挡。

（2）可能的故障原因

① 超速挡开关或其他超速电子控制元件有故障。

② 超速行星排上的直接离合器或直接单向超越离合器卡死。

③ 超速制动器打滑。

④ 挡位开关有故障。

⑤ 液压油温度传感器有故障。

⑥ 节气门位置传感器有故障。

⑦ 换挡阀卡滞。

 小贴士

① 对于电子控制自动变速器，应先进行故障自诊断，检查有无故障码。液压油温度传感器、节气门位置传感器、超速电磁阀等部件的故障都会影响超速挡的换挡控制。按显示的故障码查找故障原因。

② 检查液压油温度传感器在不同温度下的电阻值，并与标准值进行比较。如有异常，应更换液压油温度传感器。

③ 检查挡位开关和节气门位置传感器的信号。挡位开关的信号应和操纵手柄的位置相符。节气门位置传感器的电阻或输出电压应能随节气门的开大而上升，并与标准相符。如有异常，应予以调整。若调整无效，应更换挡位开关或节气位置传感器。

④ 检查超速电磁阀的工作情况。打开点火开关，但不要启动发动机，在按下超速挡开关时，检查超速电磁阀有无工作的声音。如果超速电磁阀不工作，应检查控制线路或更换超速电磁阀。

⑤ 检查在空载状态下自动变速器的升挡情况。

如果在空载状态下自动变速器能升入超速挡，且升挡车速正常，说明控制系统工作正常，不能升挡的故障原因为超速制动器打滑，在有负荷的状态下不能实现超速挡。

如果能升入超速挡，但升挡后车速不能提高，发动机转速下降，说明超速行星排中的直接离合器或直接单向超越离合器卡死，使超速行星排在超速挡状态下出现运动干涉，加大了发动机的运转阻力。如果在无负荷状态下仍不能升入超速挡，说明控制系统有故障。

10.2.2.7 无前进挡故障

（1）故障表现　汽车在前进挡时不能行驶；操纵手柄在D位时不能起步，在S位、L位（或2拉、1拉）时可以起步。

（2）可能的故障原因

① 前进离合器严重打滑。

② 前进单向超越离合器打滑或装反。

③ 前进离合器油路严重泄漏。

④ 操纵手柄调整不当。

 小贴士

① 检查操纵手柄（档位操纵机构）的调整情况。如果异常，应按规定程序重新调整。

② 测量前进挡主油路油压。若油压过低，说明主油路严重泄漏，应拆检自动变速器，更换前进挡油路上各处的密封圈和密封环。

③ 如果前进挡的主油路油压正常，应拆检前进离合器。如摩擦片表面粉末冶金有烧焦或磨损过甚，则更换摩擦片。

④ 如果主油路油压和前进离合器均正常，则应拆检前进单向超越离合器，检查前进单向超越离合器的安装方向是否正确以及有无打滑。如果装反，应重新安装；如有打滑，应更换新件。

10.2.2.8 无倒挡故障

（1）故障表现　汽车在前进挡能正常行驶，但在倒挡时不能行驶。

（2）可能的故障原因

❶ 操纵手柄调整不当。

❷ 倒挡油路泄漏。

❸ 倒挡及高速挡离合器或低速挡及倒挡制动器打滑。

 小贴士

① 检查操纵手柄的位置。如有异常，应按规定程序重新调整。

② 检查倒挡油路油压。若油压过低，则说明倒挡油路泄漏。拆检自动变速器。

③ 若倒挡油路油压正常，应拆检自动变速器，更换损坏的离合器片或制动器片。

10.2.2.9 跳挡故障

（1）故障表现　汽车以前进挡行驶时，即使油门踏板保持不动，自动变速器仍会经常出现突然降挡现象；降挡后发动机转速异常升高，并产生换挡冲击。

（2）可能的故障原因

❶ 节气门位置传感器有故障。

❷ 车速传感器有故障。

❸ 控制系统电路接地不良。

❹ 换挡电磁阀接触不良。

❺ 控制单元故障。

 小贴士

① 对于电子控制自动变速器，应先进行故障自诊断。如有故障码出现，按所显示的故障码查找故障原因。

② 测量节气门位置传感器。如有异常，应更换。

③ 测量车速传感器。如有异常，应更换。

④ 检查控制系统电路各条接地线的接地状态。如有接地不良现象，应予以修复。

⑤ 拆下自动变速器油底壳，检查各个换挡电磁阀线束接头的连接情况。如有松动，应予以修复。

⑥ 检查控制系统电脑各接线脚的工作电压。如有异常，应予以修复或更换。

⑦ 阀板或控制单元故障。

⑧ 更换控制系统线束。

10.2.2.10 挂挡后发动机怠速易熄火故障

（1）症状表现　发动机怠速运转时将操纵手柄由P位或N位换入R位、D位、S位、L位（或2位、1位）时发动机熄火；在前进挡或倒挡行驶中，踩下制动踏板停车时发动机熄火。

（2）可能的故障原因

① 发动机怠速过低。

② 阀板中的锁止控制阀卡滞。

③ 挡位开关有故障。

④ 输入轴转速传感器有故障。

 小贴士

① 在空挡或停车挡时，检查发动机怠速。正常的发动机怠速应为750r/min左右。若怠速过低，应重新设定。

② 对于电子控制自动变速器的信号，应先进行故障自诊断，按所显示的故障码查找故障原因。

③ 检查挡位开关的信号，应与操纵手柄的位置相一致，否则应予以调整或更换。

④ 检查输入轴转速传感器。如有损坏，应更换。

⑤ 拆卸阀板，检查锁止控制阀。如有卡滞，应清洗抛光后装复。如仍不能排除故障，应更换阀板。若油底壳内有大量的摩擦粉末，应分解自动变速器并检修。

10.2.2.11 无发动机制动故障

（1）症状表现　在行驶中，当操纵手柄位于前进低速挡（S、L或2、1）位置时，松开油门踏板，发动机转速降至怠速，但汽车没有明显减速；下坡时，操纵手柄位于前进低速挡，但不能产生发动机制动作用。

（2）可能的故障原因

① 挡位开关调整不当。

② 操纵手柄调整不当。

③ 2挡强制制动器打滑或低速挡及倒挡制动器打滑。

④ 控制发动机制动的电磁阀有故障，阀板有故障。

⑤ 自动变速器打滑。

⑥ 控制单元故障。

 小贴士

① 对于电子控制自动变速器，应先进行故障自诊断，按所显示的故障码查找故障原因。

② 路试，检查加速时自动变速器有无打滑现象。如有打滑，应拆修自动变速器。

③ 如果操纵手柄位于S位时没有发动机制动作用，但操纵手柄位于L位时有发动机制动作用，则说明2挡强制制动器打滑，应拆修自动变速器。

④ 如果操纵手柄位于L位时没有发动机制动作用，但操纵手柄位于S位时有发动机制动作用，则说明低速挡及倒挡制动器打滑，应拆修自动变速器。

⑤ 检查控制发动机制动的电脑阀线路有无短路或断路；电磁阀线圈电阻是否正常；通电后有无工作声音。如有异常，应修复或更换。

⑥ 拆卸阀板总成，清洗所有控制阀。阀芯如有卡滞，可抛光后装复。如抛光后仍有卡滞，应更换阀板。

⑦ 检测电脑各接脚电压。要特别注意与节气门位置传感器、挡位开关连接的各接脚的电压。如有异常，应做进一步的检查。

10.2.2.12 不能强制降挡故障

（1）**故障表现** 当车辆高挡位行驶时，突然将油门踏板踩到底，自动变速器无法实现强制降挡，即自动变速器内部设定程序不能实现立即自动降低一个挡位的控制，致使汽车加速无力。

（2）**可能的故障原因**

❶ 节气门拉索或节气门位置传感器调整不当。

❷ 强制降挡开关损坏或安装不当。

❸ 强制降挡电磁阀损坏或线路短路、断路。

❹ 阀板中的强制降挡控制阀卡滞。

小贴士

① 检查节气门拉索或节气门位置传感器的安装情况。

如有异常，应按标准重新调整。检查强制降挡开关。在油门踏板踩到底时，强制降挡开关的触点应闭合；松开油门踏板时，强制降挡开关的触点应断开。

如果油门踏板踩到底时强制降挡开关触点没有闭合，可用手直接按动强制降挡开关。

如果按下开关后触点闭合，说明开关安装不当，应重新调整；如果按下开关后触点仍不闭合，说明开关损坏，应予以更换。

② 在自动变速器线束插头处测量强制降挡电磁阀。如有异常，则故障原因是线路短路、断路或电磁阀损坏。对此，应检查线路或更换电磁阀。

③ 打开自动变速器油底壳。拆下强制降挡电磁阀，检查电磁阀的工作情况。如有异常，应予以更换。

④ 拆卸阀板总成，分解、清洗、检查强制降挡控制阀。

10.2.2.13 无锁止故障

（1）**故障表现** 汽车行驶中，车速、挡位已满足锁止离合器起作用的条件，但锁止离合器仍没有产生锁止作用；汽车油耗增多比较明显。

（2）**可能的故障原因**

❶ 液压油温度传感器有故障。

❷ 节气门故障。

❸ 锁止电磁阀有故障或线路短路、断路。

❹ 锁止控制阀有故障。

⑤ 变矩器中的锁止离合器损坏。

 小贴士

① 对于电子控制自动变速器，应先进行故障自诊断，检查有无故障码。如有故障码，则可按显示的故障码查找相应的故障原因。与锁止控制有关的部件包括液压油温度传感器、节气门位置传感器、锁止电磁阀等。

② 检查节气门位置传感器。如果在一定节气门开度下的节气门位置传感器输出电压过高或电位计电阻过大，应予以调整。若调整无效，应更换节气门位置传感器。

③ 打开油底壳，拆下液压油温度传感器。检测液压油温度传感器。如不符合标准，应更换液压油温度传感器。

④ 测量锁止电磁阀。如有短路或断路，应检查电路。如电路正常，则应更换电磁阀。

⑤ 拆下锁止电磁阀，进行检查。

⑥ 若控制系统无故障，则应更换变矩器。

10.2.2.14 自动变速器异响故障

（1）故障表现　在汽车运行过程中，自动变速器内始终有异常响声；汽车行驶中自动变速器有异响，停车挂空挡后异响消失。

（2）可能的故障原因

❶ 油泵因磨损过甚或液压油液面高度过低、过高而产生异响。

❷ 变矩器因锁止离合器、导轮单向超越离合器等损坏而产生异响。

❸ 行星齿轮机构异响及换挡执行元件异响。

 小贴士

① 检查自动变速器液压油液面高度。若太高或太低，应调整至正常高度。

② 升起车辆，启动发动机，在空挡、前进挡、倒挡等状态下检查自动变速器产生异响的部位和时刻。

③ 若任何挡位下自动变速器中始终有连续的异响，通常为油泵或变矩器异响。对此，应拆检自动变速器，检查油泵有无磨损、变矩器内有无大量摩擦粉末。如有异常，应更换油泵或变矩器。

④ 若只在行驶中才有异响，则为行星齿轮机构异响。检查行星排各个零件有无磨损痕迹，齿轮有无断裂，单向超越离合器有无磨损、卡滞，轴承或止推垫片有无损坏。如有异常，应予以更换。

10.3 制动系统故障诊断与排除

10.3.1 轮速传感器故障

（1）**诊断说明**　车轮速度由主动式车轮速度传感器和编码器环检测。编码器环由永磁体组成。每个车轮速度传感器从电子制动控制模块接收12V的参考电压，然后将交流电方波信号传送给电子制动控制模块。当车轮旋转时，电子制动控制模块使用此方波信号的频率来计算车轮转速。

（2）**故障检修和排除**

❶ 电路测试。

❷ 连接器的修理。

❸ 测试间歇性故障和接触不良。

❹ 线路修理。

❺ 更换传感器或控制单元。

10.3.2 泵电动机故障

（1）**诊断说明**　泵电动机是制动压力调节阀总成的组成部件，同时泵电动机继电器与电子制动控制模块（EBCM）集成为一体。在系统正常工作时，泵电动机继电器不接合。当需要防抱死制动系统、牵引力控制或稳定性控制系统运行时，电子制动控制模块激活泵电动机继电器并打开泵电动机。

（2）**故障排除**

❶ 将点火开关置于"OFF"位置，断开电子制动控制模块的线束连接器。

❷ 测试搭铁电路相关端子和搭铁之间的电阻是否小于5Ω。

如果大于规定值，测试搭铁电路是否开路／电阻过大。

❸ 检查并确认 B+ 电路相关端子和搭铁之间的测试灯点亮。

如果测试灯不点亮，测试 B+ 电路是否对搭铁短路或开路／电阻过大。

❹ 如果所有电路测试都正常，则更换制动压力调节阀总成，检查并确认故障码是否再次设置。

如果重设故障码，则更换电子制动控制模块。

10.3.3 驻车制动器故障

驻车制动器（图 10.3-1）按钮位于中央控制台内，在选挡按钮（GWS）后面。驻车制动器按钮在手制动器操作逻辑中模拟。

❶ 向上拉驻车制动器按钮，驻车制动器激活。

❷ 向下按驻车制动器按钮，驻车制动器退出工作。

组合仪表中的一个指示灯显示激活的驻车制动器。

通过拉起驻车制动按钮触发驻车功能。在发动机运转或车辆滑行时，驻车制动器通过DSC，以液压方式作用到前后桥的盘式制动器上。

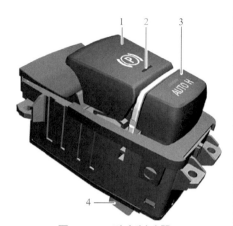

图 10.3-1　驻车制动器
1—驻车制动器按钮；2—功能照明灯；
3—带有功能照明灯的自动驻车按钮；
4—12 芯插头连接

（1）在发动机已关闭且车辆静止时　在发动机已关闭且车辆静止时，驻车制动器借助电动机械式伺服单元通过拉线作用在后桥的鼓式制动器上。逆锁止的制动压力启动会引起压力继续升高并出现一条检查控制信息。通过启动发动机可从电动机械式驻车切换到液压式驻车。通过按压驻车制动按钮触发松开功能。这时，相应的主动式制动系统将打开。静止状态下在发动机运转和关闭时，只能踩下脚制动器来松开驻车制动器。在发动机关闭时（通过总线信号"发动机运转状态"）由液压式驻车切换到电动机械式驻车。

（2）自动驻车功能　自动驻车功能可通过驻车制动器按钮后的一个按钮激活。在选择功能后，车辆在制动至静止状态后由DSC以液压方式锁定。在发动机静止状态下，驻车制动器继续发挥驻车功能。踩踏加速踏板可松开车轮制动器，车辆开动。例如，自动化的保持和松开过程可以在市区行驶或者堵车时提供支持。

（3）故障影响　在自动驻车功能按钮失灵时，可能出现以下情况。

❶ DSC 控制单元中的故障记录。

❷ 组合仪表上出现检查控制信息。

驻车制动器按钮失灵时，预计将出现下列情况。

❶ EMF 控制单元内出现故障码存储记录。

❷ 组合仪表上出现检查控制信息。

10.4

空调系统故障诊断与排除

汽车空调系统的结构组成如图 10.4-1 所示。

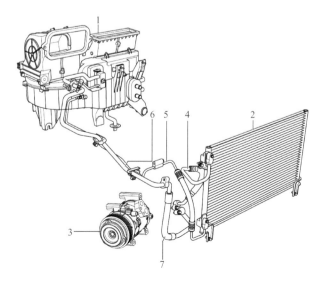

图 10.4-1　空调系统结构组成

1—空调箱总成；2—冷凝器；3—压缩机；4—压缩机排气管；5—冷凝器液管；6—空调硬管总成；7—压缩机吸气管

10.4.1　空调系统制冷 / 制热原理

如图 10.4-2 所示。压缩机由发动机通过传动皮带驱动，从蒸发器中抽取气态制冷剂并将其压缩。制冷剂的温度升高至 83 ~ 110℃范围之间，压力达到约 1500kPa（注：相对数据，各种车型有所差别，下同）。

高压过热制冷剂被传送至冷凝器中，此时制冷剂内的热量被输送至冷凝器散热片的空气带走，因为热量的散失，制冷剂被冷却。温度降至 53 ~ 70℃的制冷剂在高压下被送至储液干燥箱中，储液干燥箱作为储存中介，干燥掉所有夹杂在制冷剂中的水分。

干燥过的制冷剂被输送到膨胀阀入口处，膨胀阀对进入蒸发器中的制冷剂流量进行节流减压控制，从膨胀阀出来的雾状制冷剂压力为 200kPa，温度降到 0 ~ 2℃，雾状制冷剂在蒸发器中受热蒸发。

最后，鼓风机把空气经过蒸发箱表面吹向各出风口，因为蒸发箱内部制冷剂的蒸发吸热，把经过蒸发箱表面的空气中的热量全部吸收，所以出风口的温度远远低于环境温度。经过蒸发的低压制冷剂气流从蒸发箱流至膨胀阀，此时的制冷剂压力为 200kPa，温度升高到 5 ~ 8℃，最后低压制冷剂气流回流至压缩机经过再一次压缩，至此，空调制冷剂完成一个工作循环。

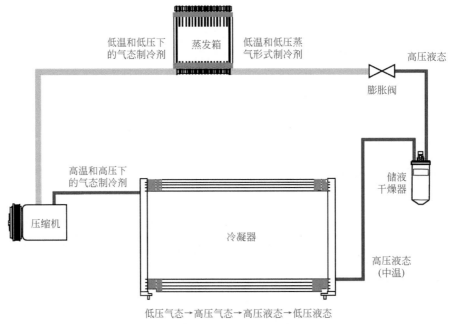

图 10.4-2　制冷系统工作原理

制热系统工作原理如图 10.4-3 所示。当空调系统处于加热模式时，冷暖温度控制电动机将温度控制装置转至采暖位置，进入加热器芯的空气产生下列作用：部分或全部气流旁通至加热器芯；产生热量传递。

任何不用加热的空气,将在进入乘客舱前,与加热后的空气混合,获得相应的、混合好的、温度合适的空气。发动机冷却液状态是制热系统能否正常工作的关键因素。

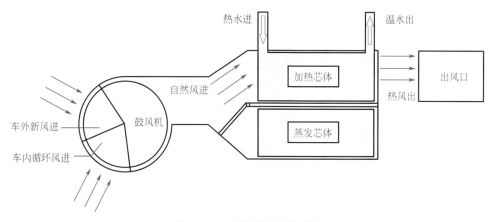

图 10.4-3　制热系统工作原理

由以上空调系统的制冷／制热原理可以看出:空调系统的运行效率和使用寿命,取决于系统的化学稳定性。当空调系统受到异物(如灰尘、空气或湿气)污染时,污染物会改变制冷剂和压缩机油的稳定性。而且,还会影响压力与温度之间的关系,降低工作效率,并可能导致内部腐蚀和元件异常磨损。因此,空调系统的故障主要考虑制冷剂和冷冻润滑油等是否缺失。

 小贴士

为确保空调系统的化学稳定性,请按如下方法操作。

① 在打开接头前,先将接头处和接头周围的油污擦干净,减少油污进入系统的可能性。

② 在接头断开后,立即用盖帽、塞子或胶带封住接头两端,防止油污、异物和湿气进入。

③ 保持所有工具清洁、干燥,包括歧管压力表组件和所有替换件。

④ 用清洁、干燥的输送装置和容器来添加制冷剂油,尽可能保证制冷剂油不受湿气影响。

⑤ 操作时尽可能缩短空调系统内部暴露在空气中的时间。

⑥ 空调系统内部暴露于空气后必须重新排空和加注。所有维修件出厂前都进行了干燥和密封,只有在即将进行安装时才能打开这些密封的零件。拆封前,所有零件都应处于室温条件下,防止空气中的水分凝结在零件上进入系统内部,并应尽快重新密封所有零件。

10.4.2　自动加注机回收／加注制冷剂

（1）制冷剂回收/加注机的检查和维护

空调制冷剂回收／加注机如图 10.4-4 所示。

制冷剂回收／加注机(以下简称加注机)一次连接就能完成空调系统排放、排空和重新加注程序。回收和排空期间都要过滤制冷剂,以保证向空调系统加注的制冷剂清洁、干燥。

市面上加注机的型式很多,都能执行空调系统排放、制冷剂回收、系统排空、定量添加制冷剂油和定量重新加注制冷剂等各种任务。参见加注机使用说明书,掌握初始安装程序和维护程序。控制面板的功能主要包括如下内容(图 10.4-5)。

图 10.4-4　制冷剂回收 / 加注机

图 10.4-5　制冷剂回收 / 加注机显示器

❶ 主电源开关。主电源开关向控制面板供电。

❷ 显示屏。显示屏显示编程设定的抽真空所需时间和重新加注的制冷剂量。

❸ 低压侧歧管压力表。该表显示系统低压侧压力。

❹ 高压侧歧管压力表。该表显示系统高压侧压力。

❺ 控制面板。它包括控制各种操作功能的控制钮。

❻ 低压侧阀。该阀用于连接空调系统低压侧和加注机。

❼ 湿度指示灯。该指示灯指示制冷剂是否潮湿。

❽ 高压侧阀。该阀用于连接空调系统高压侧和加注机。

（2）制冷剂回收

❶ 将带快速接头的高压侧软管连接到车辆空调系统的高压侧接头上。

❷ 打开高压侧接头阀。

❸ 将带快速接头的低压侧软管连接到车辆空调系统的低压侧接头上。

❹ 打开低压侧接头阀。

 小贴士

　　① 厂家建议使用为加注机专门设计的制冷剂罐。加注机的防过充机构是专为使用这种制冷剂罐而校准的。而制冷剂罐的罐阀也是专门为该装置制造的。

　　② 在回收过程中，如果系统中没有制冷剂了，这时，压力表指针显示负压（图 10.4-6），为抽真空状态，应立即停止回收操作，否则会将空气吸入回收罐，甚至损坏回收机中的压缩机。

图 10.4-6　压力表显示负压

⑤ 检查加注机控制面板上的高压侧和低压侧压力表，确保空调系统有压力。如果没有压力，则系统中没有可回收的制冷剂。

⑥ 打开高压侧和低压侧阀门。

⑦ 打开制冷剂罐上的气体和液体阀。

⑧ 排空油液分离器中的制冷剂。

⑨ 关闭放油阀。

⑩ 将加注机连接到合适的电源插座上。

⑪ 接通主电源开关。

 小贴士

① 禁止将旧的制冷剂和新的制冷剂混合在一起。旧的制冷剂中可能沉淀有铝或混有其他异物。重新加注空调系统时，务必使用新的制冷剂。正确报废使用过的制冷剂。

② 部分空调系统的润滑油可能会随同制冷剂一起被回收。回收的润滑油量不定。加注机能将润滑油和制冷剂分离，因此能确定回收的润滑油量。在重新加注系统时，要添加等量润滑油。

⑫ 开始回收过程。参见制造商的使用说明书，详细了解加注机使用方法。

⑬ 等候 5min，然后检查控制面板低压侧压力表。如果空调系统保持真空，则回收完毕。

⑭ 如果低压侧压力表从零开始回升，则系统中还有制冷剂。回收剩下的制冷剂。重复本步骤，直到系统能保持真空 5min。

（3）空调系统排空

加注机制冷剂罐必须装有足够量的 R-134a 制冷剂以进行加注。检查罐内制冷剂量，如果制冷剂量不到 3.6kg（各种车型有所不一，不是绝对数据，仅供参考），则向制冷剂罐中添加新的制冷剂。详见加注机使用说明书，了解添加制冷剂的方法。

❶ 检查高压侧和低压侧软管是否连接到空调系统上，打开加注机控制面板上的高压侧和低压侧阀。

❷ 打开制冷剂罐上的气体和液体阀。

必须先将系统排空，才能重新加注新制冷剂或经过再生处理的制冷剂。

❸ 启动真空泵并开始排空程序。在回收过程中，不可凝结的气体（大部分为空气）自动从罐中排出，并会听到泄压声。

❹ 检查系统是否泄漏。

（4）冷冻润滑油的加注/补充

必须补充回收期间从空调系统排出的冷冻润滑油。

❶ 使用专供 R-134a 系统的带刻度的瓶装润滑油。

❷ 向系统添加适量冷冻润滑油（图 10.4-7）。

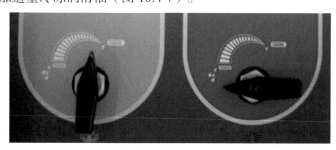

图 10.4-7 加注冷冻润滑油

③ 当注入的油量达到要求时，关闭阀门。

采用单管加注，关闭低压阀（防液击），打开高压阀。

 小贴士

切记盖紧润滑油瓶盖，以防湿气或污染物进入润滑油。这项操作要求空调系统有一定的真空度，禁止在空调系统有正压时打开润滑油加注阀，否则会导致润滑油通过油瓶通气口回流。在加注或补充润滑油时，油面不可低于吸油管，否则空气会进入空调系统。

（5）加注制冷剂

加注前先将空调系统排空。

① 关闭控制面板上的低压侧阀。

② 关闭控制面板上的高压侧阀。

③ 向空调中加注必需的制冷剂量，确保计量单位正确。

④ 开始加注。

进行单管加注，即关闭低压阀，打开高压阀（图10.4-8）。加注完成后，根据界面显示，关闭快速接头，取下高、低压管。

图 10.4-8　加注制冷剂——打开高压阀

（6）制冷剂加注完毕

① 关闭加注机控制面板上的高、低压侧阀，两个阀都应关闭。

② 启动车辆和空调系统。

③ 保持发动机运行，直到高压侧压力表和低压侧压力表读数稳定。

④ 将读数与系统规格进行比较。

⑤ 检查蒸发器出口温度，确保空调系统的操作符合系统规格。

⑥ 保持空调运行。

⑦ 关闭高压侧快速接头阀。

⑧ 从车上断开高压侧软管。

⑨ 在控制面板上打开高压侧和低压侧阀。系统将通过低压侧软管迅速吸入两条软管中的制冷剂。

⑩ 关闭低压侧快速接头阀。

⑪ 从车上断开低压侧软管。

小贴士

有时进入空调系统的制冷剂没有达到总加注量，造成这种情况一般有以下两个原因。

① 加注机制冷剂罐压力与空调系统的压力差不多，这将导致加注过程过慢。

② 如果制冷剂罐中没有足够的制冷剂进行加注，则必须从车辆中回收已加注的部分制冷剂，然后将空调系统排空，给制冷剂罐添加制冷剂，再重新加注。

10.4.3　歧管压力表加注制冷剂

10.4.3.1　高压端加注制冷剂

（1）高压端加注制冷剂的特点和注意事项　高压端加注制冷剂的特点是安全、快速，适用于制冷系统的第一次加注，经过检漏、抽真空后的系统加注。注意，从高压侧向系统加注制冷剂时，发动机处于不启动状态（压缩机停转），不要拧开歧管压力计上的低压手动阀，以防产生液压冲击。

（2）高压端加注操作步骤

❶ 当系统抽真空后，关闭歧管压力计上的高、低压手动阀。如图 10.4-9 所示，抽真空时，中间软管与真空泵连接。

❷ 将中间软管的一端与制冷剂罐注入阀的接头连接，打开制冷剂罐开启阀，再拧开歧管压力计软管一端的螺母，让气体溢出几分钟，然后拧紧螺母（图 10.4-10）。

❸ 拧开高压侧手动阀至全开位置，将制冷剂罐倒立（图 10.4-11）。

❹ 从高压侧注入规定量的液态制冷剂（各种车型加注制冷剂的量有所差别，一般在水箱框架贴有加注制冷剂量的标签）。

❺ 关闭制冷剂罐注入阀及歧管压力计上的高压手动阀。

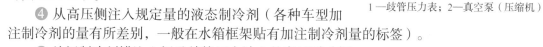

图 10.4-9　抽真空

1—歧管压力表；2—真空泵（压缩机）

图 10.4-10　歧管压力表的使用

低压阀

中间软管

高压阀

图 10.4-11　加注制冷剂罐

倒立制冷剂罐

中间软管

10.4.3.2 低压端加注制冷剂

（1）低压端加注特点和注意事项　低压端加注速度慢，适合在空调系统补充制冷剂的情况下使用。

（2）低压端加注操作步骤　通过歧管压力计上的低压手动阀，可向制冷系统的低压侧加注气态制冷剂。

❶ 连接好歧管压力表。

❷ 打开制冷剂罐，拧松中间注入软管在歧管压力计上的螺母，直到听见有制冷剂蒸气流动声，然后拧紧螺母，从而排出注入软管中的空气。

❸ 关闭手动高压阀，将制冷剂瓶直立，启动发动机，使空调压缩机运转，打开低压手动阀，使制冷剂从低压侧进入压缩机，当系统的压力值达到 0.4MPa 时，关闭低压手动阀和制冷剂罐开关阀。

❹ 将鼓风机开关和温控开关都调至最大。

❺ 再次打开歧管压力计上的手动阀，让制冷剂继续进入制冷系统，直至加注量达到规定值。

❻ 在向系统中加注规定量制冷剂之后，从视液孔（图 10.4-12）观察，确认系统内无气泡、无过量制冷剂。

视频精讲

视液孔

图 10.4-12　视液孔

❼ 加注完毕后，关闭歧管压力计上的低压手动阀，关闭装在制冷剂罐上的注入阀，使发动机停止运转，拆卸歧管压力表。

10.4.3.3 加注/补充冷冻润滑油

更换空调系统部件以及发现空调系统严重泄漏时，必须加注/补充冷冻润滑油。

加注/补充冷冻润滑油的操作步骤如下。

❶ 按抽真空的方法先对制冷系统抽真空。

❷ 选用一个有刻度的量杯，加入比要补充的冷冻润滑油还要多的冷冻润滑油。

❸ 按图 10.4-13 所示连接整个系统，将低压软管从表组一端卸下并伸进冷冻润滑油中，高压软管仍接高压检修阀，中间软管仍接真空泵。

❹ 开启真空泵，打开高压手动阀，冷冻润滑油便被徐徐吸入压缩机中。

❺ 按抽真空法加注冷冻润滑油后，还需要再对制冷系统抽真空、加注制冷剂。

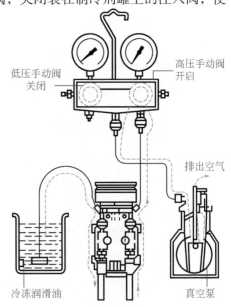

低压手动阀关闭　　高压手动阀开启

排出空气

冷冻润滑油　　真空泵

图 10.4-13　加注/补充冷冻润滑油

10.5

电气设备故障诊断与排除

10.5.1 起动机故障

10.5.1.1 **减速型起动机**

（1）**电磁开关** 电磁开关（图10.5-1）用作流到电动机的电流的主开关，并且通过推、拉控制小齿轮。吸引线圈绕制得比保持线圈密，吸引线圈的磁动势也比保持线圈大。

（2）**电枢和球轴承**（图10.5-2） 电枢生成电动机的旋转力，球轴承支持着高速转动的电枢。

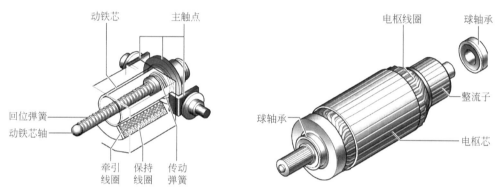

图 10.5-1 电磁开关　　　　　　图 10.5-2 电枢和球轴承

（3）**轭铁组件**（图10.5-3） 轭铁组件产生电动机运行所需的磁场，它也用作磁场线圈磁极芯的外壳及磁力线的通道。磁场线圈与电枢线圈串联连接。

（4）**电刷和电刷架**（图10.5-4） 电刷用电刷弹簧压住电枢整流器，使电流从线圈以固定的方向流到电枢。电刷用铜-石墨制成，它具有优良的导电及耐磨特性，电刷弹簧制约电枢过量的旋转运动，并在起动机停机后通过压电刷来停止电枢转动。

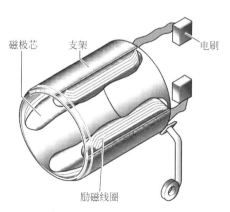

图 10.5-3 轭铁组件

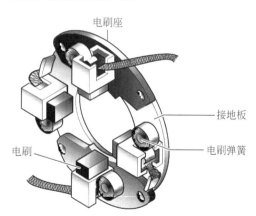

图 10.5-4 电刷和电刷架

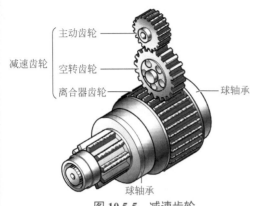

图 10.5-5　减速齿轮

老化的电刷弹簧或磨损的电刷会导致电刷与整流器部分的电器接触不充分。结果在接触点处有过大的电阻，这将减少向电动机提供电流，延迟力矩的积聚形成。

（5）减速齿轮（图 10.5-5）　减速齿轮将电动机的旋转力传输到小齿轮，并且也通过减慢电动机转速来增加力矩。减速齿轮以 1/3 ～ 1/4 的减速比来减低电动机的转速，它内装超速离合器。

（6）超速离合器（图 10.5-6）　超速离合器将电动机的转动经传动小齿轮传输到发动机。为了防止发动机启动引起的高速旋转损坏起动机，超速离合器设计为一种带滚子的单相离合器。

（7）小齿轮和螺旋花键（图 10.5-7）　小齿轮和齿圈通过相互牢固啮合将起动机的旋转力传输给发动机。小齿轮须倒角，以便能良好地啮合。螺旋花键将电动机旋转力转变成小齿轮的驱动力，也支持小齿轮的啮合和脱开。

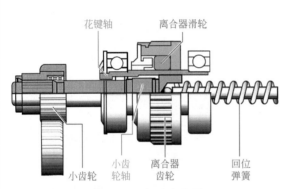

图 10.5-6　超速离合器

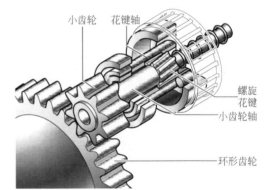

图 10.5-7　小齿轮和螺旋花键

10.5.1.2　传统型起动机

（1）不同类型的起动机零部件配置　见表 10.5-1。

表 10.5-1　不同类型的起动机零部件配置

起动机类型	零部件配置		
	啮合或不啮合小齿轮	减速机构	制动机构
减速型	电磁开关	有	无
传统型	电磁开关和驱动杆	无	有／无
行星型		有	无

（2）减速齿轮（图 10.5-8）

❶减速齿轮结构。行星齿轮支架有三个行星齿轮。行星齿轮在内侧与太阳（中心）齿轮啮合，在外侧与内齿圈相啮合。一般内齿圈是固定的，不转动。

❷ 减速齿轮特点。行星齿轮的减速比是 1 ：5，与减速齿轮相比，它的电枢较小、转速较快。为了减少运行噪声，内齿圈使用塑料。行星起动机有缓冲装置，它可吸收过多的力矩，防止内齿圈损坏。

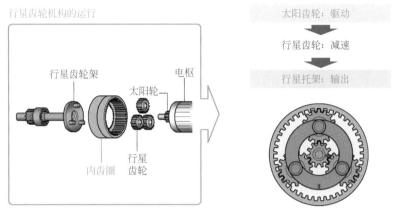

图 10.5-8　减速齿轮

10.5.1.3　拆卸和分解起动机

拆卸起动机的步骤参见本书 9.1.14。

分解起动机的步骤如下。

❶ 拆卸电磁起动机开关总成（图 10.5-9 ）。

a. 断开引线：拆下定位螺母并断开引线。

b. 拆卸电磁起动机开关总成：拆下 2 个螺母并将电磁起动机开关拉到后侧；向上拉电磁起动机开关的顶端，从驱动杆中取出柱塞钩；拆下电磁开关。

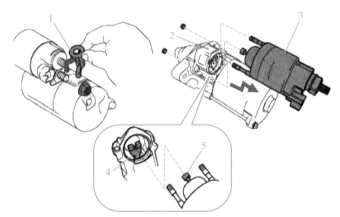

图 10.5-9　拆卸电磁起动机开关总成
1—引线；2—起动机外壳；3—电磁起动机开关；4—驱动杆；5—柱塞钩

❷ 拆下起动机磁轭总成（图 10.5-10 ）。

a. 拆下 2 个螺栓。

b. 拆下换向器端盖。

c. 分开起动机外壳，从起动机磁轭上拆下驱动杆。

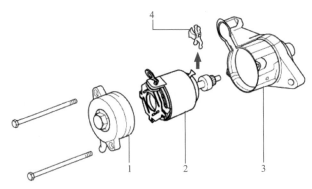

图 10.5-10　拆下起动机磁轭总成

1—端盖；2—起动机磁轭；3—起动机外壳；4—驱动杆

❸ 拆下起动机电刷弹簧。

a. 拆解电枢上下板（图 10.5-11）：用台钳将电枢轴固定在两块铝板；释放卡销并取下板（用手指向上扳卡销，然后拆下板）。

注意：请慢慢拆下板，否则电刷弹簧可能会弹出。

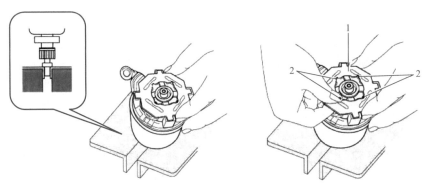

图 10.5-11　拆解电枢上下板

1—板；2—卡销

b. 拆下电刷（图 10.5-12）。用平头螺丝刀（或其他工具）压住弹簧，然后拆下电刷。

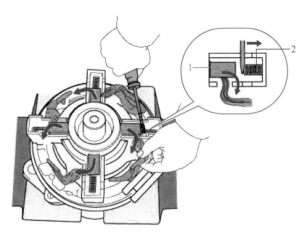

图 10.5-12　拆下电刷

1—电刷；2—电刷弹簧

小贴士

① 执行此操作时请用胶带缠住螺丝刀。

② 为防止弹簧弹出，执行此操作时请用一块布盖在电刷座上。

c. 拆下电刷弹簧（图 10.5-13）。从电刷座绝缘体上拆下电刷弹簧。

d. 如图 10.5-14 所示，拆下电刷座绝缘体 1。

❹ 拆下起动机离合器。

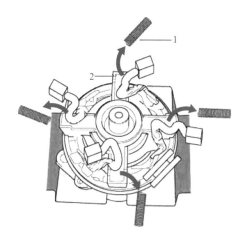

图 10.5-13　拆下电刷弹簧

1—电刷弹簧；2—电刷座绝缘体

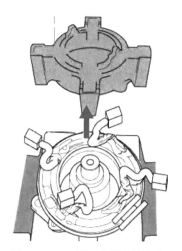

图 10.5-14　拆下电刷座绝缘体

a. 拆下止动环（图 10.5-15）：从起动机磁轭拆下起动机电枢总成，然后用台钳将电枢固定在两块铝板或垫布（垫布是为了防止损坏电枢）之间；用平头螺丝刀轻敲止动环，使其向下滑动。

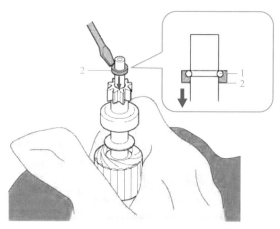

图 10.5-15　拆下起动机离合器（一）

1—卡环；2—止动环

b. 拆下卡环（图 10.5-16）：用平头螺丝刀打开卡环的开口；拆下卡环。

c. 从电枢轴上拆下止动环和起动机离合器（图 10.5-17）。

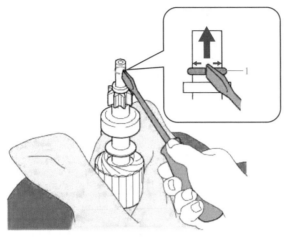 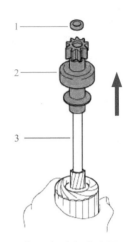

图 10.5-16 拆下起动机离合器（二）

1—卡环

图 10.5-17 拆下起动机离合器（三）

1—止动环；2—起动机离合器；3—电枢轴

10.5.1.4 检查起动机

（1）目测检查 检查电枢线圈和换向器变脏的程度或是否烧坏（图 10.5-18）。

通过自转，电枢线圈和换向器接触到电刷，随后接通电流。因此，起动机的换向器很容易变脏和烧坏，换向器变脏和烧坏之后会干扰电流并妨碍起动机的正常运转。

（2）清洁 用抹布或者刷子清洁电枢总成。

（3）起动机电枢绝缘／导通的检查

❶ 检查换向器和电枢铁芯间绝缘情况（图 10.5-19）。

用万用表检查换向器和电枢铁芯之间的绝缘情况：电枢铁芯和电枢线圈之间的状态为绝缘，换向器与电枢线圈相连。

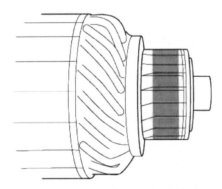 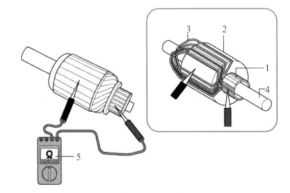

图 10.5-18 检查电枢线圈和换向器

图 10.5-19 起动机电枢绝缘／导通的检查（一）

1—换向器；2—电枢铁芯；3—电枢线圈；4—电枢轴；5—不导通

❷ 检查换向器片之间的导通情况（图 10.5-20）。

用万用表检查。每个换向器片通过电枢线圈连接，如果零部件正常，换向器片之间的状态为导通。

（4）换向器圆跳动的检查（图10.5-21） 用千分表检查换向器的跳动水平。

由于换向器的跳动量变大，换向器与电刷的接触将减弱。因此，可能会出现故障，例如起动机无法运转。

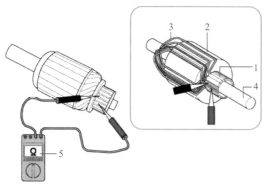

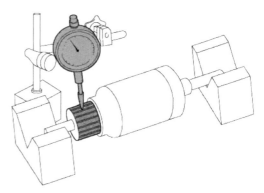

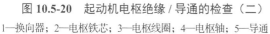

图 10.5-20　起动机电枢绝缘 / 导通的检查（二）

图 10.5-21　换向器圆跳动的检查

1—换向器；2—电枢铁芯；3—电枢线圈；4—电枢轴；5—导通

（5）换向器外径的检查（图10.5-22） 用游标卡尺测量换向器的外径。

由于换向器在转动时要与电刷接触，因此会受到磨损。如果测量值超出规定的磨损范围，与电刷的接触将变弱，这可能会导致电循环不良。因此，可能会发生起动机无法转动和其他故障。

（6）检查凹槽深度（图10.5-23） 用游标卡尺的深度测量端，测量换向器片之间的深度。

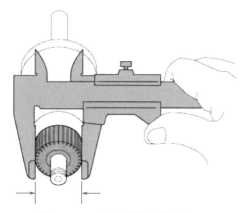

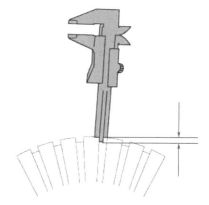

图 10.5-22　换向器外径的检查

图 10.5-23　检查凹槽深度

（7）检查励磁线圈

❶ 检查电刷引线（A组）和引线之间的导通情况（图 10.5-24）。用万用表执行下列检查。

电刷引线由 2 组组成：一组与引线相连（A组）；另一组与起动机磁轭相连（B组）。

a. 检查引线和所有电刷引线之间的导通情况。A组的 2 根电刷引线导通，B组的两根电刷引线不导通。

b. 检查电刷引线和引线之间的导通情况有助于确定励磁线圈中是否发生开路。

c. 检查电刷引线和起动机磁轭之间的绝缘情况有助于确定励磁线圈中是否发生短路。

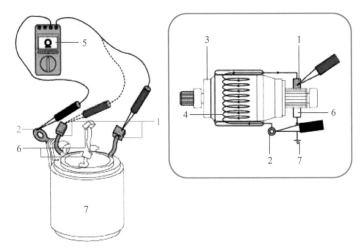

图 10.5-24　检查励磁线圈（一）

1—电刷引线（A组）；2—引线；3—电枢；4—励磁线圈；5—导通；6—电刷引线（B组）；7—起动机磁轭

❷ 电刷引线（A组）和起动机磁轭之间的绝缘情况（图10.5-25）。用万用表执行下列检查。

电刷引线由2组组成：一组与引线相连（A组）；另一组与起动机磁轭相连（B组）。

a. 检查引线和所有电刷引线之间的导通情况。A组的2根电刷引线导通，B组的2根电刷引线不导通。

b. 检查电刷引线和引线之间的导通情况有助于确定励磁线圈中是否发生开路。

c. 检查电刷引线和起动机磁轭之间的绝缘情况有助于确定励磁线圈中是否发生短路。

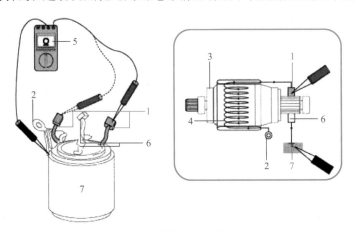

图 10.5-25　检查励磁线圈（二）

1—电刷引线（A组）；2—引线；3—电枢；4—励磁线圈；5—导通；6—电刷引线（B组）；7—起动机磁轭

检查电刷方法如下（图10.5-26）。

电刷被弹簧压在换向器上。如果电刷磨损程度超过规定限度，弹簧的夹持力将降低，与换向器的接触将变弱，这会使电流的流动不畅，起动机可能因此而无法转动。

清洁电刷并用游标卡尺测量电刷长度。

a. 测量电刷中部的电刷长度，因为此部分磨损最严重。

b. 用游标卡尺的顶端测量电刷长度，因为磨损部位呈圆形。

c. 如果上述测量值低于规定值，请更换电刷。

更换电刷方法如下。

a. 切断起动机磁轭侧连接位置的电刷引线（图 10.5-27）。

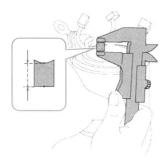

图 10.5-26　检查电刷

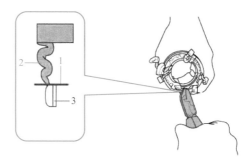

图 10.5-27　更换电刷（一）

1—切断；2—电刷引线；3—起动机磁轭侧

b. 用锉或者砂纸整形起动机磁轭的焊接面（图 10.5-28）。

c. 将带板的新电刷安装到起动机磁轭上，稍稍用力压一下，使其互相连接（图 10.5-29）。

d. 将新电刷焊接在连接部位（图 10.5-30）。焊接时请使用适量的焊料，注意不要接触到目标区域以外的地方。

检查离合器分总成的方法如下（图 10.5-31）。

检查起动机离合器的操作：用手转动起动机离合器，检查单向离合器是否处于闭锁状态。

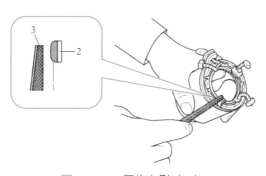

图 10.5-28　更换电刷（二）

1—整形区；2—起动机磁轭侧；3—锉

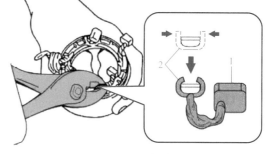

图 10.5-29　更换电刷（三）

1—电刷；2—板

图 10.5-30　更换电刷（四）

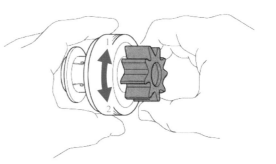

图 10.5-31　检查离合器分总成

1—自由；2—闭锁

小贴士

① 单向离合器仅向一个旋转方向传送扭矩。在另一个方向，离合器只是空转，不会传送扭矩。

② 发动机由起动机启动之后．发动机将会带动起动机。因此，单向离合器可以防止发动机带动起动机。

检查电磁开关总成的方法如下。

a. 检查电磁起动机开关柱塞回位情况（图 10.5-32）。

检查电磁起动机开关的操作：用手指按住柱塞；松开手指之后，检查柱塞是否很顺畅地返回其原来位置。

 小贴士

① 由于开关在柱塞中，如果柱塞无法顺畅地返回其原始位置，开关的接触将变弱，因此无法打开 / 关闭起动机。

② 如果柱塞的运行不正常，应更换电磁起动机开关总成。

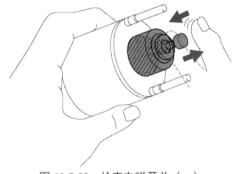

图 10.5-32 检查电磁开关（一）

b. 检查电磁起动机开关的导通情况（图 10.5-33）。

用万用表检查端子 50 和端子 C 之间的导通情况（牵引线圈中的导通检查）：如果牵引线圈正常，则牵引线圈连接端子 50 和端子 C 之间为导通；如果牵引线圈断开，柱塞无法被引入。

检查端子 50 和开关体之间的导通情况（保持线圈中的导通检查）（图 10.5-34）：如果保持线圈正常，则保持线圈连接端子 50 和开关体之间为导通；如果保持线圈断开，可牵引柱塞，但是无法保持，因此小齿轮反复伸出和返回。

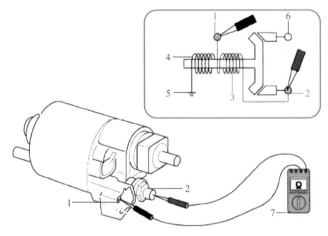

图 10.5-33 检查电磁开关（二）

1—端子 50；2—端子 C；3—牵引线圈；4—保持线圈；
5—开关体；6—端子 30；7—导通

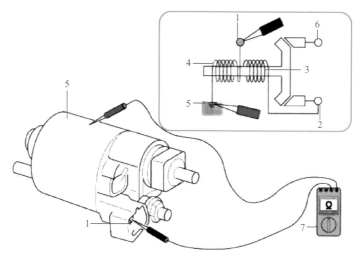

图 10.5-34　检查检查电磁开关（三）

1—端子 50；2—端子 C；3—牵引线圈；4—保持线圈；5—开关体；6—端子 30；7—导通

10.5.1.5　重新组装起动机

（1）安装起动机离合器分总成

❶ 在起动机离合器花键上涂一些润滑脂。

❷ 将起动机离合器安装到电枢轴上。

❸ 将止动环安装到轴上，较小的内径应指向下方。

❹ 将卡环对齐轴上的凹槽，用台钳拧紧，将其固定在轴上（图 10.5-35）。

注意：如果用台钳拧得过紧，可能会损坏卡环或轴。

❺ 抬起起动机离合器，将其保持在该位置，然后用塑料锤敲打轴，将卡环装入止动环中（图 10.5-36）。

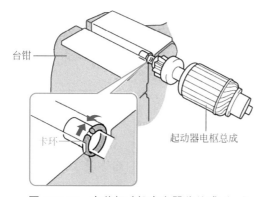

图 10.5-35　安装起动机离合器分总成（一）

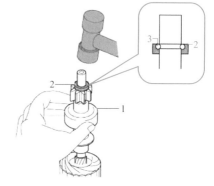

图 10.5-36　安装起动机离合器分总成（二）

1—起动机离合器；2—止动环；3—卡环

（2）安装起动机电刷弹簧　将起动机电枢总成安装在起动机磁磁轭上。安装起动机电刷弹簧。

❶ 用台钳固定住夹在两块铝板或者布之间的电枢轴。

❷ 安装电刷座绝缘体。

③ 将弹簧安装在电刷座绝缘体上。

④ 压住弹簧，同时将电刷装到电刷座绝缘体上（图10.5-37）。

注意：由于电刷受弹簧的推动，操作时请务必小心，不要让弹簧弹出来。用螺丝刀可以比较方便地压住弹簧。用胶带缠绕螺丝刀的顶端。

⑤ 安装板。用手指按住卡销安装。

（3）**安装起动机磁轭总成**（图10.5-38）

① 在驱动杆和起动机离合器互相接触的部位涂一些润滑脂。

② 将驱动轴放到轴上。

③ 拧紧2个螺栓，将换向器端盖和磁轭安装到起动机外壳上。

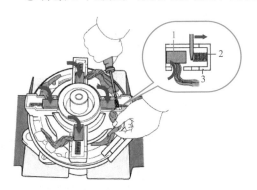
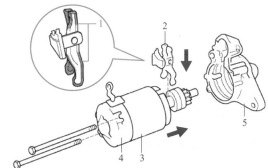

图10.5-37　安装起动机电刷弹簧

1—电刷；2—电刷弹簧；3—电刷座绝缘体

图10.5-38　安装起动机磁轭总成

1—润滑脂；2—驱动杆；3—起动机磁轭；4—端盖；5—起动机外壳

（4）**安装电磁起动机开关总成**（图10.5-39）

① 安装电磁起动机开关。将柱塞钩钩到驱动杆上，然后用2个螺栓将电磁起动机开关安装到起动机外壳上。

② 连接引线和螺母。

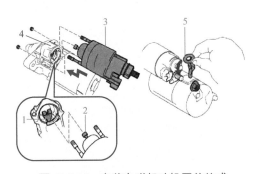
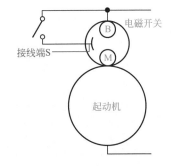

图10.5-39　安装电磁起动机开关总成

图10.5-40　起动机接线柱位置

1—驱动杆；2—柱塞钩；3—电磁起动机开关；4—起动机外壳；5—引线

10.5.1.6　测试起动机

（1）**牵引测试**　目的是检查电磁起动机开关是否正常。

确认将蓄电池正极电压连接至接线端S并且起动机体接地时，起动机电动机的小齿轮伸出。

如果起动机电动机的小齿轮未伸出，则维修或更换起动机（图10.5-40和图10.5-41）。

（2）返回试验测试（图10.5-42）

❶ 从接线端 M 断开电动机的连接线。

❷ 将蓄电池正极电压连接至接线端 M，并将起动机机身接地。

❸ 用螺钉起子拉出主动小齿轮，确认它在释放时返回至其原来的位置。如果不返回，请维修或更换起动机。

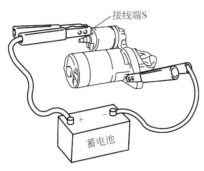 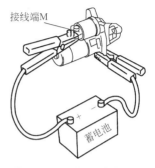

图 10.5-41　起动机牵引测试　　　　　　图 10.5-42　返回试验测试

（3）小齿轮间隙的检查　拉出主动小齿轮，让蓄电池正极电压与接线端 S 连接，且起动机机身接地。

 小贴士

注意：请勿加电超过 10s，否则会损坏起动机。

10.5.1.7　安装并启动起动机

安装起动机的步骤参见本书 9.1.4。

启动起动机（车载检查）步骤如下。

❶ 确保蓄电池已充满电。

❷ 如果起动机转动顺畅，并且在曲柄处转动发动机时没有发出任何噪声，则为正常。

10.5.1.8　起动机故障诊断

❶ 如果冷车启动时启动无力，热车时很容易启动，表示起动机是好的，是蓄电池存电不足等故障。

当起动机启动时，由于大量的电流流出，蓄电池端子电压下降。尽管发动机启动前蓄电池电压正常，但是只有在启动时蓄电池有一定量的电压，起动机才能正常转动。

❷ 如果起动机空转良好，而驱动齿轮与飞轮齿环啮合后电枢不转动或转动无力，表示故障在蓄电池。

❸ 如果起动机通电后不空转或空转不自如，更不能带动曲轴，表示故障在起动机。

10.5.2　发电机故障

10.5.2.1　拆卸发电机

拆卸传动皮带，然后从汽车上拆卸发电机（图 10.5-43）。

❶ 断开蓄电池负极电缆。

❷ 拆卸驱动皮带。

❸ 断开发电机接头。

❹ 拆除 B 端口螺母

❺ 拆下发电机固定螺栓。

❻ 将发电机总成向车头方向拆下。

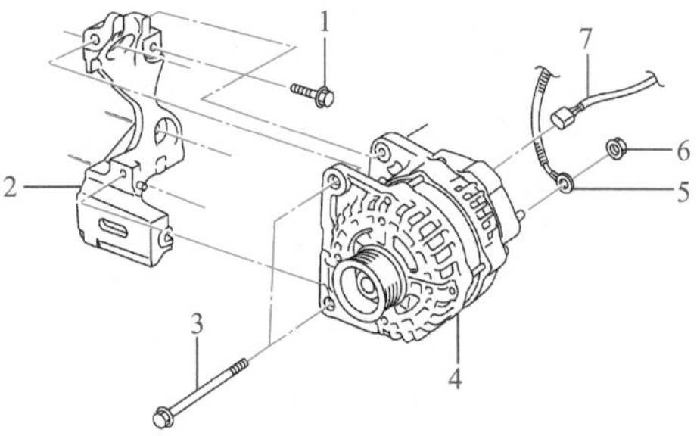

10.5.2.2 分解发电机

从发电机上拆下皮带轮，然后分解转子、整流器和励磁线圈。

图 10.5-43 拆卸发电机
1—发电机支架安装螺栓；2—发电机支架；3—发电机安装螺栓；4—交流发电机；5—B 端口线束；6—B 端口螺母；7—发电机接头

（1）**拆卸发电机皮带轮**（图10.5-44）

❶ 在皮带轮轴的末端安装合适的套管工具（发电机转子轴力矩扳手 A 和发电机转子轴活动扳手 B）。

将发电机转子轴扳手 A 和发电机转子轴扳手 B 拧紧到指定力矩，将固定在皮带轮轴上。

❷ 使皮带轮锁止螺母保持不动，相对顺时针旋转扳手来旋松皮带轮锁止螺母。然后拆卸皮带轮螺母和发电机皮带轮。

说明： 视情况，有些发电机皮带螺母只需要使用套筒扳手和花键（或六角）扳手，然后以相反的作用力拆卸即可顺利拆下螺母，取下皮带轮。

（2）**拆卸发电机转子总成**（图10.5-45）

❶ 拆卸整流器端盖。

❷ 拆卸发电机转子总成：通过用锤敲打，从主动机座一端拆卸转子。

注意： 用锤子敲时，转子会掉下来，所以事先在下面摊开一块布料。

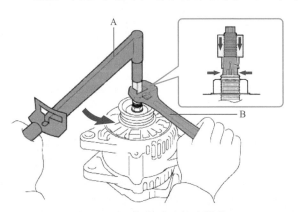

图 10.5-44 拆卸发电机皮带轮

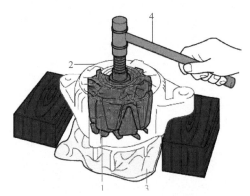

图 10.5-45 拆卸发电机转子总成
1—转子；2—驱动端盖；3—垫布；4—锤子

10.5.2.3 检查和测试发电机部件

（1）**检查发电机转子总成**（图10.5-46） 检查转子、整流器等部件是否导通。

❶ 目视检查。

a. 检查滑环变脏或烧蚀的程度。

b. 旋转时滑环和电刷接触，使电流产生。

c. 电流产生的火花会产生脏污和烧蚀。

d. 脏污和烧蚀会影响电流，使发电机的性能降低。

❷ 清洗。用布料和毛刷清洁滑环及转子。如果脏污和烧蚀明显，则更换转子总成。

❸ 检查滑环之间是否导通。　检查滑环之间是否导通也就是检测转子绕组短路与断路。用数字万用表的低电阻挡检测两集电环之间的电阻，应有符合该车数据标准的电阻。如果阻值为"∞"，可以判定为断路；如果阻值过小，可以判定为短路。

a. 使用万用表检查滑环之间是否导通，如图10.5-47所示。

b. 转子是一个旋转的电磁体，内部有一个线圈。线圈的两端都连接到滑环上。

c. 检查滑环之间是否导通可用于探测线圈内部是否开路。

d. 如果发现在绝缘和/或者导通方面存在问题，则更换转子。

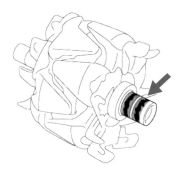

图 10.5-46　检查发电机转子总成

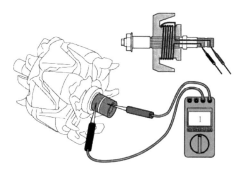

图 10.5-47　检查滑环之间是否导通
1—导通

❹ 检查滑环和转子之间的绝缘。检查滑环和转子之间的绝缘也就是转子绕组搭铁检测。检查转子绕组与铁芯（或转子轴）之间的绝缘情况。用万用表电阻挡检测两集电环与铁芯（或转子轴）之间的导通情况，正常应为"∞"。如果电阻为0，可以判断有搭铁故障。

a. 用万用表检查滑环和转子之间的绝缘，如图10.5-48所示。

b. 在滑环和转子之间存在一个切断电流的绝缘状态。

c. 如果转子线圈短路，电流会在线圈和转子之间流动。

d. 检查滑环和转子之间的绝缘可用来检测线圈内是否存在短路。

e. 如果发现在绝缘和/或者导通方面存在问题，则更换转子。

❺ 测量滑环（图10.5-49）。

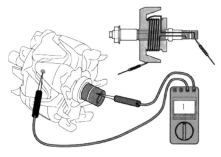

图 10.5-48　检查滑环和转子之间的绝缘
1—不导通

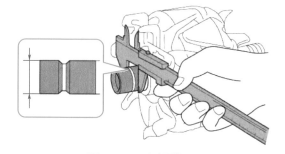

图 10.5-49　测量滑环

a. 用游标卡尺测量滑环的外径。

b. 如果测量值超过规定的磨损极限，则更换转子。

c. 旋转时滑环和电刷接触，使电流产生流动。

　　d. 当滑环的外径小于规定值时，滑环和电刷之间的接触不足，有可能影响电流环流的平稳。结果，可能降低发电机的发电能力。

（2）检查整流器的二极管（图10.5-50）

❶ 使用万用表的二极管测试模式。

❷ 在整流器的端子B和端子P1到P4之间测量，交换测试导线时，检查是否只能单向导通。

❸ 改变端子B至端子E的连接方式，测量过程同上。

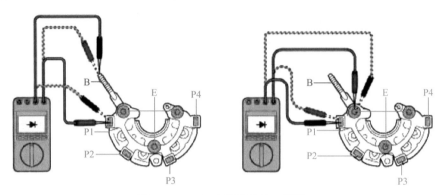

图 10.5-50　检查整流器的二极管

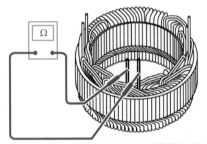

图 10.5-51　定子绕组的电路导通性检测

　　（3）检测定子　定子绕组短路与断路的检测：用万用表的低电阻挡检测定子绕组。正常时，阻值小于1Ω且两个检测值相等。如果阻值为"∞"，可以判定绕组断路；如果阻值为0，可判定绕组短路。

　　❶ 电路导通性测试。用万用表按照图10.5-51进行电路导通性测试，如果电路不导通，则更换定子。

　　❷ 接地测试。用万用表按照图10.5-52进行接地测试，如果电路能导通，则更换定子。

（4）检查发电机电刷座（图10.5-53）

❶ 用游标卡尺测量发电机电刷的长度，检查发电机电刷座。

❷ 在电刷的中部测量（电刷的）长度，因为这个地方磨损最严重。

❸ 滑环接触电刷，当自身旋转时接通电流。因此，当电刷的长度短于规定值时，接触会恶化，影响电流的流动。因此，发电机的发电性能下降。

❹ 如果测量值小于标准值，则将电刷和电刷座一起更换。

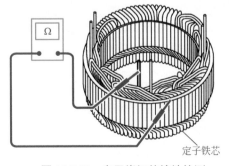

定子铁芯

图 10.5-52　定子绕组的接地检测

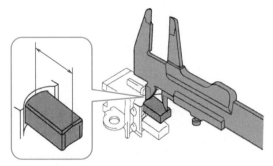

图 10.5-53　检查发电机电刷座

10.5.2.4　重新组装和安装发电机

❶ 按分解发电机相反的顺序重新组装发电机。

注意：安装二极管总成和定子总成（图 10.5-54），用手指推入电刷并把其安装到定子上（图 10.5-55），小心不要损坏滑环的滑动表面。

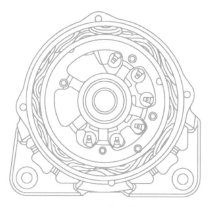

图 10.5-54　组装发电机（一）

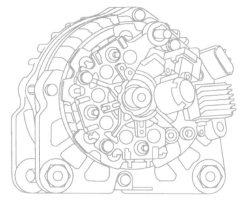

图 10.5-55　组装发电机（二）

❷ 将发电机安装到车上，并调整发电机皮带。

10.5.2.5　发电机发生故障的影响

交流发电机不发电会造成蓄电池严重亏电，从而导致启动时起动机无法工作。

交流发电机正常发电，必须具备两个条件：一是，励磁电路、定子绕组电路和整流器必须工作正常；二是，交流发电机转子必须旋转。在正常情况下，交流发电机工作时的输出电压应为 13.8 ～ 14.5V，蓄电池在发动机熄火后电压应为 12V 左右。

10.5.2.6　发电机和调压器电路检测

❶ 确保蓄电池连接良好并且充足电。

❷ 如图 10.5-56 所示，连接电流表和电压表。

❸ 启动发动机。无负载［在空挡（M/T 车型）或 P 或 N 位置（A/T 车型）］时，将发动机转速保持为 3000r/min，直至散热器风扇运转，然后使其怠速运转。

❹ 将发动机转速增加至 2000r/min，并保持该转速。

❺ 打开大灯（远光）并测量交流发电机正极端子电压。检查电压是否在 13.2 ～ 15.3V 之间，如果是，转至步骤❻。如果电压低于 13.2V，要检查发电机控制电路；如果电压超过 15.3V，则更换或者维修发电机。

❻ 读取 13.5V 时的电流读数。

注意：打开鼓风机电动机、后窗除雾器、制动灯等，调节电压。

检查电流是否为 60A 或更大，若是，表明充电

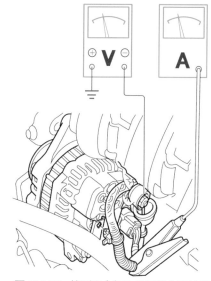

图 10.5-56　检测发电机和调压器电路故障

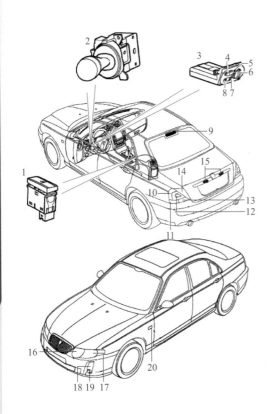

系统正常，否则更换交流发电机。

10.5.3 照明控制电路故障

外部照明系统由位于驾驶员一侧的仪表板总成上的灯光控制模块 LSM 控制。LSM 包含软件和硬件，是一个用于控制外部照明灯、组合前照灯和组合仪表照明的电子控制元件。外部照明元件及布置见图 10.5-57。

图 **10.5-57** 外部照明元件及布置

1—危险警示灯开关；2—转向／远光拨杆开关总成；3—灯光控制模块（LSM）；4—前雾灯开关；5—后雾灯开关；6—灯光总开关；7—前照灯调平指轮开关；8—仪表照明调光指轮开关；9—高位制动灯（CHMSL）；10—制动灯；11—倒车灯；12—尾灯；13—后雾灯；14—后转向灯；15—后牌照板灯；16—远光灯和位置灯；17—近光灯；18—前转向灯；19—前雾灯；20—侧转向灯

10.5.4 车窗故障

10.5.4.1 车窗系统布置和元件图

车窗系统布置和元件图见图 10.5-58。

车窗系统由安装在前排乘客侧手套箱后部的车身控制单元（BCU）控制，是一个多功能系统。车窗系统主要元件：左前侧及右前侧电动玻璃升降器；左后侧及右后侧电动玻璃升降器；驾驶员侧门组合开关（DDM）；前排乘客侧门电动车窗开关；后车门电动车窗开关；中控门锁开关。

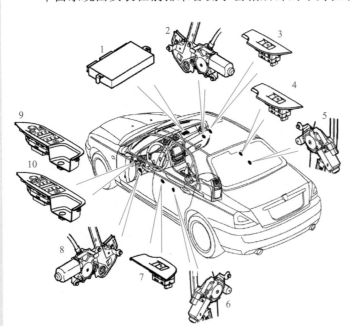

图 **10.5-58** 车窗系统布置和元件图

1—车身控制单元（BCU）；2—右前车门电动玻璃升降器；3—前排乘客侧门电动车窗开关；4—右后车门电动车窗开关；5—右后车门电动玻璃升降器；6—左后车门电动玻璃升降器；7—左后车门电动车窗开关；8—左前车门电动玻璃升降器；9—驾驶员侧门组合开关；10—驾驶员侧门组合开关

10.5.4.2 车窗系统控制

车窗系统控制图见图 10.5-59。

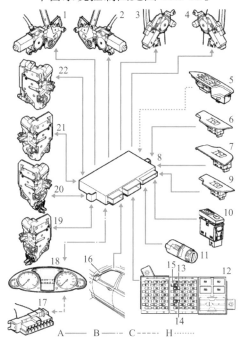

图 10.5-59　车窗系统控制图

A—硬线；B—K 总线；C—诊断总线；H—驾驶员侧侧门组合开关总线；1—左前车门电动玻璃升降器；2—右前车门电动玻璃升降器；3—左后车门电动玻璃升降器；4—右后车门电动玻璃升降器；5—驾驶员侧侧门组合开关（DDM）；6—前排乘客侧侧门电动车窗开关；7—左后车门电动车窗开关；8—车身控制单元（BCU）；9—右后车门电动车窗开关；10—中控门锁开关；11—驾驶员侧侧门锁芯；12—乘客舱保险丝盒；13—驾驶员侧侧门组合开关保险丝；14—后车门电动玻璃升降器保险丝；15—前车门电动玻璃升降器保险丝；16—车窗防夹传感器；17—诊断连接器；18—组合仪表；19—右后车门锁体；20—左后车门锁体；21—前排乘客侧门锁体；22—驾驶员侧门锁体

在带有前电动车窗及后电动车窗的车辆上，每个车门的内饰板上都有一个翘板开关，控制该车门上的车窗的升降。DDM 上有 4 个开关，以便驾驶员能控制每个车窗的升降，DDM上还有一个隔离开关，以防止后车门电动车窗开关使车窗升降。

在点火开关位于 AUX 或 IGN 位置时，或点火开关转动到关闭位置 40s 后，电动车窗仍可以升降。如果车门在这 40s 的时间内被打开或当点火开关转到关闭位置时，车门已经打开，则 40s 的定时取消。该功能也适用于天窗的运行。

10.5.4.3 电动车窗

（1）电动车窗原理（图10.5-60）　当点火开关位于AUX或IGN位置时，或在BCU接收到来自位于组合仪表K总线上的点火关闭信息40s后，电动车窗在任何时候都可运行。

当40s定时器处于运行状态时，定时功能可以通过打开任意一个前车门的方式取消，或当BCU接收到点火关闭信息时，一个车门已经打开，此时定时功能也被取消。当定时功能取消后，BCU同时在K总线上向天窗ECU发送一个信息，使天窗不能运行。

（2）电动玻璃升降器电动机　电动玻璃升降器电动机直接由位于BCU内的电子继电器提供电源。BCU接收来自车窗开关的信号，并向相应的电动玻璃升降器电动机提供电源，使车窗上升或下降。车窗的上升或下降也由BCU控制，BCU颠倒提供的电源极性，使车窗上升或下降。

前窗都是电动操纵，由相应车窗上的开关单独控制，或由驾驶员侧门组合开关控制。每个前电动玻璃升降器电动机从 BCU 处接收电源供给。BCU 控制电源及接地连接，并通过颠倒电动机极性的方式，操纵电动机向任一方向运转，从而使车窗玻璃向上或向下运动。

（3）**电动车窗防夹** 当物体夹入车窗玻璃与车窗顶部时，两个防夹传感器接触构成完整的电路。传感器的一个接触条与BCU连接，而另一个则接地。当物体被夹时，由车窗施加到夹入物上的外力压迫传感器，使两个接触条互相接触。传感器安装时，带有一个终端电阻，在正常运行状况（无夹止）下，该电阻的阻值最高可以达到3.3kΩ。当被夹入物压迫时，电阻的阻值下降到低于400Ω，BCU会在0.1s内探测到该情况，并会立即颠倒驾驶员电动玻璃升降器电动机的极性，使车窗玻璃下降到完全打开的位置。

电动车窗防夹功能如图10.5-61所示。

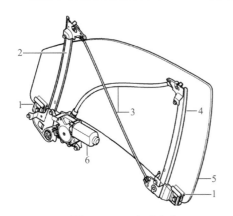

图 10.5-60　电动车窗

1—玻璃升降器橡胶夹（2个）；2—前导轨；3—拉索；
4—后导轨；5—前车门玻璃；6—电动机总成

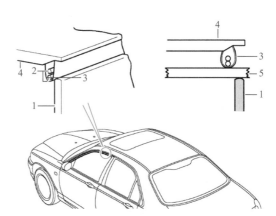

图 10.5-61　电动车窗防夹功能

1—车门玻璃；2—橡胶导线；3—防夹传感器；
4—车门上框饰条；5—卡入物

10.5.4.4　驾驶员侧门组合开关（DDM）

DDM位于驾驶员侧门内饰板上，由一个自攻螺钉固定。在装配有4个电动车窗的车辆上，DDM由4个车窗升降翘板开关、1个后车窗隔离开关以及车外后视镜开关组成（图10.5-62）。

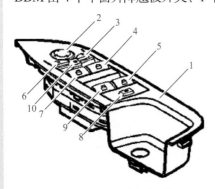

图 10.5-62　驾驶员侧门组合开关

1—驾驶员侧门组合开关（DDM）；2—外后视镜调节开关；3—右外后视镜选择开关；4—右前车门电动车窗开关；5—右后车门电动车窗开关；6—左外后视镜选择开关；7—左前车门电动车窗开关；8—后车窗隔离开关；9—左后车门电动车窗开关；10—外后视镜折叠开关

10.5.5　刮水器和洗涤器故障

10.5.5.1　刮水器和洗涤器布局及元件

刮水器和洗涤器系统包括以下元件：刮水器电动机、刮水器连杆机构、两个刮臂及刮片、两个洗涤器喷嘴、洗涤壶和洗涤泵、刮水/洗涤开关、前照灯洗涤系统。

刮水器和洗涤器系统由车身控制单元（BCU）在接收到驾驶员或雨量传感器（如安装）

的指令后动作。所有的刮水器功能都由安装在驾驶员右手侧的多功能刮水器拨杆开关控制。

刮水器及洗涤器布置图和元件如图 10.5-63 所示。

10.5.5.2 刮水器

（1）刮水器安装位置 刮水器电动机位于风窗玻璃下面的空调进气格栅下。该电动机安装在一个连杆机构上，该连杆机构安装在车身的一个支架上。

（2）刮水器系统功能 主要有程控洗涤及刮水、前照灯洗涤（如安装）、点动式刮水、低速刮水、高速刮水、间歇式刮水、间歇延时调整。

刮水器元件及分解图如图 10.5-64 所示。各元件功能如下。

❶ 刮水器功能在点火开关处于"AUX"Ⅰ或者"IGN"Ⅱ位置时被启动。在发动机启动时，所有的刮水器功能将暂停。

❷ 直流电动机通过附在电动机主轴上的蜗杆来驱动蜗轮。蜗轮在外面与连杆机构相连，该连杆机构能够驱动连在连杆机构尾端的蜗轮盒上的刮臂。

❸ 电动机从控制装置上的四针连接器上接收到两个输入信号。第一个输入信号是 12V 的直流电源，该电源能够使电动机快速运转。第二个输入信号也是一个 12V 的电源，但要串联一个电阻，这样就降低了加在电动机上的电压，从而使其转速变慢。通过电动机外罩将电动机与复位控制片进行接地连接，该复位控制片与连接器连接。

❹ 电动机的连接器中第四个针脚与复位控制片相连，并且操纵电动机的复位开关。复位控制片是一个与接地控制片相连的短截面。BCU 为复位开关提供电源，当刮水器到复位位置时，该复位控制片就会完成一个回路，同时向 BCU 发出信号，说明刮水器已经在复位位置。该信号也被雨量传感器（如安装）采用。

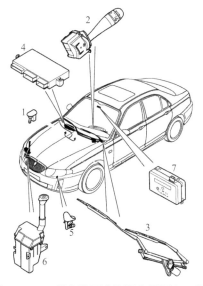

图 10.5-63 刮水器及洗涤器布置图和元件

1—前风窗洗涤喷嘴；2—刮水/洗涤拨杆开关总成；
3—风窗玻璃刮水器；4—车身控制单元（BCU）；
5—前照灯洗涤喷嘴；6—洗涤壶及洗涤泵；
7—雨量传感器（如安装）

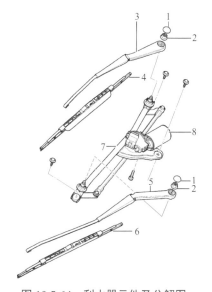

图 10.5-64 刮水器元件及分解图

1—轴盖；2—螺母；3—乘客侧刮臂总成；4—乘客
侧刮片总成；5—驾驶员侧刮臂总成；6—驾驶员侧
刮片总成；7—连杆机构总成；8—刮水器电动机

❺ 刮臂安装在连杆机构输出轴的滚花上。刮臂安装螺母和输出轴上螺栓的相配合，使得刮臂安装到输出轴上。每个刮臂在刮臂和刮臂安装点之间有个铆钉连接两段刮臂。铆钉

的一侧安装有弹簧，可提供压力使刮臂匹配在玻璃上。

10.5.5.3 刮水／洗涤开关

刮水／洗涤开关（图 10.5-65）由一个五挡摆动开关和一个旋转开关组成。间歇式刮水、低速和高速刮水的刮水开关位置是锁定的，而点动式刮水和刮水／洗涤程控开关是不锁定的。

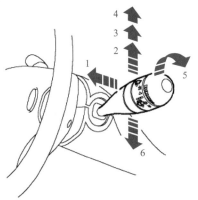

❶ 间歇式、低速、高速和点动式刮水器的开关都会通过开关接头 1 到 2 之间的某一个金属线的连接完成一个接地路径，这个路径从开关到达 BCU。组合的接地路径由 BCU 通过选定功能的一个或两个信号来监控。

❷ 洗涤／刮水程控的开关一旦开启，就会完成一个接地回路从 BCU 到达单一的洗涤泵。接地回路显示了 BCU 所选定的洗涤／刮水程控功能及相应的刮水／洗涤操作。同时此回路在完成接地的操作的过程中还将为洗涤泵提供能量。

❸ 间歇式旋转开关通过 BCU 的开关来形成一个接地回路，此回路穿过开关内的电阻器，BCU 根据开关位置的不同来测定电阻值，并依据电阻值来选择确定间隔延时的长短。

图 10.5-65　刮水／洗涤开关

1—程控洗涤及刮水；2—间歇式刮水；3—低速刮水；4—高速刮水；5—间歇旋转开关；6—点动式刮水

10.5.6　中控门锁故障

车辆防盗系统（锁止系统、报警系统）的运行由车身控制单元（BCU）控制。BCU 位于车辆前排乘客侧手套箱后面（各种车辆位置可能有所不同），用两个螺栓连接在骨架横梁上，拆除手套箱后可以接近 BCU。防盗系统布置见图 10.5-66。

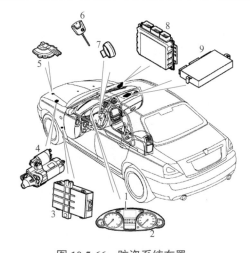

图 10.5-66　防盗系统布置

1—信息显示；2—组合仪表；3—网关防盗模块（GIM）；4—起动机；5—自动变速器抑制开关；6—钥匙；7—识读线圈；8—发动机控制模块（ECM）；9—车身控制单元（BCU）

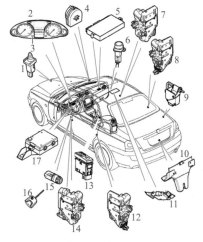

图 10.5-67　报警系统和锁止系统布置及元件

1—发动机罩防盗警示接触开关；2—组合仪表；3—防盗LED；4—带备用电池的声讯报警器（如安装）；5—车身控制单元（BCU）；6—惯性开关；7—前排乘客侧门锁体；8—右后车门锁体；9—加油口盖闭合器；10—后备厢盖锁体；11—超声波控制单元（如安装）；12—左后车门锁体；13—中控门锁开关；14—驾驶员侧门锁体；15—驾驶员侧门锁芯；16—钥匙；17—无线遥控接收器

整车有 5 个锁体及 1 个加油口盖开闭器。所有锁体共用 1 个接地线，且除了驾驶员侧门锁体外，所有锁体都共用来自 BCU 的电源。驾驶员侧门锁体电源供给与其他锁体分开，以便配置单点进入（SPE）功能。

报警系统和锁止系统布置及元件如图 10.5-67 所示。

10.5.7　遥控钥匙故障

遥控钥匙失灵在维修中主要有以下几种情况。

（1）遥控钥匙失效　遥控钥匙失效主要是电池电压低或钥匙芯片内部短路，检查过程是首先测量电池电量，如果更换电池后电压再次低于 2.5V，那么属于快速放电。在电池没有质量问题的前提下，就是钥匙芯片内部短路，导致快速消耗电池电量。

（2）车辆天线接收系统故障　如果车辆天线接收系统发生故障，就会导致遥控钥匙发出信号，车辆接收不到，那么也起不到遥控作用。

（3）车载电网控制单元不发出执行命令　当关闭点火开关并取出钥匙时，按压遥控器解锁/锁止按键，解锁/锁止信号通过中央门锁控制天线传递至车载电网控制单元，同时，点火开关将 S 触点关闭信号和 P 触点接通信号传递给车载电网控制单元。车载电网控制单元向舒适 CAN 总线发送解锁/锁止信号，车门控制单元接受命令执行解锁/锁止动作。如果车载电网控制单元发生故障，不发出解锁/锁止信号，那么就会导致遥控钥匙失灵。

参考文献

［1］［日］御崛直嗣.汽车是怎样跑起来的［M］.卢杨译.北京：人民邮电出版社，2013.

［2］王庆年，曾小华.新能源汽车关键技术［M］.北京：化学工业出版社，2017.

［3］姚科业.图解汽车传感器识别·检测·拆装·维修［M］.北京：化学工业出版社，2013.

［4］李玉茂.汽车发动机电控系统原理与维修［M］.北京：机械工业出版社，2010.

［5］BOSCH公司.BOSCH汽油机管理系统［M］.吴森等译.北京：北京理工大学出版社，2002.

［6］http://price.pcauto.com.cn/cars/pic.html 太平洋汽车网.